Kohlhammer

Das Handels- und Gesellschaftsrecht in Fällen

von

Professor Dr. Christian Möller, LL.M. (Taxation)
Hochschule Hannover

und

Professor Dr. Ulrich Ehricke, LL.M., M.A.
Universität Köln

Verlag W. Kohlhammer

Vorwort

Das Handels- und Gesellschaftsrecht hat in der juristischen Praxis stetig an Bedeutung gewonnen. Auch in der Ausbildung spielt es heute eine wichtige Rolle. Wer diese Materie beherrschen möchte, kann sich nicht darauf beschränken, systematische Lehrbücher zu lesen. Ein sicherer Umgang setzt vielmehr die Bearbeitung von Fällen voraus.

Dieses Fallbuch wendet sich an Studierende der Rechtswissenschaften und Rechtsreferendare. Daneben werden Studierende angesprochen, die an Fachhochschulen einen Bachelor- oder Masterabschluss anstreben und dazu solide Kenntnisse im Handels- und Gesellschaftsrecht nachweisen müssen.

Bei der Auswahl der Fälle haben wir uns an den Schwerpunkten orientiert, die in den vergangenen Jahren in den juristischen Staatsexamina gefragt waren. Viele Fälle sind an höchstrichterliche Entscheidungen angelehnt – einige an „Klassiker", andere an jüngst ergangene Judikate.

Den größten Nutzen wird aus diesem Buch (wie aus jedem Fallbuch) ziehen, wer sich die Zeit nimmt, mit Hilfe des Gesetzestextes eine eigene Lösung der Fälle zu entwickeln, bevor er die von uns vorgeschlagenen Lösungen liest. Das ist anstrengend, aber diese Anstrengungen bleiben im Gedächtnis.

Wir haben uns große Mühe gegeben, dieses Fallbuch sorgfältig zu bearbeiten. Falls dennoch Fehler auftauchen sollten, sind wir für Hinweise sehr dankbar. Dasselbe gilt für jeden Verbesserungsvorschlag. Zu erreichen sind wir unter drmoeller@hotmail.de sowie u.ehricke@uni-koeln.de.

Hannover/Köln, im August 2013 Christian Möller und Ulrich Ehricke

Inhaltsverzeichnis

Inhalt

Literaturverzeichnis

Zitierweise	Titel
Baumbach/Hopt, HGB	Baumbach, Adolf/Hopt, Klaus J., Handelsgesetzbuch, 35. Aufl. 2012
Baumbach/Hueck, GmbHG	Baumbach, Adolf/Hueck, Alfred, Gesetz betreffend die Gesellschaften mit beschränkter Haftung, 20. Aufl. 2013
Bork/Schäfer, GmbHG	Bork, Reinhard/Schäfer, Carsten, Gesetz betreffend die Gesellschaften mit beschränkter Haftung, 2. Aufl. 2012
Brox/Henssler, Handelsrecht	Brox, Hans/Henssler, Martin, Handelsrecht, 21. Aufl 2010.
Canaris, Handelsrecht	Canaris, Claus-Wilhelm, Handelsrecht, 24. Aufl. 2006
Ebenroth/Boujong/Joost/Strohn, HGB	Ebenroth, Carsten Thomas/Boujong, Karlheinz/Joost, Detlev/Strohn, Lutz, Handelsgesetzbuch, 2. Aufl. 2008
Erman, BGB	Westermann, Harm Peter (Hrsg.), Bürgerliches Gesetzbuch, 13. Aufl. 2011
Großkomm. HGB	Canaris, Claus-Wilhelm/Habersack, Mathias (Hrsg.), Großkommentar zum Handelsgesetzbuch, 5. Aufl. 2012
Grunewald, Gesellschaftsrecht	Grunewald, Barbara, Gesellschaftsrecht, 8. Aufl. 2011
Henssler/Strohn, Gesellschaftsrecht	Henssler, Martin/Strohn, Lutz, Gesellschaftsrecht, 1. Aufl. 2011
Hüffer, AktG	Hüffer, Uwe, Aktiengesetz, 10. Aufl. 2012
Hüffer/Koch, Gesellschaftsrecht	Hüffer, Uwe/Koch, Jens, Gesellschaftsrecht, 8. Aufl. 2011
K. Schmidt, Gesellschaftsrecht	Schmidt, Karsten, Gesellschaftsrecht, 4. Aufl. 2002
K. Schmidt, Handelsrecht	Schmidt, Karsten, Handelsrecht, 5. Aufl. 1999
Koller/Roth/Morck, HGB	Koller, Ingo/Roth, Wulf-Henning/Morck, Winfried, Handelsgesetzbuch, 7. Aufl. 2011
Kübler/Assmann, Gesellschaftsrecht	Kübler, Friedrich/Assmann, Heinz-Dieter, Gesellschaftsrecht, 6. Aufl. 2006
Lutter/Hommelhoff, GmbHG	Lutter, Marcus/Hommelhoff, Peter, Gesetz betreffend dieGesellschaften mit beschränkter Haftung, 18. Aufl. 2012
Michalski, GmbHG	Michalski, Lutz, Gesetz betreffend die Gesellschaften mit beschränkter Haftung, 2. Aufl. 2010
MüKo AktG	Goette, Wulf/Habersack, Mathias (Hrsg.), Münchener Kommentar zum Aktiengesetz, 3. Aufl. 2013
MüKo GmbHG	Fleischer, Holger/Goette, Wulf (Hrsg.), Münchener Kommentar zum Gesetz betreffend die Gesellschaften mit beschränkter Haftung, 1. Aufl. 2010
MüKo HGB	Schmidt, Karsten (Hrsg.), Münchener Kommentar zum Handelsgesetzbuch, 3. Aufl. 2011
MüKo StGB	Joecks, Wolfgang/Miebach, Klaus (Hrsg.), Münchener Kommentar zum Strafgesetzbuch, 2. Aufl. 2011
MüKo ZPO	Rauscher, Thomas/Wax, Peter/Wenzel, Joachim (Hrsg.), Münchener Kommentar zur Zivilprozessordnung, 4. Aufl. 2012
Münchener Handbuch des Gesellschaftsrechts	Gummert, Hans/Beuthien, Volker (Hrsg.), Münchener Handbuch des Gesellschaftsrechts, 3. Aufl. 2009

Literaturverzeichnis

Oetker, HGB	Oetker, Hartmut, Handelsgesetzbuch, 2. Aufl. 2011
Palandt, BGB	Palandt, Otto (Hrsg.), Bürgerliches Gesetzbuch, 72. Aufl. 2013
Raiser/Veil, Recht der Kapitalgesellschaften	Raiser, Thomas/Veil, Rüdiger, Recht der Kapitalgesellschaften, 5. Aufl. 2010
Röhricht/von Westphalen, HGB	Röhricht, Volker/von Westphalen, Friedrich Graf, Handelsgesetzbuch, 3. Aufl. 2008
Roth/Altmeppen, GmbHG	Roth, Günter H./Altmeppen, Holger, Gesetz betreffend die Gesellschaften mit beschränkter Haftung, 7. Aufl. 2012
Saenger, ZPO	Saenger, Ingo, Zivilprozessordnung, 4. Aufl. 2011
Schäfer, Gesellschaftsrecht	Schäfer, Carsten, Gesellschaftsrecht, 2. Aufl. 2011
Scholz, GmbHG	Scholz, Franz, Gesetz betreffend die Gesellschaften mit beschränkter Haftung, 11. Aufl. 2012
Schulze u.a., BGB	Schulze, Reiner u.a., Bürgerliches Gesetzbuch, 7. Aufl. 2012
Soergel, BGB	Soergel, Hans Theodor (Hrsg.), Bürgerliches Gesetzbuch, 13. Aufl. 2000
Spindler/Stilz, AktG	Spindler, Gerald/Stilz, Eberhard, Aktiengesetz, 2. Aufl. 2010
Timm/Schöne, Fälle zum Handels- und Gesellschaftsrecht	Timm, Wolfram/Schöne, Torsten, Fälle zum Handels- und Gesellschaftsrecht, Band I, 7. Aufl. 2010
Uhlenbruck, InsO	Uhlenbruck, Wilhelm, Insolvenzordnung, 13. Aufl. 2010
Windbichler, Gesellschaftsrecht	Windbichler, Christine, Gesellschaftsrecht, 23. Aufl. 2013

Abkürzungsverzeichnis

a.E.	am Ende
AG	Aktiengesellschaft/Amtsgericht
AktG	Aktiengesetz
Aufl.	Auflage
BGB	Bürgerliches Gesetzbuch
BGH	Bundesgerichtshof
DrittelbG	Gesetz über die Drittelbeteiligung der Arbeitnehmer im Aufsichtsrat
Einl.	Einleitung
E.K.	Eingetragener Kaufmann
E. Kfr.	Eingetragene Kauffrau
GbR	Gesellschaft bürgerlichen Rechts
GmbH	Gesellschaft mit beschränkter Haftung
GmbHG	Gesetz betreffend die Gesellschaften mit beschränkter Haftung
HGB	Handelsgesetzbuch
H.M.	Herrschende Meinung
Hs.	Halbsatz
i.G.	in Gründung
i.H.v.	in Höhe von
i.S.d.	im Sinne des
i.S.v.	im Sinne von
i.V.m.	in Verbindung mit
KfH	Kammer für Handelssachen
KG	Kommanditgesellschaft/Kammergericht
LG	Landgericht
Lit.	Literatur
OHG	Offene Handelsgesellschaft
OLG	Oberlandesgericht
ppa.	per procura
Rn.	Randnummer
Rspr.	Rechtsprechung
str.	streitig

1. Kapitel   Handelsrecht

I.   Einleitung

Das Handelsrecht als **Sonderprivatrecht der Kaufleute** (§§ 1 ff. BGB) ergänzt das im **1** BGB geregelte Bürgerliche Recht. Das Handelsrecht betont die Selbstverantwortlichkeit des Kaufmanns; daneben sind **Regelungszwecke** die Einfachheit und Schnelligkeit des Handelsverkehrs. Beispiele dafür sind die Formerleichterungen in § 350 HGB, die Fiktion, dass Schweigen in bestimmten Fällen die Annahme eines Vertragsangebotes darstellt (§ 362 HGB) sowie die Untersuchungs- und Rügeobliegenheit beim Handelskauf (§ 377 HGB). Im Zusammenhang damit stehen Regelungen zur handelsrechtlichen Publizität (die in erster Linie das Handelsregister vermittelt, §§ 8 ff. HGB) und zum Vertrauensschutz (u.a. § 15 HGB; Rechtsscheinregelungen).[1]

Die Qualifizierung des Handelsrechts als Sonderprivatrecht der Kaufleute ist als Schlag- **2** wort richtig, bedarf aber der Ergänzung. Zunächst enthält das HGB nicht ausschließlich Privatrecht, sondern teilweise auch **Öffentliches Recht** (s. etwa die Regelungen zum Handelsregister, §§ 8 ff. HGB, sowie zur kaufmännischen Buchführung, §§ 238 ff. HGB). Überdies regelt das Handelsrecht teilweise auch die Rechtsverhältnisse von **Nichtkaufleuten** (s. etwa § 84 Abs. 4 HGB, § 93 Abs. 3 HGB).

Das Handelsrecht ist **kein umfassendes Unternehmensrecht.** Zunächst sind zahlreiche **3** für Unternehmen wichtige Rechtsmaterien nicht im HGB geregelt, sondern in anderen Gesetzen. Darüber hinaus erfasst der Anwendungsbereich des Handelsrechts nicht alle Unternehmen. Indem der Kaufmann der zentrale Anknüpfungspunkt für die Regelungen des HGB ist, fallen insbesondere die Kleingewerbetreibenden aus dessen Anwendungsbereich heraus (§ 1 Abs. 2 HGB), daneben nach herrschender (wenn auch kritisierter) Auffassung auch sämtliche Freiberufler (also etwa Rechtsanwälte, Wirtschaftsprüfer, Steuerberater, Ärzte).[2]

II.   Der Kaufmann

Fall 1: Der Ist-Kaufmann (§ 1 HGB)

Karl ist Inhaber eines Elektro-Großhandels. Er beliefert unter anderem das kleine Geschäft des Friedrich. Dieser möchte einen weiteren Laden eröffnen. Hierfür nimmt er bei der Berg Bank ein Darlehen in Höhe von € 25.000 auf und bittet Karl, für ihn zu bürgen. Karl ist einverstanden, weil er auf eine Ausweitung seiner Geschäfte mit Friedrich hofft. Karl schickt ein Telefax an die Berg Bank, in dem er sich für deren Forderung gegen den Friedrich verbürgt. Als Friedrich bereits die erste Rate nicht bezahlt, nimmt die Berg Bank Karl aus der Bürgschaft in Anspruch. Dieser beruft sich auf die Formunwirksamkeit seiner Bürgschaft. Hilfsweise erhebt er die Einrede der Vorausklage.
Kann die Berg Bank von Karl Zahlung von € 25.000 verlangen?

Problemstellung

Kaufleute und Nichtkaufleute sind den Regelungen des BGB unterworfen. Für Kauf- **4** leute gelten darüber hinaus die besonderen Rechte und Pflichten des HGB. Das HGB ist damit ein **Sonderprivatrecht für Kaufleute,** das das BGB modifiziert (s. bereits Rn. 1 ff.).

---

1 *Hopt,* in: Baumbach/Hopt, HGB, 35. Aufl., Einl. vor § 1 Rn. 1 ff.
2 *Hopt,* in: Baumbach/Hopt, HGB, 35. Aufl., § 1 Rn. 19.

5 Kaufmann im Sinne des HGB ist, wer ein Handelsgewerbe betreibt (§ 1 HGB) oder nach den §§ 2 ff. HGB aus anderen Gründen als Kaufmann zu qualifizieren ist. Ein Handelsgewerbe ist nach § 1 Abs. 2 HGB – verkürzt gesprochen – ein „großes" Gewerbe. Der Begriff des Gewerbes ist im HGB nicht definiert. Was darunter zu verstehen ist, ist Gegenstand unseres Falles.

6 Indem der Anwendungsbereich des Handelsrechts von Eigenschaften der handelnden Person(-en) abhängt, folgt das Handelsrecht einem **subjektiven System**. In einem objektiven System würde die Anwendbarkeit des Handelsrechts dagegen von der Art der geschlossenen Geschäfte abhängen.[3]

Lösung

7 Die Berg Bank könnte gegen Karl einen Anspruch auf Zahlung von € 25.000 aus § 765 Abs. 1 BGB haben.

8 Die hierfür erforderliche **Hauptforderung** (Akzessorietät der Bürgschaft) ist der Anspruch der Bank gegen Friedrich auf Rückzahlung von € 25.000 aus dem Darlehensvertrag gemäß § 488 Abs. 1 S. 2 BGB.

9 Die Berg Bank und Karl müssten einen Bürgschaftsvertrag i.S.v. § 765 BGB geschlossen haben. Ein Bürgschaftsvertrag ist durch Annahme und Angebot zustande gekommen (§§ 145 ff. BGB). Der Vertrag könnte aber nach § 125 S. 1 BGB wegen Formmangels unwirksam sein. Für die Erklärung des Bürgen bedarf es nach § 766 S. 1 BGB der Schriftform gemäß § 126 BGB. Diese setzt eine eigenhändige Unterzeichnung voraus. Ein Telefax (bei dem der Empfänger nur eine (Fern-)Kopie der unterschriebenen Erklärung erhält), entspricht der Schriftform daher nicht.[4] Danach ist das Bürgschaftsversprechen nach § 125 S. 1 BGB nichtig, wenn nicht die Ausnahmeregelung des § 350 HGB greift. Nach dieser gilt § 766 S. 1 BGB nicht (sodass auch etwa ein mündliches Bürgschaftsversprechen gültig ist), wenn die Bürgschaft für den Bürgen ein Handelsgeschäft ist. Dies setzt zunächst voraus, dass der Bürge Kaufmann nach §§ 1 ff. HGB ist (s. § 343 HGB).[5]

10 Karl könnte Kaufmann gemäß § 1 HGB (**Ist-Kaufmann**) sein. Dazu müsste er ein **Handelsgewerbe** betreiben. Ein Handelsgewerbe ist nach § 1 Abs. 2 HGB jeder Gewerbebetrieb, es sei denn, dass dieser nach Art oder Umfang einen in kaufmännischer Weise eingerichteten Geschäftsbetrieb nicht erfordert (§ 1 Abs. 2 HGB).

11 Der Begriff des **Gewerbes** (§ 1 Abs. 2 HGB) ist im HGB nicht definiert. Darauf, ob eine Tätigkeit nach anderen Gesetzen ein Gewerbe ist, etwa nach der GewO oder nach § 15 EStG, kommt es nicht an. Im Handelsrecht wird unter einem **Gewerbe** verstanden eine selbstständige, (erkennbar) planmäßige (also auf Dauer angelegte) Tätigkeit am Markt, die auf Gewinnerzielung gerichtet oder jedenfalls entgeltlich ist, nicht freiberuflich, wissenschaftlich oder künstlerisch ist, und nicht verboten ist (str.).[6]

12 Für den Begriff der **Selbstständigkeit** kann (als Anhaltspunkt, in den Einzelheiten gibt es Abweichungen) die Legaldefinition in § 84 Abs. 1 S. 2 HGB herangezogen werden. Danach ist selbstständig, wer im Wesentlichen frei seine Tätigkeit gestalten und seine Arbeitszeit bestimmen kann. Auf wirtschaftliche Abhängigkeiten kommt es nicht an. Nicht selbstständig sind typischerweise Arbeitnehmer. Im Fall ist Karl als Inhaber des Großhandels selbstständig tätig.

---

3 Denkbar wäre etwa die Anknüpfung an jegliche Wertpapiergeschäfte oder an jegliche Warenumsätze, die bestimmte Größenordnungen erreichen.

4 BGH, Urt. v. 28.1.1993 – IX ZR 259/91, NJW 1993, S. 1126 ff.

5 Ein einseitiges Handelsgeschäft aus Sicht des Bürgen ist ausreichend.

6 Der Gewerbebegriff ist in manchen Einzelheiten streitig. Die hier verwendete Definition ist an jene von *Hopt* angelehnt (*Hopt*, in: Baumbach/Hopt, HGB, 35. Aufl. § 1 Rn. 12).

Planmäßig (auf Dauer angelegt) ist eine Tätigkeit, wenn sich die Absicht des Handeln- **13** den erkennbar auf eine Vielzahl von Geschäften als Ganzes richtet. Die Mehrzahl einzelner Gelegenheitsgeschäfte reicht nicht aus.[7] Karls Unternehmung ist auf Dauer angelegt und damit planmäßig.

Eine **Tätigkeit am Markt** scheidet insbesondere bei reiner Vermögensverwaltung (pri- **14** vate Kapitalanlage in Wertpapieren oder Vermietung von Immobilien zu Zwecken der Kapitalanlage) aus.[8]

Eine **Gewinnerzielung** muss lediglich beabsichtigt sein. Nicht entscheidend ist, ob Ge- **15** winne tatsächlich erzielt werden. Ob überhaupt die Absicht, Gewinne zu erzielen, nötig ist, oder ob es ausreicht, dass Einnahmen erzielt werden sollen, ist streitig. Die frühere Rechtsprechung forderte Gewinnerzielungsabsicht, das herrschende Schrifttum lässt Entgelterzielungsabsicht ausreichen. Der BGH hat die Frage zuletzt offen gelassen.[9] Im Fall hatte Karl die Absicht, Entgelte und darüber hinaus Gewinne zu erzielen. Die Streitfrage muss daher nicht entschieden werden.

Um ein Gewerbe zu sein, darf eine Tätigkeit weiter **nicht** den **freien Berufen,** der **Wis-** **16** **senschaft** oder **Kunst** zuzuordnen sein. Diese Berufe betreiben nach ihrem historisch gewachsenen Berufsbild und der Verkehrsanschauung kein Gewerbe. Hierzu zählen insbesondere Rechtsanwälte (vgl. § 2 Abs. 2 BRAO), Notare, Wirtschaftsprüfer, Steuerberater, Ärzte, Wissenschaftler und Künstler.

Ob eine **verbotene Tätigkeit** kein Gewerbe sein kann, ist umstritten.[10] Im Fall ist die **17** Frage nicht relevant, da Karl eine legale Tätigkeit ausübt.

Alle Voraussetzungen für die Annahme eines Gewerbes i.S.d. Handelsrechts sind danach **18** erfüllt. Das Gewerbe müsste nach § 1 Abs. 1 HGB ein **Handelsgewerbe** sein. Nach § 1 Abs. 2 HGB ist jeder Gewerbebetrieb Handelsgewerbe, es sei denn, dass das Unternehmen nach Art und Umfang einen in kaufmännischer Weise eingerichteten Geschäftsbetrieb nicht erfordert.[11] Aus der „es sei denn"-Formulierung ergibt sich eine widerlegliche **Vermutung** für das Vorliegen eines Handelsgewerbes.[12] Bei dem Großhandel des Karl kann daher von einem Handelsgewerbe ausgegangen werden.

Das Handelsgewerbe müsste schließlich von Karl **betrieben** werden. Betreiber eines **19** Handelsgewerbes ist derjenige, in dessen Namen die Geschäfte geschlossen werden[13] (also etwa nicht die Organe oder Vertreter einer juristischen Person).[14] Karl ist selbst Inhaber des Großhandels. Damit betreibt er ein Handelsgewerbe und ist Kaufmann gemäß § 1 HGB.

---

7 *Hopt,* in: Baumbach/Hopt, HGB, 35. Aufl., § 1 Rn. 13.
8 *Hopt,* in: Baumbach/Hopt, HGB, 35. Aufl., § 1 Rn. 17.
9 BGH, Urt. v. 24.6.2003 – XI ZR 100/02, NJW 2003, S. 2742 (2743) m.w.N. zum Streitstand. Jedenfalls beim Verbrauchsgüterkauf (§§ 474 ff. BGB) setzt das Vorliegen eines Gewerbes und damit die Unternehmerstellung des Verkäufers § 14 BGB) nicht voraus, dass dieser mit seiner Geschäftstätigkeit die Absicht verfolgt, Gewinn zu erzielen (BGH, Urt. v. 29.3.2006 – VIII ZR 173/05, NJW 2006, S. 2250 [2251]).
10 Jedenfalls führt nicht jeder Verstoß gegen Vorschriften des Öffentlichen Rechts (z.B. gegen die GewO) dazu, dass ein Gewerbe zu verneinen ist (§ 7 HGB).
11 Hierzu gehören insbesondere eine kaufmännische Buchführung und Bilanzierung, vgl. ausführlich zu § 1 Abs. 2 HGB Rn. 27 ff.
12 *Hopt,* in: Baumbach/Hopt, HGB, 35. Aufl., § 1 Rn. 25.
13 *Roth,* in: Koller/Roth/Morck, HGB, 7. Aufl., § 1 Rn. 17.
14 Viel diskutiert wird die Frage danach, ob die **Gesellschafter einer Personengesellschaft** Kaufleute sind oder ob auf sie jedenfalls Handelsrecht Anwendung findet – s. dazu Rn. 666 ff.

20 Die Bürgschaft müsste für Karl ferner ein **Handelsgeschäft** sein. Handelsgeschäfte sind nach der Legaldefinition in § 343 HGB alle Geschäfte eines Kaufmanns, die zum Betrieb seines Handelsgewerbes gehören. Nach § 344 Abs. 1 HGB wird dies im Zweifel für alle vom Kaufmann abgeschlossenen Rechtsgeschäfte vermutet. Karl hat das Bürgschaftsversprechen gerade in der Hoffnung auf eine Steigerung seiner Umsätze mit Friedrich abgegeben. Daher ist ein Handelsgeschäft zu bejahen.

21 Nach allem liegen sämtliche Voraussetzungen des § 350 HGB vor, sodass das Bürgschaftsversprechen des Karl formwirksam ist. Ein Anspruch der Berg Bank auf Zahlung von € 25.000 gemäß § 765 Abs. 1 BGB ist entstanden.

22 Der Anspruch ist nicht untergegangen. Er könnte aber wegen der von Karl erhobenen **Einrede der Vorausklage** gemäß § 771 S. 1 BGB nicht durchsetzbar sein. Grundsätzlich ist die Haftung eines Bürgen nach dieser Regelung subsidiär. Die Berg Bank müsste sich danach vorrangig an Friedrich halten (und bei diesem sogar zunächst die Zwangsvollstreckung versuchen). Die Einrede der Vorausklage ist jedoch gemäß § 349 S. 1 HGB ausgeschlossen, wenn die Bürgschaft für den Bürgen ein Handelsgeschäft darstellt. Das ist hier der Fall (s.o.). Karl konnte die Einrede der Vorausklage daher nicht wirksam erheben.

23 Die Bank hat gegen Karl nach allem einen Anspruch auf Zahlung von € 25.000 aus § 765 Abs. 1 BGB, der auch durchsetzbar ist.

Fall 2: Erforderlichkeit eines kaufmännischen Geschäftsbetriebes (§ 1 Abs. 2 HGB)

> Manni betreibt eine Kfz-Werkstatt mit einem Jahresumsatz von etwa € 450.000. Er beschäftigt acht Mitarbeiter. Neben dem Reparaturbetrieb verkauft er Ersatzteile, von denen er eine Vielzahl immer auf Lager hat. Eine kaufmännische Buchführung oder Bilanzierung hält er für ebenso überflüssig wie eine Eintragung in das Handelsregister.
> Das Registergericht fordert Manni auf, sich in das Handelsregister eintragen zu lassen und droht ein Zwangsgeld an, wenn Manni der Aufforderung nicht nachkommen sollte.
> Muss Manni tatsächlich befürchten, dass ein Zwangsgeld gegen ihn festgesetzt wird?

Problemstellung

24 Eintragungen in das Handelsregister (§§ 8 ff. HGB) erfolgen in aller Regel nur auf Antrag. Das Handelsregister trägt also nicht von Amts wegen ein, wenn es von einzutragenden Tatsachen Kenntnis erhält. Damit Eintragungspflichten erfüllt werden, ist das Registergericht gemäß § 14 HGB ermächtigt und verpflichtet, die Erfüllung von Anmelde- und Einreichungspflichten zum Handelsregister durch Androhung und Verhängung von Zwangsgeldern durchzusetzen. Die Vorschrift findet nur auf **eintragungspflichtige Tatsachen** Anwendung. Für bloß **eintragungsfähige Tatsachen** gilt sie nicht (zur Unterscheidung s. noch Rn. 199 ff.). Bei der Kaufmannseigenschaft gemäß § 1 HGB handelt es sich gemäß § 29 HGB um eine eintragungspflichtige Tatsache, deren Anmeldung vom Registergericht verlangt werden kann.

Lösung

25 Das Handelsregister kann gegen Manni nach § 14 HGB ein **Zwangsgeld** festsetzen, wenn Manni einer Pflicht zur Anmeldung oder zur Einreichung von Dokumenten zum Handelsregister nicht nachgekommen ist. Eine Anmeldepflicht könnte sich aus § 29 HGB ergeben. Danach hat jeder Kaufmann (u.a.) seine Firma zum Handelsregister anzumelden. Die Vorschrift begründet die grundlegende Verpflichtung für jeden Kaufmann, seine Eintragung im Handelsregister zu veranlassen. Manni müsste, um § 29

HGB zu unterliegen, Kaufmann nach §§ 1 ff. HGB sein. Hier könnte er Kaufmann gemäß § 1 HGB (Ist-Kaufmann) sein.

§ 1 HGB setzt zunächst ein **Gewerbe** voraus. Ein Gewerbe im handelsrechtlichen Sinne **26** ist jede selbstständige, (erkennbar) planmäßige (also auf Dauer angelegte) Tätigkeit am Markt, die auf Gewinnerzielung gerichtet oder jedenfalls entgeltlich ist, nicht freiberuflich, wissenschaftlich oder künstlerisch ist, und nicht verboten ist (str.).[15] Mannis Werkstatt-Unternehmen erfüllt diese Voraussetzungen.

Ist-Kaufmann nach § 1 HGB ist nur, wer ein **Handelsgewerbe** betreibt. Handelsgewerbe **27** ist gemäß § 1 Abs. 2 HGB jeder Gewerbebetrieb, es sei denn, das Unternehmen erfordert nach Art oder Umfang nicht einen in kaufmännischer Weise eingerichteten Geschäftsbetrieb (Vermutung für das Vorliegen eines Handelsgewerbes, s. bereits Rn. 18). Entscheidend ist nicht, ob kaufmännische Einrichtungen vorhanden sind, sondern nur, ob sie **erforderlich** sind.[16] Allerdings ist das Vorhandensein ein Indiz für die Erforderlichkeit.

Ein in kaufmännischer Weise eingerichteter Geschäftsbetrieb umfasst die Einrichtungen, **28** die ein Kaufmann normalerweise mit Rücksicht auf die Arbeitnehmer, Kunden und Gläubiger schaffen muss, um eine ordentliche, übersichtliche und zuverlässige Geschäftsführung zu gewährleisten.[17] Unter **kaufmännische Einrichtungen** fallen insbesondere kaufmännische Buchführung und Bilanzierung,[18] Finanzierung und Inventarisierung, Aufbewahrung der Korrespondenz, Firmenführung,[19] kaufmännische Vertretung sowie Beschäftigung kaufmännisch vorgebildeten Personals und eine Lohnbuchhaltung.[20] Die Notwendigkeit der Einrichtungen muss sich kumulativ aus **Art und Umfang** des Gewerbebetriebs ergeben. Kriterien hierfür sind u. a. die Organisation des Unternehmens, das Umsatzvolumen, die Zahl der Beschäftigten, die Inanspruchnahme von Kredit, die Zahl und Art der Geschäftsabschlüsse, umfangreiche Werbung und größere Lagerhaltung.[21]

Mannis Umsatz von € 450.000 im Jahr deutet auf die Erforderlichkeit kaufmännischer **29** Einrichtungen hin.[22] Der Umsatz allein ist aber kein ausreichendes Kriterium. Generell gibt kein einzelnes Kriterium den Ausschlag für oder gegen die Kaufmannseigenschaft. Den Ausschlag gibt vielmehr das **Gesamtbild** des Betriebes, das sich aus einer umfassenden Würdigung sämtlicher Umstände des Einzelfalls ergibt.[23] Manni beschäftigt acht Mitarbeiter. Zudem bietet seine Werkstatt nicht nur Reparaturen, sondern auch den Verkauf von Ersatzteilen an. Dafür hat er eine Lagerhaltung eingerichtet. Dass bislang kaufmännische Einrichtungen in der Werkstatt fehlen, schließt deren Erforderlichkeit nicht aus. Vielmehr muss anhand von Art und Umfang der Geschäftstätigkeit des Manni von der Notwendigkeit solcher Einrichtungen ausgegangen werden. Daher handelt es sich bei Mannis Unternehmen um ein Handelsgewerbe i.S.v. § 1 Abs. 2 HGB.

---

15 S. dazu ausführlich Rn. 10 ff.
16 *Roth,* in: Koller/Roth/Morck, HGB, 7. Aufl., § 1 Rn. 42.
17 *Kindler,* in: Ebenroth/Boujong/Joost/Strohn, HGB, 2. Aufl., § 1 Rn. 46.
18 Regelungen hierzu enthalten vor allem die §§ 238 ff. HGB.
19 Zur Firma (§§ 17 ff. HGB) s. Rn. 58 ff.
20 *Roth,* in: Koller/Roth/Morck, HGB, 7. Aufl., § 1 Rn. 43.
21 Häufig wird zwischen qualitativen und quantitativen Merkmalen unterschieden. Weitere Kriterien und Beispiele bei *Baumbach/Hopt,* HGB, 35. Aufl., § 1 Rn. 23 f.
22 Derzeit dürfte die Umsatzschwelle bei etwa € 250.000 liegen, vgl. m.w.N. *Kindler,* in: Ebenroth/Boujong/Joost/Strohn, HGB, 2. Aufl., § 1 Rn. 52. Kritisch zur Bedeutung des Umsatz-Kriteriums *Hopt,* in: Baumbach/Hopt, HGB, 35. Aufl., § 1 Rn. 23.
23 *Kindler,* in: Ebenroth/Boujong/Joost/Strohn, HGB, 2. Aufl., § 1 Rn. 51.

30 Um Kaufmann zu sein, müsste Manni **Betreiber** des Handelsgewerbes sein. Betreiber eines Handelsgewerbes ist derjenige, in dessen Namen die Geschäfte abgeschlossen werden.[24] Dies ist in unserem Fall Manni.

31 Folglich ist Manni Ist-Kaufmann gemäß § 1 HGB. Da es sich bei der Kaufmannseigenschaft um eine eintragungspflichtige Tatsache (also dem Registerzwang unterliegende) Tatsache handelt (§ 29 HGB), kann das Registergericht nach § 14 HGB eine Eintragung ins Handelsregister verlangen und diese mittels eines Zwangsgeldes durchsetzen.

Fall 3: Kaufmann kraft Eintragung und Fiktivkaufmann (§§ 2, 5 HGB)

Ausgangsfall: Meyer betreibt einen kleinen Friseursalon. Sein Betrieb erfüllt nicht die Voraussetzungen eines Handelsgewerbes (§ 1 Abs. 2 HGB). Dennoch lässt er sich als Kaufmann in das Handelsregister eintragen. In den folgenden Jahren wächst sein Betrieb stetig an, so dass kaufmännische Einrichtungen für sein Unternehmen erforderlich werden. Meyer, der inzwischen auch die negativen Seiten der Kaufmannseigenschaft kennen gelernt hat, möchte sich nun wieder „vom Handelsregister abmelden". Das Registergericht versagt ihm die Löschung. Zu Recht?

Abwandlung: Meyer lässt seinen kleinen Friseursalon zunächst nicht ins Handelsregister eintragen. Erst als der Betrieb gewachsen ist und ein Handelsgewerbe i.S.v. § 1 Abs. 2 HGB darstellt, kommt er seiner gesetzlichen Pflicht nach und beantragt die Eintragung. In der Folgezeit läuft das Geschäft jedoch immer schlechter, sodass kaufmännische Einrichtungen nicht mehr notwendig sind. Meyer unterlässt es, eine Löschung seiner Eintragung im Handelsregister zu beantragen. Unterliegt er dem HGB?

Problemstellung

32 Nach § 2 HGB haben Kleingewerbebetreibende die Möglichkeit, sich freiwillig ins Handelsregister eintragen zu lassen („**Kann-Kaufmann**" oder „**Kaufmann kraft Eintragung**"). Nach der Eintragung hat der Kann-Kaufmann dieselbe Rechtsstellung wie ein Kaufmann i.S.v. § 1 Abs. 2 HGB („Ist-Kaufmann").

33 Voraussetzung für eine Eintragung nach § 2 HGB ist allein der Betrieb eines **Gewerbes,** das kein Handelsgewerbe i.S.v. § 1 Abs. 2 HGB ist. Die **Eintragung** lässt dann mit **konstitutiver Wirkung** die Rechtsstellung als Kaufmann entstehen.[25] Wie die Entstehung der Kaufmannseigenschaft liegt deren Beendigung grundsätzlich in der Hand des Gewerbetreibenden: Er kann nach § 2 S. 3 HGB grundsätzlich die Löschung aus dem Handelsregister beantragen (ein Grundsatz „einmal Kaufmann, immer Kaufmann" gilt also nicht).

34 Hat ein Kaufmann, der ein Handelsgewerbe betrieben hat, seine Eintragung vornehmen lassen, um der gesetzlichen Pflicht aus §§ 1, 29 HGB nachzukommen, und besteht die Eintragung im Handelsregister fort, obwohl der Betrieb inzwischen zum Kleingewerbe herabgesunken ist, stellt sich die Frage, ob er als „Kann-Kaufmann" nach § 2 HGB oder als „**Fiktivkaufmann**" nach § 5 HGB dem Handelsrecht unterliegt.

Lösung

35 **Ausgangsfall:**
Der Antrag auf Löschung kann gemäß § 2 S. 3 HGB vom Registergericht zurückgewiesen und eine Eintragung damit aufrechterhalten werden, wenn die Eintragung ursprünglich auf § 2 HGB beruhte (also freiwillige Eintragung eines Kleingewerbetreibenden) und der Betrieb inzwischen nach Art und Umfang kaufmännischer Einrichtungen bedarf

---

24 *Roth,* in: Koller/Roth/Morck, HGB, 7. Aufl., § 1 Rn. 17.
25 *Roth,* in: Koller/Roth/Morck, HGB, 7. Aufl., § 2 Rn. 2.

(die Voraussetzungen des § 1 Abs. 2 HGB also erfüllt sind). Bei dem entstandenen Handelsgewerbe besteht inzwischen nämlich die Eintragungspflicht gemäß §§ 1, 29 HGB.[26]

§ 2 S. 3 HGB setzt voraus, dass ursprünglich ein **Kleingewerbe** vorlag. Ein Kleingewerbe **36**
i.S.v. § 2 HGB ist jedes Gewerbe,[27] das nicht Handelsgewerbe nach § 1 Abs. 2 HGB ist.
Meyers Friseursalon war nach dem Sachverhalt ursprünglich ein Kleingewerbe.

Der Betrieb erfordert aber heute kaufmännische Einrichtungen i.S.v. § 1 Abs. 2 HGB. **37**
Daher ist Meyer „Ist-Kaufmann" geworden, sodass eine Löschung der (freiwillig herbeigeführten) Eintragung im Handelsregister nicht mehr verlangt werden kann (§ 2 S. 3
HGB). Damit hat das Registergericht zu Recht die Löschung versagt.

Abwandlung: **38**
Meyer unterliegt dem Handelsrecht, wenn er Kaufmann nach §§ 1 ff. HGB ist. Ursprünglich war Meyer nicht Kaufmann. Sein Gewerbe war klein, sodass er nicht Ist-Kaufmann nach § 1 HGB war. Er war auch mangels Eintragung im Handelsregister nicht
nicht Kann-Kaufmann nach § 2 HGB. Durch das Heranwachsen seines Betriebes zum
Handelsgewerbe ist Meyer dann zum „Ist-Kaufmann" gemäß § 1 HGB geworden. Die
erfolgte Eintragung im Handelsregister (die Meyer nach § 29 HGB beantragen musste)
hatte nur deklaratorische Wirkung.

Fraglich ist, wie sich der Umstand auswirkt, dass durch den Rückgang der Geschäfts- **39**
tätigkeit der Betrieb inzwischen auf den Umfang eines Kleingewerbes geschrumpft ist,
sodass kaufmännische Einrichtungen i.S.v. § 1 Abs. 2 HGB für den Betrieb nicht mehr
erforderlich sind. Dadurch hat Meyer jedenfalls die Eigenschaft als „Ist-Kaufmann"
nach § 1 HGB verloren.

Meyer betreibt aber nach wie vor ein Gewerbe und ist ins Handelsregister eingetragen. **40**
Er könnte daher Kaufmann sowohl nach § 2 HGB (**Kann-Kaufmann**) als auch nach § 5
HGB (**Fiktiv-Kaufmann**) sein. Beide Regelungen setzen ein Gewerbe, das kein Handelsgewerbe ist, sowie eine Eintragung im Handelsregister voraus. Weitere Voraussetzungen
werden jeweils nicht aufgestellt. Beide Regelungen sind damit ihrem Wortlaut nach erfüllt. Es stellt sich die Frage, ob die eine oder andere Vorschrift nur unter weiteren –
ungeschriebenen – Voraussetzungen anwendbar ist. Konkret ist umstritten, ob Kann-Kaufmann nach § 2 HGB nur ist, wer freiwillig einen Eintragungsantrag i.S.d. § 2 HGB
gestellt hat (das hat Meyer hier nicht getan).

Nach einer **objektiven Auffassung** ist ein freiwilliger Eintragungsantrag für § 2 HGB **41**
nicht erforderlich.[28] Vielmehr genüge (rein objektiv) die erfolgte Eintragung des Gewerbetreibenden. § 5 HGB hat nach dieser Auffassung neben § 2 HGB keinen eigenen Anwendungsbereich.

Die Gegenauffassung (**subjektive Auffassung**) verlangt für § 2 HGB einen freiwillig **42**
gestellten Eintragungsantrag.[29] Wer seine Eintragung – wie in unserem Fall Meyer –
aufgrund der Verpflichtung in § 29 HGB beantragt hat, ist danach nicht Kann-Kaufmann nach § 2 HGB, sondern Fiktiv-Kaufmann nach § 5 HGB. Für diese Sichtweise
spricht unter systematischen Gesichtspunkten, dass dem Gesetzgeber nicht zu unterstellen ist, dass er dieselbe Regelung doppelt (nämlich in § 2 HGB und in § 5 HGB)
getroffen hat. Zudem betont § 2 S. 2 HGB, dass die Eigenschaft als Kann-Kaufmann auf
einer freiwilligen Entscheidung beruht. Damit verträgt es sich nicht, die Vorschrift auch

---

26 *Röhricht*, in: Röhricht/von Westphalen, HGB, 3. Aufl., § 2 Rn. 22; vgl. auch Fall 2.
27 Zum handelsrechtlichen Gewerbebegriff s. Rn. 10 ff.
28 *Kindler*, in: Ebenroth/Boujong/Joost/Strohn, HGB, 2. Aufl., § 5 Rn. 13.
29 *Roth*, in: Koller/Roth/Morck, HGB, 7. Aufl., § 5 Rn. 1.

dann anzuwenden, wenn eine Eintragung – wie hier – darauf beruht, dass ein Ist-Kaufmann der Verpflichtung gemäß § 29 HGB nachgekommen ist.

43 Daher ist Meyer Fiktiv-Kaufmann i.S.v. § 5 HGB und unterliegt als solcher dem Handelsrecht.

Ergänzende Hinweise

44 Fälle, in denen der im Fall dargestellte Meinungsstreit zum Verhältnis zwischen §§ 2, 5 HGB eine Rolle spielt, sind:
- Herabsinken des Gewerbebetriebes von vormaligem Handelsgewerbe zu Kleingewerbe (unser Fall);
- Eintragung aufgrund der irrtümlichen Annahme einer Eintragungspflicht;
- Vorliegen eines Nichtigkeitsgrundes (z.B. §§ 104 ff. BGB) beim Eintragungsantrag.

Fall 4: Der Scheinkaufmann

> Walter ist Angestellter des Schumacher, der weder ein Handelsgewerbe i.S.v. § 1 Abs. 2 HGB betreibt noch ins Handelsregister eingetragen ist. Bei einem Geschäftsabschluss mit Kaufmann Kuhn stellt sich Walter als Prokurist des Schumacher vor. Auf dem Briefkopf fügt er außerdem hinter dem Namen des Schumacher „e. K." hinzu und unterschreibt mit dem Zusatz „ppa." hinter seinem eigenen Namen. Kuhn geht daher davon aus, dass Schumacher Kaufmann sei. Schumacher kontrolliert den Schriftverkehr, schenkt den geschilderten Umständen aber keine Beachtung. Als Schumacher eine fällige Zahlung nicht sofort begleicht, verlangt Kuhn Zinsen ab dem Zeitpunkt der Fälligkeit. Zu Recht?

Problemstellung

45 Nach dem Bürgerlichen Recht (§ 288 BGB) ist der Schuldner grundsätzlich erst mit Eintritt des Verzugs verpflichtet, Zinsen zu zahlen. Nach § 353 S. 1 HGB werden Zinsen dagegen schon ab Fälligkeit geschuldet. Voraussetzungen hierfür sind ein **beiderseitiges Handelsgeschäft**, eine **Geldforderung** sowie die **Fälligkeit** dieser Forderung.[30]

46 Zu prüfen ist hier insbesondere die Kaufmannseigenschaft des Schumacher, der kein Kaufmann nach §§ 1, 2 oder 5 HGB ist. Er könnte jedoch **Scheinkaufmann** sein. Scheinkaufmann ist, wer im Geschäftsverkehr in zurechenbarer Weise den Anschein erweckt hat, Kaufmann zu sein. Im Einzelnen ist zu prüfen,
- ob ein **Rechtsscheintatbestand** besteht,
- dieser **zurechenbar veranlasst** wurde,
- ein darauf vertrauender Dritter **gutgläubig** war,
- und ob der Dritte im Vertrauen auf die Kaufmannseigenschaft zu einer rechtsgeschäftlichen Handlung veranlasst wurde (**Kausalität**).

Lösung

47 Kuhn könnte gegen Schumacher einen Anspruch auf Zahlung von Fälligkeitszinsen gemäß § 353 S. 1 HGB haben. Dazu müsste zunächst ein beiderseitiges Handelsgeschäft (§ 343 HGB) vorliegen. Beide Vertragsparteien müssten dafür zunächst Kaufleute im Sinne des HGB sein.[31] Kuhn ist nach dem Sachverhalt Kaufmann. Fraglich ist, ob dies auch für Schumacher gilt. Er betreibt kein Handelsgewerbe i.S.v. § 1 Abs. 2 HGB, so dass er nicht „Ist-Kaufmann" ist. Mangels Eintragung im Handelsregister ergibt sich die Kaufmannseigenschaft auch nicht aus § 2 HGB oder § 5 HGB.

---

30 *Roth,* in: Koller/Roth/Morck, HGB, 7. Aufl., § 353 Rn. 3.
31 *Hopt,* in: Baumbach/Hopt, HGB, 35. Aufl., § 345 Rn. 2.

In Betracht kommt jedoch, dass Schumacher ein **Scheinkaufmann** ist. Dies hätte zwar **48** nicht zur Folge, dass er in allen Belangen die Rechte und Pflichten eines Kaufmanns hätte. Er müsste sich aber gegenüber einem gutgläubigen Dritten, der sich auf die Geltung von Handelsrecht beruft, danach behandeln lassen.[32]

Damit Schumacher Scheinkaufmann ist, müsste zunächst ein entsprechender **Rechts-** **49** **scheintatbestand** vorliegen. Dies ist bei Auftreten als Kaufmann der Fall. Dieses Auftreten kann in ausdrücklichen oder konkludenten Erklärungen liegen sowie darin, dass kaufmännische Rechtsinstitute wie etwa die Prokura in Anspruch genommen werden.[33] Dabei spielt es erst im Rahmen der Zurechnung eine Rolle, ob der Rechtsschein durch ein Verhalten des Betroffenen selbst oder durch einen Dritten hervorgerufen wird. Im Fall lag eine Erklärung der Kaufmannseigenschaft lag zum einen in der Benutzung des Kürzels „e. K." für „eingetragener Kaufmann" auf dem Briefkopf. Zum anderen hat sich Walter als Prokurist des Schumacher ausgegeben und mit „ppa." („per procura") unterzeichnet. Die Erteilung einer Prokura nach §§ 48 ff. HGB ist jedoch Kaufleuten vorbehalten. Damit wurde der Rechtsschein der Kaufmannseigenschaft gesetzt.

Der entstandene Rechtsschein müsste Schumacher **zurechenbar** sein. Zurechenbar ist **50** der Rechtsschein – ohne Rücksicht auf Verschulden – demjenigen, der ihn gesetzt hat.[34] Das kann durch Tun oder pflichtwidriges Unterlassen geschehen. Schumacher hat nicht selbst gehandelt, sodass ein Tun ausscheidet. Möglicherweise muss er sich aber das Handeln seines Mitarbeiters Walter zurechnen lassen. Der durch einen Angestellten hervorgerufene Rechtsschein ist dem Unternehmensträger nur zuzurechnen, wenn er ihn geduldet hat oder fahrlässig nicht zu seiner Beseitigung eingeschritten ist, obwohl ihm dies zumutbar war.[35] Schumacher hatte durch die Kontrolle des Schriftverkehrs Kenntnis von den Tatsachen, die den Rechtsschein begründeten. Er hat weder Walter zur Ordnung gerufen noch Kuhn über die tatsächlichen Umstände aufgeklärt. Etwaige Gründe für eine Unzumutbarkeit des Einschreitens sind nicht ersichtlich. Daher ist Schumacher der Rechtsschein der eigenen Kaufmannseigenschaft zurechenbar.

Schutzbedürftig ist Kuhn aber nur, wenn er **gutgläubig** gewesen ist. An der Gutgläubig- **51** keit fehlt es, wenn der Dritte Kenntnis von der wahren Rechtslage hat oder sie ihm infolge grober Fahrlässigkeit unbekannt ist.[36] Positive Kenntnis von der nicht bestehenden Kaufmannseigenschaft hatte Kuhn nicht. Ein Fahrlässigkeitsvorwurf kann ihm nur gemacht werden, wenn er trotz Zweifeln eine Nachprüfung der wahren Rechtslage nicht vorgenommen hat. Es besteht jedoch keine generelle Pflicht, das Handelsregister einzusehen oder derartige Nachprüfungen anzustellen.[37] Für Kuhn gab es keine Anhaltspunkte, die gegen die Kaufmannseigenschaft des Schumacher sprachen. Er war daher gutgläubig.

Schließlich müsste **Kausalität** bestehen zwischen Kuhns Vertrauen auf den Rechtsschein **52** und dem abgeschlossenen Geschäft. Das bedeutet, dass der Dritte den Rechtsschein bei Vertragsschluss gekannt und sich darauf verlassen haben muss.[38] Der Rechtsschein bestand gerade bei dem Geschäftsabschluss zwischen Beteiligten, da hier Walter die entsprechenden Zusätze („e.K.", „ppa.") benutzte. Demgemäß kann von einem Vertrauen des Kuhn in die Kaufmannseigenschaft des Schumacher ausgegangen werden. Somit ist die erforderliche Kausalität gegeben.

---

32 *Hopt,* in: Baumbach/Hopt, HGB, 35. Aufl., § 5 Rn. 14.
33 *Kindler,* in: Ebenroth/Boujong/Joost/Strohn, HGB, 2. Aufl., § 5 Rn. 56 ff.
34 *Hopt,* in: Baumbach/Hopt, HGB, 35. Aufl., § 5 Rn. 11.
35 *Röhricht,* in: Röhricht/von Westphalen, HGB, 3. Aufl., Anh. § 5 Rn. 28.
36 *Roth,* in: Koller/Roth/Morck, HGB, 7. Aufl., § 15 Rn. 55.
37 *Röhricht,* in: Röhricht/von Westphalen, HGB, 3. Aufl., Anh. § 5 Rn. 32.
38 *Hopt,* in: Baumbach/Hopt, HGB, 35. Aufl., § 5 Rn. 13.

53 Damit liegen alle Voraussetzungen für die Behandlung Schumachers als Scheinkaufmann vor. Schumacher ist damit zwar nicht in allen Belangen Kaufmann. Insbesondere kann er sich nicht selbst auf Handelsrecht berufen, wenn ein Vertragspartner dessen Geltung ablehnt. Gegenüber einem gutgläubigen Dritten – hier dem Kuhn – muss Schumacher aber Handelsrecht gegen sich gelten lassen, wenn der Dritte diese Geltung verlangt. Das ist hier im Hinblick auf die Zinsregelung in § 353 S. 1 HGB der Fall.

54 Kuhn hat daher gegen Schumacher einen Anspruch auf Zahlung von Zinsen gemäß § 353 S. 1 HGB.

Ergänzende Hinweise

55 Zur Kaufmannseigenschaft von **Gesellschaften:** Nach § 6 Abs. 1 HGB finden „[d]ie in Betreff der Kaufleute gegebenen Vorschriften [...] auch auf die Handelsgesellschaften Anwendung". Handelsgesellschaften sind zunächst oHG und KG (s. die Überschrift des zweiten Buches des HGB). OHG und KG unterliegen damit stets dem Kaufmannsrecht.

56 Überdies sind kraft ausdrücklicher gesetzlicher Regelung auch die GmbH und die AG Handelsgesellschaften i.S.d. § 6 Abs. 1 HGB (s. § 13 Abs. 3 GmbHG: „Die Gesellschaft gilt als Handelsgesellschaft im Sinne des Handelsgesetzbuches"; ähnlich § 3 AktG). Auch diese Gesellschaftsformen unterliegen also nach § 6 Abs. 1 HGB als Handelsgesellschaften dem Kaufmannsrecht.

57 Für (insbesondere) die GmbH und die AG enthält § 6 Abs. 2 HGB die Klarstellung, dass es für die Kaufmannseigenschaft nicht darauf ankommt, ob ein Handelsgewerbe betrieben wird („**Formkaufmann**").

III. Die Firma

Fall 5: Firmenbildung (§§ 18 ff. HGB)

> Nach Ansicht des Rechtspflegers des zuständigen Registergerichts liegt in den folgenden Fällen jeweils ein Verstoß gegen die Grundsätze der Firmenbildung nach §§ 18 ff. HGB vor. Trifft dies zu?
> **Fall a):** Alfred betreibt ein Textilunternehmen und möchte unter dem Namen „Cotton Line" firmieren.
> **Fall b):** Bernd ist Dolmetscher mit Sitz in Düsseldorf und beantragt eine Eintragung ins Handelsregister als „Dolmetscher-Institut Düsseldorf e.K.".
> **Fall c):** Die Brüder Christoph und Dieter Braun betreiben die „Blumenhandel Gebrüder Braun oHG". Nachdem Christoph aus der Gesellschaft ausscheidet, möchte Dieter das Geschäft ohne Änderung der Firma fortführen.

Problemstellung

58 Die **Firma** im Rechtssinne ist – anders als teilweise in der Umgangssprache – nicht das Unternehmen, sondern der **Name des Kaufmanns,** unter dem dieser seine Geschäfte betreibt und seine Unterschrift abgibt (§ 17 Abs. 1 HGB). Unter der Firma kann der Kaufmann nach § 17 Abs. 2 HGB klagen und verklagt werden. Die Firma ist nach § 29 HGB (neben weiteren Umständen) zum Handelsregister anzumelden. Zudem muss die Firma auf allen Geschäftsbriefen (auch E-Mails und Telefax) angegeben werden (§ 37a HGB; u.a. sind danach auch Registergericht und -nummer dort anzugeben).

59 Durch die Firma soll der Inhaber des Unternehmens im Rechtsverkehr individualisiert werden können. Damit dies möglich ist, regeln u.a. die §§ 18, 19 HGB, welche Firmen zulässig sind und welche nicht (**Firmenbildungsrecht**).

Eine Firma muss grundsätzlich aus **Wörtern** bestehen. Möglich sind aber alle Zeichen, **60** die wie ein Name verstanden werden, also Namen aller Art, Namensabwandlungen, Pseudonyme, Abkürzungen, Domain-Namen, Fantasie-Wörter und bei entsprechender Einprägsamkeit auch Zahlen- und Buchstabenkombinationen.[39]

Für Einzelkaufleute und Personengesellschaften (nicht auch für Kapitalgesellschaften) **61** war früher vorgeschrieben, dass die Firma den Namen des Inhabers bzw. von Gesellschaftern enthielt (Personenfirma, z.B. „Helmut Steinbach e.K."). Heute ist das **Firmenrecht deutlich liberalisiert.** Alle Kaufleute – auch Einzelkaufleute und Personengesellschaften – können eine Personenfirma annehmen, müssen dies aber nicht. In Betracht kommen auch eine Sachfirma („Heidelberger Druckmaschinen AG"), eine Fantasiefirma („E.ON AG") sowie Kombinationen. Reine Bilder sind unzulässig.

In jedem Fall muss eine Firma aber **Kennzeichnungs- und Unterscheidungskraft** haben **62** (§ 18 Abs. 1 HGB). Nach dem Grundsatz der **Firmenwahrheit** darf eine Firma zudem nicht irreführen (§ 18 Abs. 2 HGB). Dagegen wird etwa verstoßen, wenn ein tatsächlich nicht erworbener Doktortitel in der Firma auftaucht oder geographische Zusätze wie „Euro" oder „International" bei rein lokalen Geschäften einen falschen Eindruck vermitteln. Der Grundsatz der **Firmeneinheit** ist nicht ausdrücklich geregelt, kann aber aus dem Grundsatz der Firmenwahrheit abgeleitet werden. Er besagt, dass für ein Unternehmen immer nur eine Firma geführt werden darf. Dies dient dem Schutz des Rechtsverkehrs vor Irreführung.[40]

§ 19 HGB zwingt zum Schutze des Rechtsverkehrs zu einem **Rechtsformzusatz,** z.B. **63** „e.K.", „oHG" oder „KG" (s. auch § 4 GmbHG für die GmbH). § 19 Abs. 2 HGB betrifft insbesondere die GmbH & Co. KG. Diese darf – obwohl Kommanditgesellschaft – nicht schlicht als KG firmieren, da dann aus der Firma nicht erkennbar wäre, dass keine natürliche Person für die Gesellschaftsverbindlichkeiten haftet (s. dazu noch Rn. 223). Der Gedanke des Gläubigerschutzes steht auch hinter der Vorschrift zur besonderen Firmierung der UG (haftungsbeschränkt) in § 5a GmbHG.

Die Einhaltung der Grundsätze zur Firmenbildung soll durch § 37 HGB gewährleistet **64** werden. Dort sind eine Kontrolle durch das Registergericht vorgesehen (Abs. 1) sowie ein Unterlassungsanspruch desjenigen, der durch einen unzulässigen Firmengebrauch in seinen Rechten verletzt wird (Abs. 2).

Lösung

Fall a):
65
Es könnte ein Verstoß gegen den Grundsatz der **Firmenunterscheidbarkeit** vorliegen. Eine Firma muss gemäß § 18 Abs. 1 HGB zur Kennzeichnung des Kaufmanns geeignet sein und Unterscheidungskraft besitzen. Beide Kriterien hängen eng miteinander zusammen.[41] Sie verlangen, dass die Firma abstrakt und generell geeignet ist, den Unternehmensträger von anderen zu unterscheiden. Daran fehlt es in der Regel bei Allerweltsnamen, bloßen Gattungs- oder Branchenbezeichnungen, Worten der Umgangs- oder Fachsprache und allgemeinen Beschreibungen des Unternehmensgegenstandes. Häufig besteht in diesen Fällen ein sogenanntes **Freihaltebedürfnis,** d.h. ein Interesse anderer Kaufleute, denselben Begriff zu verwenden. Ausreichende Unterscheidungskraft kann jedoch durch das Hinzufügen von individuellen Zusätzen oder durch die Kombination von Bezeichnungen geschaffen werden.[42]

---

39 *Roth,* in: Koller/Roth/Morck, HGB, 7. Aufl., § 18 Rn. 3 m.w.N.
40 *Roth,* in: Koller/Roth/Morck, HGB, 7. Aufl., § 17 Rn. 15.
41 *Hopt,* in: Baumbach/Hopt, HGB, 35. Aufl., § 18 Rn. 4; *Roth,* in: Koller/Roth/Morck, HGB, 7. Aufl., § 18 Rn. 2.
42 *Roth,* in: Koller/Roth/Morck, HGB, 7. Aufl., § 18 Rn. 4 m.w.N.

66 Die Wörter „Cotton" und „Line" sind einzeln betrachtet nicht unterscheidungskräftig. „Cotton" ist Englisch für Baumwolle und inzwischen wohl auch Teil der deutschen Umgangssprache. Gleichermaßen wird das Wort „Line" als beschreibende Angabe verstanden. Dies hat seine Ursache schon darin, dass das englische Wort „Line" mit dem deutschen Wort „Linie" sprachlich verwandt ist und breiten Eingang in den Modebereich gefunden hat. Die Verbindung der Wörter „Cotton" und „Line" hat ebenfalls keine hinreichende Unterscheidungskraft als Unternehmenskennzeichen für einen Betrieb, der sich mit der Herstellung und dem Vertrieb von Textilien befasst. Eine ausreichende Unterscheidungskraft wäre nur anzunehmen, wenn es sich um eine – hier nicht gegebene – eigenartige, fantasievolle Zusammensetzung dieser beiden Begriffe handelte, die der Verkehr als individuellen Herkunftshinweis auffassen würde.[43]

67 Damit verstößt die Firmierung „Cotton Line" gegen den Grundsatz der Firmenunterscheidbarkeit nach § 18 Abs. 1 HGB.

68 **Fall b):**
Die Firma „Dolmetscher-Institut Düsseldorf e.K." könnte gegen den Grundsatz der **Firmenwahrheit** gemäß § 18 Abs. 2 HGB verstoßen. Eine Firma darf danach keine Angaben enthalten, die geeignet sind, über geschäftliche Verhältnisse, die für die angesprochenen Verkehrskreise wesentlich sind, irrezuführen. Dies bezieht sich auf die Art sowie Umfang und Größe des Geschäfts und den entsprechenden Rechtsformzusatz, geographische Hinweise, Verhältnisse des Unternehmensträgers und andere Zusätze.[44] Eine Angabe ist irreführend, wenn sie bei den maßgeblichen Verkehrskreisen eine unrichtige Vorstellung hervorruft.[45]

69 Die Verwendung des Begriffs „Institut" zwischen den Begriffen Dolmetscher und Düsseldorf ohne jegliche Personalisierung erweckt den Eindruck, es handele sich um eine öffentliche oder unter öffentlicher Aufsicht stehende, der Allgemeinheit und Wissenschaft dienende Einrichtung mit wissenschaftlichem Personal. „Institut" ist insbesondere ein Begriff des Hochschulwesens. Soweit vom Staat Institute eingerichtet werden, handelt es sich um wissenschaftliche Forschungs- und Serviceeinrichtungen. Zwar dürfen auch private Unternehmen und Vereinigungen in ihrem Namen das Wort „Institut" führen, allerdings muss dann eine Tätigkeitsbezeichnung oder ein Inhaberzusatz hinzugefügt werden, die eindeutig klarstellen, dass es sich nicht um eine staatliche oder staatlich geförderte wissenschaftliche Einrichtung handelt. Der Firmenname „Dolmetscher-Institut Düsseldorf e.K." ist geeignet, über wesentliche geschäftliche Verhältnisse der Firma irrezuführen, weil sich der gewerbliche Charakter des „Instituts" nicht hinreichend deutlich ergibt.[46]

70 Daher verstößt die Firma „Dolmetscher-Institut Düsseldorf e.K." gegen den Grundsatz der Firmenwahrheit i.S.v. § 18 Abs. 2 HGB.

71 **Fall c):**
Grundsätzlich besteht gemäß § 22 HGB im Falle eines Inhaberwechsels die Möglichkeit, die Firma mit oder ohne Nachfolgezusatz fortzuführen. Dies dient der Erhaltung des Firmenwerts und verwirklicht damit den Grundsatz der **Firmenbeständigkeit**. Damit ist eine Einschränkung der Firmenwahrheit (s.o.) verbunden. Eine Grenze setzt jedoch das Täuschungsverbot nach § 18 Abs. 2 HGB.[47] Geht ein Geschäft von einer Personengesellschaft auf einen Einzelkaufmann über, findet § 22 HGB aus diesem Grund keine

---

43 BGH, Urt. v. 27.9.1995 – I ZR 199/93, NJW-RR 1996, S. 230 f.
44 *Roth*, in: Koller/Roth/Morck, HGB, 7. Aufl., § 18 Rn. 11 ff. (mit zahlreichen Beispielen).
45 *Roth*, in: Koller/Roth/Morck, HGB, 7. Aufl., § 18 Rn. 7.
46 OLG Düsseldorf, Beschl. v. 16.4.2004 – I-3 Wx 107/04, BeckRS 2004, 06806.
47 *Roth*, in: Koller/Roth/Morck, HGB, 7. Aufl., § 22 Rn. 1.

Anwendung. Im Fall einer Beibehaltung des Zusatzes „oHG" in der Firma würde der Geschäftsverkehr darüber irregeführt, dass nur eine persönlich haftende Person vorhanden ist und nicht mehrere. Die Täuschungsgefahr kann jedoch beseitigt und eine Erhaltung des Zusatzes „oHG" zulässig werden, indem ein Nachfolgevermerk angefügt wird.[48] Zulässig wäre etwa eine Firmierung als „Blumenhandel Gebrüder Braun oHG, Inhaber D. Braun".

Fall 6: Inhaberwechsel und Firmenfortführung I (§ 25 HGB)

Baumaschinenhersteller Ahorn verkauft Bauunternehmer Boberg (Firma: „Boberg Bau e.K.") einen Bagger für € 100.000. Die Übergabe findet im Juli 2013 statt. Für die Kaufpreiszahlung wird ein Zahlungsziel von fast einem Jahr (30. Juni 2014) vereinbart. Boberg veräußert schon im August 2013 sein Unternehmen an Bauunternehmer Celle. Celle firmiert anschließend unter „Boberg Bau e.K. Nachf. C. Celle".
Im Unternehmenskaufvertrag haben Boberg und Celle vereinbart, dass Celle nicht für Bobergs Schulden haften soll. Diese Regelung ist nicht in das Handelsregister eingetragen und Gläubigern nicht mitgeteilt worden.
Von wem kann Ahorn bei Fälligkeit Kaufpreiszahlung verlangen?

Problemstellung

§ 25 HGB regelt den Fall, dass ein Kaufmann sein Unternehmen rechtsgeschäftlich auf einen neuen Unternehmensträger überträgt. Nach § 25 Abs. 1 HGB haftet der neue Inhaber des Betriebes für alle vom früheren Inhaber im Betrieb des Geschäfts begründeten Verbindlichkeiten. Der Gläubiger kann sich unmittelbar an den Erwerber des Handelsgeschäfts wenden.   **72**

Die Voraussetzungen hierfür sind: **73**
– Ein kaufmännisches Handelsgeschäft im Sinne des HGB
– wird unter Lebenden übertragen (**Erwerb unter Lebenden**);
– Fortführung des Handelsgeschäfts;
– Fortführung auch der Firma.

Unter diesen Voraussetzungen gehen die **betrieblichen Verbindlichkeiten** (nicht also auch private Schulden) des früheren Inhabers auf den Erwerber über.   **74**

Eine Regelung zu den im übertragenen Betrieb begründeten **Forderungen** enthält § 25 Abs. 1 S. 2 HGB.   **75**

Lösung

Ahorn könnte **gegen Boberg** einen Anspruch auf Zahlung von € 100.000 aus § 433 Abs. 2 BGB haben. Ein wirksamer Kaufvertrag zwischen Ahorn und Boberg liegt vor. Damit ist der Zahlungsanspruch entstanden. Fraglich ist jedoch, ob Bart noch zur Zahlung verpflichtet ist, obwohl er nicht mehr Inhaber des Bauunternehmens ist. § 25 Abs. 1 HGB regelt die Haftung des Erwerbers eines Handelsgeschäfts unter Lebenden für Verbindlichkeiten aus dem Handelsgeschäft. Dass darin kein befreiender Schulderwerb liegt, zeigt jedoch § 26 HGB. Danach haftet der frühere Geschäftsinhaber für vor dem Übergang begründete Verbindlichkeiten neben dem Erwerber als Gesamtschuldner nach § 426 BGB. Diese **Nachhaftung** ist auf fünf Jahre begrenzt. Ein Anspruch des Ahorn gegen Boberg aus § 433 Abs. 2 BGB auf Kaufpreiszahlung ist daher entstanden, nicht untergegangen und durchsetzbar.   **76**

---

48 *Hopt*, in: Baumbach/Hopt, HGB, 35. Aufl., § 22 Rn. 17.

77 Ahorn hat gegen Boberg einen Anspruch auf Zahlung von € 100.000 gemäß § 433 Abs. 2 BGB.

78 In gleicher Höhe könnte Ahorn einen Anspruch **gegen Celle** gemäß § 433 Abs. 2 BGB i.V.m. § 25 Abs. 1 HGB haben.

79 Celle selbst ist nicht Vertragspartner des Ahorn. Es kommt lediglich eine Haftung für die Verbindlichkeit des Boberg gemäß § 25 **Abs. 1 S. 1 HGB** in Betracht. Die Vorschrift regelt die Haftung des Erwerbers eines Handelsgeschäfts unter Lebenden für Verbindlichkeiten aus dem Handelsgeschäft.

80 § 25 Abs. 1 S. 1 HGB setzt zunächst die Übertragung eines **Handelsgeschäfts** voraus. Boberg müsste also bei Übertragung Kaufmann nach §§ 1 ff. HGB gewesen sein.[49] Das ist der Fall, wenn seine Bauunternehmung (Gewerbe) nach Art und Umfang einen in kaufmännischer Weise eingerichteten Geschäftsbetrieb erforderte und damit Handelsgewerbe war (§ 1 Abs. 2 HGB). Davon soll hier ausgegangen werden.

81 Es muss ein **Erwerb des Geschäfts unter Lebenden** stattgefunden haben. Diese Voraussetzung dient der Abgrenzung zwischen § 25 HGB und § 27 HGB (letztere Vorschrift regelt den Erwerb von Todes wegen). Erwerb i.S.v. § 25 Abs. 1 HGB ist jede Unternehmensübertragung und -überlassung. In Betracht kommen beispielsweise Kauf, Schenkung, Pacht oder gesellschaftsrechtliche Verträge. Dabei kommt es nicht auf die Wirksamkeit des Vertrages an, sondern auf den tatsächlichen Übergang.[50] Dieser ist hier eingetreten.

82 Es bedarf zudem der **Fortführung des Handelsgeschäftes**. Es genügt die Fortführung im wesentlichen Bestand und Kern. Die Fortführung eines wesentlichen Unternehmensteils kann ausreichen.[51] Celle hat das Handelsgeschäft des Boberg fortgeführt.

83 Schließlich muss Celle auch die **Firma** des Boberg (mit oder ohne Nachfolgezusatz) **fortgeführt** haben. Dies setzt nicht eine wort- und buchstabengetreue Übereinstimmung von alter und neuer Firma voraus. Entscheidend ist vielmehr, ob der Verkehr die neue Firma noch mit der alten identifiziert. Dies setzt voraus, dass die Firma zumindest im Kern unverändert übernommen wird.[52] Hier führt Celle die Firma des Boberg (nicht nur deren Kern) mit einem Nachfolgezusatz fort (darauf, ob er dazu berechtigt ist, kommt es nicht an – dies ist für den Übergang von betrieblichen *Forderungen* nach § 25 Abs. 1 S. 2 HGB ausdrücklich anders geregelt).

84 Damit liegen sämtliche Voraussetzungen des § 25 Abs. 1 HGB vor. Als **Rechtsfolge** gehen die „im Betriebe des Geschäfts begründeten Verbindlichkeiten" des früheren Inhabers auf den Erwerber über. Die hier in Rede stehende Kaufpreisschuld war im Betrieb des Boberg entstanden (keine private Verbindlichkeit).

85 Zwar kann die Erwerberhaftung nach § 25 Abs. 1 HGB durch eine **Vereinbarung** zwischen Veräußerer und Erwerber **ausgeschlossen werden**. Eine solche Vereinbarung haben Boberg und Celle hier getroffen. Gegenüber Dritten wirkt eine **haftungsausschließende Vereinbarung** nach § 25 Abs. 2 HGB aber nur, wenn sie in das Handelsregister eingetragen und bekannt gemacht worden ist oder wenn dem Veräußerer oder dem Erwerber dem Dritten davon Mitteilung gemacht worden ist, und zwar jeweils (das ergibt sich nicht aus dem Wortlaut, wohl aber aus Sinn und Zweck der Norm) unverzüglich nach der Geschäftsübernahme. Starre Fristen gibt es nicht; jedenfalls wenn eine

---

49 Vereinzelt wird eine analoge Anwendung auf nicht kaufmännische Unternehmensträger gefordert. Die h.M. lehnt die Analogie ab, s. etwa *Vossler*, in: Oetker, HGB, 2. Aufl., § 25 Rn. 13.
50 *Hopt*, in: Baumbach/Hopt, HGB, 35. Aufl., § 25 Rn. 4.
51 *Hopt*, in: Baumbach/Hopt, HGB, 35. Aufl., § 25 Rn. 6.
52 *Roth*, in: Koller/Roth/Morck, HGB, 7. Aufl., § 25 Rn. 7.

Mitteilung nicht innerhalb eines halben Jahres nach Geschäftsübernahme erfolgt ist, wird ein Haftungsausschluss aber regelmäßig nicht mehr in Betracht kommen.[53] Hier ist seit der Übernahme fast ein Jahr vergangen, sodass der vereinbarte Haftungsausschluss nach § 25 Abs. 2 HGB nicht gegenüber Ahorn wirkt.

86 Ahorn hat gegen Celle einen Anspruch auf Zahlung von € 100.000 gemäß § 433 Abs. 2 BGB i.V.m. § 25 Abs. 1 HGB. Celle und Boberg haften als Gesamtschuldner (§ 426 BGB).

Fall 7: Inhaberwechsel und Firmenfortführung II (§ 27 HGB)

> Arne ist Inhaber eines Autohauses. Als er verstirbt, beerbt ihn sein Enkel Emil als Alleinerbe. Emil ist mit seinem Studium voll ausgelastet. Er beauftragt daher den angestellten Mechaniker Mike mit der Führung des Betriebs in seinem (Emils) Namen. Die Firma wird unverändert fortgeführt. Bereits sechs Wochen nach Arnes Tod entscheidet sich Emil dafür, das Geschäft doch zu veräußern. Schnell findet sich Käufer Karl, der wiederum auch die Firma übernimmt. Nach allem erscheint Gunther, der Arne zu dessen Lebzeiten mit EDV-Ausrüstung für das Autohaus beliefert hatte.
> Gunther verlangt von Emil die Bezahlung des vereinbarten Kaufpreises von € 5.000. Zu Recht?

Problemstellung

87 § 25 HGB (behandelt im vorstehenden Fall) regelt die Übertragung eines Handelsgeschäfts durch Rechtsgeschäft unter Lebenden. § 27 HGB betrifft dagegen den **Inhaberwechsel durch Erbfall** und ordnet für diesen Fall eine Haftung des Erben nach § 25 HGB an. Der Erbe hat jedoch eine Bedenkzeit von drei Monaten nach Kenntnis vom Anfall der Erbschaft. Stellt er in dieser Frist das Geschäft ein, ist eine Erbenhaftung nach §§ 27 Abs. 1, 25 Abs. 1 HGB ausgeschlossen (§ 27 Abs. 2 HGB). Neben der handelsrechtlichen Haftung nach § 27 HGB kommt stets eine Haftung des Erben nach erbrechtlichen Regelungen (§§ 1922, 1967 BGB) in Betracht.

Lösung

88 Gunther könnte gegen Emil einen Anspruch auf Zahlung von € 5.000 gemäß § 433 Abs. 2 BGB i.V.m. § 27 Abs. 1 HGB haben.

89 Bei dem Autohaus muss es sich dafür im Zeitpunkt des Erbfalls um ein **Handelsgeschäft** gehandelt haben. Erblasser Arne muss dafür Kaufmann im Sinne der §§ 1 ff. HGB gewesen sein. Hier wird unterstellt, dass der Betrieb nach Art und Umfang einen in kaufmännischer Weise eingerichteten Geschäftsbetrieb erforderte. Damit stellte er ein kaufmännisches Handelsgewerbe i.S.v. § 1 Abs. 2 HGB dar und Arne war Kaufmann nach § 1 HGB.

90 Das Handelsgeschäft muss **von Todes wegen erworben** worden sein. Da Emil Alleinerbe ist, ist das Autohaus im Wege der Gesamtrechtsnachfolge gemäß § 1922 Abs. 1 BGB auf ihn übergegangen.

91 Emil muss das Handelsgeschäft zudem **fortgeführt haben.** Eine Haftung nach § 25 Abs. 1 HGB scheidet aus, wenn der Erbe entweder die Geschäfte von vornherein nicht fortführt oder wenn er dies zwar zunächst tut, die Fortführung aber innerhalb von drei Monaten nach dem Zeitpunkt, in welchem er von dem Anfall der Erbschaft Kenntnis erlangt hat, einstellt (§ 27 Abs. 2 S. 1 HGB).

---

53 Nachweise bei *Vossler,* in: Oetker, HGB, 2. Aufl., § 25 Rn. 39.

92 Hier hat Emil unmittelbar nach Arnes Tod Mike damit beauftragt, in seinem (Emils) Namen die Geschäfte zu führen. Dies steht einer Fortführung der Geschäfte i.s.d. § 27 Abs. 1 HGB aber nicht entgegen. Die Vorschrift setzt nicht voraus, dass der Erbe persönlich das ererbte Geschäft fortführt. Vielmehr genügt die Fortführung durch einen Dritten, wenn diese dem Erben zurechenbar ist. Dies ist etwa bei der Fortführung durch gesetzliche Vertreter oder Bevollmächtigte der Fall.[54] Im Fall hat Mike die Geschäfte des Autohauses als Bevollmächtigter des Emil weitergeführt. Eine Fortführung des Handelsgeschäfts ist daher zu bejahen.

93 Ob die Haftung nach § 27 Abs. 1 HGB eine **Fortführung der Firma** durch den Erben voraussetzt, ist umstritten. Teilweise wird vertreten, dass die Vorschrift eine reine Rechtsfolgenverweisung sei. Nach dieser Auffassung sind die Tatbestandsmerkmale des § 25 Abs. 1 S. 1 HGB nicht zu prüfen; auch die Fortführung der Firma ist daher entbehrlich. Überwiegend wird dagegen vertreten, dass die Firmenfortführung Voraussetzung der Haftung nach § 27 Abs. 1 HGB sei. Dafür werden der Wortlaut des § 27 HGB sowie dessen systematische Stellung im Recht der Handelsfirma vorgebracht. Daneben wird darauf hingewiesen, dass in § 28 Abs. 1 S. 1 HGB die Entbehrlichkeit der Firmenfortführung ausdrücklich geregelt sei, nicht aber in § 27 HGB. Schließlich spreche der Normzweck für das Erfordernis der Firmenfortführung. Denn nicht anders als bei § 25 HGB knüpfe die Erwerberhaftung in § 27 HGB gerade an das Gläubigervertrauen an, dessen Bezugspunkt die Fortführung der Firma sei.[55] Im Fall hat Emil die Firma des Erblassers fortgeführt. Der Streit ist daher nicht zu entscheiden. Die Voraussetzungen des § 27 Abs. 1 HGB waren zunächst (zur Veräußerung an Karl s. sogleich) erfüllt.

94 Eine Haftung nach § 27 Abs. 1 HGB könnte aber im Hinblick auf die Veräußerung an Karl nach § 27 Abs. 2 HGB wegen **Geschäftseinstellung** ausgeschlossen sein. Die Vorschrift setzt dem Wortlaut nach voraus, dass „die Fortführung des [ererbten] Geschäfts ... eingestellt wird", und dies innerhalb einer Frist von drei Monaten nach Kenntnis vom Anfall der Erbschaft. Hier hat Emil das Geschäft nicht eingestellt, sondern dieses veräußert und übertragen. Ob eine Veräußerung des Unternehmens einer Einstellung für Zwecke des § 27 Abs. 1 HGB gleichzustellen ist, ist umstritten.

95 Teilweise wird vertreten, dass die **Veräußerung** des Geschäfts nicht zu einem Haftungsausschluss nach § 27 Abs. 2 HGB führe. Dafür wird auf den Wortlaut der Regelung verwiesen und darauf, dass die Veräußerung „der Kontinuität der alten Geschäftsbeziehung Vorschub [leiste]".[56] Die Gegenauffassung[57] betont, dass auch bei einer Veräußerung der Erbe – wie von § 27 Abs. 2 HGB gefordert – die Fortführung der Geschäfte einstelle. Teleologisch lässt sich für die Gegenauffassung anführen, dass § 27 Abs. 1 HGB ein Gläubigervertrauen schützt, das durch eine Veräußerung (und die damit verbundene Geschäftseinstellung in der Person des Erben) in derselben Weise zerstört wird wie durch eine vollständige Einstellung. Eine Privilegierung der vollständigen Einstellung (Zerschlagung) des Betriebes gegenüber der Veräußerung lässt sich zudem kaum mit dem Normzweck des § 27 Abs. 1 S. 1 HGB – dem Gläubigerschutz – in Einklang bringen. Hier wird daher der zuletzt dargestellten Auffassung gefolgt. Nach dieser liegt eine Geschäftseinstellung innerhalb der Frist von drei Monaten nach § 27 Abs. 2 HGB vor.

---

54 *Roth,* in: Koller/Roth/Morck, HGB, 7. Aufl., § 27 Rn. 5.
55 *Vossler,* in: Oetker, HGB, 2. Aufl., § 27 Rn. 14; *Hopt,* in: Baumbach/Hopt, HGB, 35. Aufl., § 27 Rn. 3, jeweils m.w.N.
56 *Wamser,* in: Henssler/Strohn, Gesellschaftsrecht, 1. Aufl., § 27 HGB Rn. 4 m.w.N.
57 *Vossler,* in: Oetker, HGB, 2. Aufl., § 27 Rn. 21; *Ammon/Ries,* in: Röhricht/von Westphalen, HGB, 3. Aufl., § 27 Rn. 32; *Roth,* in: Koller/Roth/Morck, HGB, 7. Aufl., § 27 Rn. 9; *Hopt,* in: Baumbach/Hopt, HGB, 35. Aufl., § 27 Rn. 5.

Gunther hat daher gegen Emil keinen Anspruch auf Zahlung von € 5.000 aus § 433 **96**
Abs. 2 BGB i.V.m. § 27 Abs. 1 HGB.

Mit Arnes Tod sind dessen Verbindlichkeiten jedoch nach erbrechtlichen Regelungen **97**
auf Emil übergegangen (§§ 1922, 1967 BGB). Gunther hat daher gegen Emil einen
Anspruch auf Zahlung von € 5.000 aus § 433 Abs. 2 BGB i.V.m. §§ 1922, 1967 BGB.
Diese erbrechtliche Haftung wird durch den Ausschluss der handelsrechtlichen Haftung
nach § 27 Abs. 2 HGB (s.o.) nicht berührt. Das Erbrecht sieht verschiedene Möglichkeiten der Beschränkung der Haftung auf den Nachlass vor (§§ 1973, 1975 ff., 1990
BGB), von denen Emil nicht Gebrauch gemacht hat.

Ergänzende Hinweise

Zu § 27 HGB ist umstritten, ob die Verweisung auf § 25 HGB auch § 25 Abs. 2 HGB **98**
umfasst (Haftungsausschluss durch zu verlautbarende Vereinbarung). Teilweise wird
die Frage verneint. § 27 Abs. 1 HGB regele eine reine Rechtsfolgenverweisung. § 27
Abs. 2 HGB (Einstellung des Geschäfts, s.o.) regele die Möglichkeit eines Haftungsaus-
schlusses für den Erben abschließend. Auch sei im Erbfall für eine „Vereinbarung" (so
§ 25 Abs. 2 HGB) zwischen bisherigem und neuem Geschäftsinhaber kein Raum. Die
Vertreter der wohl überwiegend vertretenen Gegenansicht[58] meinen, dass § 27 Abs. 1
HGB als Rechtsgrundverweisung auch auf § 25 Abs. 2 HGB verweise. Dass dort eine
„Vereinbarung" vorausgesetzt werde, stehe nicht entgegen, denn § 27 Abs. 1 HGB
ordne ausdrücklich (nur) eine „entsprechende" Anwendung des § 25 HGB an. Im Falle
des § 27 HGB genüge daher die bloße – nach § 25 Abs. 2 HGB kundgemachte – ein-
seitige Erklärung des Erben, um die Haftungsfolge des § 27 Abs. 1 HGB auszuschließen.

Fall 8: Inhaberwechsel und Firmenfortführung III (§ 28 HGB)

> Paul ist Alleingesellschafter der „Pauls Party-Service GmbH", die insbesondere bei
> Betriebsfesten Speisen und Getränken liefert. Benni ist als Einzelkaufmann in der-
> selben Branche tätig. Paul und Benni wollen künftig zusammenarbeiten, um auf diese
> Weise auch größere Aufträge anzunehmen. Sie gründen hierfür die „Paul & Benni
> Catering-Service GmbH & Co. KG". In diese bringen die Pauls Party-Service GmbH
> und Benni jeweils ihr bisheriges Unternehmen ein. Die GmbH wird Komplementärin,
> Paul (der zusätzlich eine Bareinlage von € 10.000 in die neue Gesellschaft leistet) und
> Benni werden Kommanditisten. Vereinbarungen bezüglich bestehender Altverbind-
> lichkeiten werden nicht getroffen. Getränkelieferant Liebig, der Benni noch zu Zeiten
> des Einzelunternehmens beliefert hatte, hat daraus noch eine offene Kaufpreisfor-
> derung von € 800.
> Hat Liebig einen Anspruch auf Zahlung von € 800 gegen die neue Gesellschaft,
> Benni und/oder Paul?

Problemstellung

§ 28 HGB regelt den Fall, dass jemand „als persönlich haftender Gesellschafter oder als **99**
Kommanditist in das Geschäft eines Einzelkaufmanns ein[tritt]". Die Vorschrift betrifft
damit die **Gründung einer Personengesellschaft.** Konkret ist der Fall erfasst, dass eine
Gesellschaft gegründet wird, indem ein Kaufmann sein einzelkaufmännisches Unternehmen einbringt.[59] Welche Beiträge von dem oder den weiteren Gesellschafter(n) erbracht werden, spielt keine Rolle. Rechtsfolge des § 28 Abs. 1 S. 1 HGB ist, dass die neu
entstandene Gesellschaft für die Geschäftsverbindlichkeiten des bisherigen Einzelkaufmanns haftet. Für diese Gesellschaftsverbindlichkeit haften die Gesellschafter nach gesellschaftsrechtlichen Regelungen (also etwa in der oHG unbeschränkt nach § 128 S. 1

58 *Vossler*, in: Oetker, HGB, 2. Aufl., § 27 Rn. 25.
59 *Hopt*, in: Baumbach/Hopt, HGB, 35. Aufl., § 28 Rn. 1.

HGB). Zudem haftet der bisherige Einzelkaufmann weiter (allerdings u.U. zeitlich befristet nach § 28 Abs. 3 HGB).

100 Nach § 28 Abs. 1 S. 2 HGB gelten **Forderungen** des bisherigen Einzelkaufmanns den Schuldnern gegenüber als auf die Gesellschaft übergegangen.

Lösung

101 L könnte gegen die neu gegründete Paul & Benni Catering-Service GmbH & Co. KG einen Anspruch auf Zahlung von € 800 gemäß § 433 Abs. 2 BGB i.V.m. § 28 Abs. 1 S. 1 HGB haben.

102 Dafür müssen die Voraussetzungen des § 28 Abs. 1 S. 1 HGB erfüllt sein. Es muss zunächst das **Handelsgeschäft eines Einzelkaufmanns** vorgelegen haben. Darunter fällt das Geschäft einer natürlichen Person, die Kaufmann nach den §§ 1 – 5 HGB ist. Darüber hinaus sind auch die von § 6 HGB erfassten Handelsgesellschaften (insb. die Personenhandelsgesellschaften sowie die GmbH und die AG) Einzelkaufmann i.S.d. § 28 HGB.[60] Im Fall lagen daher zunächst zwei einzelkaufmännische Unternehmen i.S.d. § 28 Abs. 1 S. 1 HGB vor, nämlich das der GmbH und jenes des Benni.

103 § 28 Abs. 1 S. 1 HGB setzt weiter voraus, dass durch die Einbringung des einzelkaufmännischen Geschäfts **eine Personengesellschaft entsteht**. Im Fall sind beide einzelkaufmännischen Unternehmen (das der GmbH sowie Bennis Geschäft) in die neue GmbH & Co. KG (eine Personengesellschaft) eingebracht worden. Insoweit findet § 28 Abs. 1 S. 1 HGB doppelt Anwendung. Neben der GmbH und Benni ist Paul (als Kommanditist) in die neue Gesellschaft eingetreten. Darauf, dass er als GmbH-Gesellschafter nicht selbst Kaufmann war und daher nicht selbst ein einzelkaufmännisches Geschäft eingebracht hat, kommt es nicht an. Denn § 28 HGB setzt nicht voraus, dass sämtliche Gründer der neuen Gesellschaft Kaufleute sind und ihr Unternehmen einbringen.[61]

104 Die neue Gesellschaft muss für die Anwendung von § 28 Abs. 1 S. 1 HGB das eingebrachte Unternehmen fortführen („**Unternehmenskontinuität**"). Das setzt voraus, dass der den Schwerpunkt des bisherigen Unternehmens bildende wesentliche Kern in der neuen Gesellschaft fortgeführt wird.[62] Hier hat die neue GmbH & Co. KG die Unternehmen sowohl der GmbH als auch des Benni fortgeführt.

105 Anders als § 25 HGB setzt § 28 HGB eine **Fortführung der bisherigen Firma** nicht voraus. § 28 Abs. 1 S. 1 HGB bestimmt dies ausdrücklich.

106 Schließlich dürfen die Parteien **keine abweichende Vereinbarung** i.S.v. § 28 Abs. 2 HGB getroffen haben. Danach ist es den Gesellschaftsgründern grundsätzlich möglich, die Haftung nach § 28 Abs. 1 S. 1 HGB durch Vereinbarung auszuschließen, wenn dies im Handelsregister eingetragen und bekannt gemacht oder dem Dritten mitgeteilt wird. Hier haben die Gründer einen Haftungsausschluss weder vereinbart noch nach außen getragen. Daher liegt keine abweichende Vereinbarung i.S.v. § 28 Abs. 2 HGB vor. Eine solche könnte noch getroffen werden. Dabei wäre allerdings – wie bei § 25 Abs. 2 HGB, s. dazu Rn. 85 – das ungeschriebene Erfordernis zu beachten, dass die Haftungsbeschränkung unverzüglich (regelmäßig wohl spätestens innerhalb von sechs Monaten) verlautbart werden muss.[63]

---

60 *Vossler*, in: Oetker, HGB, 2. Aufl., § 28 Rn. 15.
61 *Roth*, in: Koller/Roth/Morck, HGB, 7. Aufl., § 28 Rn. 4; *Ammon/Ries*, in: Röhricht/von Westphalen, HGB, 3. Aufl., § 28 Rn. 25.
62 *Roth*, in: Koller/Roth/Morck, HGB, 7. Aufl., § 28 Rn. 7.
63 *Vossler*, in: Oetker, HGB, 2. Aufl., § 27 Rn. 25, § 25 Rn. 39.

Folglich sind alle Voraussetzungen des § 28 Abs. 1 S. 1 HGB gegeben. Als **Rechtsfolge** **107** haftet die Gesellschaft für die bei Einbringung bestehenden Geschäftsschulden des bisherigen Einzelkaufmanns. Da § 28 Abs. 1 S. 1 HGB im Fall doppelt Anwendung findet (s.o.), haftet die neue GmbH & Co. KG für die bei Einbringung bestehenden Geschäftsschulden sowohl des Benni als auch der Pauls Party-Service GmbH.

Liebig hat nach allem gegen die Paul & Benni Catering-Service GmbH & Co. KG einen **108** Anspruch auf Zahlung von € 800 gemäß § 433 Abs. 2 BGB i.V.m. § 28 Abs. 1 S. 1 HGB.

Der Anspruch des Liebig gegen Benni persönlich aus § 433 Abs. 2 BGB, der vor der **109** Einbringung bestand, ist durch diese nicht untergegangen. § 28 Abs. 1 S. 1 HGB hat also keinen befreienden Schuldübergang zur Folge. Zu beachten ist aber die Begrenzung der Nachhaftung durch § 28 Abs. 3 HGB, die eingreift, weil Benni in der neuen Gesellschaft Kommanditist geworden ist. Die Enthaftung tritt fünf Jahre nach Eintragung der neuen Gesellschaft im Handelsregister ein (§ 28 Abs. 1 S. 3 HGB).

Für die nach § 28 Abs. 1 S. 1 HGB entstandene Verbindlichkeit der neuen GmbH & Co. **110** KG haften deren Gesellschafter nach gesellschaftsrechtlichen Grundsätzen. Die Komplementär-GmbH haftet daher unbeschränkt nach §§ 161 Abs. 1, 128 S. 1 HGB. Die Kommanditisten Paul und Benni haften den Gesellschaftsgläubigern (auch dem Liebig) nach Eintragung der Gesellschaft nur in Höhe ihrer im Handelsregister ausgewiesenen Haftsummen (und gar nicht, soweit sie Einlagen in Höhe dieser Haftsummen bereits geleistet haben), 171 Abs. 1 HGB (s. dazu noch Rn. 705, 716 ff.). Was Benni betrifft, lässt eine etwaige Enthaftung nach § 28 Abs. 3 HGB (s.o.) diese gesellschaftsrechtliche Haftung als Kommanditist unberührt (so ausdrücklich § 28 Abs. 3 S. 3 HGB).

Ergänzende Hinweise

Die Rechtsfolge des § 28 Abs. 1 HGB ist umstritten. Nach teilweise vertretener Auffas- **111** sung bewirkt die Regelung lediglich einen gesetzlichen Schuldbeitritt zur fortbestehenden Verbindlichkeit des bisherigen Einzelkaufmanns. Die Gesellschaft und der bisherige Einzelkaufmann haften im Anschluss daran gesamtschuldnerisch.[64] Nach anderer Ansicht führt § 28 Abs. 1 HGB zum Übergang der in Rede stehenden Verbindlichkeit oder ganzer Vertragsverhältnisse vom bisherigen Einzelkaufmann auf die Gesellschaft.[65] Der BGH hat sich jedenfalls für Mietverhältnisse gegen den Übergang ganzer Vertragsverhältnisse als Rechtsfolge des ausgesprochen.[66]

Von der Rechtsfolge des § 28 Abs. 1 HGB erfasst sind alle Verbindlichkeiten, deren **112** Rechtsgrund vor der Gesellschaftsgründung gelegt worden ist. Die Verbindlichkeit muss bei Geschäftsübergang noch nicht fällig, sie kann bedingt oder betagt sein. Bei Verbindlichkeiten aus der Verletzung von Vertragspflichten kommt es allerdings nicht auf den Zeitpunkt des Vertragsschlusses an, sondern auf jenen der Verletzungshandlung.[67]

Zum Streit um die analoge Anwendung des § 28 HGB auf die Gründung einer nicht- **113** kaufmännischen Gesellschaft s.u. Rn. 497 ff.

---

64 *Zimmer*, in: Ebenroth/Boujong/Joost/Strohn, HGB, 2. Aufl., § 28 Rn. 30.
65 *Thiessen*, in: MüKo HGB, 3. Aufl., § 28 Rn. 30, § 25 Rn. 81 ff.
66 BGH, Urt. v. 25.4.2001 – XII ZR 43/99, NJW 2001, S. 2251 (2252 f.).
67 BGH, Urt. v. 25.4.2001 – XII ZR 43/99, NJW 2001, S. 2251 (2253); *Zimmer*, in: Ebenroth/Boujong/Joost/Strohn, HGB, 2. Aufl., § 28 Rn. 31, § 25 Rn. 65 f.

IV. Die Vertretung des Kaufmanns (§§ 48 ff. HGB)

Fall 9: Die Prokura (§§ 48 ff. HGB)

> Die Gesellschafter der Kohlhausen oHG, die Tiefkühlkost produziert, haben Permaneder Prokura erteilt. Die Erteilung ist nicht in das Handelsregister eingetragen worden. Die Gesellschafter haben die Prokura ausdrücklich dahingehend beschränkt, dass Permaneder keine Darlehen für die Gesellschaft aufnehmen darf. Als sich die Gelegenheit ergibt, kauft Permaneder namens der Gesellschaft von Volk ein Betriebsgrundstück zum Preis von € 400.000. Zur (Teil-)Finanzierung schließt er namens der Gesellschaft einen Darlehensvertrag über € 320.000 mit der Berg Bank und bestellt dieser auf dem für die Gesellschaft erworbenen Grundstück eine Grundschuld. Noch vor der Auszahlung des Darlehens erfahren die Gesellschafter der Kohlhausen oHG von dem Kauf und der Bankfinanzierung. Sie verweigern allen von Permaneder geschlossenen Geschäften die Zustimmung.
> Kann Volk Zahlung des vereinbarten Kaufpreises von der Kohlhausen oHG verlangen?
> Sind der Darlehensvertrag mit der Berg Bank und die Grundschuldbestellung wirksam?

Problemstellung

114   Die **Prokura** (§§ 48 – 53 HGB) ist eine spezielle Form der im BGB (§§ 167 ff. BGB) geregelten Vollmacht.[68] Als **spezielle Form der Vollmacht** (= durch Rechtsgeschäft erteilte Vertretungsmacht, s. § 166 Abs. 2 S. 1 BGB) betrifft die Prokura ausschließlich die Frage der Vertretungsmacht und damit das Außenverhältnis zwischen einem Kaufmann und einem Dritten, dem gegenüber ein Prokurist für den Kaufmann auftritt. Das Innenverhältnis zwischen Kaufmann und Prokurist wird durch die §§ 48 ff. HGB nicht geregelt. Regelmäßig ist der Prokurist Angestellter des Kaufmanns, sodass sich der Inhalt dieses Innenverhältnisses aus einem Arbeitsvertrag ergibt.

115   Die Besonderheit der Prokura liegt in ihrem **gesetzlich festgeschriebenen** – sehr weiten – **Umfang,** der mit Wirkung gegenüber Dritten grundsätzlich nicht beschränkt werden kann (zu den Einzelheiten s. unseren Fall). Darin liegt ein Risiko für den Kaufmann. Zugleich begründet der gesetzlich festgelegte Umfang die Attraktivität der Prokura. Sie stellt für die Geschäftspartner des Kaufmanns eine Erleichterung dar, indem ein Blick ins Handelsregister (das über Prokura Auskunft gibt, § 53 HGB), regelmäßig genügt, um Klarheit über die Vertretungsverhältnisse zu bekommen.

Lösung

116   Volk könnte gegen die Kohlhausen oHG einen Anspruch auf Zahlung von € 400.000 aus § 433 Abs. 2 BGB haben.

117   Dazu müsste ein wirksamer Kaufvertrag (§ 433 BGB) zwischen der Bank und der oHG zustande gekommen sein. Fraglich ist allein, ob Permaneder mit die Gesellschaft wirksam vertreten hat (§ 164 Abs. 1 BGB). Permaneder hat eine eigene Willenserklärung im Namen der Gesellschaft (Offenkundigkeit) abgegeben. Allein die Frage, ob er auch **Vertretungsmacht** hatte, bedarf näherer Betrachtung. Nach dem Sachverhalt hatten die Gesellschafter Permaneder Vollmacht (also rechtsgeschäftlich begründete Vertretungsmacht, § 166 Abs. 2 S. 1 BGB) in der speziellen Form der Prokura (§§ 48 ff. HGB) erteilt.

---

68 *Hopt,* in: Baumbach/Hopt, HGB, 35. Aufl., Vor § 48 Rn. 4.

Prokura kann nach § 48 Abs. 1 HGB nur durch den **Inhaber des Handelsgeschäfts** oder **118** durch seine gesetzlichen Vertreter erteilt werden. Ein Bevollmächtigter (auch ein Prokurist) kann danach nicht Prokura erteilen. Hier haben die Gesellschafter der Kohlhausen oHG als deren gesetzliche Vertreter (§ 125 Abs. 1 HGB) die Prokura erteilt.

Nach § 48 Abs. 1 HGB muss Prokura zudem **ausdrücklich** erteilt werden. Eine konkludente Erteilung scheidet aus. Als ausdrückliche Erteilung genügt z.B. die Erklärung **119** gegenüber dem zukünftigen Prokuristen, dass dieser nunmehr „ppa. zeichne". Im Fall ist mangels gegenteiliger Hinweise von einer ausdrücklichen Erteilung der Prokura auszugehen.

Nach § 53 Abs. 1 S. 1 HGB ist die Erteilung der Prokura zum **Handelsregister** anzumelden. Dies ist hier nicht geschehen. Die Eintragung hat aber rein deklaratorische **120** (nicht konstitutive) Wirkung.[69] Die Verletzung der Anmeldepflicht lässt daher die Wirksamkeit der Prokura unberührt.[70] Permaneder hatte daher als Prokurist der Kohlhausen oHG Vertretungsmacht für diese.

Fraglich ist allein, ob der **Umfang der Vertretungsmacht** den mit Volk geschlossenen **121** Grundstückskaufvertrag deckte. Der Umfang der Prokura wird nicht im Einzelfall durch den Vollmachtgeber festgelegt. Vielmehr ergibt er sich aus dem Gesetz. Die Prokura ermächtigt zu Geschäften jeder Art, die der Betrieb eines Handelsgeschäftes mit sich bringt, § 49 Abs. 1 HGB. Die Formulierung „eines Handelsgeschäft" bedeutet, dass genügt, dass das in Rede stehende Geschäft in *irgendeinem* Handelsgewerbe vorkommt – dass es zu dem konkret betriebenen Gewerbe gehört (Branchenüblichkeit) ist nicht erforderlich. Unter diesem Gesichtspunkt sind Immobilienkäufe grundsätzlich von einer Prokura umfasst.

Nach der speziellen Regelung in § 49 Abs. 2 BGB sind zwar die **Veräußerung sowie die** **122** **Belastung eines Grundstückes** (Verpflichtungs- und Verfügungsgeschäfte) nur von einer Prokura gedeckt, wenn dazu eine gesonderte Befugnis erteilt worden ist (sog. „Immobiliarklausel"). § 49 Abs. 2 HGB betrifft den *Erwerb* eines Grundstückes – um den es in unserem Fall geht – jedoch nicht. Permaneder hat daher bei Abschluss des Kaufvertrages mit Vertretungsmacht gehandelt.

Volk hat nach allem gegen die Kohlhausen oHG einen Anspruch auf Zahlung von **123** € 400.000 aus § 433 Abs. 2 BGB.

Was die Wirksamkeit der mit der Berg Bank geschlossenen Rechtsgeschäfte betrifft, **124** umfasst der weite gesetzliche Umfang der Prokura nach § 49 Abs. 1 HGB – Zugehörigkeit zu (irgendeinem) Handelsgeschäft zunächst auch die Aufnahme eines Darlehens.[71] Zwar hatten die Gesellschafter bei Erteilung der Prokura die Darlehensaufnahme ausdrücklich aus dem Umfang der Prokura ausgenommen. Permaneder waren solche Geschäfte daher im Innenverhältnis zur Gesellschaft verboten. Nach § 50 Abs. 1, 2 HGB sind solche Beschränkungen aber Dritten gegenüber (im Außenverhältnis) unwirksam (die Ausnahme der sog. Filialprokura nach § 50 Abs. 3 HGB ist hier nicht einschlägig). Der gesetzlich geregelte Umfang der Prokura stellt **zwingendes Recht** dar.[72]

---

69 *Hopt,* in: Baumbach/Hopt, HGB, 35. Aufl., § 53 Rn. 1.
70 Daraus, dass die Erteilung und das Erlöschen von Prokura im Handelsregister nach § 53 HGB eintragungspflichtige Tatsachen sind, ergibt sich aber die Anwendbarkeit der Regelungen zur negativen und positiven Publizität gemäß § 15 Abs. 1, 3 HGB.
71 Vgl. *Hopt,* in: Baumbach/Hopt, HGB, 35. Aufl., § 49 Rn. 1.
72 *Hopt,* in: Baumbach/Hopt, HGB, 35. Aufl., § 50 Rn. 1.

125 Dass der Prokurist – wie hier – Grenzen überschreitet, die ihm im Innenverhältnis wirksam gesetzt worden sind, führt nur in Ausnahmefällen dazu, dass auch im Außenverhältnis die Vertretungsmacht fehlt. Ein solcher Ausnahmefall ist die **Kollusion**, d.h. das vorsätzliche Zusammenwirken des Geschäftspartners mit dem Prokuristen zum Schaden des Vertretenen. Weiter fehlt die Vertretungsmacht in Fällen des **Missbrauchs der Vertretungsmacht**. Beide Ausnahmen setzen aber voraus, dass der Vertragspartner weiß, dass der Prokurist die ihm im Innenverhältnis gesetzten Grenzen überschreitet oder sich ihm dies wenigstens aufdrängen muss.[73] Im Fall gibt es dafür keine Anhaltspunkte. Permaneder handelte nach allem auch bei Abschluss des Darlehensvertrages mit der Berg Bank mit Vertretungsmacht. Der Darlehensvertrag ist wirksam.

126 Ob dasselbe für die Bestellung der Grundschuld (konkret die Einigung i.S.v. §§ 1192 Abs. 1, 1113, 873 Abs. 1 BGB) gilt, ist zweifelhaft. Denn nach der speziellen Regelung in § 49 Abs. 2 BGB sind die Veräußerung sowie die Belastung eines Grundstückes (Verpflichtungs- und Verfügungsgeschäfte[74] nur von einer Prokura gedeckt, wenn dazu eine gesonderte Befugnis erteilt worden ist (sog. **„Immobiliarklausel"**).

127 Permaneder hat hier ein Grundstück belastet. Ob er dazu gesondert ermächtigt worden ist, ergibt sich nicht aus dem Sachverhalt. Es kommt auf die Frage jedoch nicht an. Denn die Grundschuldbestellung fällt zwar dem Wortlaut nach unter die Einschränkung des § 49 Abs. 2 HGB. Nach Sinn und Zweck der Regelung ist sie dagegen nicht von dieser erfasst. § 49 Abs. 2 HGB nimmt, wie oben erörtert, nur die Veräußerung von Grundstücken aus dem Umfang der Prokura heraus, nicht auch den Erwerb. Der Kaufmann soll also nicht generell vor den Risiken geschützt werden, die mit den hohen Volumina von Grundstücksgeschäften häufig verbunden sind. Er soll nur davor geschützt werden, seinen Grundbesitz – regelmäßig ein wesentlicher Bestandteil seines Vermögens – zu verlieren. Vor diesem Hintergrund erfasst § 49 Abs. 2 HGB seine Belastung mit Grundpfandrechten nicht, wenn ausschließlich neu hinzuerworbener Grundbesitz belastet wird und die Belastung gerade der Finanzierung dieses Erwerbs dient (teleologische Einschränkung des zu weiten Wortlautes der Norm).[75]

128 Permaneder hat daher auch bei Bestellung der Grundschuld mit Vertretungsmacht gehandelt. Die Grundschuld ist wirksam bestellt worden.

Fall 10: Die Handlungsvollmacht (§ 54 HGB)

> Kaufmann Kohl, der mit dänischen Designer-Leuchten handelt, erteilt seinem Einkäufer Erle Vollmacht, die für alle Einkäufe gilt, jedoch auf Geschäfte bis € 10.000 begrenzt ist. Alle darüber hinausgehenden Geschäfte möchte Kohl selbst in die Hand nehmen. Erle will seinem Chef endlich beweisen, was in ihm steckt. Er kauft zu dem Zweck Ware zu einem branchenüblichen Preis von € 20.000 bei Velte ein. Velte hat mit Kohl selbst schon häufiger solche Geschäfte geschlossen. Er kennt Erle als Kohls Einkäufer. Velte hat daher keine Zweifel an Erles Vertretungsmacht. Als Kohl von dem Geschäft erfährt, fühlt sich nicht daran gebunden (er glaubt, dass er selbst günstigere Konditionen bekommen hätte). Velte hätte wissen müssen, dass er Geschäfte in einem solchen Rahmen nur persönlich abschließe.
> Kann Velte von Kohl Kaufpreiszahlung verlangen?

---

73 *Schubert,* in: Oetker, HGB, 2. Aufl., § 48 Rn. 39 ff.
74 *Hopt,* in: Baumbach/Hopt, HGB, 35. Aufl., § 49 Rn. 4.
75 *Hopt,* in: Baumbach/Hopt, HGB, 35. Aufl., § 49 Rn. 4.

Problemstellung

Die **Handlungsvollmacht** nach §§ 54 ff. HGB ist jede zum oder im Betrieb eines Han- **129** delsgewerbes erteilte Vollmacht, die keine Prokura darstellt.[76] Wie die Prokura ist die Handlungsvollmacht also eine **spezielle Form der Vollmacht** (§ 166 Abs. 2 S. 1 BGB).

Was das Verhältnis der Handlungsvollmacht zur „normalen BGB-Vollmacht" betrifft, **130** ist die Erkenntnis wichtig, dass der Kaufmann in dem von § 54 HGB geregelten Bereich nicht etwa die Wahl hat, „entweder eine BGB-Vollmacht oder Handlungsvollmacht" zu erteilen. Vielmehr ist jede zum oder im Betrieb eines Handelsgewerbes erteilte Vollmacht an einen Gehilfen des Kaufmanns, die nicht Prokura ist, Handlungsvollmacht.

Anders als bei der Prokura (§ 53 HGB) sind die Erteilung und das Erlöschen von Hand- **131** lungsvollmacht keine im Handelsregister eintragungspflichtige und nicht einmal ein- tragungsfähige Tatsachen (§ 15 Abs. 1, 3 HGB finden keine Anwendung).

§ 54 Abs. 1 HGB regelt drei Arten der Handlungsvollmacht: die General-, die Art- und **132** die Spezialhandlungsvollmacht. Welche Handlungsvollmacht erteilt ist, hängt davon ab, wozu konkret der Prinzipal den Bevollmächtigten ermächtigt hat: Die **Generalhand- lungsvollmacht** betrifft alle Geschäfte, die zum Betrieb des jeweiligen (anders als bei der Prokura nicht irgendeines) Gewerbes gehören („kleine Prokura"). Die **Arthandlungs- vollmacht** ermächtigt zu bestimmten Arten von Rechtsgeschäften, die das Gewerbe mit sich bringt (auch hier sind – anders als bei der Prokura – nur branchenübliche Geschäfte umfasst). Beispiele sind etwa Vollmachten, die sich nur auf den Einkauf, nur auf den Verkauf oder (bei einer Bank) nur auf Darlehensverträge mit Privatkunden beziehen. Eine **Spezialhandlungsvollmacht** liegt schließlich vor, wenn Vollmacht nur für einzelne zu einem Gewerbe gehörende Geschäfte erteilt worden ist.[77]

Anders als die Prokura kann die Handlungsvollmacht rechtsgeschäftlich beschränkt **133** werden. Zum Schutz gutgläubiger Dritter gilt jedoch § 54 Abs. 3 HGB, der im Zentrum unseres Falles steht.[78] Problematisch ist, wann von einem „Kennenmüssen" des Dritten im Sinne dieser Regelung auszugehen ist.

Lösung

Velte könnte gegen Kohl einen Anspruch auf Zahlung von € 20.000 gemäß § 433 **134** Abs. 2 BGB haben. Ein wirksamer Kaufvertrag liegt vor, wenn Kohl wirksam durch den Erle vertreten worden ist (§§ 164 ff. BGB).

Erle hat eine eigene Willenserklärung abgegeben. Dies geschah im Namen Kohls (Offen- **135** kundigkeit). Erle müsste außerdem mit Vertretungsmacht gehandelt haben. In Betracht kommt als spezielle Form der Vollmacht (§ 166 Abs. 2 S. 1 HGB) eine Handlungsvoll- macht gemäß § 54 HGB. Eine Handlungsvollmacht ist jede zum oder im Betrieb eines Handelsgewerbes einem Gehilfen des Kaufmanns erteilte Vollmacht, die nicht Prokura ist. Kohl ist nach dem Sachverhalt Kaufmann und hat Erle die Vollmacht im Rahmen des Betriebes erteilt. Ein Handlungsvollmacht nach § 54 HGB liegt danach vor.

Was den **Umfang der Vertretungsmacht** angeht, hat Kohl die Vollmacht des Erle auf eine **136** bestimmte Art von Geschäften (Einkäufe) beschränkt, also eine sog. **Gattungshand- lungsvollmacht** erteilt. Diese umfasst nach § 54 Abs. 1 HGB alle Geschäfte und Rechts- handlungen, die die erlaubte Art von Geschäften gewöhnlich mit sich bringt. Der von Erle mit Velte geschlossene Vertrag gehört zu den Rechtsgeschäften, die der Einkauf für den Kohl gewöhnlich mit sich bringt und ist somit grundsätzlich von der Vollmacht umfasst.

---

76 *Hopt*, in: Baumbach/Hopt, HGB, 35. Aufl., § 54 Rn. 1.
77 *Roth*, in: Koller/Roth/Morck, HGB, 7. Aufl., § 54 Rn. 9.
78 *Roth*, in: Koller/Roth/Morck, HGB, 7. Aufl., § 54 Rn. 13 ff.

137 Jedoch hat Kohl Erles Vollmacht auf Geschäfte mit einem Volumen von höchstens € 10.000 begrenzt. Eine solche Beschränkung muss ein Dritter nach § 54 Abs. 3 HGB nur gegen sich gelten lassen, wenn er sie kannte oder kennen musste. Positive Kenntnis von der Beschränkung hatte Velte nicht. Insoweit kommt einzig ein „**Kennenmüssen**" in Betracht. Nach der Legaldefinition in § 122 Abs. 2 BGB ist dieses zu bejahen, wenn der Betroffene die Beschränkung fahrlässig nicht kannte. Es besteht aber keine allgemeine Nachforschungspflicht.[79] Mit Rücksicht auf den Sinn und Zweck der Vorschrift des § 54 HGB, nämlich die leichte und schnelle Beurteilung von kaufmännischen Vertretungsverhältnissen im Handelsverkehr, dürfen an die Sorgfalt des Dritten keine überzogenen Anforderungen gestellt werden.[80] Velte traf daher keine Pflicht, Nachforschungen zu Erles Vollmacht anzustellen. Dass Velte auch Geschäfte mit Kohl persönlich abgeschlossen hat, lässt noch nicht auf eine Beschränkung der Handlungsvollmacht schließen. Velte war nach allem gutgläubig, so dass ihm die Beschränkung der Vollmacht nach § 54 Abs. 3 HGB nicht entgegengehalten werden kann.

138 Damit kann sich Kohl nicht auf fehlende Vertretungsmacht berufen. Velte hat gegen Kohl einen Anspruch auf Zahlung von € 20.000 gemäß § 433 Abs. 2 BGB.

Ergänzende Hinweise

139 Beschränkungen der Handlungsvollmacht sind zu unterscheiden von bloß internen Weisungen.[81] In diesem Fall ist eine Anwendung von § 54 Abs. 3 HGB nicht erforderlich, da die Vollmacht im Außenverhältnis nicht eingeschränkt wird.[82]

140 Als Rechtsfolge eröffnet § 54 Abs. 3 HGB dem gutgläubigen Dritten ein Wahlrecht. Er kann sich entweder auf die wahre Rechtslage berufen. Dann finden die allgemeinen Regeln über das Fehlen der Vertretungsmacht (§§ 177 ff. BGB) Anwendung. Alternativ kann der Dritte sich (wie in unserem Fall) auf § 54 Abs. 3 HGB berufen und damit auf das Bestehen der Vertretungsmacht.[83]

Fall 11: Vertretungsmacht von Ladenangestellten (§ 56 HGB)

> Stephan ist angestellter Verkäufer in einer Filiale der Elektronikmarktkette Megia AG. Sein Bekannter Dirk besucht ihn in der TV-Abteilung und möchte ein Fernsehgerät erstehen. Stephan räumt ihm einen Rabatt von 50 % auf den Kaufpreis ein, den andere Kunden nicht bekommen. Die Megia AG verweigert dem Geschäft später – ordnungsgemäß vertreten – die Zustimmung.
> Ist ein wirksamer Kaufvertrag zwischen Dirk und der Megia AG zustande gekommen?

Problemstellung

141 Die Vorschrift des § 56 HGB dient dem Schutz des Geschäftsverkehrs, der erwartet, dass das in einem Laden oder offenen Warenlager beschäftigte Personal zu den dort gewöhnlich vorkommenden Geschäften bevollmächtigt ist.[84] Die dogmatische Einordnung der Regelung ist äußerst umstritten.[85]

---

79 *Hopt*, in: Baumbach/Hopt, HGB, 35. Aufl., § 54 Rn. 19.
80 *Wagner*, in: Röhricht/von Westphalen, HGB, 3. Aufl., § 54 Rn. 40.
81 *Hopt*, in: Baumbach/Hopt, HGB, 35. Aufl., § 54 Rn. 18.
82 *Wagner*, in: Röhricht/von Westphalen, HGB, 3. Aufl., § 54 Rn. 39.
83 *Roth*, in: Koller/Roth/Morck, HGB, 7. Aufl., § 54 Rn. 17.
84 *Roth*, in: Koller/Roth/Morck, HGB, 7. Aufl., § 56 Rn. 1.
85 Vgl. die Darstellung der verschiedenen Ansichten bei *Roth*, in: Koller/Roth/Morck, HGB, 7. Aufl., § 56 Rn. 2.

Lösung

Ob zwischen der Megia AG und Dirk ein wirksamer Kaufvertrags gemäß § 433 BGB **142** vorliegt, hängt von einer wirksamen Vertretung der Megia AG durch Stephan ab. Einzig fraglich ist, ob Stephan **Vertretungsmacht** hatte. Diese könnte auf § 56 HGB (Vertretungsmacht der Angestellten in Läden und Warenlagern) beruhen.

Dazu müsste es sich bei dem Vertretenen (Megia AG) zunächst um einen **Kaufmann** **143** handeln.[86] Die Megia AG ist Kaufmann nach §§ 3 Abs. 1 AktG, 6 HGB (Formkaufmann).[87]

Stephan müsste außerdem **Angestellter** der Megia AG i.S.d. § 56 HGB sein. Dies ist jede **144** Person, die im Laden bzw. Warenlager mit Wissen und Wollen des Inhabers mitwirkt, auch wenn darin nicht ihre Hauptaufgaben liegt.[88] Stephan ist von der Megia AG als Verkäufer in der TV-Abteilung eingestellt worden und daher Angestellter i.S.v. § 56 HGB. Der Abschluss des Kaufvertrags erfolgte auch im Laden der Megia AG.

Schließlich müsste das von Stephan geschlossene Geschäft vom **Umfang seiner Vertre-** **145** **tungsmacht** umfasst sein. Von der Vertretungsmacht nach § 56 HGB sind „Verkäufe und Empfangnahmen" umfasst, „die in einem derartigen Laden oder Warenlager gewöhnlich geschehen" (gewöhnliche Geschäfte).[89]

Hier hat Stephan namens der Megia AG den Verkauf eines Fernsehers vereinbart und **146** damit ein im Laden der Megia AG grundsätzlich gewöhnliches Geschäft geschlossen. Zweifelhaft ist jedoch, ob der gewährte Rabatt die Gewöhnlichkeit ausschließt. Die Vertretungsmacht des Angestellten nach § 56 HGB umfasst auch Nebenabreden zu einem Kaufvertrag wie etwa die Stundung des Kaufpreises oder die Einräumung eines Preisnachlasses. Voraussetzung ist aber jeweils, dass solche Vereinbarungen im gegebenen Handelszweig und Ladentyp üblich sind.[90] Ein individueller Nachlass um 50 % des Kaufpreises ist in einem Elektronikmarkt unüblich. Daher war die Rabattvereinbarung nicht von Stephans Vertretungsmacht gemäß § 56 HGB gedeckt. Die vertretene Megia AG hat die vollmachtlose Vertretung nicht genehmigt, sodass die Rabattvereinbarung und mit ihr nach § 139 BGB der gesamte Kaufvertrag unwirksam ist.

Es liegt kein wirksamer Kaufvertrag zwischen der Megia AG und Dirk vor. **147**

Ergänzender Hinweis

Auf § 54 Abs. 3 HGB kommt es in unserem Fall nicht an. Zwar ist die Norm im Rahmen **148** des § 56 HGB analog anwendbar.[91] Auf sie kommt es jedoch nur bei Geschäften an, die i.S.d. § 56 HGB gewöhnlich und daher grundsätzlich von der Vertretungsmacht des Ladenangestellten umfasst sind. Dirk dürfte zudem nicht gutgläubig i.S.d. § 54 Abs. 3 HGB gewesen sein.

---

86 Auf Kleingewerbetreibende wird die Vorschrift analog angewendet, s. *Roth,* in: Koller/Roth/Morck, HGB, 7. Aufl., § 56 Rn. 3.
87 S. bereits Rn. 55 ff.
88 *Hopt,* in: Baumbach/Hopt, HGB, 35. Aufl., § 56 Rn. 2.
89 S. dazu *Hopt,* in: Baumbach/Hopt, HGB, 35. Aufl., § 56 Rn. 4.
90 *Roth,* in: Koller/Roth/Morck, HGB, 7. Aufl., § 56 Rn. 10; *Wagner,* in: Röhricht/von Westphalen, HGB, 3. Aufl., § 56 Rn. 14.
91 *Schubert,* in: Oetker, HGB, 2. Aufl., § 56 Rn. 17.

V. Die Hilfspersonen des Kaufmanns

Fall 12: Der Handelsvertreter (§§ 84 ff. HGB)

Ausgangsfall: Büromöbelhersteller Perl betraut Holle am 1. Januar 2013 damit, im Namen des Perl dessen Möbel in Hannover und im Umland bis zum 31. Dezember 2013 zu vertreiben. Er weist ihn an, zunächst die in Betracht kommenden öffentlichen Einrichtungen (Schulen, Hochschulen, Behörden etc.) aufzusuchen und dann die mittelständischen Unternehmen der Region. Holle erhält einen monatlichen Festlohn von € 500 und wird daneben an den von ihm vermittelten Bruttoumsätzen mit 5 % beteiligt.
Holle sucht im Mai 2013 den Wolter in dessen Werbeagentur auf. Dieser ist vor allem von aus Stahl und Leder gefertigten Freischwingern begeistert. Weil seine Liquidität eine Bestellung nicht hergibt, muss er aber davon absehen.
Im August 2013 ist Wolters Kasse wieder gut gefüllt. Er wendet sich direkt an Perl und bestellt für € 10.000 brutto zehn Freischwinger. Lieferung und Bezahlung erfolgen kurze Zeit später. Hat Holle einen Anspruch auf Zahlung von € 500 gegen Perl?
Ergänzung: Perl verkauft im September 2013 Möbel an Rechtsanwalt Richtig, der seine Kanzlei in Hannover im Stadtteil List betreibt. Holle hatte mit Richtig bislang nichts zu tun. Hat er dennoch einen Provisionsanspruch?

Problemstellung

149 Holle könnte Handelsvertreter nach § 84 HGB sein und als solcher einen Provisionsanspruch nach §§ 87 Abs. 1, 87a Abs. 1 HGB haben. Für die Frage, ob Holle Handelsvertreter ist, gilt es, den Handelsvertreter von anderen Hilfspersonen des Kaufmanns abzugrenzen.

- Vom **Handlungsgehilfen** (§§ 59 ff. HGB), der Arbeitnehmer des Kaufmanns ist, unterscheidet sich der Handelsvertreter durch seine Selbstständigkeit (definiert in § 84 Abs. 1 S. 2 HGB).[92]
- Wie der **Handelsmakler** (§§ 93 ff. HGB) ist der Handelsvertreter in den Absatz und Vertrieb eines anderen Unternehmens eingegliedert, dies aber – im Gegensatz zum Handelsmakler – ständig.
- Der **Kommissionär** (§§ 383 ff. HGB) schließt Verträge im eigenen Namen, aber für Rechnung des Prinzipals ab. Der Handelsvertreter vermittelt dagegen Verträge, die der Prinzipal dann selbst schließt, oder er tritt als Vertreter (§§ 164 ff. BGB, 54 f. HGB) des Prinzipals auf – in keinem Fall schließt er Verträge in eigenem Namen.
- **Vertragshändler** und **Franchisenehmer** (im Gesetz nicht geregelt) treten ebenfalls in eigenem Namen auf.

Lösung

150 **Ausgangsfall:**
Holle könnte gegen Perl einen Anspruch auf Zahlung von € 500 gemäß §§ 87 Abs. 1, 87a Abs. 1 HGB haben.

151 Hierzu müsste Perl zunächst **Handelsvertreter** sein. Handelsvertreter ist nach der Legaldefinition des § 84 Abs. 1 S. 1 HGB, wer als selbstständiger Gewerbetreibender ständig damit betraut ist, für einen anderen Unternehmer Geschäfte zu vermitteln oder in dessen Namen abzuschließen.

---

92 *Hopt,* in: Baumbach/Hopt, HGB, 35. Aufl., § 84 Rn. 1.

Holle müsste also zunächst von Perl mit der **Vermittlung oder dem Abschluss von Geschäften** betraut sein. Der mit dem Abschluss von Geschäften betraute Handelsvertreter („**Abschlussvertreter**") schließt diese im Namen des Prinzipals selbst, tritt also als dessen Stellvertreter auf (Handlungsvollmacht nach § 54 HGB mit Besonderheiten nach § 55 HGB). Unter der (bloßen) Vermittlung von Verträgen („**Vermittlungsvertreter**") ist dagegen das Fördern des Vertragsschlusses durch Einwirkung auf den Dritten zu verstehen.[93] Sowohl Abschluss- als auch Vermittlungsvertreter handeln nicht in eigenem Namen, werden also nicht selbst Vertragspartner (Handeln in fremdem Namen, das unterscheidet den Handelsvertreter etwa vom Kommissionär, §§ 383 ff. HGB). Hier handelte Holle in fremdem Namen, er war von Perl mit dem Abschluss von Geschäften in dessen Namen betraut (Abschlussvertreter).   **152**

Um Handelsvertreter zu sein, müsste Holle **ständig** mit der Tätigkeit für Perl betraut gewesen sein (Angrenzung insb. zum Handelsmakler nach §§ 93 ff. HGB). Ständig bedeutet nicht „für immer" oder langfristig. Auch eine Tätigkeit auf unbestimmte Zeit ist nicht nötig. Entscheidend ist, dass eine unbestimmte Vielzahl von Verträgen vermittelt oder abgeschlossen werden soll. Unter dieser Voraussetzung sind auch saisonale Engagements oder etwa eine Tätigkeit nur anlässlich einer bestimmten Messe von den §§ 84 ff. HGB erfasst.[94] Dass Holle für Perl nur ein Jahr lang tätig sein sollte, steht seiner Eigenschaft als Handelsvertreter danach nicht entgegen.   **153**

Holle müsste schließlich **selbstständig** tätig sein. Selbstständig arbeitet nach der Legaldefinition in § 84 Abs. 1 S. 2 HGB, wer im Wesentlichen frei seine Tätigkeit gestalten und seine Arbeitszeit bestimmen kann. Maßgebend ist die persönliche und nicht die wirtschaftliche Selbstständigkeit.[95] Dabei ist das Gesamtbild der vertraglichen und tatsächlichen Ausgestaltung der Tätigkeit zu beachten.[96] Vorliegend rühren Zweifel an Holles Selbstständigkeit daher, dass Holle einen Festlohn von monatlich € 500 € erhält. Zudem wurde er von Perl angewiesen, in einer bestimmten Reihenfolge öffentliche Einrichtungen und Unternehmen aufzusuchen.   **154**

Eine **feste Vergütung** lässt das Unternehmerrisiko entfallen und steht damit einer Selbstständigkeit entgegen. Das gilt jedoch nicht, wenn eine feste Grundvergütung neben einer erfolgsabhängigen Vergütung nur untergeordnete Bedeutung hat.[97] Davon ist bei einem Betrag von (nur) € 500 im Monat auszugehen.   **155**

Die von Perl vorgegebene (grobe) **Besuchsreihenfolge** schließt Holles Selbstständigkeit   **156** i.S.d. § 84 Abs. 1 2 HGB ebenfalls nicht aus entgegen.[98] Einzelne Weisungen sind unschädlich. § 84 Abs. 1 S. 2 HGB verlangt nämlich nur, dass der Handelsvertreter Tätigkeit und Arbeitszeit „im Wesentlichen" selbst bestimmen kann. Perl hat Holle lediglich eine gewisse „Marschroute" für seine Akquisetour vorgegeben, ihm aber nicht die konkret anzusprechenden potenziellen Abnehmer vorgegeben. Schon gar nicht hat er die Abfolge der Besuche im Einzelnen festgelegt. Hinsichtlich der Arbeitszeit hat Perl Holle keine Vorgaben gemacht. In der Gesamtbetrachtung verbleiben Holle nach allem ausreichende Freiheiten.

Holle ist nach allem selbstständiger Gewerbetreibender und Handelsvertreter (und   **157** nicht nur Angestellter i.S.d. § 84 Abs. 2 HGB).

---

93 *Hopt,* in: Baumbach/Hopt, HGB, 35. Aufl., § 84 Rn. 22.
94 *Hopt,* in: Baumbach/Hopt, HGB, 35. Aufl., § 84 Rn. 41 ff.
95 *Roth,* in: Koller/Roth/Morck, HGB, 7. Aufl., § 84 Rn. 3.
96 *Thume,* in: Röhricht/von Westphalen, HGB, 3. Aufl., § 56 Rn. 14.
97 *Busche,* in: Oetker, HGB, 2. Aufl., § 84 Rn. 29.
98 *Löwisch,* in: Ebenroth/Boujong/Joost/Strohn, HGB, 2. Aufl., § 84 Rn. 15.

158   Der **Provisionsanspruch** nach §§ 87 Abs. 1, 87a Abs. 1 HGB setzt neben der Handelsvertretereigenschaft zunächst voraus, dass ein Vertrag mit einem Dritten „**während des Vertragsverhältnisses**" zwischen Prinzipal und Handelsvertreter geschlossen wird. Für erst danach geschlossene Verträge bestehen Provisionsansprüche nur ausnahmsweise (§ 87 Abs. 3 HGB). Hier war Holle bei Vertragsschluss (August 2013) als Handelsvertreter für Perl aktiv.

159   Es bedarf weiter einer **Kausalität** zwischen der Tätigkeit des Handelsvertreters und dem Vertragsschluss. Provisionspflichtig sind nach § 87 Abs. 1 S. 1 HGB nur Geschäfte, die auf die Tätigkeit des Handelsvertreters „zurückzuführen sind oder mit Dritten abgeschlossen werden, die [dieser] als Kunden für Geschäfte der gleichen Art geworben hat." Darin kommt zum Ausdruck, dass eine Mitverursachung durch den Handelsvertreter genügt. Auch das (hier vorliegende) sog. „mitverursachte Direktgeschäft mit dem Unternehmer" ist daher von § 87 Abs. 1 S. 1 HGB erfasst.[99] Holle hatte den Vertragsschluss mit Wolter maßgeblich vorbereitet. Dieser hatte nur wegen vorübergehend knapper Liquidität nicht sofort – über Holle – bei Perl bestellt. Die spätere Bestellung ist damit auf Holles Tätigkeit zurückzuführen.

160   Der Provisionsanspruch entsteht nach § 87a Abs. 1 S. 1 HGB schließlich erst, sobald der Prinzipal das Geschäft **ausgeführt** hat (abweichende Vereinbarungen sind nur in den durch § 87a Abs. 1 S. 2, 3 HGB gesetzten engen Grenzen zulässig). Hier hat Perl das vermittelte Geschäft nach dem Sachverhalt ausgeführt.

161   Die **Fälligkeit** des Provisionsanspruchs richtet sich nach § 87a Abs. 4 i.V.m. 87c Abs. 1 HGB. Da Perl und Holle keine vom Gesetz abweichenden Vereinbarungen dazu getroffen haben, tritt die Fälligkeit am 30. September 2013 ein.

162   Nach allem hat Holle einen Anspruch gegen Perl auf Zahlung von € 500 (die Berechnung der Provision ist zutreffend) aus §§ 87 Abs. 1, 87a Abs. 1 HGB.

163   Ergänzung:
Was den Kaufvertrag zwischen Perl und Richtig betrifft, fehlt es für einen Provisionsanspruch nach § 87 Abs. 1 HGB an der dafür vorausgesetzten Kausalität (s.o.), denn Holle hatte mit Richtig nichts zu tun. Ein Provisionsanspruch kommt nur nach § 87 Abs. 2 HGB in Betracht, also dann, wenn Holle „ein bestimmter Bezirk oder ein bestimmter Kundenkreis zugewiesen [war]" (sog. **Bezirksvertreter**). Holle sollte nach der Vereinbarung mit Perl in Hannover arbeiten. Das allein genügt für eine Bezirksvertretung aber nicht. Vielmehr ist, wenn nicht in irgendeiner Weise eine tätigkeitsunabhängige Provisionspflicht im Handelsvertretervertrag angelegt ist, im Zweifel davon auszugehen, dass keine Bezirksvertretung i.S.d. § 87 Abs. 2 HGB vereinbart ist, sondern das Kausalitätserfordernis nach § 87a Abs. 1 HGB gilt. Holle hat danach keinen Provisionsanspruch.

Ergänzende Hinweise

164   Neben den oben behandelten Fragen sollten Sie im Zusammenhang mit der Provision des Handelsvertreters vor allem § 87 Abs. 3 HGB kennen (Provision – als Ausnahme – für Verträge, die nach Ende des Handelsvertretervertrages geschlossen werden). Zudem sollten Sie die Begriffe Delkredereprovision (§ 86b HGB) und Inkassoprovision (§ 87 Abs. 4 HGB) einmal gehört haben.

165   Im Handelsvertreterrecht spielt daneben der **Ausgleichsanspruch** des Handelsvertreters nach Vertragsende (§ 89b HGB) in der Praxis eine sehr wichtige Rolle. Auch in der Ausbildung darf dieser Anspruch daher nicht vernachlässigt werden. In diesem Buch wird er sogleich unter Rn. 166 ff. (im Rahmen der analogen Anwendung auf Vertragshändler) behandelt.

---

99 *Hopt,* in: Baumbach/Hopt, HGB, 35. Aufl., § 87 Rn. 11 f.

Fall 13: Vertragshändler/Eigenhändler und Franchising

> Bauerrichter war früher Autohändler verkaufte Fahrzeuge des Herstellers Valvo. Die Rechtsbeziehungen zwischen Valvo und Bauerrichter richteten sich nach einem 1996 geschlossenen „Vertragshändlervertrag". Danach hatte Bauerrichter ausschließlich Valvo-Fahrzeuge sowie von Valvo hergestellte Ersatzteile und Zubehör zu verkaufen. Er war verpflichtet, bei der Gestaltung seines Betriebes, bei der Organisation des Verkaufs, der Gewährleistung und der Werbung den Richtlinien und Empfehlungen von Valvo zu folgen. Weiter hatte Bauerrichter auf eigene Kosten Werbung zu treiben und das Markenzeichen von Valvo i.V.m. seiner Bezeichnung als Vertragshändler im Geschäftsverkehr zu verwenden. Außerdem musste er eine Reparaturwerkstatt betreiben, in der nur Original-Ersatzteile verwendet werden durften. Für jedes verkaufte Neufahrzeug hatte Bauerrichter Kunden-Informationen an Valvo zu übermitteln. Für den Fall der Beendigung des Vertrages war vorgesehen, dass Bauerrichter seinen gesamten Kundenstamm auf Valvo übertragen musste. Wegen schlecht laufender Geschäfte beendeten die Valvo AG und Bauerrichter Ende 2008 einvernehmlich ihre Vertragsbeziehungen.
>
> Bauerrichter hat während der Laufzeit des Vertragshändlervertrages zahlreiche Kunden neu geworben. Für die Überlassung dieser Kunden an Valvo möchte er bei Vertragsende einen Ausgleich haben. Er fragt, ob er darauf einen Anspruch hat und wie der Anspruch zu berechnen ist.

Problemstellung

Im Handelsvertreterrecht (zum Recht der Vertragshändler sogleich) ist der **Ausgleichs-** **166** **anspruch nach § 89b HGB** von erheblicher Bedeutung (*Hopt*: „in Praxis und Rechtsprechung wichtigste Norm des Handelsvertreterrechts"[100]). § 89b HGB regelt einen Ausgleich, den der Handelsvertreter bei Ende des Handelsvertretervertrages vom Prinzipal – verkürzt gesprochen – dafür erhält, dass das Prinzipal von den vom Vertreter aufgebauten oder vertieften Kundenbeziehungen auch nach Vertragsende profitiert. Damit wird in gewisser Weise kompensiert, dass der Handelsvertreter als selbstständiger Gewerbetreibender keinen Kündigungsschutz genießt.

Im Fall geht es nicht um einen Handelsvertreter, sondern um einen selbstständigen Un- **167** ternehmer, der zwar in die Vertriebsorganisation eines anderen Unternehmens eingebunden ist, aber – anders als der Handelsvertreter – im eigenen Namen handelt. Hierfür hat sich die Bezeichnung als **Vertragshändler** oder **Eigenhändler** durchgesetzt. Der Vertragshändlervertrag ist – ebenso wie das Franchising, s. dazu unten Rn. 179 f. – nicht Gegenstand ausdrücklicher gesetzlicher Regelungen. Teilweise werden Regelungen des Handelsvertreterrechts analog herangezogen.

Lösung

Bauerrichter könnte gegen Valvo einen Anspruch auf eine Ausgleichszahlung nach **168** § 89b HGB haben.

§ 89b HGB findet **nicht direkte Anwendung,** da Bauerrichter nicht Handelsvertreter ist, **169** sondern Verträge im eigenen Namen schließt (Vertrags- oder Eigenhändler).

In Betracht kommt aber eine **analoge Anwendung** von § 89b HGB auf Vertragshändler. **170** Entgegen vereinzelten Stimmen[101] wird diese Analogie von der ganz h.M. für zulässig und geboten gehalten.[102] Weil es keinen gesetzlich festgelegten Vertragstypus des Ver-

---

100 *Hopt,* in: Baumbach/Hopt, HGB, 35. Aufl., § 89b Rn. 1.
101 S. etwa *Stumpf,* NJW 1998, S. 12 ff.
102 S. etwa *von Hoyningen-Huene,* MüKo HGB, 3. Aufl., § 89b Rn. 18 m.w.N.

tragshändlervertrages gibt, muss aber im Einzelfall geprüft werden, ob die in Rede stehende Vertragsbeziehung die Analogie rechtfertigt. Die Rechtsprechung verlangt dafür, dass zwischen Hersteller und Händler ein Rechtsverhältnis besteht, das sich nicht in einer bloßen Verkäufer-/Käufer-Beziehung erschöpft, sondern das den Eigenhändler aufgrund vertraglicher Abmachungen so in die Absatzorganisation eingliedert, dass er wirtschaftlich in erheblichem Umfang dem Handelsvertreter vergleichbare Aufgaben zu erfüllen hat und verpflichtet ist, bei Vertragsbeendigung seinem Lieferanten seinen Kundenstamm zu übertragen, sodass sich der Lieferant die Vorteile des Kundenstamms sofort und ohne weiteres nutzbar machen kann.[103]

171 Bauerrichter hatte im Vertragshändlervertrag eine Reihe von Verpflichtungen gegenüber Valvo übernommen. So bestanden nicht nur eine Exklusivabnahmepflicht für Fahrzeuge und Teile, sondern auch ausführliche Vorgaben für die Gestaltung der gesamten Absatzorganisation. Die Einbindung in die Vertriebsorganisation war damit jener eines Handelsvertreters vergleichbar. Zudem war Bauerrichter verpflichtet, bei Vertragsende seinen Kundenstamm auf Valvo zu übertragen, sodass Valvo sich diesen unmittelbar nutzbar machen konnte. Die Voraussetzungen für eine analoge Anwendung des § 89b HGB sind danach gegeben.

172 § 89b HGB (analog) setzt die **Beendigung** eines Vertragshändlervertrages voraus. Dies haben Valvo und Bauerrichter hier einvernehmlich herbeigeführt.

173 Valvo müsste aus der Geschäftsverbindung mit neuen Kunden, die Bauerrichter geworben hat, auch nach Beendigung des Vertragsverhältnisses erhebliche **Vorteile** haben (§ 89b Abs. 1 S. 1 Nr. 1 HGB (analog)). Neu geworbenen Kunden stehen nach § 89b Abs. 1 S. 2 HGB (analog) solche Kunden gleich, zu denen Bauerrichter die Geschäftsverbindung so wesentlich erweitert hat, „dass dies wirtschaftlich der Werbung eines neuen Kunden entspricht". Bauerrichter hat nach dem Sachverhalt zahlreiche neue Kunden geworben. Davon, dass Valvo aus dem Kundenstamm weiter erhebliche Vorteile ziehen kann, ist auszugehen.

174 Nach § 89b Abs. 1 S. 1 Nr. 2 HGB (analog) müsste die Zahlung eines Ausgleichs unter Berücksichtigung aller Umstände der **Billigkeit** entsprechen. Davon ist hier ebenfalls auszugehen.

175 Bis 2009 setzte ein Ausgleichanspruch nach § 89b Abs. 1 S. 1 Nr. 2 HGB a.F. zudem voraus, dass der Handelsvertreter (hier Vertragshändler) infolge der Beendigung des Vertragsverhältnisses Provisionsansprüche (beim Vertragshändler: Einnahmen) verlor, die er bei Fortsetzung des Vertrages gehabt hätte. Der **Provisionsverlust** ist heute nicht mehr eigenständige Anspruchsvoraussetzung, sondern nur noch im Rahmen der Billigkeitserwägungen nach § 89b Abs. 1 S. 1 Nr. 2 HGB n.F. (s.o.) zu berücksichtigen.

176 Ein Ausgleichsanspruch Bauerrichters nach § 89b HGB (analog) setzt schließlich voraus, dass **kein Ausschlussgrund** nach § 89b Abs. 3 HGB (analog) besteht. **Ein solcher ist u.a. gegeben, wenn** der Vertragshändler selbst den Vertrag mit dem Hersteller gekündigt hat (§ 89b Abs. 3 Nr. 1 HGB (analog)). Hier haben Bauerrichter und Valvo den Vertrag jedoch einvernehmlich beendet. Dies ist einer Kündigung selbst dann nicht gleichzusetzen, wenn die Vertragsaufhebung auf die Initiative des Vertragshändlers zurückgeht.[104] Andere Ausschlussgründe sind ebenfalls nicht ersichtlich

---

103 S. etwa BGH, Urt. v. 8.6.1988 – I ZR 244/86, NJW-RR 1988, S. 1305 m.w.N.
104 Vgl. *Roth,* in: Koller/Roth/Morck, HGB, 7. Aufl., § 89 Rn. 16.

Bauerrichter hat nach allem gegen Valvo einen Anspruch auf Ausgleichszahlung analog **177**
§ 89b HGB.

Die **Höhe des Anspruchs** richtet sich nach § 89b Abs. 2 HGB (analog). Der Ausgleich **178**
beträgt danach – beim Handelsvertreter – höchstens der durchschnittlichen Jahresprovision der letzten fünf Jahre vor Vertragsende. Beim Vertragshändler sind in analoger Anwendung die Rabatte maßgeblich, der der Händler auf den Listenpreis des Herstellers erhält, da diese an die Stelle der Provision eines Handelsvertreters treten.[105] Um eine Vergleichbarkeit zu erzielen, rechnet die Rechtsprechung zudem diejenigen Teile des Rabatts heraus, die der Vertragshändler aufgrund seiner vom Handelsvertreter abweichenden Stellung für Leistungen erhält, die ein Handelsvertreter üblicher Weise nicht zu erbringen hat (Herausrechnung handelsvertreteruntypischer Anteile).[106]

Ergänzende Hinweise

Wie das Recht des Vertragshändlers ist das **Franchising** ein Vertragstypus, der sich au- **179**
ßerhalb des HGB entwickelt hat und dort nicht geregelt ist. Wie der Vertragshändler (und abweichend vom Handelsvertreter) vertreibt der Franchisenehmer **im eigenen Namen** und auf eigene Rechnung die Produkte (Waren, Dienstleistungen) des Franchisegebers.[107] Dabei hat er – wiederum ähnlich einem Vertragshändler – das Marketingkonzept des Franchisegebers umzusetzen. Dazu überlässt der Franchisegeber dem Franchisenehmer gegen Entgelt – die Franchisegebühr – ein Bündel aus Dienstleistungen und Rechten (z.B. Lizenzen zur Nutzung von Marken). Der Franchisenehmer ist zur Wahrung der Interessen des Franchisegebers verpflichtet.[108] Durch die Vielzahl gegenseitiger Verpflichtungen ist der Franchisenehmer stärker in die Absatzorganisation des Herstellers eingebunden als ein Vertragshändler.[109]

Für das Franchising kommt – wie im Recht des Vertragshändlers – die analoge Anwen- **180**
dung von Vorschriften des Handelsvertreterrechts in Betracht. Dies gilt etwa für den Ausgleichsanspruch nach § 89b HGB.[110] Dieser findet entsprechende Anwendung, wenn ein Franchisenehmer ähnlich einem Handelsvertreter in die Absatzorganisation des Franchisegebers eingegliedert und verpflichtet ist, diesem bei Beendigung des Vertragsverhältnisses den Kundenstamm zu überlassen.[111]

VI. Das Handelsregister

Fall 14: Negative Publizität (§ 15 Abs. 1 HGB)

Aus der Anna & Berta KG ist eine der vormals zwei Komplementärinnen (Anna) ausgeschieden. Die Komplementärinnen waren aufgrund einer Regelung im Gesellschaftsvertrag nur zur Gesamtvertretung der KG berechtigt. Dies war ordnungsgemäß in das Handelsregister eingetragen worden. Das Ausscheiden Annas wird entgegen § 143 Abs. 2 HGB nicht zur Eintragung im Handelsregister angemeldet (und folglich nicht eingetragen). Berta schließt nunmehr im Namen der Gesellschaft einen Mietvertrag mit Schommartz.
Kann Schommartz die Bezahlung der Miete von der ausgeschiedenen Anna verlangen?

---

105 BGH, Urt. v. 5.6.1996 – VIII ZR 7/95, NJW 1996, S. 2302 (2303).
106 BGH, a.a.O. (Fn. 105).
107 *Roth,* in: Koller/Roth/Morck, HGB, 7. Aufl., Vor § 84 Rn. 11.
108 *Busche,* in: Oetker, HGB, 2. Aufl., § 84 Rn. 10.
109 *Giesler,* in: Röhricht/von Westphalen, HGB, 3. Aufl., Franchising Rn. 23.
110 *Busche,* in: Oetker, HGB, 2. Aufl., § 84 Rn. 10.
111 OLG Celle, Urt. v. 19.4.2007 – 11 U 279/06, BB 2007, S. 1862 ff.

Problemstellung

181 Regelungen zum Handelsregister finden sich vor allem in §§ 8–16 HGB. Das Handelsregister dient der Information darüber, welche Unternehmen zum Handelsstand gehören und welche nicht. Zudem unterrichtet es über die wichtigsten Rechtsverhältnisse der Kaufleute. Dazu gehören Angaben zur Vertretung, zum Nennkapital bei den Kapitalgesellschaften, zu den (persönlich haftenden) Gesellschaftern der oHG und zu Komplementären und Kommanditisten (einschließlich Haftsummen) bei der KG. Über die bloße Information hinaus ist das Handelsregister ein Mittel des Verkehrsschutzes. Dem dienen vor allem die Publizitätsregelungen in § 15 HGB. Darum geht es in unserem Fall.

182 Nach § 8 Abs. 1 HGB werden die Handelsregister elektronisch geführt. Zuständig sind die Amtsgerichte. Eintragungen werden grundsätzlich nicht von Amts wegen vorgenommen, sondern nur auf Anmeldung. Anmeldungen sind nach § 12 Abs. 1 S. 1 HGB elektronisch einzureichen, und zwar in öffentlich beglaubigter Form. Die öffentliche Beglaubigung setzt regelmäßig die Unterzeichnung des Antrages vor einem Notar voraus, der die Echtheit der Unterschrift bestätigt (§ 129 Abs. 1 S. 1 BGB). Der Notar reicht den Antrag dann in elektronischer Form beim Handelsregister ein.

183 Die Handelsregister machen vorgenommene Eintragungen nach § 10 HGB im Internet bekannt (www.handelsregisterbekanntmachungen.de). Die frühere Bekanntmachung in Papierform (Bundesanzeiger und Tageszeitungen) gibt es nicht mehr. Die Bekanntmachung durch das Handelsregister nach § 10 HGB (nicht irgendeine Bekanntmachung, z.B. durch den Kaufmann) ist (neben der Eintragung) Anknüpfungspunkt für die Regelungen zur Publizität in § 15 HGB.

184 In § 15 HGB stehen die Absätze 1 und 3 im Vordergrund. Diese regeln:
- **Negative Publizität** gemäß § 15 Abs. 1 HGB: Eine eintragungspflichtige Tatsache kann, solange sie nicht in das Handelsregister eingetragen und bekannt gemacht ist, einem gutgläubigen Dritten nicht entgegen gehalten werden. Die Bezeichnung „negative" Publizität rührt daher, dass hier das Vertrauen auf das **Schweigen** des Handelsregisters geschützt wird.
- **Positive Publizität** gemäß § 15 Abs. 3 HGB: Wird eine eintragungspflichtige Tatsache **unrichtig bekannt gemacht,** kann sich ein gutgläubiger Dritter auf diese Tatsache berufen (Vertrauen auf das **Reden** des Handelsregisters).

Lösung

185 Schommartz könnte gegen Anna einen Anspruch auf Mietzahlung aus § 535 Abs. 2 BGB i.V.m. §§ 161 Abs. 2, 128 S. 1 HGB haben.

186 Dazu müsste Schommartz zunächst einen Anspruch aus § 535 Abs. 2 BGB gegen die Anna & Berta KG haben. Das setzt voraus, dass Berta die Gesellschaft bei Vertragsschluss wirksam vertreten hat. Nach §§ 161 Abs. 2, 125 Abs. 1 HGB vertreten mehrere Gesellschafter einer oHG bzw. mehrere Komplementäre einer KG die Gesellschaft jeweils einzeln (Grundsatz der **Einzelvertretung**). Davon kann im Gesellschaftsvertrag abgewichen werden. Hier enthielt der Gesellschaftsvertrag der Anna & Berta KG die abweichende Vereinbarung, dass die beiden Komplementärin die Gesellschaft nur gemeinsam vertreten konnten. Solange Anna Komplementärin war, konnte Berta die Gesellschaft daher nicht allein vertreten. Seitdem Berta einzige Komplementärin ist, ist die Regelung zur Gesamtvertretung dagegen gegenstandslos. Berta hat die KG danach bei Abschluss des Mietvertrages mit Schommartz wirksam vertreten.

187 Anna könnte für die so entstandene Gesellschaftsverbindlichkeit nach § 128 S. 1 HGB persönlich haften. Nach § 128 S. 1 HGB haften für Gesellschaftsverbindlichkeiten allerdings nur die bei Begründung der Verbindlichkeit vorhandenen Gesellschafter, nicht auch ehemalige Gesellschafter. Bei Abschluss des Mietvertrages zwischen Schommartz und der KG war Anna jedoch bereits aus der Gesellschaft ausgeschieden. Eine Haftung ehemaliger Gesellschafter für Gesellschaftsverbindlichkeiten besteht zwar nach § 160 Abs. 1 HGB. Diese Haftung gilt aber nur für Verbindlichkeiten, die beim Ausscheiden bereits begründet waren (Altverbindlichkeiten). Dies trifft auf die Verbindlichkeiten der KG gegenüber Schommartz nicht zu.

Möglicherweise kann sich Anna aber gegenüber Schommartz nach § **15 Abs. 1** HGB **188** (**negative Publizität** des Handelsregisters) nicht darauf berufen, dass sie bei Abschluss des Mietvertrages bereits aus der Gesellschaft ausgeschieden war. Nach § 15 Abs. 1 HGB kann eine eintragungspflichtige Tatsache, solange sie nicht eingetragen und bekannt gemacht ist, einem gutgläubigen Dritten von demjenigen, in dessen Angelegenheiten sie einzutragen war, nicht entgegengesetzt werden.

Das Ausscheiden Annas müsste zunächst eine im Handelsregister **eintragungspflichtige** **189** **Tatsache** sein. Bloß eintragungsfähige Tatsachen unterfallen nicht § 15 Abs. 1 HGB (zur Unterscheidung s. noch Rn. 199 ff.). Annas Ausscheiden war eine nach §§ 161 Abs. 2, 143 Abs. 2 eintragungspflichtige Tatsache.

Die Tatsache muss entweder **nicht eingetragen oder nicht bekannt gemacht** worden sein. **190** Schon dann, wenn entweder die Eintragung oder die Bekanntmachung fehlt, ist also Raum für § 15 Abs. 1 HGB (anders gewendet, schließen nur Eintragung und Bekanntmachung die negative Publizität aus). Hier ist Annas Ausscheiden weder eingetragen noch bekannt gemacht worden.

Worauf das Fehlen von Eintragung und/oder Bekanntmachung beruht, ist unerheblich. **191** § 15 Abs. 1 HGB setzt ein **Verschulden** des Eintragungspflichtigen **nicht voraus**.[112]

Schommartz dürfte vom Ausscheiden Annas keine Kenntnis gehabt haben (**Gutgläubig- 192 keit**). § 15 Abs. 1 HGB ist nur bei positiver Kenntnis des Dritten ausgeschlossen. Fahrlässige Unkenntnis schadet dagegen nicht. Die Beweislast für die Kenntnis trägt der Eintragungspflichtige (dies folgt aus der Formulierung „es sei denn…"). Hier enthält der Sachverhalt keinen Hinweis darauf, dass Schommartz vom Ausscheiden Annas wusste.

§ 15 Abs. 1 HGB setzt eine strenge Kausalität zwischen der unterbliebenen Eintragung **193** und/oder Bekanntmachung und dem Handeln des Dritten nicht voraus. Insbesondere muss der Dritte daher nicht nachweisen, dass er das Handelsregister eingesehen hat, und dass dessen Inhalt für sein Handeln ursächlich war.[113] Es genügt vielmehr eine **abstrakte Kausalität**, die bei allen Vorgängen zu bejahen ist, bei denen Dritte abstrakt im Vertrauen auf die Richtigkeit der Verlautbarung des Handelsregisters gehandelt haben könnten.[114] Sodann wird unwiderleglich vermutet, dass der Dritte im Vertrauen auf den Registerinhalt gehandelt hat.[115] Im Fall ist nicht auszuschließen, dass Schommartz bei Kenntnis von Annas Ausscheiden aus der Gesellschaft z.B. deren Bonität abweichend beurteilt und daher vom Abschluss eines Mietvertrages abgesehen hätte. Die abstrakte Kausalität zwischen der unterbliebenen Eintragung/Bekanntmachung und dem Vertragsschluss ist daher zu bejahen.

---

112 Ist eine Eintragung ohne Verschulden des Eintragungspflichtigen unterblieben und erleidet der Eintragungspflichtige dadurch einen Schaden, hat er ggf. einen Amtshaftungsanspruch gemäß § 839 BGB, Art. 34 GG.

113 BGH, Urt. v. 1.12.1975 – II ZR 62/75, NJW 1976, S. 569.

114 Unter diesem Gesichtspunkt sind nur Vorgänge **im Geschäftsverkehr** von § 15 Abs. 1 HGB erfasst. Darunter fallen auch Ansprüche aus gesetzlichen Schuldverhältnissen, soweit sie im Zusammenhang mit einer geschäftlichen Verbindung stehen. Dagegen ist der reine **Unrechtsverkehr** (bspw. ein Verkehrsunfall) nicht erfasst.

115 *Preuß*, in: Oetker, HGB, 2. Aufl., § 15 Rn. 26.

194 Danach sind **sämtliche Tatbestandsmerkmale des § 15 Abs. 1 HGB erfüllt.** Dennoch bestehen Zweifel daran, ob die Vorschrift anwendbar ist. Denn als Rechtsfolge kann Schommartz verlangen, so gestellt zu werden, als sei die nicht eingetragene Tatsache (Ausscheiden Annas) tatsächlich nicht eingetreten. Schommartz kann sich also darauf berufen, Anna sei nicht aus der Gesellschaft ausgeschieden. Eben diese Tatsache wäre für Schommartz aber schädlich, wenn er sie insgesamt – also nicht nur in der Haftungsfrage – gegen sich gelten lassen müsste. Bei einem Verbleib Annas in der Gesellschaft hätte Anna nämlich die (Einzel-)Vertretungsmacht für den Vertragsschluss mit Schommartz gefehlt (s.o. Rn. 186). Damit ist die Frage gestellt, ob sich ein Dritter entscheiden muss, ob eine Tatsache entweder ganz oder gar nicht gegen ihn gelten soll, oder ob er sich (hinsichtlich ein- und derselben Tatsache!) im Sinne einer **„Rosinentheorie"** in einem rechtlichen Zusammenhang (hier: Vertretung) auf die wahre Rechtslage und in einem anderen Zusammenhang (hier: Haftung) auf den Handelsregisterinhalt berufen kann.

195 Nach einer Ansicht ist das beschriebene „Rosinenpicken" unzulässig. Der Inhalt des Handelsregisters kann danach nur in seiner Gesamtheit gewürdigt werden. Wer sich hinsichtlich derselben Tatsache in Bezug auf eine rechtliche Auswirkung auf das Handelsregister beruft und hinsichtlich einer anderen Auswirkung auf die wahre Rechtslage, verhalte sich widersprüchlich.[116]

196 Nach dem BGH[117] findet diese Einschränkung des § 15 Abs. 1 HGB im Gesetz keine Stütze. Gegen sie spreche bereits der Wortlaut des § 15 Abs. 1 HGB, der die Geltendmachung einer nicht eingetragenen Tatsache nur gegenüber einem Dritten, nicht auch gegenüber demjenigen, in dessen Angelegenheiten sie einzutragen war, für unzulässig erkläre. Die Lit. folgt dem BGH überwiegend. Dem Wortlaut des § 15 Abs. 1 HGB sei ein Zwang, den Registerinhalt in seiner Gesamtheit zu würdigen, nicht zu entnehmen. Ferner sei im Konflikt zwischen der akzessorischen Gesellschafterhaftung und auf eine Haftungsbegrenzung hinauslaufenden vertraglichen Gestaltungen der Haftung der Vorrang zu geben.[118]

197 Im Fall kann sich Anna nach allem gegenüber Schommartz nach § 15 Abs. 1 HGB (negative Publizität des Handelsregisters) nicht darauf berufen, dass sie bei Abschluss des Mietvertrages bereits aus der Gesellschaft ausgeschieden war. Schommartz hat gegen Anna einen Anspruch auf Mietzahlung aus § 535 Abs. 2 BGB i.V.m. §§ 161 Abs. 2, 128 S. 1, 15 Abs. 1 HGB.

Ergänzender Hinweis

198 Wie der dargestellte Streit um die **„Rosinentheorie"** ist die Frage der Anwendbarkeit des § 15 Abs. 1 HGB bei fehlender Voreintragung ein „Klassiker" in der juristischen Ausbildung und Prüfung. S. dazu unten Rn. 661.

199 § 15 Abs. 1 und Abs. 3 HGB finden jeweils nur auf **eintragungspflichtige Tatsachen** Anwendung, also auf Tatsachen, deren Anmeldung zum Handelsregister das Gesetz vorschreibt. Eintragungspflichten bestehen u.a. im Hinblick auf folgende Tatsachen:
- § 29 HGB: Firma, Ort und inländische Geschäftsanschrift des Kaufmanns (grundlegende Vorschrift, die jeden Ist-Kaufmann verpflichtet, seine Eintragung im Handelsregister zu veranlassen);
- § 31 HGB: Änderungen der vorgenannten Daten sowie ein Inhaberwechsel;
- § 53 HGB: Erteilung und Erlöschen von Prokura (s. Rn. 120);

---

116 S. etwa Brox/Henssler, Handelsrecht, 22. Aufl., Rn. 86 m.w.N.
117 BGH, Urt. v. 1.12.1975 – II ZR 62/75, NJW 1976, S. 569.
118 *Gehrlein*, in: Ebenroth/Boujong/Joost/Strohn, HGB, 2. Aufl., § 15 Rn. 15 m.w.N.

- §§ 106, 107 HGB: Sämtliche Gesellschafter (§ 108 HGB) der oHG haben danach die Firma der Gesellschaft u.a. unter Angabe der Gesellschafter und der Vertretungsverhältnisse sowie darauf bezogene Änderungen anzumelden;
- § 39 GmbHG: Danach sind u.a. die Bestellung und Abberufung von GmbH-Geschäftsführern anzumelden (s. für die AG § 81 AktG).

Andere Tatsachen sind nach dem Gesetz nicht eintragungspflichtig, sondern **nur eintragungsfähig**. Der Kaufmann kann sie zur Eintragung anmelden, muss dies aber nicht tun. Beispiele dafür sind: **200**
- §§ 2, 3 HGB: Kann-Kaufleute, Land- und Forstwirte (s. dazu Rn. 32 ff.)
- § 25 Abs. 2 HGB: Ausschluss der Erwerberhaftung für Betriebsschulden des Veräußerers eines Handelsgeschäfts (s. dazu Rn. 85);
- § 28 Abs. 2 HGB: Ausschluss der Gesellschaftshaftung bei Einbringung des Geschäfts eines Einzelkaufmanns in eine Personengesellschaft (s. dazu Rn. 106).

Kaufleute haben gelegentlich den Wunsch, neben den Tatsachen, die eintragungspflichtig oder nach einer ausdrücklichen Regelung wenigstens eintragungsfähig sind, **weitere**   **201**
Tatsachen eintragen zu lassen. Die Registergerichte üben hier **Zurückhaltung**. Das Handelsregister soll, um seine Funktion erfüllen zu können, nicht überfrachtet und dadurch unübersichtlich werden. Die Gerichte halten daher Tatsachen, zu denen es keine gesetzliche Regelung gibt, nur ausnahmsweise für eintragungsfähig, nämlich bei einem *„erheblichen Bedürfnis des Rechtsverkehrs"*.[119] Unzulässig sind etwa die Eintragung einer Handlungsvollmacht nach § 54 HGB (s. dazu bereits Rn. 129 ff.) oder die Kennzeichnung eines Geschäftsführers als „Sprecher der Geschäftsführung" bei einer GmbH.[120]

Fall 15: Positive Publizität (§ 15 Abs. 3 HGB)

> Wiechmann hat erfolgreich sein BWL-Studium beendet und tritt nun als Gesellschafter in das Internetunternehmen seiner Bekannten Stallmann und Wehrhahn (die Stallmann & Wehrhahn oHG) ein. Die Eintragung Wiechmanns als neuer Gesellschafter wird zum Handelsregister angemeldet. Der Rechtspfleger beim Handelsregister begeht einen Fehler. Daher wird Wiechmann fälschlich als Gesellschafter der (fast namensgleichen) Stellmann & Wehrling oHG eingetragen, die (ebenso wie ihre Gesellschafter) in einer wirtschaftlichen Schieflage ist. Die Eintragung wird im April 2013 bekannt gemacht.
> Gabriel hat eine offene Forderung von € 5.000 gegen die Stellmann & Wehrling oHG, die auf einem 2012 geschlossenen Kaufvertrag beruht. Er hatte schon die Hoffnung aufgegeben, noch die Zahlung zu erhalten. Er liest die Bekanntmachung vom April 2013 und wendet sich an Wiechmann.
> Kann Gabriel von Wiechmann Zahlung von € 5.000 verlangen?

Problemstellung

Im Fall geht es um § 15 Abs. 3 HGB, die Regelung zur **positiven Publizität** des Handels-   **202**
registers. Angesprochen wird unter anderem die Diskussion darüber, ob die Norm irgendeine Veranlassung der falschen Bekanntmachung durch denjenigen voraussetzt, zu dessen Lasten sie wirkt (reine Rechtsscheinhaftung vs. Veranlassungsprinzip), und welche Anforderungen an eine Veranlassung zu stellen sind (wenn man eine solche fordert). Weiter werden Kausalitätsfragen erörtert.

---

119 BGH, Beschl. v. 10.11.1997 – II ZB 6–97, NJW 1998, S. 1071 sowie Beschl. v. 14.2.2012 – II ZB 15/11, NZG 2012, S. 385 ff.
120 OLG München, Beschl. v. 5.3.2012 – 31 Wx 47/12, NJW-RR 2012, S. 614. Zulässig ist dagegen der Vermerk, dass ein vererbter Kommanditanteil einer Dauertestamentsvollstreckung unterliegt, BGH, Beschl. v. 14.2.2012 – II ZB 15/11, NZG 2012, S. 385 ff.

Lösung

203 Gabriel könnte gegen Wiechmann einen Anspruch auf Zahlung von € 5.000 aus § 433 Abs. 2 BGB i.V.m. §§ 128 S. 1, 130 Abs. 1 HGB haben.

204 Eine Haftung aus §§ 128 S. 1, 130 Abs. 1 HGB (s. dazu noch Rn. 458 ff.) setzt voraus, dass Wiechmann als Gesellschafter in die Stellmann & Wehrling oHG eingetreten ist. Als Rechtsfolge ist die Haftung des Eintretenden für die vor dem Eintritt begründeten Gesellschaftsverbindlichkeiten vorgesehen. Der Eintritt in eine Personengesellschaft vollzieht sich durch einen Vertrag, den der Eintretende mit den bisherigen Gesellschaftern schließt (sog. **Beitritts- oder Aufnahmevertrag**).[121] Im Fall hat Wiechmann einen Beitrittsvertrag mit den Gesellschaftern der Stallmann & Wehrhahn oHG geschlossen, nicht aber mit jenen der Stellmann & Wehrling oHG. Eine Haftung aus §§ 128 S. 1, 130 Abs. 1 HGB scheidet danach zunächst (vorbehaltlich § 15 Abs. 3 HGB, dazu sogleich) aus.

205 Eine Haftung Wiechmanns aus §§ 128 S. 1, 130 Abs. 1 HGB könnte sich aber in Verbindung mit § 15 Abs. 3 HGB ergeben (Regelung zur **positiven** Publizität des Handelsregisters). Die Norm betrifft eine im Handelsregister eintragungspflichtige Tatsache, die vom Handelsregister unrichtig bekannt gemacht (§ 10 HGB) worden ist. Als Rechtsfolge ist vorgesehen, dass sich ein gutgläubiger Dritter gegenüber demjenigen, in dessen Angelegenheiten die Tatsache einzutragen war, auf diese berufen kann.

206 § 15 Abs. 3 HGB setzt zunächst eine im Handelsregister **eintragungspflichtige Tatsache** („einzutragende Tatsache") voraus. Auf nur eintragungsfähige Tatsachen ist die Norm nicht anwendbar. Eine unrichtige Tatsache ist bei strenger Betrachtung nie eintragungspflichtig. Da § 15 Abs. 3 HGB bei dieser Sichtweise keinen Anwendungsbereich hätte, genügt es für diese Norm, dass eine abstrakt eintragungspflichtige Tatsache vorliegt, also eine solche, die im Falle ihrer Richtigkeit eingetragen werden müsste.[122] Der Eintritt eines neuen Gesellschafters in eine oHG ist nach § 107 HGB im Handelsregister einzutragen.

207 § 15 Abs. 3 HGB setzt weiter eine **unrichtige Bekanntmachung** nach § 10 HGB voraus. Worauf die Unrichtigkeit beruht, spielt keine Rolle. Es kann also eine ebenfalls unrichtige Eintragung vorausgegangen sein, aber auch eine richtige oder gar keine Eintragung.[123] Im Fall sind sowohl die Eintragung als auch die Bekanntmachung fehlerhaft.

208 Ob § 15 Abs. 3 HGB eine **Zurechenbarkeit** der unrichtigen Bekanntmachung voraussetzt, ist umstritten. Teilweise wird eine **reine Rechtsscheinhaftung** bejaht, die ohne Rücksicht auf Zurechenbarkeit greift. Dafür wird auf den Wortlaut der Vorschrift verwiesen, der keinen Hinweis auf ein solches Erfordernis enthält. § 15 Abs. 3 HGB kann nach dieser Auffassung auch zu Lasten eines völlig Unbeteiligten gehen. Die darin liegende Härte soll insbesondere im Hinblick darauf hinnehmbar sein, dass das Risiko vor dem Hintergrund der bisherigen Registerpraxis sehr gering sei, und dass im schlimmsten Falle Amtshaftungsansprüche des Betroffenen bestünden.[124]

209 Die ganz herrschende Meinung hält dagegen die strenge Folge des § 15 Abs. 3 HGB für nicht hinnehmbar, wenn die falsche Bekanntmachung nicht auf irgendeiner Veranlassung des Betroffenen beruht. Dafür muss dieser in Bezug auf die fragliche Tatsache *irgendeinen* Antrag gestellt haben. Eine Zurechenbarkeit setzt also keinen falschen Antrag voraus, vielmehr ist sie auch bei einem richtigen Antrag gegeben (**Veranlasserhaf-**

---

121 *Röthel*, in: Henssler/Strohn, Gesellschaftsrecht, 1. Aufl., § 105 HGB Rn. 99 ff.
122 *Gehrlein*, in: Ebenroth/Boujong/Joost/Strohn, HGB, 2. Aufl. 2008, § 15 Rn. 25.
123 *Krebs*, in: MüKo BGB, 3. Aufl., § 15 Rn. 88.
124 *Krebs*, in: MüKo BGB, 3. Aufl., § 15 Rn. 83 ff.

tung). Zur Begründung dieser Ansicht wird angeführt, dass es für eine Haftung Unbeteiligter keinen vernünftigen Grund gebe, zumal die Durchsetzung von Amtshaftungsansprüchen im Regresswege häufig Schwierigkeiten aufwerfe.[125] Das Veranlassungsprinzip wird in das Tatbestandsmerkmal „in dessen Angelegenheiten die Tatsache einzutragen war" hineingelesen: Eine Tatsache sei nur in den Angelegenheiten desjenigen einzutragen, der einen Eintragungsantrag gestellt und damit das Tätigwerden des Registergerichts veranlasst habe.[126] Im Fall ist der Meinungsstreit nicht zu entscheiden, da Wiechmann (gemeinsam mit Stallmann & Wehrhahn) einen Eintragungsantrag gestellt hat, §§ 107, 108 HGB.

Damit § 15 Abs. 3 HGB greift, darf Gabriel von der Unrichtigkeit keine Kenntnis gehabt haben (**Gutgläubigkeit**). Schädlich ist nur positive Kenntnis, nicht auch (grob) fahrlässige Unkenntnis. Im Fall hatte Gabriel keine Kenntnis davon, dass die Bekanntmachung unrichtig war. **210**

§ 15 Abs. 3 HGB setzt – wie § 15 Abs. 1 HGB – **keine Kausalität** des Registerinhalts für das Verhalten des Dritten voraus (starker, durch das Handelsregister typisierter Rechtsschein). Es kommt also nicht darauf an, ob der Dritte das Handelsregister eingesehen oder von der falschen Bekanntmachung erfahren hat. Der Dritte muss sich bei seinem geschäftlichen Verhalten aber wenigstens möglicherweise auf die unrichtige Bekanntmachung verlassen haben können (**zumindest theoretischer Zusammenhang** zwischen der Entstehung des Anspruchs und dem Inhalt des Registers).[127] Das setzt jedenfalls voraus, dass die unrichtige Bekanntmachung und Gutgläubigkeit in dem Zeitpunkt vorliegen, in dem sich der für die Rechte des Dritten (Gabriel) maßgebliche Vorgang ereignet.[128] An dieser Voraussetzung scheitert eine Berufung Gabriels auf § 15 Abs. 3 HGB hier. Er leitet seine Rechte aus einem schon 2012 geschlossenen Kaufvertrag her. Die unrichtige Bekanntmachung ereignete sich dagegen erst 2013. **211**

Gabriel kann sich daher gegenüber Wiechmann nicht nach § 15 Abs. 3 HGB auf die unrichtige Bekanntmachung berufen. **212**

Gabriel hat gegen Wiechmann keinen Anspruch auf Zahlung von € 5.000 aus § 433 Abs. 2 BGB i.V.m. § 128 S. 1, § 130 Abs. 1, 15 Abs. 3 HGB. Auch sonstige Ansprüche Gabriels gegen Wiechmann bestehen nicht. **213**

Ergänzende Hinweise

§ 15 Abs. 1 HGB (negative Publizität) setzt voraus, dass eine richtige Tatsache nicht eingetragen und bekannt gemacht worden ist. § 15 Abs. 3 HGB (positive Publizität) greift bei einer unrichtigen Bekanntmachung. Beide Vorschriften sind daher (jedenfalls ihrem Wortlaut nach) nicht anwendbar, wenn **ausschließlich eine falsche Handelsregistereintragung** vorliegt. **214**

Teilweise wird vertreten, dass dieser Fall – über dessen Wortlaut hinaus – von § 15 Abs. 3 HGB umfasst sei. Es sei nicht zu rechtfertigen, dass derjenige, der sich einen Handelsregisterauszug vorlegen lasse, schlechter stehe, als derjenige, der „nur" auf eine Bekanntmachung vertraue.[129] **215**

---

125 *Gehrlein*, in: Ebenroth/Boujong/Joost/Strohn, HGB, 2. Aufl., § 15 Rn. 33.
126 Vgl. u.a. *Hopt*, in: Baumbach/Hopt, HGB, 35. Aufl., § 15 Rn. 19; *Canaris*, Handelsrecht, 24. Aufl., § 5 Rn. 5; a.A. u.a. *Krebs*, in: MüKo HGB, 3. Aufl., § 15 Rn. 83.
127 *Hopt*, in: Baumbach/Hopt, HGB, 35. Aufl., § 15 Rn. 21.
128 *Krebs*, in: MüKo HGB, 3. Aufl., § 15 Rn. 95; *Gehrlein*, in: Ebenroth/Boujong/Joost/Strohn, HGB, 2. Aufl., § 15 Rn. 36.
129 *Hopt*, in: Baumbach/Hopt, HGB, 35. Aufl., § 15 Rn. 18.

216 Die herrschende Gegenauffassung hält § 15 Abs. 3 HGB wegen dessen klaren Wortlauts für nicht anwendbar. Auch nach dieser Auffassung ist ein gutgläubiger Dritter, der auf eine falsche Eintragung (bei richtiger Bekanntmachung) vertraut hat, aber nicht schutzlos. Vielmehr finden danach Rechtssätze (weiterhin) Anwendung, die vor Einführung des § 15 Abs. 3 HGB entwickelt worden waren, und auf die häufig als **Ergänzungssätze** (1. und 2. Ergänzungssatz) Bezug genommen wird.[130] Danach gilt:
- Wer eine unrichtige Erklärung zum Handelsregister abgibt oder eine unrichtige Eintragung auf andere Weise veranlasst, kann an dieser von einem gutgläubigen Dritten festgehalten werden.
- Wer eine unrichtige Eintragung im Handelsregister zwar nicht veranlasst hat, diese aber schuldhaft nicht beseitigt, kann an ihr von einem gutgläubigen Dritten festgehalten werden.

217 Heute ist für die Anwendung der Ergänzungssätze neben § 15 Abs. 3 HGB häufig kein Raum. Im Einzelfall – so im hier erörterten Fall eine falschen Eintragung bei richtiger Bekanntmachung – kommt der Rückgriff darauf aber in Betracht.

Fall 16: Rechtscheinhaftung bei richtigem Handelsregister?

Die Kfz-Mechaniker Michael, Ralf und Sebastian betreiben seit 2005 in der Rechtsform der oHG und unter der Firma „MRS oHG" eine gemeinsame Werkstatt. Im Jahre 2007 gründen Michael, Ralf und Sebastian ein weitere Gesellschaft, die MRS GmbH. Diese tritt als Gesellschafterin in die oHG ein. Die Gesellschafterstellung von Michael, Ralf und Sebastian bei der (bisherigen) MRS oHG werden in Kommanditistenstellungen umgewandelt; die drei werden zudem Geschäftsführer der MRS GmbH. Die mit den genannten Vorgängen verbundenen Eintragungen ins Handelsregister werden noch 2007 ordnungsgemäß vorgenommen. Die MRS oHG tritt jedoch im Geschäftsverkehr weiter unter ihrer bisherigen Firma auf (keine Umfirmierung in MRS GmbH & Co. KG). Am 4. Januar 2009 verkauft Grau, der von der dargestellten Umstrukturierung nichts weiß, der Gesellschaft eine Hebebühne zu einem Kaufpreis von € 10.000. Dem Vertragsschluss war Korrespondenz vorausgegangen, bei der auf Käuferseite Briefpapier mit der ursprünglichen Firmierung „MRS oHG" verwendet worden war. Später verlangt Grau von Michael persönlich Bezahlung des Kaufpreises für die Hebebühne. Michael wendet ein, er sei Kommanditist und habe seine Einlage vollständig geleistet.
Hat Grau gegen Michael einen Anspruch auf Zahlung von € 10.000?

Problemstellung

218 Der Fall[131] betrifft die „Umwandlung" einer oHG in eine (GmbH & Co.) KG. Um eine Umwandlung im Sinne des Umwandlungsgesetzes handelt es sich dabei nicht. Zwar kommt die Umwandlung einer oHG in eine KG durch einen Formwechsel nach §§ 190, 191 Abs. 1 Nr. 2, Abs. 2 Nr. 2 UmwG in Betracht. Diesen Weg, der insbesondere einen Gesellschafterbeschluss über den Formwechsel vorausgesetzt hätte, § 193 UmwG, haben die Gesellschafter im Fall aber nicht gewählt. Sie haben vielmehr ihre jeweilige Gesellschafterstellung durch Änderung des Gesellschaftsvertrages in eine Kommanditistenstellung umgewandelt. Damit ist aus der oHG eine KG geworden, da eines der Tatbestandsmerkmale des § 105 Abs. 1 HGB – die volle Haftung aller Gesellschafter – nicht mehr vorlag.

---

130 *Krebs,* in: MüKo HGB, 3. Aufl., § 15 Rn. 89, 101 ff.
131 Der Fall dem Urt. des BGH v. 8.5.1978 – II ZR 97/77(NJW 1978, S. 2030) nachgebildet.

Wird ein persönlich haftender Gesellschafter zum Kommanditisten, trifft § 160 Abs. 3 **219** HGB eine Regelung, die die Gesellschafterhaftung für die bei dieser Änderung bestehenden Gesellschaftsverbindlichkeiten betrifft (volle persönliche Nachhaftung für fünf Jahre neben der Haftung als Kommanditist). Um die von § 160 Abs. 3 HGB erfassten Altverbindlichkeiten geht es in unserem Fall aber nicht – Grau hat seinen Anspruch erst nach der Überführung der MRS oHG in eine KG erworben. Bei Abschluss des Kaufvertrages bestand aber aus Sicht des Grau der Rechtsschein, dass auf der Käuferseite eine oHG auftrete. Es stellt sich die Frage, ob Grau im Vertrauen auf diesen Rechtsschein geschützt ist. Dagegen könnte sprechen, dass das Handelsregister die KG-Eigenschaft der Käuferin richtig wiedergab.

Lösung

Grau könnte gegen Michael einen Anspruch auf Zahlung von € 10.000 aus § 433 **220** Abs. 2 BGB i.V.m. § 128 S. 1 HGB haben.

Nach § 128 S. 1 HGB haften die Gesellschafter einer oHG persönlich für deren Verbind- **221** lichkeiten. Die Norm setzt damit zunächst das Bestehen einer oHG voraus. Die früher bestehende MRS oHG ist jedoch 2007 in eine KG umgewandelt worden. Michael ist seitdem nur noch Kommanditist. Als solcher haftet er den Gesellschaftsgläubigern nach vollständiger Leistung seiner Einlage nicht (§ 171 Abs. 2 2. Hs. HGB; zur Kommanditistenhaftung s. noch Rn. 700 ff.).

Eine abweichende Beurteilung könnte sich unter **Rechtsscheinsgesichtspunkten** ergeben. **222** Die Käuferin trat auch nach ihrer „Umwandlung" im Jahr 2007 weiterhin unter ihrer „alten" Firma „MRS oHG" auf. Insbesondere verwendete sie im Vorfeld des Vertragsschlusses mit Grau Briefpapier, das diese überholte Firma enthielt.

Nach § 19 Abs. 1 Nr. 3 HGB muss die Firma einer Kommanditgesellschaft einen Zusatz **223** enthalten, der sie als solche ausweist („Kommanditgesellschaft", „KG" o.ä.). Ist – wie im Fall – kein persönlich haftender Gesellschafter eine natürliche Person, ist zudem ein dies anzeigender Zusatz (insb.: „GmbH & Co. KG") erforderlich. Nach dem Sachverhalt wurden die mit der Überführung der oHG in eine KG verbundenen Handelsregistereintragungen ordnungsgemäß vorgenommen. Im Handelsregister wurde die Gesellschaft bei Vertragsschluss mit Grau also offenbar zutreffend als „GmbH & Co. KG" geführt. Unter Verstoß gegen § 37a HGB wurde auf Geschäftsbriefen aber nicht die aktuelle, sondern die frühere Firma angegeben. Auch im Übrigen trat die Gesellschaft im Geschäftsverkehr unter dieser alten Firma auf. Dadurch entstand der Rechtsschein, dass natürliche Personen unbeschränkt für die Gesellschaftsverbindlichkeiten haften.

Der Fall ist von den Regelungen zur Publizität des Handelsregisters in § 15 HGB nicht **224** erfasst. Weder ist eine richtige Tatsache entweder nicht eingetragen oder nicht bekannt gemacht worden (§ 15 Abs. 1 HGB), noch ist eine falsche Tatsache bekannt gemacht worden (§ 15 Abs. 3 HGB). Dem Grau könnte aber die **allgemeine Rechtsscheinslehre** zugutekommen. Danach muss derjenige, dem ein falscher Rechtsschein zuzurechnen ist, sich von einem gutgläubigen Dritten, der im Vertrauen auf den Rechtsschein Dispositionen getroffen hat, an diesem festhalten lassen.[132] Die Voraussetzungen der allgemeinen Rechtsscheinslehre liegen im Fall vor. Insbesondere ist Michael der falsche Rechtsschein einer persönlichen Haftung zurechenbar, denn er als Geschäftsführer der Komplementärin hat pflichtwidrig den Auftritt der KG unter ihrer alten Firma nicht verhindert. Grau war auch gutgläubig.

---

132 S. etwa *Kindler*, in: Ebenroth/Boujong/Joost/Strohn, HGB, 2. Aufl., § 5 Rn. 50.

225 Es ist allerdings fraglich, ob der Berufung Graus auf einen Rechtsschein nicht § 15 Abs. 2 HGB entgegensteht. Nach dieser Vorschrift muss ein Dritter eine im Handelsregister eingetragene und bekannt gemachte Tatsache gegen sich gelten lassen. Im Fall ist die „Umwandlung" der Käuferin von einer oHG in eine KG im Jahr 2007 ordnungsgemäß eingetragen und bekannt gemacht worden. Eine Ausnahme (die hier offensichtlich nicht einschlägig ist) gilt nur bei Rechtshandlungen, die innerhalb von fünfzehn Tagen nach der Bekanntmachung vorgenommen werden, sofern der Dritte beweist, dass er die Tatsache weder kannte noch kennen musste.

226 Allerdings könnte die Berufung Michaels auf § 15 Abs. 2 HGB im Fall **rechtsmissbräuchlich** sein. Eine Berufung auf diese Vorschrift stellt einen Rechtsmissbrauch dar, wenn ein **konkreter Rechtsschein,** etwa ein speziell gesetzlich geregelter **Vertrauenstatbestand** vorliegt, der von der sich aus dem Handelsregister ergebenden Rechtslage abweicht. Dies ist bei einer GmbH & Co. KG, die ohne einen Hinweis auf ihre Rechtsform und somit auf ihre beschränkte Haftung im Rechtsverkehr auftritt, der Fall.[133] Dies folgt aus dem Sinn und Zweck (u.a.) der §§ 17, 19, 37a HGB. Als Ausgleich für die Haftungsbeschränkung soll durch diese Vorschriften eine über das Handelsregister hinausgehende Publizität erreicht werden, indem die Haftungsbeschränkung ohne Einsichtnahme in das Handelsregister bereits aus der Firma heraus ersichtlich ist. Dieser Zweck kann nur erreicht werden, wenn ein außerhalb des Handelsregisters erzeugter Rechtsschein sich gegenüber einer im Handelsregister richtig wiedergegebenen Rechtslage im Einzelfall durchsetzen kann.[134]

227 Die Berufung Michaels auf seine Kommanditistenstellung und § 15 Abs. 2 HGB ist danach rechtsmissbräuchlich. Michael haftet Grau nach § 128 S. 1 HGB i.V.m. allgemeinen Rechtsscheinsgrundsätzen.

228 Grau hat gegen Michael einen Anspruch auf Zahlung von € 10.000 aus § 433 Abs. 2 BGB i.V.m. § 128 S. 1 HGB.

VII. Handelsgeschäfte

Fall 17: Vertragsschluss durch Schweigen

Betrüger Bart will sich als Rechtsanwalt ausgeben. Zu diesem Zweck ruft er bei der Merino GmbH an und einigt sich mit deren Geschäftsführer Goette auf den Kauf einer hochwertigen Anwaltsrobe im Wert von € 400, die er persönlich abholen will. Im Telefonat gibt Bart vor, im Namen des solventen Rechtsanwalts Rettig zu handeln, dessen Daten er aus dem Telefonbuch hat. Unmittelbar nach dem Telefonat sendet Goette namens der Merino GmbH ein mit „Auftragsbestätigung" überschriebenes Telefax an Rettigs Kanzlei, in welchem er den Inhalt des Gespräches mit Bart schriftlich zusammenfasst. Rettig liest das Fax noch am selben Abend, hält es jedoch für Werbung und reagiert nicht. Nach zwei Wochen hat Bart, der inzwischen andere Pläne hat, die Robe immer noch nicht abgeholt. Die Merino GmbH fordert jetzt von Rettig die Abnahme und die Zahlung von € 400. Zu Recht?

Problemstellung

229 Im Zentrum des Falles[135] steht das **kaufmännische Bestätigungsschreiben** (kB), insbesondere die Frage, ob Rechtsanwälte (als Freiberufler und damit Nicht-Kaufleute) taugliche Empfänger eins kB sind.

---

133 BGH, Urt. v. 8.5.1978 – II ZR 97/77, NJW 1978, S. 2030.
134 BGH, a.a.O. (Fn. 131).
135 Nach BGH, Urt. v. 10.1.2007 – VIII ZR 380/04, NJW 2007, S. 987 ff.

Lösung

Die Merino GmbH hat gegen Rettig einen Anspruch auf Abnahme der Robe und Kauf-   **230**
preiszahlung gemäß § 433 Abs. 2 BGB, wenn zwischen den Genannten ein wirksamer
Kaufvertrag zustande gekommen ist. Dies könnte im Rahmen des Telefonates geschehen
sein, das Bart mit Goette geführt hat. Dazu müsste Rettig von Bart wirksam gemäß
§ 164 Abs. 1 BGB vertreten worden sein. Bart hatte jedoch **keine Vertretungsmacht**.
Rettig hatte ihm keine Vollmacht erteilt. Eine Duldungsvollmacht ist zu verneinen, weil
Rettig keine Kenntnis von Barts Verhalten hatte. Eine Anscheinsvollmacht scheidet
ebenfalls aus, weil Rettig einen ihm zurechenbaren Rechtsschein nicht gesetzt hat. Im
Telefonat zwischen Bart und der Merino GmbH ist ein wirksamer Kaufvertrag zwischen
der GmbH und Rettig nach allem nicht geschlossen worden.

Indes könnte das Telefax des Goette ein **Angebot zum Abschluss eines Kaufvertrages**   **231**
darstellen. Dies ist jedoch nicht der Fall, da Goette, als er das Telefax verfasste, erkennbar („Auftragsbestätigung") davon ausging, dass bereits ein Vertrag bestehe. Goette
mangelte es damit erkennbar an dem Willen, einen (neuen) Vertrag abzuschließen.
Selbst wenn in der „Auftragsbestätigung" ein Angebot läge, hätte dieses nicht zum
Vertragsschluss geführt, weil es an einer Annahme durch Rettig fehlt. Rettig hat die
Annahme nicht ausdrücklich oder konkludent erklärt. Auch eine Annahme durch
Schweigen nach § 362 Abs. 1 1 HGB[136] ist zu verneinen. Denn weder stand Rettig in
ständiger Geschäftsverbindung zur Merino GmbH, noch fällt schlichter Warenhandel
unter den Begriff der Geschäftsbesorgung nach § 362 HGB.[137]

Der Versand des Telefax durch Goette und Rettigs Schweigen darauf könnten indes nach   **232**
den Grundsätzen zum **kaufmännischen Bestätigungsschreiben (kB)** einen Vertragsschluss darstellen. Diese Grundsätze sind jedenfalls gewohnheitsrechtlich anerkannt.
Sie besagen, dass ein Kaufmann (oder anderer qualifizierter Adressat, dazu sogleich) den
Inhalt eines kB gegen sich gelten lassen muss, wenn er nicht rechtzeitig widerspricht.

Die Grundsätze über das kB gelten unter den folgenden **Voraussetzungen:**   **233**
– **Persönlicher Anwendungsbereich:** Absender und Empfänger müssen jeweils Kaufleute sein oder einem Kaufmann am Geschäftsleben teilnehmen.[138] Die Merino GmbH ist als Formkaufmann gemäß § 6 Abs. 2 HGB i.V.m. § 13 Abs. 3
GmbHG unproblematisch taugliche Absenderin eines kB. Rettig ist zwar als Freiberufler nicht Kaufmann, er nimmt aber gleich einem solchen am Rechtsverkehr teil,
sodass von ihm kaufmännisches Verhalten erwartet werden kann und er tauglicher
Empfänger eines kB ist.[139]
– **Vorangegangene Vertragsverhandlungen:** Einem kB müssen Vertragsverhandlungen
vorausgegangen sein.[140] Im Fall lag dem Bestätigungsschreiben der Merino GmbH
zwar kein tatsächlicher Vertragsschluss zugrunde, es genügt jedoch, wenn der Absender davon ausgeht, ein solcher habe stattgefunden.[141] Das ist vorliegend der Fall.
– Das kB muss nach der Vorstellung des Absenders den vorangegangenen (tatsächlichen oder vermeintlichen) Vertragsschluss unter Wiedergabe des Vertragsinhalts
endgültig und eindeutig bestätigen.[142] Das ist hier der Fall. Insbesondere ist unschädlich, dass Goette das Fax mit „Auftragsbestätigung" überschrieben hat.[143] Zwar
deutet diese Überschrift auf die Annahme eines Vertragsangebotes nach §§ 145 ff.

---

136 S. dazu Rn. 236 ff.
137 *Welter*, in: MüKo HGB, 2. Aufl., § 362 Rn. 19.
138 *Brox/Henssler*, Handelsrecht, 22. Aufl. Rn. 296a.
139 OLG Düsseldorf, Urt. v. 16.1.2003 – 10 U 182/01, BeckRS 2005, 09760; *Brox/Henssler*, a.a.O (Fn. 138).
140 *Brox/Henssler*, Handelsrecht, 22. Aufl. Rn. 297.
141 *K. Schmidt*, in: MüKo HGB, 2. Aufl., § 346 Rn. 167.
142 *Brox/Henssler*, Handelsrecht, 22. Aufl. Rn. 298.
143 S. *Lettl*, JuS 2008, S. 849 (851).

BGB hin. Aus dem weiteren Inhalt des Telefax ergibt sich aber hinreichend deutlich, dass die Merino GmbH nicht ein Vertragsangebot annehmen, sondern einen (vermeintlich) geschlossenen Vertrag bestätigen wollte.

– Das kB muss **unmittelbar nach den Vertragsverhandlungen** verschickt werden, sodass der Empfänger auf den Eingang vorbereitet ist.[144] Hier gibt es keine starren Fristen, es kommt auf den Einzelfall an.[145] Jedenfalls ein – wie im Fall – noch am Tag des vermeintlichen Vertragsschlusses verschicktes kB kommt rechtzeitig.

– Der Absender eines kB muss **schutzbedürftig** sein. Dies ist nicht der Fall, wenn er unredlich war, also bewusst einen Vertragsinhalt bestätigt hat, den es tatsächlich nicht gab. Nicht schutzbedürftig ist ein Absender zudem auch dann, wenn er die unrichtige Bestätigung nur unbewusst abgegeben hat, diese aber objektiv so weit vom (tatsächlich oder vermeintlich) Vereinbarten abweicht, dass der Absender vernünftiger Weise nicht mit dem Einverständnis des Empfängers rechnen konnte.[146] Im Fall war Goette redlich; die Bestätigung wich auch nicht vom (vermeintlich) Vereinbarten ab. Die Merino GmbH war danach schutzbedürftig.

– Kein **unverzüglicher Widerspruch:** Der Empfänger darf dem kB nicht unverzüglich widersprochen haben. Wiederum gibt es keine starren Fristen – ein Widerspruch nach drei Tagen genügt in der Regel wohl noch, nach einer Woche ist es dafür wohl regelmäßig zu spät.[147] Im Fall hat Rettig sich zwei Wochen lang nicht gerührt und damit nicht rechtzeitig widersprochen.

234 Nach allem sind sämtliche Voraussetzungen für einen Vertragsschluss nach den Grundsätzen über das kB erfüllt. Die Merino GmbH kann die Abnahme und Bezahlung der Robe verlangen (§ 433 Abs. 2 BGB).

Ergänzender Hinweis

235 Schweigen (also Nichtstun) ist im Bürgerlichen Recht **grundsätzlich keine Willenserklärung.** Dieser Grundsatz gilt auch im Handelsrecht. Insbesondere gibt es keinen Handelsbrauch (s. dazu § 346 HGB), nach dem das Schweigen eines Kaufmanns stets als Willenserklärung (etwa als Zustimmung) zu behandeln ist; das ergibt bereits ein Umkehrschluss zu § 362 HGB (dazu sogleich).

236 Wichtige handelsrechtliche Ausnahmen, nach denen Schweigen als Willenserklärung gilt, stellen die Grundsätze zum kB dar (dazu unser Fall) sowie **§ 362 Abs. 1 HGB.** § 362 Abs. 1 S. 1 gilt, wenn einem Kaufmann, dessen Gewerbebetrieb die Besorgung von Geschäften für andere mit sich bringt, ein Antrag über die Besorgung solcher Geschäfte von jemand zugeht, mit dem er in Geschäftsverbindung steht. Der Kaufmann ist in diesem Fall verpflichtet, unverzüglich zu antworten; sein Schweigen gilt als Annahme des Antrags. Dasselbe gilt nach § 361 Abs. 1 S. 2 BGB, wenn einem Kaufmann ein Antrag über die Besorgung von Geschäften von jemand zugeht, dem gegenüber er sich zur Besorgung solcher (!) Geschäfte erboten hat.

237 In beiden Alternativen setzt § 362 Abs. 1 HGB eine **Geschäftsbesorgung** für Dritte voraus. Damit ist nicht jede Tätigkeit für einen anderen gemeint, sondern nur eine **wirtschaftliche Tätigkeit** im Interesse eines Dritten, wie sie u.a. Handelsvertreter, Makler, Kommissionäre, Vermögensverwalter und Kreditinstitute ausüben.[148]

---

144 *Brox/Henssler*, Handelsrecht, 22. Aufl. Rn. 299.
145 *Busche*, in: MüKo BGB, 6. Aufl., § 147 Rn. 1 m.w.N.
146 *K. Schmidt*, in: MüKo HGB, 2. Aufl., § 346 Rn. 161 ff.
147 *Brox/Henssler*, Handelsrecht, 22. Aufl. Rn. 303.
148 Vgl. *K. Schmidt*, Handelsrecht, 5. Aufl., § 19 Abs. 2 d bb; *Welter*, in: MüKo HGB, 2. Aufl., § 362 Rn. 19.

Gelegentlich ist die Frage danach relevant, ob der Kaufmann bei § 362 HGB sein **238** Schweigen (das als Willenserklärung fingiert wird) **anfechten** kann. Jedenfalls nicht zulässig ist eine Anfechtung mit der Begründung, die Rechtswirkungen des Schweigens nicht gekannt zu haben. Zwar kann man diesen Fall unter § 119 Abs. 1 Alt. 1 BGB (Inhaltsirrtum) subsumieren. Es ist aber eine Einschränkung der Irrtumsanfechtung mit Rücksicht auf den Sinn und Zweck des § 362 Abs. 1 geboten.[149] Zulässig ist dagegen die **Anfechtung der** fingierten Annahmeerklärung wegen Inhaltsirrtums, § 119 Abs. 1 Alt. 1 BGB, wenn der Adressat den Antrag, mit dessen Inhalt der Vertrag zustande kommt, falsch verstanden hat, oder wegen Eigenschaftsirrtums, § 119 Abs. 2 BGB, wenn der Adressat falsche Vorstellungen über den Vertragsgegenstand oder die Person des Vertragspartners hat.[150]

Die Regelung in § 362 HGB ist von § 663 BGB abzugrenzen. Nach § 663 BGB muss **239** derjenige, welcher zur Besorgung gewisser Geschäfte öffentlich bestellt ist oder sich öffentlich hierzu erboten hat, die Ablehnung eines Auftrages oder Angebots zur entgeltlichen Geschäftsbesorgung unverzüglich anzeigen. Anderenfalls droht eine vorvertragliche Haftung gemäß § 280 Abs. 1 i.V.m. §§ 311 Abs. 2, 241 Abs. 2 BGB. § 663 BGB konkretisiert damit die gesetzlichen vorvertraglichen Schutzpflichten.[151] Weil die Rechtsfolgen des § 362 HGB weiter reichen, geht diese Regelung § 663 BGB vor.[152]

Fall 18: Handelsrechtlicher Gutglaubensschutz (§ 366 HGB)

Ausgangsfall: Student Stallmann muss sein geliebtes Hollandrad reparieren lassen. Zu diesem Zweck bringt er es Fahrradhändler Frank, der im Handelsregister eingetragen ist. Frank verkauft neben dem Reparaturbetrieb neue und gebrauchte Fahrräder. Frank stellt Stallmanns Fahrrad zunächst neben die zum Verkauf stehenden Gebrauchträder. Der Kunde Körting sieht es dort und bietet spontan einen hohen „Liebhaberpreis". Frank erkennt das gute Geschäft und möchte Stallmann einen Gefallen tun – das Fahrrad hat objektiv nur noch „Schrottwert". Daher erklärt Frank Körting, ihm das Fahrrad in Kommission für einen anderen Kunden zu verkaufen. Körting nimmt das Fahrrad sofort mit. Als Stallmann von der Veräußerung erfährt, ist er entsetzt. Er möchte das Fahrrad zurückbekommen. Hat Stallmann einen Anspruch darauf gegen Körting?
Abwandlung: Ändert sich die Rechtslage, wenn Frank gegenüber Körting erklärt hat, er verkaufe das Rad im Namen des Stallmann, der ihn damit beauftragt habe?

Problemstellung

Während ein gutgläubiger Erwerb nach Bürgerlichem Recht (§§ 932 ff. BGB) den guten **240** Glauben an das Eigentum des Veräußernden voraussetzt, genügt nach § 366 HGB der gute Glaube an die Verfügungsbefugnis des Veräußernden. Klassische Streitfragen dazu sind, ob § 366 HGB – beim Verfügungsgeschäft – auch den guten Glauben an die Vertretungsbefugnis schützt, und ob ein solcher Erwerb „kondiktionsfest" ist. Um diese Fragen geht es in unserem Fall.

Lösung

Stallmann könnte gegen Körting einen Anspruch auf Herausgabe des Fahrrades gem. **241** § 985 BGB haben. Körting ist unmittelbarer Besitzer. Stallmann war Eigentümer, könnte sein Eigentum jedoch gemäß § 929 S. 1 BGB durch Übergabe und Übereignung verloren haben. Tatsächlich geeinigt über den Eigentumsübergang haben sich Körting

149 *Welter,* in: MüKo HGB, 2. Aufl., § 362 Rn. 42.
150 *Welter,* a.a.O. (Fn. 150).
151 *Welter,* in: MüKo HGB, 2. Aufl., § 362 Rn. 10.
152 BGH, Urt. v. 17.10.1983 – II ZR 146/82, NJW 1984, S. 866 f.

und Frank. Dabei erfolgte auch die Übergabe. Stallmann hatte Frank aber nicht gemäß § 185 Abs. 1 BGB zur Übereignung ermächtigt. Auch ein gutgläubiger Erwerb nach §§ 929 S. 1, 932 Abs. 1 S. 1 BGB scheidet aus. Denn Körting wusste, dass Frank nicht selbst Eigentümer des Fahrrades war (er glaubte, Frank handele als Kommissionär, § 383 Abs. 1 HGB). Frank war damit bösgläubig i.S.d. § 932 Abs. 2 BGB.

242 Körting könnte das Fahrrad aber gemäß **§ 366 Abs. 1 HGB** i.V.m. § 932 BGB gutgläubig erworben haben. Nach dieser Vorschrift findet, wenn ein Kaufmann im Betriebe seines Handelsgewerbes eine ihm nicht gehörige bewegliche Sache veräußert oder verpfändet, (u.a.) § 932 BGB auch dann Anwendung, wenn der gute Glaube des Erwerbers die Befugnis des Veräußerers oder Verpfänders, über die Sache für den Eigentümer zu verfügen, betrifft. Im Rahmen des § 366 Abs. 1 HGB wird also der **gute Glaube an die (bloße) Verfügungsbefugnis** geschützt, der im unmittelbaren Anwendungsbereich des § 932 BGB nicht ausreicht (hier muss gerade an das Eigentum geglaubt werden).

243 Der Anwendungsbereich des § 366 HGB ist eröffnet, weil Frank Kaufmann ist (Kaufmann kraft Eintragung gemäß § 2 HGB) und das Fahrrad als bewegliche Sache im Betrieb seines Handelsgewerbes veräußert hat. Körting hatte keine positive Kenntnis davon, dass Frank keine Verfügungsbefugnis hatte. Er hat auch nicht grob fahrlässig auf die Verfügungsbefugnis vertraut (dies würde nach § 932 Abs. 2 BGB ebenfalls den gutgläubigen Erwerb ausschließen). Es ist nämlich nicht unüblich, dass ein Fahrradhändler gebrauchte Fahrräder in Kommission verkauft. Körting handelte daher in gutem Glauben an die Verfügungsbefugnis des F. Damit hat Körting gem. §§ 929 S. 1, 932 Abs. 1 S. 1 BGB i.V.m. § 366 Abs. 1 HGB wirksam das Eigentum an dem Fahrrad erworben. Stallmann ist nicht mehr Eigentümer. Er hat keinen Anspruch auf Herausgabe gemäß § 985 BGB hat.

244 Stallmann hat gegen Körting auch keinen Herausgabeanspruch gemäß § 812 Abs. 1 S. 1 Alt. 2 BGB (**Eingriffskondiktion**). Denn aus Sicht des Körting hat dieser das Eigentum durch Leistung des Frank erworben. Der Vorrang der Leistungskondiktion[153] schließt eine Eingriffskondiktion Stallmanns aus.

245 **Abwandlung:**
Stallmann könnte gegen Körting wiederum einen Anspruch auf Herausgabe gem. § 985 BGB haben. Ein gutgläubiger Erwerb Körtings scheint in der Abwandlung auszuscheiden – denn Körting glaubte weder an das Eigentum des Frank (für § 932 BGB in direkter Anwendung erforderlich) noch an dessen Verfügungsbefugnis (für § 366 HGB dem Wortlaut nach erforderlich).

246 Fraglich ist allerdings, ob § 366 Abs. 1 HGB nicht – über den guten Glauben an die Verfügungsbefugnis hinaus – auch den **guten Glauben an die Vertretungsmacht** schützt (der bei Körting vorlag). Dann könnte Frank Stallmann bei der Übereignung nach § 929 S. 1 BGB (zum zugrunde liegenden Kaufvertrag s.u. Rn. 249) wirksam vertreten haben. Die Frage ist umstritten. Gegen eine Anwendung von § 366 HGB auf den guten Glauben an die Vertretungsmacht wird eingewandt, dass diese mit dem Gesetzeswortlaut unvereinbar sei. Wenn der Veräußerer nicht in eigenem Namen handele, sei dem Erwerber zudem der Vertretene (als Vertragspartner) bekannt, sodass er sich problemlos über das Bestehen von Vertretungsmacht erkundigen könne.[154]

247 Nach h.M. schützt § 366 Abs. 1 HGB dagegen auch den guten Glauben an die Vertretungsmacht.[155] Zur Begründung wird angeführt, dass der Laie (auch im Handelsverkehr) nicht zwischen Vertretungsmacht oder Verfügungsbefugnis unterscheide. Es

---

153 *Schulze*, in: ders. u.a., BGB, 7. Aufl., § 812 Rn. 12.
154 *Canaris*, in: Großkomm. HGB, 5. Aufl., § 366 Rn. 37.
155 *Welter*, in: MüKo HGB, 2. Aufl., § 366 Rn. 42; *Brox/Henssler*, Handelsrecht, 21. Aufl., Rn. 313.

hänge auch oft nur vom Zufall ab, ob sich das Vertrauen des Erwerbers auf die Verfügungsmacht oder die Vertretungsbefugnis beziehe. Es sei im Nachhinein häufig nur schwer feststellbar, ob (vermeintlich) in Kommission oder in Vertretung gehandelt wurde.[156]

Folgt man der h.M., schützt § 366 HGB in analoger Anwendung auch den guten Glau- **248** ben an die Vertretungsmacht des Veräußerers beweglicher Sachen. Körting war gutgläubig i.S.d. § 932 Abs. 2 BGB. Er hat daher von Frank wirksam gemäß §§ 929 S. 1, 932 Abs. 1 S. 1 BGB i.V.m. § 366 Abs. 1 HGB (analog) Eigentum erworben. Stallmann hat keinen Anspruch auf Herausgabe gemäß § 985 BGB.

Wiederum könnte Stallmann gegen Körting einen Anspruch auf Herausgabe gemäß **249** § 812 Abs. 1 S. 1 Alt. 1 BGB (**Leistungskondiktion**) haben. Ein Vorrang der Leistungskondiktion scheidet in der Abwandlung aus, da hier – abweichend vom Ausgangsfall – eine Leistung Stallmanns (des Vertretenen), nicht Franks vorlag. Fraglich ist, ob Stallmann ohne Rechtsgrund geleistet hat. Rechtsgrund könnte ein Kaufvertrag (§ 433 BGB) sein. Dafür müsste Frank Stallmann bei Abschluss des Kaufvertrages wirksam vertreten haben. Stallmann hatte Frank keine Vollmacht erteilt. Allenfalls könnte § 366 HGB in analoger und erweiternder Anwendung dazu führen, dass der gute Glaube an die Vertretungsmacht nicht nur im Hinblick auf Verfügungsgeschäfte (s. dazu oben Rn. 246 ff.), sondern auch im Hinblick auf Verpflichtungsgeschäfte geschützt wird. Dies ist jedoch nach allgemeiner Ansicht nicht der Fall.[157] Ein Rechtsgrund für das Behaltendürfen könnte jedoch in § 366 HGB liegen (gesetzlicher Rechtsgrund). Dies wird teilweise bejaht. § 366 HGB führe zu einem kondiktionsfreien Erwerb, da anderenfalls der Regelungszweck des § 366 HGB – der sichere Rechtserwerb – verfehlt werde.[158] Folgt man dieser Ansicht, hat Stallmann gegen Körting keinen Anspruch auf Herausgabe von Eigentum und Besitz gemäß § 812 Abs. 1 S. 1 Alt. 1 BGB.

Ergänzender Hinweis

Wenn sich die Anwendung von Kaufmannsrecht auf den Verfügenden nur aus den **250** Grundsätzen zum Scheinkaufmann oder aus der Publizität des Handelsregisters gemäß § 15 Abs. 1, 3 HGB ergibt, ist die Anwendbarkeit von § 366 HGB umstritten. Sie wird zum Teil mit dem Argument verneint, dass der falsche Rechtsschein allein zu Lasten dessen gehen dürfe, welcher ihn gesetzt hat, oder in dessen Angelegenheiten eine Eintragung/Bekanntmachung vorzunehmen war.[159] Dagegen wird vorgebracht, dass der Eigentümer in den hier in Rede stehenden Fällen nicht schutzwürdig sei, da er den Besitz freiwillig übertragen habe. Dagegen sei die Schutzwürdigkeit des Erwerbers, der auf die Verfügungsbefugnis des (Schein-)Kaufmanns vertraut, zu bejahen.[160]

---

156 *Brox/Henssler,* Handelsrecht, 21. Aufl., Rn. 313 m.w.N.
157 *K. Schmidt,* Handelsrecht, 5. Aufl., § 23 III.2.; *Hopt,* in: Baumbach/Hopt, HGB, 35. Aufl., § 366 Rn. 5; *Brox/Henssler,* Handelsrecht, 21. Aufl., Rn. 313; *Welter,* in: MüKo HGB, 2. Aufl., § 366, Rn. 43 m.w.N.
158 *K. Schmidt,* Handelsrecht, 5. Aufl., § 23 III 2; *Welter,* in: MüKo HGB, 2. Aufl., § 366 Rn. 44; a.A. *Brox/ Henssler,* Handelsrecht, 21. Aufl., Rn. 31.
159 *Hopt,* in: Baumbach/Hopt, HGB, 35. Aufl. § 366 Rn. 4; *Lettl,* in: Ebenroth/Boujong/Joost/Strohn, § 366 Rn. 4 f.
160 *Canaris,* in: Großkomm. HGB, 5. Aufl., § 366 Rn. 12 f.

Fall 19: Handelskauf: Fixhandelskauf (§ 376 HGB)

Textilgroßhändler Müller bestellt am mit Telefax vom 1. Juni 2009 bei Produzent Weber 100 weiße und 100 schwarze Hemden zu einem Preis von € 10 pro Hemd. Das Telefax enthält den Zusatz „Lieferung bis spätestens 15. Juli 2009 wegen eigener Lieferpflichten". Weber bestätigt die Bestellung am 2. Juni 2009. Dann fällt bei Weber eine Maschine aus. Dem liegt ein Verschleiß zugrunde, den Weber bei ordnungsgemäßer Wartung hätte erkennen können. Weber kann daher den Liefertermin nicht einhalten. Am 30. Juli 2009 – Weber hat noch nicht geliefert – teilt Müller Weber mit, er „storniere" die Bestellung der weißen Hemden und verlange für ein Deckungsgeschäft Schadensersatz. Weil der Marktpreis für die versprochenen Hemden bei € 12/ Stück liegt, also € 2/Stück über dem zwischen den Parteien vereinbarten Kaufpreis, verlangt Müller als Schadensersatz (€ 2 * 100 Stück =) € 200. Im Übrigen verlangt Müller weiterhin die Lieferung der blauen Hemden, weil er für diese keinen Ersatz finden kann. Hat Müller die geltend gemachten Ansprüche?

Problemstellung

251 § 376 Abs. 1 S. 1 HGB regelt für den Fixhandelskauf (zu dessen Voraussetzungen s.u.) ein Rücktrittsrecht sowie einen Anspruch auf „Schadensersatz wegen Nichterfüllung" des Käufers. Entgegen dem Wortlaut der Vorschrift („oder") können die beiden Rechte nach § 325 BGB nebeneinander geltend gemacht werden.[161] Das Rücktrittsrecht hat seit der Schuldrechtsreform keine eigene Bedeutung mehr, da der Rücktritt seitdem beim Fixgeschäft auch im Bürgerlichen Recht eine Fristsetzung und Verschulden nicht mehr voraussetzt (§ 323 Abs. 2 Nr. 2 BGB).[162] Der „Schadensersatz wegen Nichterfüllung" müsste in der Terminologie der Schuldrechtsreform „Schadensersatz statt der Leistung" heißen (s. § 281 BGB). Die fehlende Anpassung beruht auf einem Redaktionsversehen. Abweichend von § 281 Abs. 1 BGB setzt der Schadensersatzanspruch nach §§ 376 Abs. 1 S. 1 HGB eine Nachfristsetzung nicht voraus. Den ursprünglichen Erfüllungsanspruch behält der Käufer, wenn der Liefertermin verstreicht, nur bei sofortiger Anzeige nach § 376 Abs. 1 S. 2 HGB. In § 376 Abs. 2, 3 HGB sind Besonderheiten der Schadensberechnung geregelt.

Lösung

252 Müller könnte wegen der ausgebliebenen Lieferung der weißen Hemden einen Anspruch auf Schadensersatz statt der Leistung i.H.v. € 200 gemäß § 376 Abs. 1 S. 1 HGB haben.

253 Zunächst müsste ein **Handelskauf** i.S.d. 373 ff. HGB vorliegen, also ein Kaufvertrag (§ 433 BGB), den wenigstens eine Partei als Kaufmann im Rahmen ihres Handelsgewerbes (§§ 343 f. HGB) abschließt. Die Kaufmannseigenschaft beider Parteien ist nach 345 HGB nicht erforderlich[163] (anders etwa bei der Untersuchungs- und Rügeobliegenheit nach § 377 Abs. 1 HGB, die ausdrücklich ein beiderseitiges Handelsgeschäft voraussetzt). Im Fall ist von der Kaufmannseigenschaft beider Parteien des Kaufvertrages auszugehen und ebenso davon, dass der geschlossene Vertrag dem jeweiligen Handelsgewerbe zugehört.

254 Der Handelskauf müsste weiter ein **Fixhandelskauf** sein, also die Vereinbarung enthalten, „dass die Leistung des einen Teiles genau zu einer festbestimmten Zeit oder innerhalb einer festbestimmten Frist bewirkt werden soll". Damit ist das **relative Fixgeschäft** definiert, dessen Voraussetzungen dieselben sind wie diejenigen des relativen Fixge-

---

161 *Hopt,* in: Baumbach/Hopt, HGB, 35. Aufl., § 376 Rn. 11.
162 *Brox/Henssler,* Handelsrecht, 21. Aufl., Rn. 395.
163 *Koch,* in: Oetker, HGB, 2. Aufl., § 376 Rn. 3.

schäfts nach Bürgerlichem Recht (§ 323 Abs. 2 Nr. 2 BGB). Die Vereinbarung einer Leistungszeit genügt dafür nicht. Vielmehr muss diese für den Käufer erkennbar ein so wichtiger Vertragsbestandteil sein, dass mit ihrer Einhaltung oder Versäumung der gesamte Vertrag „**steht oder fällt**".[164] Aus der Vereinbarung muss sich also klar ergeben, dass der Käufer an einer späteren Lieferung kein Interesse mehr hat.[165] Üblicher Weise geschieht dies durch Verwendung bestimmter Klauseln wie etwa „fix", „spätestens" oder „genau". Diese Klauseln haben allerdings nur indizielle Bedeutung – es sind stets sämtliche Umstände des Einzelfalles zu berücksichtigen.[166] Zweifel wirken sich gegen die Annahme eines Fixgeschäfts aus.[167] Im Fall ist der 15. Juli 2009 als Liefertermin vereinbart worden. Der Kaufvertrag enthält auch die deutliche Vereinbarung, dass die Einhaltung des Termins wesentliche Bedeutung für Müller hatte, weil dieser eigene Lieferpflichten zu erfüllen hatte. Ein relatives Fixgeschäft i.S.d. § 376 HGB liegt vor.

Weber hat zum vereinbarten Liefertermin **nicht geliefert**. **255**

Voraussetzung eines Schadensersatzanspruchs nach § 376 Abs. 1 S. 1 HGB ist weiterhin **256** der **Verzug des Schuldners** (diese Voraussetzung hat der Schadensersatz statt der Leistung nach § 281 Abs. 1 BGB nicht – dort ist aber eine Nachfrist erforderlich). Im Fall lag ein relatives Fixgeschäft vor (s.o.). Die Versäumung des Liefertermins führt hier auch ohne Mahnung zum Verzug (§ 286 Abs. 2 Nr. 1 BGB). Den Weber trifft auch ein Verschulden an der Nichtleistung, da er nach dem Sachverhalt eine ordnungsgemäße Wartung unterlassen und so den Verschleiß verursacht hatte, der zum Produktionsausfall führte. Weber ist mithin seit dem Überschreiten des Liefertermins im Verzug. Müller hat einen Anspruch auf „Schadensersatz wegen Nichterfüllung" gemäß § 376 Abs. 1 S. 1 HGB.

In § 376 Abs. 2, 3 HGB sind Besonderheiten der Schadensberechnung geregelt. Der **257** Schaden kann danach **abstrakt oder konkret** berechnet werden:[168]
- **Abstrakter Schaden**: Hat die versprochene und nicht gelieferte Ware einen **Börsen- oder Marktpreis**, so kann als Schaden nach § 376 Abs. 2 HGB der Unterschied zwischen dem vereinbarten Kaufpreis und dem Börsen- oder Marktpreises zur Zeit und am Orte der geschuldeten Leistung angesetzt werden. Es wird also ein hypothetisches Deckungsgeschäft unterstellt.[169]
- **Konkreter Schaden**: Statt seinen Schaden abstrakt zu berechnen (s.o.), kann der Käufer auch für den Schaden Ersatz verlangen, der ihm aus einem tatsächlich geschlossenen **Deckungsgeschäft** entstanden ist. Wenn die Ware einen Börsen- oder Marktpreis hat (nur dann), gelten aber Grenzen, die sich aus § 376 Abs. 3 HGB ergeben. Das Deckungsgeschäft muss dann sofort nach dem Ablaufe der bedungenen Leistungszeit oder Leistungsfrist bewirkt worden sein, und zwar entweder in öffentlicher Versteigerung oder durch einen Handelsmakler oder eine zur öffentlichen Versteigerung befugte Person zum laufenden Preise. Der Käufer soll durch diese Einschränkung nicht auf Kosten des Schuldners spekulieren können.[170]

Im Fall hat Müller seinen Schaden **abstrakt** berechnet (§ 376 Abs. 2 HGB), nämlich **258** anhand des **Marktpreises**. Der Schaden beläuft sich auf € 200. Müller hat gegen Weber wegen der ausgebliebenen Lieferung der weißen Hemden einen Anspruch auf Schadensersatz i.H.v. € 200 gemäß § 376 Abs. 1 S. 1 HGB.

---

164 BGH, Urt. v. 17.1.1990 – VIII ZR 292/88, NJW 1990, S. 2065 (2067).
165 *Brox/Henssler*, Handelsrecht, 21. Aufl., Rn. 395; *Müller*, in: Ebenroth/Boujong/Joost/Strohn, HGB, 2. Aufl., § 376 Rn. 11.
166 *Grunewald*, in: MüKo HGB, 2. Aufl., § 376 Rn. 7.
167 BGH, Urt. v. 18.4.1989 – X ZR 85/88, NJW-RR 1989, S. 1373.
168 *Grunewald*, in: MüKo HGB, 2. Aufl., § 376 Rn. 21 f.
169 *Roth*, in: Koller/Roth/Morck, HGB, 7. Aufl., § 376 Rn. 9.
170 *Brox/Henssler*, Handelsrecht, 21. Aufl., Rn. 397.

259 Müller könnte gegen Weber zudem (weiterhin) einen Anspruch auf Lieferung von 100 blauen Hemden gem. § 433 Abs. 1 S. 1 BGB haben. Ein Kaufvertrag liegt vor. Beim Fixhandelskauf nach § 376 HGB (ein solcher liegt hier vor, s.o.) kann der Gläubiger nach Ablauf der Lieferfrist allerdings nur dann (weiterhin) Erfüllung verlangen, wenn er sofort nach Fristablauf sein Festhalten am Leistungsanspruch dem Verkäufer anzeigt (§ 376 Abs. 1 S. 2 HGB). „Sofortiges" Handeln setzt ein Handeln ohne jede Verzögerung voraus (anders als bei § 121 Abs. 1 BGB kommt es auf Verschulden nicht an). Der BGH hat in einer Entscheidung einen Zeitraum von neun Tagen für zu lang gehalten.[171] In unserem Fall hat sich Müller erst mehr als zwei Wochen nach dem Liefertermin (am 30. Juli 2009) und damit nicht mehr „sofort" bei Weber gemeldet und seinen Anspruch geltend gemacht. Müller hat daher keinen Anspruch mehr aus § 433 Abs. 1 BGB auf die vereinbarte Lieferung. Er hat auch wegen der blauen Hemden ausschließlich Sekundäransprüche.

Fall 20: Handelskauf: Untersuchungs- und Rügeobliegenheit (§ 377 HGB)

> Fahrradhändler Frank hat bei Hersteller Hoppe (jeweils Kaufleute nach § 1 HGB) 20 Fahrräder für je € 500 bestellt (zehn Damen-Räder und zehn MTBs). Die Lieferung geht am 1. Februar 2012 in zwei großen Transportkisten bei Frank ein. Frank packt die Kisten zunächst nicht aus und unterlässt eine Untersuchung oder Probefahrten. Am 1. März 2012 packt Frank die Lieferung aus und bemerkt, dass Hoppe elf statt zehn MTBs und statt der zehn Damen-Räder zehn Herren-Räder geliefert hat. Frank meldet Hoppe dies noch am 1. März 2012. Hoppe verweigert ernsthaft und endgültig jede Gewährleistung und verlangt die Bezahlung des elften (nicht bestellten, aber gelieferten) MTB.
> Am 16. März 2012 zeigt sich Rost an der Felge eines MTB, die nach Kaufvertrag rostfrei sein sollte. Bei genauer Untersuchung zeigt sich, dass alle MTB-Felgen nicht rostfrei sind. Dies hätte Frank bei einer Untersuchung unmittelbar nach Lieferung nicht erkennen können – damals hatte sich noch kein Rost gebildet. Da die Beziehung zwischen Hoppe und Frank seit der ersten Mängelanzeige deutlich unterkühlt ist, macht Frank Hoppe noch am 16. März 2012 nur die sehr knappe Mitteilung: „Es haben sich weitere Mängel an Ihrer Lieferung gezeigt – die MTBs entsprechen nicht unserem Kaufvertrag, ich behalte mir deswegen alle Rechte gegen Sie vor".
> Am 1. April 2012 erklärt Frank gegenüber Hoppe den Rücktritt vom gesamten Kaufvertrag und verlangt den bereits gezahlten Kaufpreis von € 10.000 zurück. Hoppe verlangt dagegen noch die Bezahlung von € 500 für das elfte (nicht bestellte, aber gelieferte) MTB.
> Wer hat Recht?

Problemstellung

260 Ein Kaufmann muss beim beiderseitigen Handelskauf die Untersuchungs- und Rügeobliegenheit nach § 377 HGB beachten, um etwaige Gewährleistungsrechte nicht zu verlieren.

Lösung

261 Frank könnte gegen Hoppe einen Anspruch auf Rückzahlung des Kaufpreises i.H.v. € 10.000 gem. § 346 Abs. 1 BGB haben. Das setzt voraus, dass Frank von dem mit Hoppe geschlossenen Kaufvertrag wirksam zurückgetreten ist. Voraussetzung dafür ist neben einer wirksamen Rücktrittserklärung das Bestehen eines Rücktrittsrechts. Ein Rücktrittsgrund kann sich im Fall aus §§ 437 Nr. 2, 323 Abs. 1 BGB ergeben. Dazu müsste zunächst ein Sachmangel gemäß § 434 BGB vorgelegen haben.

---

171 BGH, Urt. v. 10.3.1998 – X ZR 7/96, NJW-RR 1998, S. 1489.

– Der Umstand, dass als rostfrei verkaufte Fahrradteile rosten, stellt einen Sachmangel gemäß § 434 Abs. 1 S. 1 BGB dar.
– Ob bei der Lieferung von Herren- statt Damen-Rädern ein Sachmangel i.S.d. § 434 Abs. 1 vorliegt, ist zweifelhaft. Ein Herren-Rad könnte (im Sinne des Kaufrechts) ein fehlerhaftes Damen-Rad sein. Es könnte aber (abhängig davon, wie man die Gattungen bestimmt) auch ein Gegenstand einer anderen Gattung und damit eine **aliud-Lieferung** sein. Die Abgrenzung ist jedoch entbehrlich, da § 434 Abs. 3 BGB die aliud-Lieferung einem Sachmangel gleichstellt.

Sämtliche gelieferten Fahrräder waren daher mangelhaft i.S.d. § 434 BGB. Der Mangel **262** war auch jeweils erheblich i.S.d. § 323 Abs. 5 S. 2 BGB. Der Rücktritt vom Kaufvertrag setzt regelmäßig den fruchtlosen Ablauf einer angemessenen Nachfrist voraus (§ 323 Abs. 1 BGB). Die Nachfristsetzung ist jedoch entbehrlich, wenn der Verkäufer – wie Hoppe in unserem Fall – ernsthaft und endgültig die Nacherfüllung verweigert (§ 323 Abs. 2 Nr. 1 BGB). Frank hat den Rücktritt schließlich auch erklärt (§ 349 BGB). Vorbehaltlich eines Ausschlusses gemäß § 377 HGB (dazu sogleich) ist Frank damit wirksam von dem mit Hoppe geschlossenen Kaufvertrag zurückgetreten.

Franks Gewährleistungsrechte könnten aber nach § 377 Abs. 2 HGB ausgeschlossen **263** sein. Dies ist der Fall, wenn Frank seiner **Untersuchungs- und Rügeobliegenheit** nicht nachgekommen ist.

Damit der Anwendungsbereich des § 377 HGB eröffnet ist, müsste der Kaufvertrag **264** zwischen Vogel und Krause zunächst ein **beiderseitiges Handelsgeschäft** darstellen (§ 377 Abs. 1 HGB). Da beide Parteien ein Handelsgewerbe (§ 1 Abs. 2 HGB) betreiben, sind sie gem. § 1 Abs. 1 HGB Kaufleute. Sie haben den Kaufvertrag auch jeweils im Rahmen ihres Handelsgewerbes geschlossen, sodass ein beiderseitiges Handelsgeschäft (§§ 343 f. HGB) zu bejahen ist.

Nach § 377 Abs. 1 HGB hat „der Käufer die Ware unverzüglich nach der Ablieferung **265** durch den Verkäufer, soweit dies nach ordnungsmäßigem Geschäftsgang tunlich ist, zu untersuchen und, wenn sich ein Mangel zeigt, dem Verkäufer unverzüglich Anzeige zu machen." Bei unterlassener Anzeige gilt die Ware als genehmigt, es sei denn, dass der Mangel bei der Untersuchung nicht erkennbar war (§ 377 Abs. 2 HGB). Zeigt sich später ein solcher (anfangs nicht erkennbarer) Mangel, muss die Anzeige unverzüglich nach der Entdeckung gemacht werden, um den Verlust von Gewährleistungsrechten zu vermeiden (§ 377 Abs. 3 HGB).

Im Fall war einfach erkennbar, dass Hoppe Damen- statt Herrenräder geliefert hatte. **266** Frank hätte dies nach § 377 Abs. 1 HGB unverzüglich rügen müssen. „Unverzüglich" bedeutet hier (wie in § 121 Abs. 1 BGB) „ohne schuldhaftes Zögern". Starre Fristen gibt es nicht, entscheidend sind die Umstände des Einzelfalls. Eine nach mehr als eine Woche nach Lieferung erhobene Rüge dürfte regelmäßig verspätet sein.[172] Im Fall hat Frank den Umstand, dass Herren- statt Damenräder geliefert worden waren, erst einen Monat nach der Lieferung und damit deutlich verspätet gerügt.

Dass die MTB rostende Teile hatten, war nach dem Sachverhalt dagegen anfänglich **267** nicht erkennbar. Der Rechtsverlust nach § 377 Abs. 2 HGB ist daher zu verneinen – und zwar unabhängig davon, dass Frank tatsächlich nicht untersucht hat. Nicht erkennbare Fehler haben ohne Rücksicht darauf, ob tatsächlich untersucht worden ist oder nicht, nicht die Genehmigungsfiktion des § 377 Abs. 2 HGB zur Folge.[173]

---

172 *Brox/Henssler,* Handelsrecht, 21. Aufl., Rn. 411 m.w.N.
173 *Hopt,* in: Baumbach/Hopt, HGB, 35. Aufl., § 377 Rn. 38.

268 Nach § 377 Abs. 3 HGB musste Frank die rostenden Folgen unverzüglich nach Entdeckung gegenüber Hoppe rügen. Tatsächlich hat Frank gegenüber Hoppe noch am Tag der Entdeckung Mängel behauptet. Er hat diese aber nicht konkretisiert. Um den Rechtsverlust nach § 377 Abs. 3 HGB zu vermeiden, muss eine Rüge konkret sein, also die betroffenen Waren sowie die Art und den Umfang des Mangels benennen. Eine allgemeine Mittelung, die Ware sei mangelhaft, genügt dagegen nicht.[174] Frank ist seiner Rügeobliegenheit aus § 377 Abs. 3 HGB damit nicht ordnungsgemäß nachgekommen; die MTBs gelten daher als genehmigt. Dies hat den Ausschluss sämtlicher Gewährleistungsrechte des Franks zur Folge. Frank hat keinen Anspruch auf Kaufpreisrückzahlung.

269 Was die **Zuviel-Lieferung** eines MTB angeht, ist § 377 HGB nicht anwendbar.[175] Dass Frank diese nicht gerügt hat, führt also nicht zu einem gegen ihn gerichteten Kaufpreisanspruch. Hoppe hat gegen Frank aber einen Rückgabeanspruch aus § 812 Abs. 1 S. 1 Alt. 1 BGB (Leistungskondiktion) auf Herausgabe der überschüssigen Ware.

Ergänzende Hinweise

270 Probleme wirft die Anwendung des § 377 HGB auf einen **Zwischenhändler** auf. Gelangt die Kaufsache auf Weisung des Zwischenhändlers direkt vom Verkäufer an einen dritten Abnehmer (Streckengeschäft), hat der Zwischenhändler häufig nicht die Gelegenheit, selbst zu untersuchen. Das ist vor allem dann problematisch, wenn der Verkauf vom Zwischenhändler an den Dritten kein Handelskauf ist. Denn dann unterliegt der Dritte keiner Untersuchungs- und Rügeobliegenheit. Erfährt der Zwischenhändler daher vorerst nichts von einem Mangel, verliert er nach § 377 HGB seine Rechte gegen seinen Verkäufer. Er ist aber dennoch den Gewährleistungsansprüchen des Dritten ausgesetzt.

271 Teilweise wird in dieser Konstellation eine unverzügliche Untersuchung und Rüge nicht für erforderlich gehalten; diese seien nicht „tunlich" i.S.d. § 377 Abs. 1 HGB. Die Gegenmeinung betont, dass die Rechtsstellung des Verkäufers gegenüber seinem Vertragspartner (dem Zwischenhändler) nicht von Vertragsbeziehungen des Zwischenhändlers zu Dritten abhängen könne. Der Umstand, dass letzter Abnehmer ein Nicht-Kaufmann sei, sei dem Zwischenhändler zuzurechnen, nicht dem (ersten) Verkäufer.[176]

---

174 *Roth,* in: Koller/Roth/Morck, HGB, 7. Aufl., § 377 Rn. 12.
175 *Hopt,* in: Baumbach/Hopt, HGB, 35. Aufl., § 377 Rn. 19.
176 BGH, Urt. v. 24.1.1990 – VIII ZR 22/89, NJW 1990, S. 1290 ff.; OLG Karlsruhe, Urt. v. 5.11.2008 – 7 U 15/08, NZG 2009, S. 395 ff.; *Brox/Henssler,* Handelsrecht, 21. Aufl., Rn. 400 m.w.N.

2. Kapitel   Gesellschaftsrecht

I.   Einleitung

1.   Gegenstand des Gesellschaftsrechts

Das Gesellschaftsrecht ist das Recht der durch **Rechtsgeschäft** begründeten **privatrecht- 272 lichen Personenvereinigungen,** die zur Erreichung eines bestimmten **gemeinsamen Zweckes** gegründet werden.[177]

Nicht unter das Gesellschaftsrecht fallen danach:[178]   **273**
– Sämtliche Körperschaften und sonstigen Organisationsformen des öffentlichen **Rechts;**
– die **Ehe;**
– die **Erbengemeinschaft** (§§ 2303 ff. BGB) – Grund: Entstehen kraft Gesetzes, kein gemeinsamer Zweck i.S.d. Gesellschaftsrechts;
– die privatrechtliche **Stiftung** (§§ 80 ff. BGB) – Grund: fehlende *mitgliedschaftliche* Organisation;
– die **schlichten Rechtsgemeinschaften,** insbesondere das Miteigentum (§§ 1008 ff. BGB) sowie andere Bruchteilsgemeinschaften (§§ 741 ff. BGB) – s. dazu unten Rn. 303 ff.

2.   Die Gesellschaftsformen

Der Gesetzgeber stellt **zwei Grundtypen** von Gesellschaften zur Verfügung: den **rechts- 274 fähigen Verein** (§§ 21 ff. BGB) als Grundtypus der Körperschaften und die **Gesellschaft bürgerlichen Rechts** (GbR, §§ 705 ff. BGB) als Grundtypus der Personengesellschaften.

Wichtige **Personengesellschaften** neben der GbR sind: **275**
– Die oHG (§§ 105 ff. HGB);
– die KG (§§ 161 ff. HGB);
– die **EWIV** (Europäische Wirtschaftliche Interessenvereinigung), geregelt insb. in der EWIV-VO[179] (EWG) Nr. 2137/85 sowie im EWIV-Ausführungsgesetz;
– die Partnerschaftsgesellschaft (geregelt im PartGG);
– die Stille Gesellschaft (§§ 230 ff. HGB).

Für die Lösung von Fällen des Personengesellschaftsrechts ist von zentraler Bedeutung, **276** dass der Gesetzgeber im Recht der Personenhandelsgesellschaften (also im Recht der oHG und KG) mit **Verweisungen** arbeitet. Für die oHG gelten zunächst die speziellen Regelungen der §§ 105 ff. HGB. Soweit hier keine speziellen Regelungen existieren, findet als „Auffangrecht" das Recht der GbR Anwendung (s. die Verweisung in § 105 Abs. 3 HGB). Entsprechend gelten für die KG zunächst die speziellen Regelungen der §§ 161 ff. HGB. Soweit hier Lücken verbleiben, gilt kraft der Verweisung in § 161 Abs. 2 HGB das Recht der oHG und wiederum kraft der Verweisung in § 105 Abs. 3 HGB hilfsweise das Recht der GbR.

Wichtige **Körperschaften** neben dem rechtsfähigen Verein sind: **277**
– Die GmbH (geregelt im GmbHG);
– die Aktiengesellschaft (AG, §§ 1 ff. AktG);
– die Kommanditgesellschaft auf Aktien (KGaA, §§ 278 ff. AktG);

---

177 *Windbichler,* Gesellschaftsrecht, 22. Aufl., § 1 Rn. 1; s. dort auch zu den Unschärfen der Definition in Randbereichen, wie etwa im Hinblick auf die Einmanngesellschaft.
178 *Windbichler,* Gesellschaftsrecht, 22. Aufl., § 1 Rn. 2.
179 EG-VO Nr. 2137/85 v. 25.7.1985, ABl. EG L 199 v. 31.7.1985, S. 1.

– die Societas Europaea (SE/Europäische Aktiengesellschaft), geregelt in der SE-Verordnung der EG[180] sowie im SE-Ausführungsgesetz.

278 Das Gesetz regelt neben dem rechtsfähigen Verein auch den nicht in das Vereinsregister des Amtsgerichts eingetragenen und daher **nicht rechtsfähigen Verein**. § 54 BGB verweist insoweit im Wesentlichen auf das Recht der GbR und regelt zudem eine persönliche Haftung des für den nicht rechtsfähigen Verein Handelnden. Gesellschafter- und Handelndenhaftung sollten die Vereine nach der Intention des Gesetzgebers ursprünglich veranlassen, die Rechtsfähigkeit anzustreben und ein entsprechendes staatliches Kontrollverfahren zu durchlaufen.[181] Heute existieren jedoch gesetzliche Regelungen, nach denen der nicht rechtsfähige Verein unter einzelnen Gesichtspunkten doch Rechtsfähigkeit besitzt (s. etwa § 50 Abs. 2 ZPO, § 11 Abs. 1 S. 2 InsO). Darüber hinaus sind Rechtsprechung und Literatur allgemein dazu übergegangen, auf den nicht rechtsfähigen Verein – entgegen der klaren Regelung in § 54 S. 1 BGB – in weitem Umfang nicht Gesellschafts-, sondern Vereinsrecht anzuwenden.[182]

279 Im Bereich der Körperschaften sind in der juristischen Ausbildung und Prüfung die **Kapitalgesellschaften relevant,** vor allem die GmbH (in geringerem Umfang auch AG und KGaA). Für die Lösung von Fällen ist wichtig, dass die Kapitalgesellschaften rechtsfähige Vereine i.S.d. §§ 21 f. BGB darstellen (der rechtsfähige Verein als Grundtypus der Körperschaft, s.o.). Die §§ 21 ff. BGB finden daher Anwendung, soweit sie nicht durch spezielle Regelungen des GmbH- oder Aktienrechts verdrängt werden. Ein Beispiel ist die (unmittelbare) Geltung der Regelung zur Organhaftung (§ 31 BGB) im GmbH-Recht.[183]

280 Es gilt ein **numerus clausus der Gesellschaftsformen.** Neben den vom Gesetz bereitgestellten Gesellschaftsformen dürfen neue daher nicht „erfunden" werden. Darin liegt eine Einschränkung der Privatautonomie, die das Privatrecht im Übrigen prägt.

281 Eine **Typenverbindung** ist jedoch zulässig.[184] Bekanntestes Beispiel ist die KG mit einer GmbH als persönlich haftender Gesellschafterin (GmbH & Co. KG). Neben weiteren zulässigen Typenverbindungen lässt die Rechtsprechung seit 1997 auch die GmbH & Co. KGaA zu[185] und seit einigen Jahren die ausländische Kapitalgesellschaft & Co. KG[186]. Dagegen ist eine gesellschaftsvertragliche Bestimmung unwirksam, mit der versucht wird, die Haftung der Gesellschafter einer GbR zu beschränken (Verbot der „GbR-mbH"). Eine entsprechende Haftungsbeschränkung kann daher nicht gesellschaftsvertraglich erreicht werden, sondern nur durch individuelle Vereinbarung mit dem jeweiligen Gesellschaftsgläubiger.[187]

282 Neben der Möglichkeit der Typenverbindung besteht ein gewisser **Gestaltungsspielraum** der Gesellschafter dadurch, dass zahlreiche Vorschriften des Gesellschaftsrechts **disponibel** sind, also im Gesellschaftsvertrag abbedungen werden können.[188] Zusammenfassend lässt sich feststellen, dass Regelungen, die das Außenverhältnis der Gesellschaft betreffen, häufig zwingender Natur sind. Dies gilt insbesondere für Regelungen

---

180 EG-VO Nr. 2157/2001 v. 8.10.2001 über das Statut der Europäischen Gesellschaft (SE), ABl. Nr. L 294, S. 1.
181 *Grunewald,* Gesellschaftsrecht, 8. Aufl., 2.B. Rn. 1.
182 *Grunewald,* Gesellschaftsrecht, 8. Aufl., 2.B. Rn. 2 ff. m.w.N.
183 *Windbichler,* Gesellschaftsrecht, 22. Aufl., § 20 Rn. 2. Zur (zu bejahenden) analogen Anwendung im Recht der Personengesellschaften s. Rn. 472 ff.
184 *Windbichler,* Gesellschaftsrecht, 22. Aufl., § 1 Rn. 5.
185 BGH, Beschl. v. 24.2.1997 – II ZB 11/96NJW 1997, S. 1923 ff.
186 OLG Frankfurt, Beschl. v. 28.7.2006 – 20 W 191/06, FGPrax 2006, S. 273 f. m.w.N.
187 BGH, Urt. v. 27.9.1999 – II ZR 371/98, NJW 1999, S. 3483 ff.
188 *Windbichler,* Gesellschaftsrecht, 22. Aufl., § 1 Rn. 5.

zum Schutze des Rechtsverkehrs und vor allem der Gesellschaftsgläubiger (s. bspw. § 43 Abs. 3 S. 3 GmbHG). Regelungen des Innenverhältnisses sind dagegen häufig dispositiv.

Ausdrücklich geregelt ist die Frage der Abdingbarkeit der gesetzlichen Regelungen im **283** Aktienrecht. Hier gilt der Grundsatz der **Satzungsstrenge**. Abweichungen vom gesetzlichen Aktienrecht durch die Satzung der Gesellschaft sind danach nur zulässig, wenn das Gesetz sie ausdrücklich zulässt (§ 23 Abs. 5 AktG).

3. Gesamthandsgemeinschaften

Rechtsfähiger Verein, GmbH und Aktiengesellschaft sind **juristische Personen**, wie sich **284** aus der Titelüberschrift zum 2. Titel des BGB („Juristische Personen") und aus §§ 1 Abs. 1 AktG, 13 Abs. 1 GmbHG ergibt.[189] Als juristische Person wird eine **von der Rechtsordnung mit Rechtsfähigkeit ausgestattete Organisation** definiert.[190]

Die Personengesellschaften werden dagegen als **Gesamthandsgemeinschaften** einge- **285** ordnet und als solche traditionell den juristischen Personen gegenübergestellt.[191] Der Grund dafür liegt in der Einordnung der GbR durch den Gesetzgeber als Schuldverhältnis zwischen den Gesellschaftern mit gesamthänderischer Vermögensbindung (s. die Verortung der §§ 705 ff. BGB als Teil des Schuldrechts). Entsprechendes gilt für die Personenhandelsgesellschaften aufgrund der Verweisungen in §§ 105 Abs. 2, 161 Abs. 3 HGB.

Für die Notwendigkeit einer Differenzierung zwischen Gesamthandgesellschaften und **286** juristischen Personen gibt es demnach zwar gesetzliche Anhaltspunkte. In der **Rechtsanwendung** hat die Differenzierung allerdings nur **geringe Bedeutung**. Folgende Themen spielen in der Diskussion eine Rolle:

- **Rechtsfähigkeit:** Die Rechtsfähigkeit ist kein Spezifikum der juristischen Personen. Vielmehr sind kraft der ausdrücklichen Regelung in § 124 Abs. 1 HGB auch oHG und KG rechtsfähig. Darüber hinaus wird seit der grundlegenden Entscheidung des BGH in der Sache *„Weißes Rössl"* vom 29.1.2001[192] auch die Rechtsfähigkeit der GbR allgemein bejaht.
- **Haftung:** Es besteht weiterhin kein untrennbarer Zusammenhang zwischen der Qualifizierung einer Gesellschaft als juristische Person und einem Ausschluss der persönlichen Haftung, wie die Stellung des persönlich haftenden Gesellschafters in der KGaA zeigt.[193]
- **Übertragbarkeit von Gesellschaftsanteilen:** Ein Charakteristikum der Personengesellschaften liegt darin, dass Gesellschaftsanteile daran grundsätzlich nicht frei übertragbar sind (s. § 719 BGB einerseits, § 15 Abs. 1 GmbHG andererseits). Dies ist aber ebenfalls nicht etwa begriffsjuristisch aus der Einordnung als juristische Person herzuleiten, sondern ausdrücklich gesetzlich angeordnet. Von den genannten Grundsätzen kann daher auch im Gesellschaftsvertrag abgewichen werden (s. §§ 68 Abs. 2 S. 1 AktG, 15 Abs. 5 GmbHG für die Vinkulierung von Aktien respektive GmbH-Geschäftsanteilen).
- **Einmanngesellschaft:** Aktiengesellschaft und GmbH können als Einmanngesellschaften gegründet werden.[194] Das Recht der Personengesellschaften erlaubt dies nicht, weil § 705 BGB einen Vertrag und damit das Zusammenwirken mehrerer

---

189 *Raiser/Veil,* Recht der Kapitalgesellschaften, 4. Aufl., § 3 Rn. 8.
190 BGH, Urt. v. 11.7.1957 – II ZR 318/55, NJW 1957, S. 1433 (1434); ausführlich *Reuter,* in: MüKo BGB, 6. Aufl., vor § 21 Rn. 1 ff.
191 BGH, Urt. v. 29.1.2001 – II ZR 331/00, NJW 2001, 1056 (1058) (*Weißes Rössl*).
192 BGH, Urt. v. 29.1.2001 – II ZR 331/00, NJW 2001, 1056 ff., s. dazu Rn. 437 ff.
193 *Raiser/Veil,* Recht der Kapitalgesellschaften, 4. Aufl., § 3 Rn. 12.
194 Das MoMiG hat die Gründung von Einmanngesellschaft sogar erleichtert, s. *Möller,* Der Konzern 2008, S. 1 (2) m.w.N.

Gesellschafter voraussetzt. Scheiden aus einer mehrgliedrigen Gesellschaft alle Gesellschafter bis auf einen aus, werden darüber hinaus das Erlöschen der Gesellschaft und das Anwachsen deren Vermögens auf den letzten Gesellschafter bejaht. Dies wird mit dem Erfordernis einer Personenmehrheit bei den Personengesellschaften begründet.[195] Ausnahmen von diesem Grundsatz sind nur in sehr engem Umfang anerkannt, etwa dann, wenn in einer zweigliedrigen Gesellschaft der eine den anderen Gesellschafter beerbt und im Hinblick auf den vererbten Gesellschaftsanteil eine Testamentsvollstreckung oder eine Vor- und Nacherbschaft angeordnet ist.[196]

–   **Selbstorganschaft:** Bei der Personengesellschaft muss stets mindestens ein Gesellschafter vertretungsbefugt sein[197], während diese Befugnis bei den juristischen Personen ohne weiteres auf Dritte übertragen werden kann.

4.   Innen- und Außengesellschaften

287   Eine **Außengesellschaft** tritt als solche nach außen in Erscheinung. Sie erschöpft sich nicht in Rechtsbeziehungen der Gesellschafter untereinander. Neben Rechtsbeziehungen im Innenverhältnis existieren bei der Außengesellschaft vielmehr auch Beziehungen der Gesellschaft selbst gegenüber Dritten, es gibt mithin ein Innen- und ein Außenverhältnis.[198] Im Vordergrund steht, dass die Außengesellschaft ein der Gesellschaft selbst (und nicht ihren Gesellschaftern zugeordnetes) Vermögen bildet.

288   Eine **Innengesellschaft** stellt dagegen eine rein schuldrechtliche Beziehung der Gesellschafter untereinander dar. Innengesellschaften treten im Rechtsverkehr nicht nach außen in Erscheinung. Sie halten kein Gesellschaftsvermögen und knüpfen auch im Übrigen keinerlei Rechtsbeziehungen nach außen. Vermögensinhaber sind vielmehr ausschließlich die beteiligten Gesellschafter oder einer dieser Gesellschafter.

289   Die Unterscheidung zwischen Außen- und Innengesellschaft richtet sich also danach, ob die Gesellschaft als solche Rechtsbeziehungen nach außen knüpft (oder dies wenigstens tun könnte). **Keine Voraussetzungen** für das Vorliegen einer reinen Innengesellschaft ist dagegen, dass die Gesellschafter diese „geheim halten" (ein Missverständnis, das insbesondere hinsichtlich der Stillen Gesellschaft, dazu sogleich, teilweise besteht).

290   Ein gesetzlich geregelter Fall der reinen Innengesellschaft ist die **Stille Gesellschaft** nach §§ 230 ff. HGB, bei der sich ein Stiller durch eine Einlage am Handelsgewerbe eines anderen beteiligt. Die Einlage geht in das Vermögen dieses anderen – des Inhabers des Handelsgeschäfts – über. Ausschließlich dieser Inhaber schließt und erfüllt sodann – im eigenen Namen, nicht in dem der Gesellschaft – Verträge und wird so Zuordnungssubjekt sämtlicher sonstiger Rechte und Pflichten aus dem Handelsgewerbe. Eine Gewinn- und Verlustbeteiligung des Stillen ergibt sich ausschließlich auf schuldrechtlicher Grundlage.

291   Auch eine GbR (§§ 705 ff. BGB) kann als reine Innengesellschaft ausgestaltet werden (**BGB-Innengesellschaft**). Als Beispiel dafür kann eine **Unterbeteiligung** an einem Gesellschaftsanteil dienen, die keine Stille Gesellschaft i.S.d. §§ 230 ff. HGB ist, weil sie sich nicht auf ein Handelsgewerbe, sondern auf einen Gesellschaftsanteil bezieht.[199]

292   Die Unterscheidung zwischen Innen- und Außengesellschaften betrifft ausschließlich Personengesellschaften. **Juristische Personen,** insbesondere also die Kapitalgesellschaften, sind stets Außengesellschaften.[200]

---

195 *Windbichler,* Gesellschaftsrecht, 22. Aufl., § 11 Rn. 2.

196 BGH, Urt. v. 14.5.1986 – IVa ZR 155/84, NJW 1986, S. 2431 ff.; *Grunewald,* Gesellschaftsrecht, 8. Aufl., 1.A. Rn. 2.

197 Dagegen ist nach h.M. nicht zwingend erforderlich, dass mindestens ein Gesellschaft auch zur Geschäftsführung befugt ist, s. *K. Schmidt,* Gesellschaftsrecht, 4. Aufl., § 47 V 1. a).

198 *Windbichler,* Gesellschaftsrecht, 22. Aufl., § 2 Rn. 14.

199 *Kübler/Assmann,* Gesellschaftsrecht, 6. Aufl., § 3 IV. 2. b).

200 *Windbichler,* Gesellschaftsrecht, 22. Aufl., § 2 Rn. 14.

II.   Das Recht der GbR

1.   Grundlagen

Fall 21: Wesensmerkmale der GbR/Gesellschaftsvertrag (§ 705 BGB)

Die Rechtsanwälte Mathias und Tobias wollen eine Gemeinschaftssozietät in Form einer GbR gründen. Sie vereinbaren privatschriftlich die Gründung einer Gesellschaft. Tobias verpflichtet sich darin, seinen bereits vorhandenen Mandantenstamm auf die Gesellschaft zu übertragen. Mathias hat noch keine Mandanten. Er verpflichtet sich aber, eine kleine Büroimmobilie in die Gesellschaft einzubringen, in der das gemeinsame Geschäft betrieben werden soll. Kurz darauf erhält Mathias das Angebot, als Syndikus in der Industrie tätig zu werden und möchte von der Gesellschaftsgründung nichts mehr wissen. Ist eine Gesellschaft bereits entstanden oder ist Mathias wenigstens verpflichtet, an der Gründung mitzuwirken?

Problemstellung

Die GbR entsteht durch **Vertragsschluss.** Dasselbe gilt für sämtliche anderen Gesellschaftsformen. Im Einzelnen setzt die Entstehung einer GbR voraus (§ 705 BGB):   **293**
– Zustandekommen und Wirksamkeit eines **Vertrages** (vertraglicher Zusammenschluss mehrerer Personen);
– Vereinbarung eines **gemeinsamen Zweckes** in dem Vertrag;
– vertragliche Verpflichtung der Vertragsschließenden zur **Förderung** des gemeinsamen Zweckes.

Im Fall ist schon das Vorliegen der ersten Voraussetzung zweifelhaft. Zustandekommen   **294** und Wirksamkeit des Gesellschafsvertrages richten sich grundsätzlich nach der allgemeinen Rechtsgeschäftslehre des Bürgerlichen Rechts (geregelt insbesondere im Allgemeinen Teil des BGB). Einem wirksamen Vertragsschluss könnte hier entgegenstehen, dass eine Verpflichtung zur Übertragung eines Grundstückes nur durch notarielle Beurkundung begründet werden kann (§ 311b Abs. 1 S. 1 BGB).

Lösung

Ein GbR-Gesellschaftsvertrag kann grundsätzlich formlos geschlossen werden. Mög-   **295** lich sind also beispielsweise auch ein mündlicher und/oder ein konkludenter Vertragsschluss.[201]

Exkurs: Ein konkludenter Vertragsschluss kommt z.B. in Betracht, wenn eine **Erben-**   **296** **gemeinschaft** ein ererbtes Unternehmen weiterführt und die Miterben eine darüber hinausgehende Bindung eingehen, indem sie etwa die Auflösung der gemeinschaftlich betriebenen Unternehmung ausschließen.[202] Fragen nach der konkludenten Begründung einer Gesellschaft spielen zudem regelmäßig eine Rolle, wenn es um die Auseinandersetzung einer gescheiterten Ehe, eingetragenen Lebenspartnerschaft oder nichtehelichen Lebensgemeinschaft geht.

Ausnahmsweise kann die Gründung einer GbR einem **Formerfordernis** unterliegen.   **297** Dies ist dann der Fall, wenn der Gesellschaftsvertrag ein Leistungsversprechen enthält, das seinerseits formbedürftig ist. Beispiele sind Verpflichtungen eines oder mehrerer Gesellschafter zur Übertragung von Grundstücken (§ 311b BGB) oder GmbH-Geschäftsanteilen (§ 15 Abs. 3, 4 GmbHG).[203]

---

201 *Windbichler,* Gesellschaftsrecht, 22. Aufl., § 6 Rn. 6.
202 *Windbichler,* Gesellschaftsrecht, 22. Aufl., § 6 Rn. 6.
203 *Windbichler,* Gesellschaftsrecht, 22. Aufl., § 6 Rn. 6.

298 Wird ein Gesellschaftsvertrag geschlossen und bleibt ein dabei ausnahmsweise beste-
hendes Formerfordernis (s.o.) unbeachtet, so ist regelmäßig der **gesamte Vertragsinhalt
unwirksam.** Die Unwirksamkeit beschränkt sich also i.d.R. *nicht* auf die jeweils in Rede
stehende Beitragsverpflichtung. Existierende Heilungsvorschriften (in den genannten
Beispielen: §§ 311b Abs. 1 S. 2, 518 Abs. 2 BGB, 15 Abs. 4 2 GmbHG) sind jedoch zu
beachten und führen, wenn sie eingreifen, wiederum zur Wirksamkeit des Vertrages in
vollem Umfang.

299 Im Fall ist der Vertragsschluss nach §§ 311b, 125 BGB unwirksam. Die Grundsätze der
fehlerhaften Gesellschaft greifen jedenfalls deshalb nicht, weil sie voraussetzen, dass die
fehlerhafte Gesellschaft in Vollzug gesetzt worden ist.[204] Dazu ist es zwischen Tobias und
Mathias noch nicht gekommen. Eine Gesellschaft besteht nach allem nicht, eine Verpflichtung von Mathias und Tobias zur Mitwirkung bei der Gründung ebenfalls nicht.

Ergänzende Hinweise

300 Eine GbR kann zur Verfolgung einer **Vielzahl unterschiedlicher Zwecke** gegründet und
eingesetzt werden. Neben erwerbswirtschaftlichen kommen auch karitative oder künst-
lerische Zwecke oder gar die gemeinsame Freizeitgestaltung in Betracht.[205] Der gemeinsame Zweck kann auf Dauer oder nur temporär verfolgt werden. In der Bildung einer
Fahrgemeinschaft kann der konkludente Abschluss eines GbR-Vertrages liegen. Eines
aber kann eine GbR nicht: Sie kann niemals ein **Handelsgewerbe** ausüben. Besteht der
gemeinsame Zweck nämlich im Betrieb eines Handelsgewerbes, entsteht kraft Gesetzes
keine GbR, sondern eine oHG (§ 105 Abs. 1 HGB). Dies gilt auch dann, wenn eine
Gesellschaft, die bislang als GbR zu qualifizieren ist, ihre Tätigkeit ändert und fortan ein
Handelsgewerbe ausübt: In diesem Fall tritt kraft Gesetzes ein **Formwechsel** von der
GbR in die oHG ein.

301 Es kommen verschiedenste **Beiträge** der Gesellschafter zur Verfolgung des Gesellschaftszweckes in Betracht. Neben Einlagen in Geld und Sachleistungen (z.B. Grundstücke)
spielen insbesondere immaterielle Einlagegegenstände wie Patente oder ein Mandantenstamm, Dienstleistungen (§ 706 Abs. 3 BGB; insb. die Geschäftsführung) sowie bspw.
die Gewährung eines Kredites in der Praxis eine wichtige Rolle.[206]

302 Ein Beitrag besonderer Art ist die **Einbringung quoad sortem** (Einbringung dem Werte
nach). Der Gesellschafter ist hier lediglich verpflichtet, der Gesellschaft den Einlagege-
genstand – zum Beispiel ein Grundstück – so zur Nutzung zu überlassen, als wäre sie
Eigentümerin. Die Gesellschaft erwirbt hier keinerlei dingliche Rechtsstellung am Ein-
lagegegenstand.[207]

Fall 22: Gemeinsamer Zweck (§ 705 BGB)

> Die Nachbarn Pedak und Schulz lieben die Gartenarbeit. Sie teilen sich die Anschaf-
> fungskosten für einen Aufsitzrasenmäher und vereinbaren, dass sie das Gerät jeweils
> in wochenweisem Wechsel nutzen können. Nach einiger Zeit interessiert sich Pedak
> nicht mehr für seinen Garten. Er möchte „seine Beteiligung an dem Rasenmäher" auf
> Meister übertragen, den Schulz nicht mag.
> Kann Pedak die Übertragung ohne Zustimmung des Schulz vornehmen? Auf wel-
> chem Wege?

---

204 S. dazu unten Rn. 323.
205 *Grunewald*, Gesellschaftsrecht, 8. Aufl., 1.A. Rn. 7.
206 *Windbichler*, Gesellschaftsrecht, 22. Aufl., § 6 Rn. 1.
207 S. zuletzt BGH, Beschl. v. 15.6.2009 – II ZR 242/08, NZG 2009, S. 1107.

Problemstellung

Die Personengesellschaften sind von einer Reihe ähnlicher Rechtsverhältnisse abzugren- **303** zen.

Im Vordergrund dieses Falles steht die Abgrenzung der Personengesellschaft (in con- **304** creto: der GbR) von der **Bruchteilsgemeinschaft** nach §§ 741 ff. BGB.

Daneben sind Gesellschaftsverhältnisse insbesondere von **partiarischen Rechtsverhält-** **305** **nissen** abzugrenzen (s. dazu die unten stehenden ergänzenden Hinweise).

Lösung

Pedak kann „seine Beteiligung an dem Rasenmäher" auf Meister übertragen, wenn **306** Pedak und Schulz **Miteigentum** i.S.d. §§ 1008 ff. BGB an dem Gerät vereinbart haben. Miteigentum ist ein spezieller Fall der **Bruchteilsgemeinschaft** i.S.d. §§ 741 ff. BGB. Auf das Miteigentum mehrerer finden daher, soweit die wenigen Spezialregelungen der §§ 1008 ff. BGB nicht greifen, die §§ 741 ff. BGB Anwendung. Für die Bruchteilsge- meinschaft (§§ 741 ff. BGB) bestimmt § 747 S. 1 BGB, dass jeder Beteiligte über seinen Anteil an dem gemeinschaftlichen Eigentum verfügen kann.

Sollte sich das Rechtsverhältnis zwischen Schulz und Pedak dagegen als **GbR** darstellen, **307** käme eine freie Übertragung der Beteiligung nicht in Betracht. § 719 Abs. 1 BGB be- stimmt nämlich, dass ein Gesellschafter hier nicht „über seinen Anteil an dem Gesell- schaftsvermögen und an den einzelnen dazu gehörenden Gegenständen verfügen [kann]". Dem ist hinzuzufügen, dass Anteile der Gesellschafter an einzelnen Gegenstän- den des Gesellschaftsvermögens nach modernem Verständnis der Außen-GbR nicht einmal bestehen. Vielmehr wird die Außen-GbR heute für rechtsfähig gehalten. Das Gesellschaftsvermögen ist daher ausschließlich *der Gesellschaft*, nicht auch *den Gesell- schaftern* zugeordnet. Bei diesem Verständnis beschränkt sich der Regelungsgehalt des § 719 Abs. 1 BGB darauf, dass die Mitgliedschaft in der GbR als solche grundsätzlich nicht übertragbar ist. Davon kann zwar nach einhelliger Auffassung im Gesellschafts- vertrag abgewichen werden; die Gesellschafterstellung kann dadurch „übertragbar" ausgestaltet werden. Eine entsprechende vertragliche Regelung haben Pedak und Schulz im hier behandelten Fall aber nicht getroffen. Für die zwischen ihnen diskutierte Rechts- frage kommt es damit entscheidend auf die Abgrenzung zwischen Bruchteilsgemein- schaft und Gesellschaft an.

Für die **Abgrenzung** zwischen Bruchteilsgemeinschaft und Gesellschaft kommt es ent- **308** scheidend darauf an, ob die Beteiligten lediglich eine Sache gemeinschaftlich erworben haben und halten, oder ob sie – darüber hinaus – einen gemeinsamen Zweck i.S.d. §§ 705 ff. BGB verfolgen. Bei Vorliegen eines gemeinsamen Zweckes gehen die spezi- ellen Regelungen des Gesellschaftsrechts dem Recht der Bruchteilsgemeinschaft nämlich vor (s. § 741 BGB: „[...] sofern sich nicht aus dem Gesetz ein anderes ergibt [...]").[208] Lediglich soweit das Gesellschaftsrecht keine speziellen Regelungen enthält, kommen die §§ 741 ff. BGB als subsidiär geltendes Recht zur Anwendung. Dies gilt etwa für die Notgeschäftsführung nach § 744 Abs. 2 BGB.[209]

Pedak und Schulz hätten *ausdrücklich* eine GbR mit dem Zweck gründen können, den **309** Rasenmäher zu erwerben und zu halten. Die Anforderungen an den für eine GbR- Gründung erforderlichen gemeinsamen Zweck sind gering. Das gemeinsame Halten eines Gegenstandes genügt dafür grundsätzlich.[210] Pedak und Schulz haben aber keine ausdrückliche Vereinbarung getroffen.

---

208 *Windbichler*, Gesellschaftsrecht, 22. Aufl., § 1 Rn. 3.
209 *Windbichler*, Gesellschaftsrecht, 22. Aufl., § 1 Rn. 3 a.E.
210 *K. Schmidt*, Gesellschaftsrecht, 4. Aufl., § 59 I 3 a); *Windbichler*, Gesellschaftsrecht, 22. Aufl., § 5 Rn. 3.

310 Sie könnten allerdings konkludent einen gemeinsamen Zweck i.S.d. § 705 BGB vereinbart und damit eine GbR gegründet haben. Ob dies der Fall ist, ist durch Auslegung der
getroffenen Abreden zu ermitteln. Beschränkt sich das Zusammenwirken mehrerer darauf, dass sie einen Gegenstand gemeinschaftlich erwerben, halten und verwalten, be-
nutzen sie den Gegenstand darüber hinaus aber jeweils unabhängig voneinander ausschließlich im jeweiligen eigenen Interesse, begründet dies regelmäßig keinen
gemeinsamen Zweck i.S.d. § 705 BGB. Pedak und Schulz sind danach vorliegend lediglich Miteigentümer, nicht aber Mitgesellschafter.

311 Aus der zwischen Schulz und Pedak bestehenden (bloßen) Bruchteilsgemeinschaft kann
Pedak durch einfache Übertragung des Miteigentums ohne Mitwirkung des Schulz ausscheiden (§ 747 S. 1 BGB). Konkret hat er dazu das Miteigentum nach den für das
Alleineigentum geltenden Vorschriften zu übertragen (§§ 929 ff. BGB). Es gilt die Besonderheit, dass die Verschaffung von Mitbesitz für die Anwendung der §§ 929 ff. BGB
genügt.

312 Jeder Mitberechtigte kann jederzeit die Aufhebung einer Bruchteilsgemeinschaft verlangen (§ 749 Abs. 1 BGB). Schulz muss sich also nicht auf Dauer mit einem ihm nicht
genehmen Miteigentümer abfinden.

Ergänzende Hinweise

313 Der gemeinsame Zweck grenzt Gesellschaftsverhältnisse nicht nur von den Bruchteilsgemeinschaften ab, sondern auch von reinen Austauschverträgen. Letztere sind durch
einen Interessengegensatz zwischen den Parteien gekennzeichnet. Das (Nicht-)Vorliegen
eines gemeinsamen Zweckes entscheidet insbesondere über die Abgrenzung von Gesell-
schaftsverhältnissen von **partiarischen Rechtsverhältnissen**. Partiarische Rechtsverhältnisse sind Austauschverträge, die ein Element der Gewinnbeteiligung aufweisen.[211] Als
Beispiel kommen ein Darlehen mit gewinnabhängiger Zinsregelung oder ein Anstel-
lungsvertrag mit Gewinnbeteiligung in Betracht.

314 Bei Gesellschaftsverträgen wie bei partiarischen Rechtsverhältnissen haben die Beteiligten jeweils (regelmäßig) ein Interesse an einem möglichst hohen Gewinn. Bei partiarischen Rechtsverhältnissen wird die Erzielung dieses Gewinns aber nicht von den Parteien als gemeinsamer Zweck verfolgt. Vielmehr bleibt es bei partiarischen
Rechtsverhältnissen im Grundsatz bei gegenläufigen Interessen. Im Beispiel eines Darlehens mit gewinnabhängigem Zins sind dies die grundsätzlichen Interessen des Darlehensnehmers an niedrigen und des Darlehensgebers an hohen Zinsen. Dass der Gewinn
des Darlehensnehmers als bloße Berechnungsgrundlage ein mittelbares Interesse des
Darlehensgebers (auch) am Gewinn des Darlehensnehmers begründet, genügt nicht für
einen gemeinsamen Zweck i.S.d. Gesellschaftsrechts.[212]

315 Im Einzelfall kann die Abgrenzung einer reinen Innengesellschaft, insbesondere einer
Stillen Gesellschaft i.S.d. §§ 230 ff. HGB, von einem reinen Darlehen mit Gewinnbeteiligung (s.o.) Schwierigkeiten bereiten. Hintergrund ist, dass auch die stille Gesellschaft eine rein schuldrechtliche Beziehung zwischen den Beteiligten begründet, die insbesondere auf eine Gewinnbeteiligung des Stillen gerichtet ist.[213] Die Abgrenzung ist im
Wege der Auslegung unter Berücksichtigung des Vertragszweckes und der beiderseitigen
wirtschaftlichen Interessen vorzunehmen. Hier spielen bestimmte Indizien eine
Rolle.[214] Eine vereinbarte Verlustbeteiligung des Geldgebers spricht regelmäßig für das
Vorliegen einer Stillen Gesellschaft (s. aber § 231 Abs. 2 HGB, wonach eine Verlustbe-

---

211 *Windbichler,* Gesellschaftsrecht, 22. Aufl., § 5 Rn. 5.
212 *Windbichler,* Gesellschaftsrecht, 22. Aufl., § 5 Rn. 5.
213 *Windbichler,* Gesellschaftsrecht, 22. Aufl., § 18 Rn. 4.
214 S. *Grunewald,* Gesellschaftsrecht, 8. Aufl., 1.D. Rn. 2 m.w.N.

teilung auch bei der Stillen Gesellschaft ausgeschlossen werden kann). Dasselbe gilt für vereinbarte Kontroll- und/oder Mitverwaltungsrechte des Geldgebers.[215]

Fall 23: Die fehlerhafte Gesellschaft

> Astor, Bart und Charles haben sich am 1.1.2010 mit sofortiger Wirkung zum Betrieb eines kleinen Handels mit Kfz-Teilen zusammengetan. Keaton beliefert die Gesellschaft Mitte Juni 2010 mit einer neuen EDV-Anlage, die die Gesellschafter im Namen der Gesellschaft bestellt haben. Im Dezember 2010 bemerkt Bart, dass Astor und Charles ihn bei der Gesellschaftsgründung gemeinschaftlich getäuscht haben. Sie haben ihm verschwiegen, dass sie jeweils mehrfach wegen verschiedener Vermögensdelikte vorbestraft sind. Bart erklärt gegenüber Astor und Charles, er fechte den Gesellschaftsvertrag mit ihnen wegen arglistiger Täuschung an.
> Keaton verlangt von Bart persönlich die Bezahlung der gelieferten EDV-Anlage. Zu Recht?

Problemstellung

Bei der Rechtsfigur der **fehlerhaften Gesellschaft** geht es darum, **Abwicklungsschwierigkeiten** zu vermeiden, die sich bei uneingeschränkter Anwendung insbesondere der Anfechtungs- und Nichtigkeitsregelungen auf bereits in Vollzug gesetzte Gesellschaften ergeben würden. Insbesondere wird die Rückabwicklung mittels des Bereicherungsrechts für nicht sachgerecht gehalten. Zudem werden **Vertrauensschutz für den Rechtsverkehr** und Bestandsschutz für die beteiligten Gesellschafter dadurch gewährt, dass die fehlerhafte Gesellschaft als bis zur Geltendmachung des Fehlers wirksam und nur für die Zukunft behandelt wird. Methodisch wird dieses Ergebnis im Wege einer **teleologischen Reduktion** der einschlägigen Unwirksamkeitsvorschriften erreicht. Teilweise wird auch eine Analogie zu den §§ 275 ff. AktG, 75 ff. GmbHG, bejaht. Diese Regelungen stellen für die Kapitalgesellschaften gesetzliche Ausprägungen des Konzepts der fehlerhaften Gesellschaft dar.[216]   **316**

Die Grundsätze der fehlerhaften Gesellschaft[217] gelten für die GbR in derselben Weise wie für die Handelsgesellschaften.[218] Die Lösung unseres Falles hängt daher nicht davon ab, ob sich die Gesellschafter zu einer GbR zusammengeschlossen haben (dafür spricht die Angabe, dass es sich um ein „kleines" Geschäft handele) oder zu einer oHG.   **317**

Lösung

Keaton könnte gegen Bart persönlich einen Anspruch auf Bezahlung der gelieferten EDV-Anlage aus § 433 Abs. 2 BGB i.V.m. § 128 S. 1 HGB (analog) haben.   **318**

§ 128 HGB findet auf die GbR analoge Anwendung. Die Gesellschafter einer GbR haften also – wie jene der oHG – persönlich und unbeschränkt für die Gesellschaftsverbindlichkeiten.[219]   **319**

Eine Haftung des Bart aus § 128 HGB (analog) setzt danach zunächst voraus, dass Bart Gesellschafter einer GbR mit Astor und Charles ist oder dies jedenfalls bei Vornahme der Bestellung der EDV-Anlage war (s. § 160 Abs. 1 S. 1 HGB zur Nachhaftung des Gesellschafters nach Ausscheiden aus der Gesellschaft).   **320**

---

215 *Schubert,* in: Oetker, HGB, 2. Aufl., § 230 Rn. 26 ff.
216 Zu den Einzelheiten s. *Maultzsch,* JuS 2003, S. 544 (546) m.w.N.
217 S. dazu *Maultzsch,* JuS 2003, S. 544 ff.
218 *Windbichler,* Gesellschaftsrecht, 22. Aufl., § 6 Rn. 7 ff.
219 S. dazu noch im Einzelnen Rn. 458 ff.

321 Die Gesellschafter hatten sich zunächst auf die Gründung einer GbR geeinigt. Im Hinblick auf den ins Auge gefassten und auch verwirklichten Unternehmensgegenstand („kleiner" Handel) war der gemeinsame Zweck nicht auf den Betrieb eines Handelsgewerbes i.S.d. § 1 Abs. 2 HGB gerichtet. Daher ist zunächst eine GbR entstanden. Die GbR ist beim Vertragsschluss mit Keaton wirksam durch sämtliche Gesellschaftervertreten worden (Gesamtgeschäftsführung und -vertretung in der GbR, §§ 709, 714 BGB)

322 Die auf die Gesellschaftsgründung gerichtete Willenserklärung des Bart und damit auch diese Gründung als solche könnten als Folge einer **Anfechtung** des Bart gemäß § 142 Abs. 1 BGB (rückwirkend) nichtig sein. Die allgemeinen Voraussetzungen einer Anfechtung (§§ 119 ff. BGB – Anfechtungsgrund, -erklärung, Wahrung der Anfechtungsfrist – sind unproblematisch erfüllt. Insbesondere ergibt sich ein Anfechtungsgrund aus der von Astor und Charles verübten arglistigen Täuschung (§ 123 Abs. 1 BGB).

323 Eine Anfechtung könnte jedoch ausgeschlossen oder ihre Rechtsfolgen könnten eingeschränkt oder in sonstiger Weise modifiziert sein. Dies könnte sich aus einer Anwendung der Grundsätze der **fehlerhaften Gesellschaft** ergeben. Die Grundsätze kommen unter den folgenden **Voraussetzungen** zur Anwendung:
- Ein (schriftlicher oder mündlicher) **Gesellschaftsvertrag** liegt vor. Fehlt es an jeglichem – auch an einem fehlerhaften – Gesellschaftsvertrag, so kommt eine fehlerhafte Gesellschaft nicht in Betracht[220], sondern allenfalls die Annahme einer Scheingesellschaft und einer darauf gestützten Gesellschafterhaftung.[221]
- Der Gesellschaftsvertrag leidet an einem **Fehler,** der grundsätzlich zur Unwirksamkeit der Gesellschaft führen würde.
- Die Gesellschafter müssen den Gesellschaftsvertrag **in Vollzug gesetzt** haben. Im Gründungsstadium der Gesellschaft vor Invollzugsetzung besteht dagegen kein Anlass für die Annahme einer fehlerhaften Gesellschaft. Insbesondere können hier keine Rückabwicklungsschwierigkeiten auftreten. Die Anfechtungs- und Nichtigkeitsregelungen finden daher uneingeschränkt Anwendung.[222] Die Invollzugsetzung liegt bei Aufnahme des Geschäftsbetriebes, also bei Abschluss – auch vorbereitender – Rechtsgeschäfte vor, daneben bei Eintragung der Gesellschaft im Handelsregister (wohl nicht schon bei der darauf gerichteten Anmeldung). In Vollzug gesetzt ist eine Gesellschaft auch dann, wenn Einlagen in das Gesellschaftsvermögen geleistet worden sind und dieses damit zur Entstehung gekommen ist.[223]
- Der Annahme einer trotz Fehlerhaftigkeit wirksamen Gesellschaft stehen **keine überwiegenden Interessen Einzelner oder der Allgemeinheit** entgegen. Überwiegende Allgemeininteressen könne vorliegen, wenn der Gesellschaftsvertrag gegen fundamentale Inhalte der Rechtsordnung verstößt, etwa bei einem Verstoß gegen §§ 134, 138 BGB. Überwiegende Individualinteressen Einzelner werden insbesondere bejaht, wenn sich ein Minderjähriger ohne die erforderliche Mitwirkung seiner gesetzlichen Vertreter oder des Familiengerichts an einer Gesellschaft beteiligt hat.[224] Die konkreten Rechtsfolgen der Beteiligung eines Minderjährigen sind umstritten.[225] Nach der überwiegenden Ansicht wird der Minderjährige mangels zurechenbarer Mitwirkung – mit Wirkung ex tunc – nicht Gesellschafter. Im Verhältnis

---

220 S. dazu den instruktiven Fall des OLG Saarbrücken, Urt. v. 6.3.2008 – 8 U 447/06, NZG 2009, S. 22 f.
221 *Maultzsch,* JuS 2003, S. 544 (545 f.); *Windbichler,* Gesellschaftsrecht, 22. Aufl., § 107 Rn. 10, 14; OLG Saarbrücken (Fn. 220).
222 *Windbichler,* Gesellschaftsrecht, 22. Aufl., § 13 Rn. 12.
223 BGH, Urt. v. 21.3.2005 – II ZR 140/03, NZG 2005, S. 472 (473); *Windbichler,* Gesellschaftsrecht, 22. Aufl., § 13 Rn. 14.
224 BGH, Beschl. v. 5.5.2008 – II ZR 292/06, NZG 2008, 460 (461 f.); *Windbichler,* Gesellschaftsrecht, 22. Aufl., § 13 Rn. 17.
225 Zu den Einzelheiten ausführlich *Maultzsch,* JuS 2003, S. 544 (548 ff.).

der übrigen Gesellschafter zueinander ist die Gesellschaft jedoch – ausgenommen der Fall der zweigliedrigen Gesellschaft – wirksam.

Im Fall sind die genannten **Voraussetzungen erfüllt.** Der von den Beteiligten in Vollzug **324** gesetzte Gesellschaftsvertrag leidet an einem Fehler, der grundsätzlich zur Nichtigkeit der Gesellschaftsgründung führen würde (§§ 142 Abs. 1, 123 Abs. 1 BGB). Allenfalls könnten der Annahme der Wirksamkeit der Gesellschaft **überragende Individualinteressen** des – immerhin arglistig getäuschten – Bart entgegenstehen. Wer durch arglistige Täuschung, Drohung oder auf sonstige sittenwidrige Weise zum Gesellschaftsbeitritt veranlasst worden ist, nimmt jedoch grundsätzlich keine Sonderstellung ein[226]. Die Gesellschaft wird vielmehr auch ihm gegenüber grundsätzlich als wirksam behandelt. Wegen des daraus entstehenden Schadens hat er sich an den zu halten, der die Täuschung, Drohung o.ä. begangen hat (etwa aus §§ 280 Abs. 1, 311 Abs. 2, 823, 286 BGB). Ein Grund für die grundsätzliche Annahme einer wirksamen Gesellschaft auch in diesen Fällen liegt darin, dass der dadurch vermiedene rückwirkende Ausfall eines Gesellschafters durch Verlagerung von Verlusten oder erhöhte Nachschusspflichten zu einer höheren finanziellen Belastung der verbleibenden Gesellschafter führen könnte, mit der diese weder gerechnet haben, noch rechnen mussten.[227] Lediglich ausnahmsweise kann der Inanspruchnahme mit der Arglisteinrede (§ 242 BGB) begegnet werden, soweit die geforderte Leistung unmittelbar gerade dem Täuschenden, Drohenden o.ä. zugute käme.[228] Darum geht es hier jedoch nicht. Vielmehr verlangt mit Keaton ein Gesellschaftsgläubiger Zahlung von Bart. Gegenüber den Interessen des Keaton sind die des Bart nicht vorrangig.

Als **Rechtsfolge** der Bejahung einer fehlerhaften Gesellschaft wird diese bis zur Geltend- **325** machung des Fehlers als im Innen- und Außenverhältnis **wirksam** behandelt. Die Rechtsverhältnisse der Gesellschaft richten sich nach den gesetzlichen Vorschriften, aber auch nach dem (fehlerhaften) Gesellschaftsvertrag. Nach dessen Maßgabe bestimmen sich insbesondere die Beteiligung der Gesellschafter an Gewinn und Verlust der Gesellschaft, die Verpflichtung zu Beitragsleistungen, die Berechtigung und Verpflichtung zur Geschäftsführung, das Bestehen von Treuepflichten etc. Im Grundsatz sind danach insbesondere eine noch nicht erbrachte Einlage noch zu erbringen und Verluste entsprechend dem Gesellschaftsvertrag zu tragen sowie ggf. Nachschussleistungen zu erbringen. Im Außenverhältnis eröffnet die Annahme der Wirksamkeit der fehlerhaft gegründeten Gesellschaft den Gesellschaftsgläubigern insbesondere die Berufung auf die Gesellschafterhaftung gemäß § 128 S. 1 HGB (ggf. analog).

Der eigentlich zur rückwirkenden Nichtigkeit der Gesellschaft führende Fehler kann nur **326** für die Zukunft geltend gemacht werden, indem er einen – lediglich ex nunc wirkenden – **Kündigungs- bzw. Auflösungsgrund** darstellt. Im Einzelnen ist dieser bei der GbR durch eine außerordentliche Kündigung aus wichtigem Grund (§ 723 Abs. 1 S. 2, 3 BGB) geltend zu machen. Bei oHG und KG ist die Auflösungsklage (Gestaltungsklage) nach § 133 Abs. 1 HGB einschlägig. Daneben wird auch eine Kündigung durch den Gesellschafter mit der Folge, dass dieser aus der Gesellschaft ausscheidet, diese aber im Übrigen fortbesteht (§ 133 Abs. 3 S. 1 Nr. 3 HGB), für zulässig gehalten.[229] In jedem Falle stellt der (eigentliche) Kündigungsgrund in aller Regel einen „wichtigen Grund" im Sinne der genannten Kündigungs- bzw. Auflösungstatbestände dar, ohne dass insoweit eine gesonderte Prüfung erforderlich wäre. Lediglich im Einzelfall können die

---

226 BGH, Beschl. v. 5.5.2008 – II ZR 292/06, NZG 2008, 460 (462) m.w.N.
227 BGH, a.a.O. (Fn. 226).
228 *Windbichler,* Gesellschaftsrecht, 22. Aufl., § 13 Rn. 17.
229 *Hopt,* in: Baumbach/Hopt, HGB, 35. Aufl., § 105 Rn. 88; *Windbichler,* Gesellschaftsrecht, 22. Aufl., § 13 Rn. 15.

Kündigung oder das Auflösungsverlangen rechtsmissbräuchlich oder treuwidrig sein.[230]

327 Im **Fall** haftet Bart dem Keaton nach den Grundsätzen der fehlerhaften Gesellschaft aus § 433 Abs. 2 BGB i.V.m. § 128 S. 1 HGB (analog).

Ergänzende Hinweise

328 Die Anwendung der Grundsätze der fehlerhaften Gesellschaft auf reine Innengesellschaften, insbesondere die **Stille Gesellschaft** nach §§ 230 ff. HGB, ist zweifelhaft. Gesichtspunkte wie die Vermeidung von Abwicklungsschwierigkeiten, der Schutz von Gesellschaftsgläubigern und Mitgesellschaftern spielen hier regelmäßig keine Rolle. Dennoch wendet der BGH die hier behandelten Grundsätze auch auf reine Innengesellschaften an.[231] In der Literatur wird dies teilweise kritisiert.[232]

329 Die Grundsätze der fehlerhaften Gesellschaft finden nicht nur auf eine fehlerhafte Gesellschaftsgründung Anwendung. Vielmehr wird danach auch in **weiteren Fällen** die Rechtsfolge einer anfänglichen Unwirksamkeit nach Vollzug der jeweiligen Maßnahme durch ein lediglich ex nunc wirkendes Lösungsrecht ersetzt. Beispiele dafür sind:
– Fehlerhafter **Beitritt** zu einer Gesellschaft;
– fehlerhafter **Austritt** aus einer Gesellschaft;
– fehlerhafte **Übertragung** eines Gesellschaftsanteils an einer Personengesellschaft. Bei GmbH-Geschäftsanteilen finden die Grundsätze der fehlerhaften Gesellschaft hingegen keine Anwendung;[233]
– fehlerhafte **Änderung des Gesellschaftsvertrages**.

330 Als Fallgruppe des fehlerhaften Beitritts zu einer Gesellschaft ist insbesondere auf den fehlerhaften Beitritt zu einem als Personengesellschaft konzipierten **geschlossenen Immobilienfonds** einzugehen. Die Rechtsprechung lässt bei Zeichnung der Gesellschaftsbeteiligung in einer Haustürsituation einen Widerruf nach §§ 312, 355 BGB zu. Zwar stelle ein Gesellschaftsvertrag grundsätzlich keine „entgeltliche Leistung" i.S.d. § 312 Abs. 1 S. 1 dar. Anders sei dies aber beim Eintritt in einen geschlossenen Immobilienfonds, da hier nicht der Gesellschaftsbeitritt, sondern die Kapitalanlage im Vordergrund stehe.[234]

331 Nach dem BGH finden allerdings die Grundsätze der fehlerhaften Gesellschaft Anwendung. Als Folge treten die vom Gesetz für den Widerruf vorgesehenen Rechtsfolgen – Verweis auf die Rückabwicklung nach Rücktrittsrecht, § 357 Abs. 1 S. 1 BGB – nicht ein. Der **Widerruf** wird vielmehr **als außerordentliche Kündigung** behandelt. Der widerrufende Gesellschafter wird daher bis zum Zeitpunkt des Wirksamwerdens seiner Erklärung wie ein Gesellschafter mit allen damit verbundenen Rechten und Pflichten behandelt. Er ist zur Leistung seiner Einlage, soweit sie noch nicht vollständig erbracht ist, verpflichtet und nimmt bis zum Zeitpunkt seines Ausscheidens an den Gewinnen und Verlusten der Gesellschaft teil. Mit dem Wirksamwerden des Ausscheidens tritt an die Stelle der Mitgliedschaft der Anspruch auf Zahlung eines Auseinandersetzungsguthabens oder – so im jüngst vom BGH behandelten Fall – eine Verpflichtung des ausscheidenden Gesellschafters zur anteiligen Deckung eingetretener Verluste nach § 739 BGB.[235] Der EuGH billigt diese Rechtsfolge.[236]

---

230 *Windbichler*, Gesellschaftsrecht, 22. Aufl., § 13 Rn. 15.
231 BGH, Urt. v. 26.9.2005 – II ZR 314/03, NZG 2006, S. 57 ff.
232 Überblick zum Meinungsstand bei *Ulmer*, in: MüKo BGB, 5. Aufl., § 705 Rn. 358 ff.
233 BGH, Urt. v. 20.7.2010 – XI ZR 465/07, NZG 2010, S. 991 ff. m.w.N. Einzelheiten dazu unter Rn. 514.
234 BGH, Urt. v. 18.10.2004 – II ZR 352/02, BB 2004, 2711.
235 BGH, Beschl. v. 5.5.2008 – II ZR 292/06, NZG 2008, 460 (461 f.), s. dazu *Wagner*, NZG 2008, S. 447 ff.
236 EuGH, Urt. v. 15.4.2010 – C-215/08, NZG 2010, S. 501 ff.; dazu *Kindler/Libbertz*, NZG 2010, S. 603 ff.

2. Das Innenrecht der GbR

Bei den gesellschaftsrechtlichen Regelungen kann **differenziert** werden zwischen Rege-   **332**
lungen zum **Innenverhältnis** und Regelungen zum **Außenverhältnis** der Gesellschaft.

Die Regelungen zum **Außenverhältnis** betreffen z.B. die Frage danach, ob der Gesell-   **333**
schaft überhaupt die Qualität als Rechtssubjekt zukommt, ob also sie selbst (und nicht
nur ihre Gesellschafter) Zuordnungssubjekt von Rechten und Pflichten sein kann.[237]
Darüber hinaus betreffen insbesondere Regelungen zur Vertretung der Gesellschaft im
Rechtsverkehr und zur Haftung gegenüber den Gesellschaftsgläubigern das Außenverhältnis.

Das **Innenverhältnis** der Gesellschaft, um das es im Folgenden geht, betrifft demge-   **334**
genüber zunächst die Rechte und Pflichten, die die Gesellschafter und die Gesellschaft
aus dem Gesellschaftsverhältnis gegeneinander haben. Daneben umfasst das Innenverhältnis auch das **Organisationsrecht** der Gesellschaft, insbesondere die Fragen nach der
Geschäftsführungsbefugnis und der gesellschaftsinternen Willensbildung durch Gesellschafterbeschlüsse. Gerade der zuletzt genannte Aspekt ist im Recht der Personengesellschaften allerdings nur rudimentär gesetzlich geregelt.

Im Überblick stehen im **Innenverhältnis** der Gesellschafter untereinander und zur Ge-   **335**
sellschaft die folgenden Rechte und Pflichten im Vordergrund:
- Pflicht der Gesellschafter zur Erbringung von **Beiträgen** (§ 705 BGB)
- **Treuepflichten** der Gesellschafter untereinander und gegenüber der Gesellschaft
  (ungeschrieben)
- Rechte und Pflichten der Gesellschafter zur **Geschäftsführung** (§§ 709 ff. BGB)
- **Informations- und Kontrollrechte,** die auch (und gerade) den nicht-geschäftsfüh-
  rungsbefugten Gesellschaftern zustehen (§§ 713 i.V.m. 666, 716 BGB)
- **Ausgleichs- und Ersatzansprüche** bei Aufwendungen für die Gesellschaft (s. etwa
  §§ 713, 670 BGB)
- **Stimmrecht** in der Gesellschafterversammlung (ungeschrieben)
- Rechte und Pflichten der Gesellschafter im Hinblick auf die **Gewinn- und Verlust-
  verteilung** (§ 721 BGB)
- Anspruch der Gesellschafter auf einen nach **Liquidation** der Gesellschaft verbleibenden Überschuss (§§ 730 ff. BGB)

Das **Abspaltungsverbot** (§ 717 BGB) besagt, dass die vorgenannten einzelnen Gesell-   **336**
schafterrechte grundsätzlich nicht von der Gesellschafterstellung isoliert und ohne diese
übertragen werden können. Von diesem Verbot sind rein vermögensrechtliche Ansprüche, etwa ein Gewinnanspruch, ausgenommen, die das Gesellschaftsverhältnis als solches nicht berühren. Zudem können einzelne Gesellschafterrechte vorübergehend *zur
reinen Ausübung* auf andere Gesellschafter oder Dritte übertragen werden, wenn dem
sämtliche übrigen Gesellschafter zustimmen. Unter dieser Voraussetzung ist etwa eine
Stimmrechtsvollmacht zulässig.[238]

Insbesondere auf die **Gewinn- und Verlustverteilung** in der GbR wird im Folgenden   **337**
nicht im Rahmen eines Falles eingegangen (zur Rechtslage bei der oHG s. dagegen
Rn. 574 ff.). Vielmehr sollen einige kurze Hinweise genügen: Gewinne und Verluste
werden in der GbR im Zweifel nach Köpfen verteilt (§ 722 Abs. 1 BGB). Dies ist regelmäßig nicht interessengerecht und kann im Gesellschaftsvertrag durch eine abweichende Regelung, die etwa die erbrachten Beitragsleistungen berücksichtigt, ersetzt werden. Eine abweichende Gewinnverteilung kann auch konkludent vereinbart sein oder
sich durch Auslegung des Gesellschaftsvertrages ergeben.[239]

---

237 S. zur GbR Rn. 437 ff.
238 *Windbichler,* Gesellschaftsrecht, 22. Aufl., § 7 Rn. 9.
239 BGH, Urt. v. 28.6.1982 – II ZR 226/81, NJW 1982, S. 2816 f. (Bau-ARGE).

338 § 721 BGB regelt, *wann* die Gesellschafter die Verteilung der Gewinne und Verluste verlangen können. Bei „Gesellschaften von längerer Dauer" kann die Verteilung von Gewinnen am Schluss jedes Geschäftsjahrs verlangt werden (§ 721 Abs. 2 BGB). Verluste sind dagegen grundsätzlich *nicht* jährlich auszugleichen, da die Gesellschafter keine Pflicht zu laufenden Nachschüssen trifft (§ 707 BGB).[240] Bei Gesellschaften, die nicht auf längere Dauer angelegt sind (als Beispiel kommt etwa eine Bau-ARGE in Betracht, die lediglich ein Bauprojekt verwirklicht), werden Gewinne und Verluste erst nach Auflösung der Gesellschaft verteilt, wenn im Gesellschaftsvertrag nichts Abweichendes geregelt ist (§ 721 Abs. 1 BGB).

Fall 24: Der Gesellschaftsvertrag als Schuld- und Organisationsvertrag

> **Ausgangsfall:** Steinbach, Poggemöller und Friedrich bilden für die Dauer eines Jahres eine Lotto-Tippgemeinschaft. Sie wollen wöchentlich jeweils € 5,00 einzahlen und „nach einem todsicheren System" spielen. Als Steinbach nach einer Weile nicht mehr zahlen will, verweigert auch Poggemöller seine Zahlung. Zu Recht?
>
> **Abwandlung:** Wie wäre der Fall zu entscheiden, wenn nur Steinbach und Poggemöller (ohne Friedrich) Mitglieder der GbR wären?

Problemstellung

339 Im Gesellschaftsvertrag verpflichten sich die Gesellschafter zur Förderung des Gesellschaftszweckes und damit zur Erbringung bestimmter Beiträge. Sie gründen darüber hinaus auch eine Gemeinschaft und geben dieser eine Organisation. Der Gesellschaftsvertrag ist insofern **sowohl Schuldvertrag als auch Organisationsvertrag.**[241] Fraglich ist, ob der Gesellschaftsvertrag ein gegenseitiger Vertrag i.S.d. §§ 320 ff. BGB ist. Davon hängt ab, ob die in diesen Vorschriften enthaltenen Regelungen über Leistungsstörungen Anwendung finden.

Lösung

340 Im **Ausgangsfall** könnte Poggemöller ein Leistungsverweigerungsrecht aus § 320 Abs. 1 S. 1 BGB (**Einrede des nicht erfüllten Vertrages**) haben. Die Tippgemeinschaft ist eine GbR i.S.d. §§ 705 ff. BGB und damit (auch) ein Schuldverhältnis zwischen den Gesellschaftern. Voraussetzung für die Anwendung des § 320 Abs. 1 S. 1 BGB ist aber darüber hinaus, dass der Vertrag einen „**gegenseitigen Vertrag**" im Sinne dieser Norm darstellt. Weil die verschiedenen Gesellschafter ihre jeweiligen Leistungen gerade im Hinblick darauf erbringen, dass auch ihre Mitgesellschafter zur gemeinsamen Zweckverfolgung beitragen, ist die Annahme eines gegenseitigen Vertrages zunächst nahe liegend. Die Anwendbarkeit der §§ 320 ff. BGB ist dennoch zweifelhaft. Die Interessenlage bei Gesellschaftsverträgen weicht nämlich von der Interessenlage bei gewöhnlichen Austauschverträgen ab. Die Mechanismen der §§ 320 ff. BGB sind insbesondere auf Zweipersonenverhältnisse zugeschnitten, während es bei Gesellschaften mehr Gesellschafter geben kann. Zudem haben die genannten Regelungen in erster Linie den einmaligen Leistungsaustausch im Blick und nicht die gemeinsame Zweckverfolgung auf Dauer, die für Gesellschaftsverhältnisse typisch ist.

341 Teilweise wird die Anwendung der §§ 320 ff. BGB auf Gesellschaftsverhältnisse im Hinblick auf den „scharfen Sanktionscharakter" dieser Normen generell abgelehnt.[242] Vorzugswürdig ist es demgegenüber, die Anwendung grundsätzlich zuzulassen, dies aber nur in sehr eingeschränktem Umfang. Die jeweils in Betracht kommende Regelung muss dafür im jeweiligen Einzelfall „für den konkreten Gesellschaftsvertrag passen". Dafür

---

240 Zu den Einzelheiten s. Rn. 391 ff.
241 *Windbichler,* Gesellschaftsrecht, 22. Aufl., § 6 Rn. 2.
242 *Grunewald,* Gesellschaftsrecht, 8. Aufl., 1.A. Rn. 14.

muss sich „infolge der Verknüpfung der verschiedenen Leistungspflichten eine ähnlich Interessenlage [ergeben] wie beim Austauschvertrag".[243] Diese Voraussetzung ist in unserem Ausgangsfall zu verneinen, und zwar wegen der vorliegenden Drei-Personen-Konstellation. Poggemöller hat seine Leistung nämlich nicht nur dem nun vertragsbrüchigen Steinbach versprochen, sondern auch Friedrich. Im Verhältnis zu diesem kann die Nichtleistung durch einen seiner Mitgesellschafter nicht dazu führen, dass sich auch sein weiterer Mitgesellschafter seinen Pflichten entzieht.

Poggemöller muss daher grundsätzlich weiterhin zahlen. Der Vertragsbruch des Steinbach könnte ihn lediglich zur außerordentlichen Kündigung des Gesellschaftsvertrages aus wichtigem Grund berechtigen (§ 723 BGB). Voraussetzung dafür ist allerdings wohl insbesondere, dass das weitere Spiel mit verringertem Einsatz (wegen des „Systems") nicht mehr sinnvoll ist, dass eine Übernahme der Beteiligung des Steinbach durch Poggemöller für diesen unzumutbar und auch Friedrich nicht zur Übernahme bereit ist. Entscheidend sind insoweit die Umstände des Einzelfalles. **342**

In der **Abwandlung** liegt lediglich eine **zweigliedrige Gesellschaft** vor. Hier bestehen gegen die Anwendung des § 320 BGB keine Bedenken. Die Interessenlage weicht hier nämlich nicht grundsätzlich von der eines gewöhnlichen Austauschvertrages ab.[244] **343**

Ergänzende Hinweise

Im Falle einer in Vollzug gesetzten Außengesellschaft scheidet ein **Rücktritt** wegen Pflichtverletzung nach § 323 Abs. 1 BGB regelmäßig aus. Die Regelungen der §§ 320 ff. BGB sind insgesamt nicht anwendbar, soweit es um den Bestand der Gesellschaft geht. An die Stelle dieser Regelungen tritt die Möglichkeit einer außerordentlichen Kündigung nach § 723 BGB. Deren Rechtsfolgen sind spezifisch auf die besondere Interessenlage bei Gesellschaften zugeschnitten.[245] **344**

Die **Sachmängelgewährleistung** des Kaufrechts kann bei einer als Sacheinlage geleisteten mangelhaften Sache mit Vorsicht zur (analogen) Anwendung kommen. Insbesondere kann – je nach den Umständen des Einzelfalles – ein Nacherfüllungsanspruch (439 BGB) in Betracht kommen, ein Rücktritt dagegen wohl regelmäßig nicht.[246] **345**

Fall 25: Geschäftsführung und Stellvertretung: Grundlagen (§§ 709, 714 BGB)

> Fritz, Hans und Hermann bilden die FHH GbR, in die sie umfangreichen Immobilienbesitz zur gemeinsamen Verwaltung eingebracht haben. Der Gesellschaftsvertrag enthält keine Regelungen zur Geschäftsführung und Vertretung der Gesellschaft. Siegfried bietet der Gesellschaft an, ihr eine Gewerbeimmobilie in der Bielefelder Bahnhofstraße zu einem hohen Kaufpreis (20 % über dem geschätzten derzeitigen Marktwert) abzukaufen. Fritz und Hans wollen verkaufen, Hermann aber nicht, weil er aufgrund von Sanierungsmaßnahmen in der gesamten Bielefelder Innenstadt damit rechnet, dass die Immobilienpreise dort in den kommenden Jahren exorbitant steigen werden. Können und dürfen Fritz und Hans die Immobilie auch ohne die Mitwirkung des Hermann an Siegfried veräußern?

Problemstellung

Zur Lösung des Falles kommt es auf die Befugnis zur **Geschäftsführung** für die FHH GbR und zu deren **Stellvertretung** an.[247] Die Kenntnis dieser Begriffe ist Grundlagenwissen. **346**

---

243 *Windbichler*, Gesellschaftsrecht, 22. Aufl., § 6 Rn. 4.
244 *Windbichler*, Gesellschaftsrecht, 22. Aufl., § 6 Rn. 4.
245 *Grunewald*, Gesellschaftsrecht, 8. Aufl., 1.A. Rn. 14; *Windbichler*, Gesellschaftsrecht, 22. Aufl., § 6 Rn. 4.
246 *Windbichler*, Gesellschaftsrecht, 22. Aufl., § 6 Rn. 5.
247 S. dazu *Windbichler*, Gesellschaftsrecht, 22. Aufl., § 8 Rn. 1.

347 **Geschäftsführung** ist die auf die Verfolgung des Gesellschaftszweckes gerichtete Tätigkeit. Der Begriff ist in einem weiten Sinne zu verstehen. Er umfasst zunächst den Abschluss von **Rechtsgeschäften** im Namen der Gesellschaft, bei dem neben der Befugnis zur Geschäftsführung auch die Befugnis des Handelnden zur **Stellvertretung** der Gesellschaft (Vertretungsmacht) zu prüfen ist. Ein Beispiel dafür ist der in unserem Fall beabsichtigte Abschluss eines Kaufvertrages im Namen der FHH GbR. Darüber hinaus sind von der Geschäftsführung aber auch **rein tatsächliche Verrichtungen** erfasst wie etwa die Erledigung der Korrespondenz, die Personalführung, die Leitung der Produktion, die laufende Buchhaltung etc. Der Begriff der Geschäftsführung geht danach über den Begriff der Stellvertretung hinaus. Eine Vertretung der Gesellschaft ist immer auch eine Maßnahme der Geschäftsführung, nämlich Handeln in Verfolgung des Gesellschaftszweckes. Umgekehrt kommt, wie die vorstehenden Beispiele zeigen, eine Vielzahl von Maßnahmen in Betracht, die zwar dem Bereich der Geschäftsführung zuzuordnen sind, aber keine Vertretung der Gesellschaft darstellen.[248]

348 Die gesetzlichen und etwaige gesellschaftsvertragliche **Regelungen über die Geschäftsführung** bestimmen, ob und in welchem Umfang der einzelne Gesellschafter in seinem Innenverhältnis zur Gesellschaft und zu seinen Mitgesellschaftern zur Geschäftsführung (also zur Verfolgung des Gesellschaftszweckes in dem vorgenannten weiten Sinne) berechtigt und verpflichtet ist. Die gesetzlichen und etwaige gesellschaftsvertragliche **Bestimmungen über die Stellvertretung** regeln hingegen, wer die Gesellschaft in welchem Umfang im Verhältnis zu Dritten[249] rechtsgeschäftlich vertreten kann, also die Vertretungsmacht i.S.d. §§ 164 ff. BGB.

349 Nach allgemeinen Regelungen der Rechtsgeschäftslehre ist für die **Wirksamkeit von Rechtsgeschäften** im Namen der Gesellschaft im Außenverhältnis ausschließlich erforderlich, dass der Handelnde Vertretungsmacht besitzt. Dagegen kommt es nicht darauf an, ob der Handelnde für die jeweilige Maßnahme auch geschäftsführungsbefugt ist. Fehlt die Geschäftsführungsbefugnis, liegt aber dennoch Vertretungsmacht vor, hat dies vielmehr ausschließlich Bedeutung für das Innenverhältnis der Gesellschaft, etwa im Hinblick auf eine Unterlassungsverpflichtung oder eine mögliche Schadensersatzpflicht des Handelnden.

350 In der GbR sind sämtliche Gesellschafter geschäftsführungsbefugt. Sie können jedoch grundsätzlich nur gemeinsam handeln (**Gesamtgeschäftsführung**, § 709 Abs. 1 BGB). Die Geschäftsführung in der GbR setzt daher grundsätzlich **Einstimmigkeit** voraus. Die Regelung trägt dem Leitbild eines kleinen Kreises von Gesellschaftern Rechnung, der sich zu einer Arbeits- und Haftungsgemeinschaft zusammengeschlossen hat. Zu deren Sicherheit sollen Entscheidungen von allen Gesellschaftern getragen werden. Die Regelung ist jedoch dispositiv, kann also im Gesellschaftsvertrag abbedungen werden (§ 709 Abs. 2 BGB).

351 § 714 BGB verknüpft die Vertretungsmacht im Wege einer Zweifelsregelung mit den gesetzlichen und ggf. auch gesellschaftsvertraglichen Regelungen zur Geschäftsführung. Im gesetzlichen Normalfall der Gesamtgeschäftsführung gilt daher auch **Gesamtvertretung**. Bei Beschränkung der Geschäftsführung auf einzelne oder einen einzelnen Gesellschafter sind nach der Zweifelsregelung des § 714 BGB hingegen auch nur diese bzw. dieser Gesellschafter für die Gesellschaft vertretungsberechtigt.

352 Schon an dieser Stelle ist darauf hinzuweisen, dass – abweichend vom GbR-Recht – bei der **oHG** der Grundsatz der **Einzelgeschäftsführung und -vertretung** gilt (§§ 114 Abs. 1,

---

248 *Windbichler*, Gesellschaftsrecht, 22. Aufl., § 8 Rn. 2.
249 Oder im Verhältnis zu den Gesellschaftern, soweit es um Rechtsgeschäfte geht, die nichts mit dem Gesellschaftsverhältnis zu tun haben, sog. Drittbeziehungen, s. dazu Rn. 369.

115 Abs. 1, 125 HGB). Bei der **KG** sind ausschließlich die persönlich haftenden Gesellschafter, also die **Komplementäre** (wie bei der oHG jeweils einzeln) zur Geschäftsführung und Vertretung berufen, die **Kommanditisten** sind davon **ausgeschlossen** (§§ 164, 170 HGB).

Nicht zur Geschäftsführung (und damit auch nicht zur Vertretung der Gesellschaft) **353** gehören die sogenannten **Grundlagengeschäfte**.[250] Es handelt sich dabei um diejenigen Maßnahmen, die die Grundlagen der Gesellschaft, insbesondere deren Zusammensetzung und Organisation betreffen. Beispiele sind Änderungen des Gesellschaftszweckes oder des Gesellschafterkreises, sowie Änderungen der Beitragspflichten. Diese Maßnahmen sind von der Befugnis zur Geschäftsführung nicht umfasst, sondern ausschließlich den Gesellschaftern selbst vorbehalten.

Als Beispiel für die Abgrenzung zwischen Geschäftsführung und Grundlagengeschäften **354** aus dem Bereich der Handelsgesellschaften ist auf Folgendes hinzuweisen: Der **Jahresabschluss** wird von den geschäftsführenden Gesellschaftern *aufgestellt*. Rechtlich verbindlich wird er jedoch erst durch *Feststellung*. Diese Feststellung ist keine Maßnahme der Geschäftsführung, sondern ein Grundlagengeschäft, das im Wege eines Gesellschafterbeschlusses von sämtlichen stimmberechtigten Gesellschaftern vorzunehmen ist[251].

Lösung

Da die Gesellschafter keine abweichende Regelung im Gesellschaftsvertrag getroffen **355** haben, sind Fritz, Hans und Hermann lediglich gemeinschaftlich geschäftsführungsbefugt (**Gesamtgeschäftsführung**, § 709 Abs. 1 BGB). Erforderlich ist daher grundsätzlich Einstimmigkeit. Ohne Hermanns Mitwirkung dürfen Fritz und Hans die Bielefelder Immobilie daher im Innenverhältnis zur Gesellschaft und zu Hermann nicht veräußern. Hermann ist in seiner Entscheidung über die Veräußerung grundsätzlich frei.

Lediglich im Ausnahmefall kann eine **Zustimmungspflicht** eines Gesellschafters zu einer **356** Maßnahme der Geschäftsführung bestehen. Das ist zunächst der Fall bei einer – hier nicht in Betracht kommenden – notwendigen Geschäftsführungsmaßnahme i.S.d. § 744 Abs. 2 BGB.[252] Darüber hinaus hat die Rechtsprechung eine Zustimmungspflicht bejaht, wenn der Gesellschaftszweck und das Gesellschafsinteresse die in Rede stehende Maßnahme erfordern und der betroffene Gesellschafter seine Zustimmung ohne nachvollziehbaren Grund verweigert. Für die Annahme einer solchen Zustimmungspflicht genügen reine Zweckmäßigkeitserwägungen, wie Fritz und Hans sie in unserem Fall anstellen, nicht.[253] Die von Fritz und Hans befürwortete Veräußerung muss daher unterbleiben.

Wegen der Zweifelsregelung in § 714 BGB, die an die Regelung zur Geschäftsführung **357** anknüpft, besitzen Fritz und Hans ohne Mitwirkung des Hermann auch **keine Vertretungsmacht** für die Gesellschaft.

Ergänzende Hinweise:

Sollten Fritz und Hans wegen des Widerstandes, den Hermann geleistet hat, darüber **358** nachdenken, ihm die **Geschäftsführungsbefugnis zu entziehen**, stünde dem § 712 Abs. 1 BGB entgegen. Danach kann bei Vorliegen eines wichtigen Grundes die „durch den Gesellschaftsvertrag übertragene Befugnis zur Geschäftsführung" entzogen werden. Es

---

250 *Windbichler,* Gesellschaftsrecht, 22. Aufl., § 8 Rn. 1.
251 BGH, Urt. v. 29.3.1996 – II ZR 263/94, NJW 1996, S. 1678 ff. S. im Einzelnen noch Rn. 688, 693 ff.
252 Zur subsidiären Anwendung der Regelungen über die Bruchteilsgemeinschaft auf die Personengesellschaften s. Rn. 308.
253 BGH, Urt. v. 24.1.1972, II ZR 3/69, NJW 1972, S. 862 (863).

ist zweifelhaft, ob darunter auch die kraft Gesetzes bestehende Befugnis zur Gesamt-geschäftsführung (§ 709 Abs. 1 BGB) zu verstehen ist,[254] oder nur die Einzelgeschäfts-führungsbefugnis eines einzelnen oder einzelner Gesellschafter, die der besonderen Er-teilung bedarf. In jedem Falle aber gibt der Sachverhalt nichts für einen wichtigen Grund her, der die Entziehung rechtfertigen könnte. Etwa für eine (schwere) Pflichtverletzung oder Unfähigkeit Hermanns zur Geschäftsführung[255] ist nichts ersichtlich.

359 § 712 Abs. 1 BGB, der einer Entziehung der Geschäftsführungsbefugnis enge Grenzen setzt, bringt zum Ausdruck, dass es sich bei der Geschäftsführung um ein wichtiges Recht der Gesellschafter handelt. Dass auch eine **Verpflichtung zur Geschäftsführung** besteht, folgt aus § 712 Abs. 2 BGB. Danach bedarf eine Kündigung der Geschäftsfüh-rung *durch den betroffenen Gesellschafter* ebenfalls eines wichtigen Grundes. Eine grundlose **Amtsniederlegung** kommt danach nicht in Betracht.

360 Ist – anders als in unserem Fall – ausnahmsweise einmal eine Pflicht des Gesellschafters zur Zustimmung zu einer bestimmten Geschäftsführungsmaßnahmen zu bejahen, so sind die Rechtsfolgen einer dennoch erklärten Verweigerung zweifelhaft. Die Rechtspre-chung verweist die übrigen Gesellschafter grundsätzlich auf eine **Zustimmungsklage gegen den dissentierenden Gesellschafter** (die Vollstreckung richtet sich nach § 894 ZPO). Von vornherein unbeachtlich soll die Verweigerung dagegen nur bei Maßnahmen sein, deren rasche Umsetzung für die Gesellschaft von existenzieller Bedeutung ist. Teile der Literatur nehmen demgegenüber bei Maßnahmen der Geschäftsführung stets die Unbeachtlichkeit der pflichtwidrig verweigerten Zustimmung an. Eine Klage auf Zu-stimmung ist danach nur bei Grundlagenbeschlüssen, insbesondere Beschlüssen über Vertragsänderungen, erforderlich.[256]

Fall 26: Geschäftsführung (§§ 709 ff. BGB): Gesellschaftsvertragliche Regelungen

> Abwandlung zum vorstehenden Fall: Hermann ist durch den Gesellschaftsvertrag von der Geschäftsführung ausgeschlossen. Er widerspricht jedoch dem von Fritz und Hans beabsichtigten Verkauf und beruft sich dafür auf § 711 BGB. Müssen Fritz und Hans den Verkauf tatsächlich unterlassen?

Problemstellung

361 Die **Einstimmigkeit,** die § 709 Abs. 1 BGB als Grundsatz vorsieht, schützt die Gesell-schafter sehr weitgehend. Sie macht die Geschäftsführung aber tendenziell **schwerfällig.** Daher kommen **abweichende Regelungen** im Gesellschaftsvertrag in Betracht.

362 Der Gestaltungsbefugnis der Gesellschafter sind durch den Grundsatz der **Selbstorgan-schaft** allerdings Grenzen gesetzt. Danach dürfen einem Nicht-Gesellschafter allenfalls in der Weise Aufgaben der Geschäftsführung übertragen werden, dass sichergestellt ist, dass daneben auch wenigstens ein Gesellschafter geschäftsführungsbefugt ist. Hierin liegt eine deutliche Abweichung vom Recht der Kapitalgesellschaften, das die Fremdor-ganschaft zulässt (s. § 6 Abs. 3 S. 1 GmbHG).

363 Als zulässige abweichende Geschäftsführungsregelung bei den Personengesellschaften kann im Gesellschaftsvertrag zunächst die Einstimmigkeit (§ 709 Abs. 1 BGB) abbe-dungen und stattdessen das Mehrheitsprinzip vereinbart werden. Eine Geschäftsfüh-rungsmaßnahme setzt dann nur noch die Zustimmung der Mehrheit der Gesellschafter voraus. Nach der Zweifelsregelung in § 709 Abs. 2 BGB (ebenso § 119 Abs. 2 HGB) wird diese Mehrheit – abweichend von der Regelung im Kapitalgesellschafts-

---

254 So *Grunewald*, Gesellschaftsrecht, 8. Aufl., 1.A. Rn. 46.
255 S. *Windbichler*, Gesellschaftsrecht, 22. Aufl., § 8 Rn. 5.
256 *Ulmer*, in: MüKo BGB, 5. Aufl., § 705 Rn. 240 f. S. dort auch Nachweise zur Rechtsprechung

recht[257] – im Zweifel nicht nach Kapitalanteilen berechnet, sondern **nach Köpfen.** Der Grund dafür liegt darin, dass die persönlich haftenden Gesellschafter einer Personengesellschaft – unabhängig von der Höhe ihrer Einlagen und insoweit unterschiedslos – für die Gesellschaftsverbindlichkeiten jeweils mit ihrem gesamten Privatvermögen haften. Dies rechtfertigt die Zweifelsregelung des § 119 Abs. 2 HGB, die sämtlichen Gesellschaftern dasselbe Stimmgewicht einräumt und damit dieselben Einflussmöglichkeiten auf die Gesellschaft. Eine abweichende Verteilung der Stimmgewichte, etwa nach Kapitalanteilen, ist jedoch zulässig und in der Praxis die Regel.

Als weitere zulässige Abweichung vom Einstimmigkeitsprinzip können mehrere (nicht **364** sämtliche) Gesellschafter (nur) gemeinschaftlich zur Geschäftsführung befugt sein. Gleichbedeutend kann diese Gestaltung so umschrieben werden, dass ein einzelner oder mehrere Gesellschafter **von der Geschäftsführung ausgeschlossen** und mehrere verbleibende Gesellschafter lediglich gemeinschaftlich geschäftsführungsbefugt sind. Diesen Fall regelt § 710 BGB durch Verweis auf § 709 BGB. Innerhalb der geschäftsführenden Gesellschafter gilt also grundsätzlich das Einstimmigkeitsprinzip. Der Gesellschaftsvertrag kann stattdessen auch vorsehen, dass mehrere oder sämtliche Gesellschafter jeweils zur Einzelgeschäftsführung berufen sind.

Lösung

Abweichend von der gesetzlich vorgesehenen Gesamtgeschäftsführung durch sämtliche **365** Gesellschafter (§ 709 Abs. 1 BGB) kann im Gesellschaftsvertrag der GbR (u.a.) geregelt werden, dass mehrere oder sämtliche Gesellschafter jeweils zur Einzelgeschäftsführung berufen sind. Für diesen Fall regelt § 711 BGB ein Widerspruchsrecht der übrigen Gesellschafter, bei dessen Ausübung das Geschäft unterbleiben muss. Diese Widerspruchsrecht haben jedoch, was in den § 711 BGB „hineinzulesen" ist, nur die weiteren *geschäftsführenden* Gesellschafter, nicht auch etwaige von der Geschäftsführung ausgeschlossene Gesellschafter.[258]

Im Fall hat Hermann danach kein Widerspruchsrecht aus § 711 BGB. Er kann sich nicht **366** auf diese Vorschrift berufen, weil er von der Geschäftsführung ausgeschlossen ist. (Auch im Verhältnis zwischen Fritz und Hans findet die Regelung übrigens keine Anwendung, weil keine *Einzel*geschäftsführung dieser Gesellschafter vereinbart ist. Mangels einer entsprechenden abweichenden Regelung im Gesellschaftsvertrag verbleibt es vielmehr bei der Gesamtgeschäftsführung der beiden, s. §§ 710 S. 2, 709 Abs. 1 BGB.)

Fritz und Hans müssen den beabsichtigten Verkauf daher nicht unterlassen. **367**

Ergänzende Hinweise

Ist das **Widerspruchsrecht** aus § 711 BGB – anders als in unserem Fall – wirksam von **368** einem Gesellschafter ausgeübt worden, hat dies nach h.M. **keine Außenwirkung.** Die jeweilige Maßnahme muss im Innenverhältnis unterbleiben. Anderenfalls macht sich der Handelnde ggf. schadensersatzpflichtig. Die Vertretungsmacht des Handelnden bleibt dadurch jedoch unberührt. Dies ist lediglich im Ausnahmefall anders, wenn ein **Missbrauch der Vertretungsmacht** vorliegt.[259]

---

257 S. Rn. 406.
258 *Windbichler*, Gesellschaftsrecht, 22. Aufl., § 8 Rn. 4.
259 BGH, Urt. v. 10.3.1955 – II ZR 309/53; *Ulmer/Schäfer*, in: MüKo BGB, 5. Aufl., § 711 Rn. 14 f.

Fall 27: Geschäftsführung und actio pro socio

> In Abwandlung des „Lotto-Falles" (Rn. 339 ff.) verweigert lediglich Steinbach (nicht auch Poggemöller) seine Zahlung. Wer kann – auf welchem Wege – die Erfüllung der Zahlungspflicht durchsetzen?

Problemstellung

369 Ansprüche der Gesellschaft gegen die Gesellschafter aus dem Gesellschaftsverhältnis werden als **Sozialansprüche** bezeichnet, Ansprüche der Gesellschafter gegen die Gesellschaft aus dem Gesellschaftsverhältnis als **Sozialverbindlichkeiten**. Im Fall geht es um die Zuständigkeit zur Geltendmachung von Sozialansprüchen, konkret um die Verpflichtung der Gesellschafter zur Leistung von Beiträgen.

370 Gesellschafter und Gesellschaft können gegeneinander auch Ansprüche haben, die nichts mit dem Gesellschaftsverhältnis zu tun haben. Diese sog. **Drittbeziehungen** könnten in derselben Weise mit fremden Dritten bestehen. Beispiel: Einer der Gesellschafter schließt mit der GbR, der er angehört, einen gewöhnlichen Mietvertrag über die von der GbR genutzte Geschäftsimmobilie.

Lösung

371 Die Geltendmachung von Beitragsleistungen ist ein Akt der **Geschäftsführung**. Nach dem Grundsatz der Gesamtgeschäftsführung (§ 709 Abs. 1 BGB) müssten daher sämtliche Gesellschafter gemeinsam die geschuldeten Beiträge einfordern. In derselben Weise müssten an sich sämtliche Gesellschafter die GbR im Falle einer Klageerhebung (diese ist ein Rechtsgeschäft, es gelten also die Vertretungsregelungen) gegen den Steinbach vertreten, § 714 BGB. Dass Steinbach nicht zur Mitwirkung an diesen Maßnahmen, die gegen ihn selbst gerichtet sind, bereit sein wird, ist offensichtlich. Dem wird Rechnung getragen, indem die übrigen Gesellschafter, also Poggemöller und Friedrich, insoweit als auch ohne Steinbach geschäftsführungs- und vertretungsbefugt angesehen werden. Dies folgt aus einer Analogie zu §§ 34 BGB, 47 Abs. 4, 136 Abs. 1 GmbHG,[260] denen das Verbot eines Handelns als „Richter in eigener Sache" zu entnehmen ist. Vorliegend können danach Poggemöller und Friedrich namens und in Vertretung der GbR Klage gegen Steinbach erheben.[261]

372 Die Frage, ob einer der Mitgesellschafter daneben unabhängig davon, ob er zur Geschäftsführung befugt ist, und **in eigenem Namen** (also nicht namens der GbR) Klage gegen Steinbach erheben kann, wird unter dem Stichwort der *actio pro socio* oder **Gesellschafterklage** diskutiert. Die *actio pro socio* wird wohl allgemein für zulässig gehalten. Die dogmatischen Begründungen dafür weichen allerdings voneinander ab:
- Früher wurde überwiegend angenommen, der klagende Gesellschafter mache ein **eigenes Recht** geltend, da sich der Beklagte im Gesellschaftsvertrag nicht nur gegenüber der Gesellschaft, sondern **auch gegenüber seinen Mitgesellschaftern zur Leistungserbringung verpflichtet** habe.[262] Der eigene Anspruch der Mitgesellschafter richte sich allerdings nicht auf Leistung an die Gesellschafter selbst, sondern – der gesellschaftsvertraglichen Vereinbarung entsprechend – ausschließlich auf Leistung an die Gesellschaft.
- Heute wohl herrschend ist hingegen die Ansicht, es handele sich bei der *actio pro socio* um einen Fall einer gesetzlich nicht geregelten **Prozessstandschaft**, also die

---

260 *Ulmer/Schäfer*, in: MüKo BGB, 5. Aufl., § 709 Rn. 65.
261 *Ulmer*, in: MüKo BGB, 5. Aufl., § 705 Rn. 201.
262 BGH, Urt. v. 27.6.1957 – II ZR 15/56, NJW 1957, S. 1358 f.

klagweise Geltendmachung eines fremden Rechts im eigenen Namen.[263] Der BGH hat die dogmatische Einordnung der *actio pro socio* zuletzt offen gelassen.[264]

Trotz der unterschiedlichen dogmatischen Begründungen besteht wohl Einigkeit darü- **373** ber, dass nur auf **Leistung an die Gesellschaft** geklagt werden kann. Klagt der Gesellschaft hingegen etwa auf Leistung des geschuldeten Beitrages an sich selbst, wird seine Klage als unbegründet abgewiesen.

Zudem ist die *actio pro socio* **subsidiär** gegenüber einem eigenen Tätigwerden der durch **374** ihre geschäftsführungs- und vertretungsberechtigten Gesellschafter vertretenen Gesellschaft.[265] Dies folgt aus der Treuepflicht der Gesellschafter. Diese ist im hier betrachteten Zusammenhang dahingehend zu konkretisieren, dass die einzelnen Gesellschafter Rücksicht auf die Binnenorganisation der Gesellschaft nehmen müssen. Nur dann, wenn die eigentlich zur Geltendmachung von Sozialansprüchen vorgesehenen Instrumentarien „versagen", tritt danach das Klagerecht des einzelnen an deren Stelle. Der klagende Gesellschafter muss deshalb zur Begründetheit seiner Klage schlüssig vortragen, dass eine Aufforderung an die geschäftsführenden Gesellschafter, den in Rede stehenden Sozialanspruch geltend zu machen, entweder erfolglos oder von vornherein aussichtslos gewesen sei.[266]

In unserem Fall sind diese engen Zulässigkeitsvoraussetzungen nicht erfüllt. Wie oben **375** ausgeführt, kommt vielmehr eine eigene Klage der Gesellschaft (vertreten nur durch Poggemöller und Friedrich) durchaus in Betracht. Anders wäre der Fall zu beurteilen, wenn einer der verbleibenden Gesellschafter sich mit Steinbach solidarisiert hätte und eine Klage verhindern wollte. Dann käme eine *actio pro socio* des verbleibenden Gesellschafters in Betracht.

Fall 28: Gesellschafterbeschlüsse (einschließlich Rechtsschutz)

> Die FHH GbR aus unserem Fall 27 hat zwischenzeitlich in ihrem Gesellschaftsvertrag vereinbart, dass „für Geschäftsführungsmaßnahmen das Mehrheitsprinzip gilt". Fritz und Hans beschließen in einer Gesellschafterversammlung den Erwerb einer Wohnimmobilie in einem Pinneberger Vorort. Hermann ist entsetzt. Er möchte ausschließlich in Immobilien in Innenstadtlagen investieren. Er klagt auf Feststellung der Nichtigkeit des von Fritz und Hans gefassten Gesellschafterbeschlusses. Er macht – zutreffend – geltend, dass Fritz und Hans ihn zu der Gesellschafterversammlung, in der der Erwerbsbeschluss gefasst worden ist, nicht einmal geladen haben. Fritz und Hans erwidern – wiederum zutreffend –, dass weder die §§ 705 ff. BGB noch der Gesellschaftsvertrag irgendwelche Formalien der Gesellschafterversammlung regeln, und dass es auf die Stimme des Hermann wegen des vereinbarten Mehrheitsprinzips ohnehin nicht angekommen sei. Wird Hermanns Feststellungsklage Erfolg haben?

Problemstellung

Im Rahmen der Zulässigkeit der von K erhobenen Klage stellt sich die Frage, ob die **376** Feststellungsklage (§ 256 ZPO) der statthafte Rechtsbehelf ist, wenn es um die behauptete Rechtswidrigkeit oder Nichtigkeit eines Gesellschafterbeschlusses im Personengesellschaftsrecht geht. Als Alternative kommt in Betracht, das Beschlussmängelrecht des Aktienrechts analog anzuwenden. Danach wäre – in entsprechender Anwendung – die Anfechtungsklage (§ 243 ff. AktG) der statthafte Rechtsbehelf. Eine solche Analogie

---

263 *Ulmer*, in: MüKo BGB, 5. Aufl., § 705 Rn. 207 ff.; *K. Schmidt*, Gesellschaftsrecht, 4. Aufl., § 21 IV.4.
264 BGH, Urt. v. 26.4.2010 – II ZR 69/09, NZG 2010, S. 783.
265 *K. Schmidt*, Gesellschaftsrecht, §§ 20 II.4., 21 IV.4. b); *Windbichler*, Gesellschaftsrecht, 22. Aufl., § 7 Rn. 6.
266 *Ulmer*, in: MüKo BGB, § 705 Rn. 211.

entspricht im GmbH-Recht bereits seit langem der ganz herrschenden Meinung.[267] Für das Personengesellschaftsrecht lehnt die Rechtsprechung die Analogie dagegen ab.[268] Das Schrifttum ist gespalten.[269]

377 Materiell-rechtlich geht es in unserem Fall um die **Willensbildung in der GbR** durch **Beschlussfassung** ihrer Gesellschafter. Ausdrückliche gesetzliche Regelungen dazu existieren kaum. Daher ist in weitem Umfang auf **allgemeine Rechtsgrundsätze** zurückzugreifen, teilweise auch auf eine Analogie zu den ausführlicheren Regelungen des Kapitalgesellschaftsrechts.[270] Die auf Gesellschafterbeschlüsse bezogene Rechtslage für die GbR entspricht im Wesentlichen derjenigen für die Personenhandelsgesellschaften.

378 Nur teilweise gesetzlich geregelt ist, wann Gesellschafterbeschlüsse erforderlich sind und welche Gegenstände davon erfasst sein können:
- Die Gesamtgeschäftsführung, die den gesetzlichen Regelfall bildet, bedeutet, dass zur Geschäftsführungsmaßnahmen „die Zustimmung aller Gesellschafter erforderlich [ist]" (§ 709 BGB), also ein (einstimmiger) Gesellschafterbeschluss.[271]
- Die Entziehung der Geschäftsführungs- und der Vertretungsbefugnis setzen nach §§ 712, 715 BGB einen Gesellschafterbeschluss voraus.
- Nach allgemeinen Rechtsgrundsätzen setzen eine Änderung des Gesellschaftsvertrages, die Aufnahme und der Austritt von Gesellschaftern[272] sowie der Ausschluss eines Gesellschafters aus einem in seiner Person liegenden wichtigen Grund (§ 737 BGB) ebenfalls einen Gesellschafterbeschluss voraus.
- Im Übrigen kann die Beschlussbedürftigkeit jeglicher Maßnahme im Gesellschaftsvertrag vereinbart werden.

379 Die Rechtsfolgen einer erforderlichen, aber **unterlassenen Beschlussfassung** unterscheiden sich je nach der in Rede stehenden Maßnahme. Eine Geschäftsführungsmaßnahme muss ohne entsprechenden Beschluss unterbleiben. Der Handelnde kann sich, wenn er dagegen verstößt, unter anderem schadensersatzpflichtig machen. Ist die rechtswidrige Geschäftsführungsmaßnahme ein Rechtsgeschäft, ist dieses im Außenverhältnis aber wirksam. Die weiteren oben genannten Maßnahmen, etwa eine Vertragsänderung oder eine Anteilsübertragung ohne zugrunde liegenden Gesellschafterbeschluss, sind **unwirksam**.[273]

380 Das Verfahren der Beschlussfassung ist gesetzlich nicht geregelt. Besondere Formen sind nicht vorgesehen. Insbesondere die Beschlussfassung in einer **Gesellschafterversammlung** ist nicht im Gesetz vorgeschrieben. Andere Formen der Beschlussfassung wie fernmündliche Beschlussfassung oder Beschlussfassung per E-Mail, Telefax o.ä. kommen daher ebenfalls in Betracht.[274] Gesellschaftsverträge enthalten hierzu regelmäßig präzisierende Regelungen.

381 Jeder Gesellschafter hat grundsätzlich das Recht, selbst eine Gesellschafterversammlung **einzuberufen**. Ist dieses Recht gesellschaftsvertraglich auf einzelne Gesellschafter beschränkt, können die übrigen Gesellschafter dennoch bei Vorliegen eines wichtigen Grundes eine Versammlung einberufen.[275] Jeder Gesellschafter hat ein Recht darauf, zu

---

267 *Windbichler*, Gesellschaftsrecht, 22. Aufl., 22. Aufl., § 22 Rn. 17 m.w.N.
268 BGH, Urt. v. 27.4.2009 – II ZR 167/07, NJW 2009, S. 2300 (2302); BGH, Urt. v. 1.3.2011 – II ZR 83/09, NJW 2011, S. 2578 (2579).
269 Die Analogie befürwortend K. *Schmidt*, Gesellschaftsrecht, § 15 II.3.; *ders.*, ZGR 2008, S. 1 (24 ff.); ablehnend dagegen die h. Lit., s. etwa *Ulmer/Schäfer*, in: MüKo BGB, 5. Aufl., § 709 Rn. 114.
270 *Ulmer/Schäfer*, in: MüKo BGB, 5. Aufl., § 709 Rn. 50.
271 *Ulmer/Schäfer*, in: MüKo BGB, 5. Aufl., § 709 Rn. 50.
272 *Grunewald*, Gesellschaftsrecht, 8. Aufl., 1.A. Rn. 67.
273 *Grunewald*, Gesellschaftsrecht, 8. Aufl., 1.A. Rn. 67.
274 *Ulmer/Schäfer*, in: MüKo BGB, 5. Aufl., § 709 Rn. 71 ff.
275 OLG Köln, Urt. v. 13.2.1987 – 19 U 172/86, ZIP 1987, S. 1120 (1122).

einer Gesellschafterversammlung geladen zu werden. Eine Tagesordnung muss allerdings regelmäßig nicht verschickt werden.[276]

Eine wirksame Beschlussfassung in der Gesellschafterversammlung setzt grundsätzlich **382** **Einstimmigkeit** voraus (§§ 709 Abs. 1 a.E. BGB, 119 Abs. 1 HGB). Abweichend davon kann im Gesellschaftsvertrag – in zahlreichen denkbaren Ausprägungen – das Mehrheitsprinzip vereinbart werden.[277]

Ein **Stimmrecht** bei Gesellschafterbeschlüssen hat grundsätzlich jeder Gesellschafter. Es **383** gibt jedoch Ausnahmen:
- Gesellschafter, die von der **Geschäftsführung ausgeschlossen** sind, haben bei Beschlüssen über Geschäftsführungsmaßnahmen kein Stimmrecht.[278]
- Bestimmte auf einen einzelnen Gesellschafter bezogene Maßnahmen (z.B. Entzug der Geschäftsführungsbefugnis) treffen bei den Personenhandelsgesellschaften kraft ausdrücklicher gesetzlicher Bestimmung nur „die übrigen Gesellschafter" (§§ 113 Abs. 2, 117, 127, 140 HGB).
- Ein **Stimmrechtsausschluss** kann im Gesellschaftsvertrag vereinbart werden, soweit dadurch nicht in einen **Kernbereich** des gesetzlichen Stimmrechts eingegriffen wird. Keinem Stimmrechtsausschluss zugänglich sind danach etwa Beschlüsse, die wesentlich in die Gesellschafterstellung eingreifen oder den Zweck oder gar den Bestand der Gesellschaft betreffen.[279] Darunter dürften etwa Eingriffe in die Gewinnverteilung oder in Informationsrechte der Gesellschafter fallen.
  In Analogie zu §§ 34 BGB, 47 Abs. 4 GmbHG, 136 Abs. 1 AktG hat ein Gesellschafter kein Stimmrecht, wenn die Beschlussfassung die eigene Entlastung oder die eigene Befreiung von einer Verbindlichkeit betrifft oder es um die Einleitung oder Erledigung eines Rechtsstreits gegen ihn selbst geht (**Verbot des „Richtens in eigener Sache"**). Ob dies in Analogie zu § 34 BGB auch im Hinblick auf Rechtsgeschäfte zwischen der Gesellschaft und einem ihrer Gesellschafter gilt, ist umstritten.[280]
- Die Gesellschafter können **Stimmbindungsverträge** abschließen und sich dadurch im Hinblick auf die Ausübung ihres Stimmrechts binden. Verpflichtungen aus solchen Verträgen sind einklagbar und gemäß § 894 ZPO vollstreckbar. Ihre Durchsetzung im Wege der einstweiligen Verfügung ist umstritten.[281] Teilweise problematisch, in vielen Konstellationen aber unentbehrlich sind Stimmbindungsverträge, die einen Nicht-Gesellschafter (etwa den Inhaber eines Nießbrauchs am Gesellschaftsanteil) berechtigen.[282]

Eine **Stellvertretung** bei der Stimmabgabe ist nur zulässig, wenn sie im Gesellschafts- **384** vertrag vorgesehen ist oder ihr die übrigen Gesellschafter (ggf. auch konkludent) zugestimmt haben.[283]

Die Rechtsfolgen **fehlerhafter Beschlüsse** richten sich wiederum nach dem jeweils in **385** Rede stehenden Fehler:
- Auf den Beschluss als **mehrseitiges Rechtsgeschäft** finden die allgemeinen Regelungen der Rechtsgeschäftslehre Anwendung. Danach sind etwa gesetzes- oder sittenwidrige Beschlüsse nichtig (§§ 134, 138 BGB)

---

276 BGH, Urt. v. 14.11.1994 – II ZR 160/93, NJW 1995, S. 1353 (1356).
277 S. dazu im Einzelnen Rn. 401 f.
278 *H.P. Westermann,* in: Erman, BGB, 13. Aufl., § 709 Rn. 20.
279 *H.P. Westermann,* in: Erman, BGB, 13. Aufl., § 709 Rn. 25.
280 *H.P. Westermann,* in: Erman, BGB, 13. Aufl., § 709 Rn. 26.
281 *H.P. Westermann,* in: Erman, BGB, 13. Aufl., § 709 Rn. 21 f.
282 *K. Schmidt,* Gesellschaftsrecht, § 21 II. 4. a) cc).
283 *H.P. Westermann,* in: Erman, BGB, 13. Aufl., § 709 Rn. 23.

- Auf die einzelnen Stimmabgaben als **Willenserklärungen** finden die §§ 104 ff. BGB Anwendung. Diskutiert wird dabei insbesondere die Frage, ob und ggf. bis wann eine Stimmabgabe **widerrufen** werden kann. Die Rechtsprechung geht hier wohl von der Widerruflichkeit der einzelnen Stimme bis zur letzten Stimmabgabe aus.[284]
- Ist eine **Stimmabgabe unwirksam,** ist der gesamte Beschluss nichtig, wenn er einstimmig zu fassen war. Im Falle einer Mehrheitsentscheidung kommt es dagegen auf die Relevanz der Stimme für die Berechnung der erforderlichen Mehrheit an.[285]
- Verfahrensverstöße sind unbeachtlich, wenn gegen reine Ordnungsvorschriften verstoßen wurde. Darunter fällt regelmäßig etwa die fehlende Protokollierung eines Beschlusses. Verstöße gegen sonstige Ordnungsvorschriften führen grundsätzlich zur Nichtigkeit des gefassten Beschlusses, es sei denn, es kann ausgeschlossen werden, dass dieser auf dem Fehler beruht.[286] Letzteres ist etwa der Fall, wenn sämtliche Gesellschafter trotz fehlerhafter Ladungen rechtzeitig von einer Gesellschafterversammlung erfahren haben und auch erschienen sind.[287]

Lösung

386 Hermanns Feststellungsklage ist **zulässig.** Eine Anfechtungsklage (analog § 243 ff. AktG) kommt demgegenüber nicht in Betracht. Die Rechtsprechung diskutiert die Frage derzeit nicht einmal.[288]

387 Die Klage ist auch **begründet.** Eine wirksame Beschlussfassung liegt – trotz Vereinbarung des Mehrheitsprinzips – nicht vor. Der gefasste Beschluss ist nämlich unter Verstoß gegen das – aus allgemeinen Rechtsgrundsätzen folgende – Gebot einer **ordnungsgemäßen Ladung** sämtlicher Gesellschafter zustande gekommen. Darin liegt kein Verstoß gegen eine reine Ordnungsvorschrift, der auf die Wirksamkeit des gefassten Beschlusses ohne Relevanz wäre. Vielmehr besteht wenigstens die abstrakte Möglichkeit, dass die Argumente des nicht geladenen Hermann die beiden weiteren Gesellschafter überzeugt und zu einem abweichenden Beschlussergebnis geführt hätten. Bereits diese abstrakte Relevanz des Ladungsmangels führt zur Nichtigkeit des gefassten Beschlusses.[289]

Ergänzende Hinweise

388 Die Praxis hat sich daran zu orientieren, dass über behauptete Beschlussmängel im Recht der Personengesellschaften im Wege der **Feststellungsklage (§ 256 ZPO)** entschieden wird. Der dadurch eröffnete Rechtsschutz des dissentierenden Gesellschafters weist vor allem drei Charakteristika auf:[290]
- Richtiger Klagegegner sind die Mitgesellschafter und nicht die Gesellschaft selbst, wenn nicht der Gesellschaftsvertrag bestimmt, dass der Streit mit der Gesellschaft auszutragen ist.[291]
- Es wird nicht zwischen nichtigen und bloß rechtswidrigen und daher (im Klagewege) vernichtbaren Beschlüssen unterschieden. Vielmehr führt *jede* Rechtswidrigkeit *ipso iure* zur Nichtigkeit des betreffenden Beschlusses. Das angerufene Gericht stellt diese lediglich fest und führt sie nicht durch Gestaltungsurteil herbei.
- Es gibt keine formale Klagefrist entsprechend § 246 AktG. Vielmehr kommt lediglich eine Verwirkung des Klagerechts in Betracht, wenn – nach allgemeinen Grundsätzen – zum Zeitmoment ein Umstandsmoment hinzutritt.

---

284 *H.P. Westermann,* in: Erman, BGB, 13. Aufl., § 709 Rn. 28 m.w.N.
285 *H.P. Westermann,* in: Erman, BGB, 13. Aufl., § 709 Rn. 37.
286 *Grunewald,* Gesellschaftsrecht, 8. Aufl., 1.A. Rn. 89.
287 *H.P. Westermann,* in: Erman, BGB, 13. Aufl., § 709 Rn. 38.
288 S. etwa BGH, Urt. v. 15.1.2007 – II ZR 245/05 (OTTO), NJW 2007, S. 1685 ff.
289 *Grunewald,* Gesellschaftsrecht, 8. Aufl., 1.A. Rn. 89; *Enzinger,* in: MüKo HGB, 3. Aufl., § 119 Rn. 95.
290 Zu den Einzelheiten s. *K. Schmidt,* ZGR 2008, S. 1 (24) m.w.N.
291 BGH, Urt. v. 1.3.2011 – II ZR 83/09, NJW 2011, S. 2578 (2579).

Der **Gesellschaftsvertrag** kann Abweichendes regeln. Insbesondere kann die Nichtigkeit **389** eines Beschlusses danach durch Klage gegen die Gesellschaft geltend zu machen sein. In diesem Zusammenhang kann insbesondere auch eine entsprechende Klagefrist vorgesehen werden, um die Rechtssicherheit zu erhöhen.

Fall 29: Beitragspflicht, Nachschüsse (§ 707 BGB), Mehrheitsentscheidungen

Wolgast, Schröder und Wittek sind Gesellschafter der Mö I GbR. Die Gesellschaft wurde zu dem Zweck gegründet, eine Immobilie in der Hamburger Mönckebergstraße zu erwerben, zu sanieren und zu vermieten. Im Gesellschaftsvertrag heißt es unter anderem: „1. Das Gesellschaftskapital wird auf € 3.000.000 festgesetzt. 2. Jeder Gesellschafter erbringt eine Einlage von € 1.000.000. 3. Soweit bei der laufenden Bewirtschaftung der Immobilie Unterdeckungen auftreten, kann die Gesellschafterversammlung mit einfacher Mehrheit die Erhöhung des Gesellschaftskapitals und entsprechend erhöhte Einlagen der einzelnen Gesellschafter beschließen." Nach Beginn der Sanierungsarbeiten gerät die Mö I GbR in eine finanzielle Schieflage. Der Finanzbedarf erweist sich als wesentlich größer als ursprünglich erwartet. Die Gesellschafterversammlung der Mö I GbR beschließt gegen die Stimme des Wolgast, „das Gesellschaftskapital um 20 % zu erhöhen" sowie entsprechende Nachschüsse der einzelnen Gesellschafter. Wolgast ist damit nicht einverstanden. Muss er dennoch zahlen?[292]

Problemstellung

Konstitutives Element der GbR ist die Verpflichtung der Gesellschafter zur Erbringung **390** von Beitragsleistungen (§ 705 BGB), häufig (nicht zwingend[293] Geldleistungen. Die Frage danach, ob die Gesellschafter über ihre ursprüngliche Einlage hinaus dazu verpflichtet sein können, Nachschüsse zu leisten, hat die Rechtsprechung in den vergangenen Jahren intensiv beschäftigt. Gerade die Anleger in geschlossenen Immobilienfonds haben sich immer wieder dagegen gewehrt, zu Nachschüssen herangezogen zu werden (zur Rechtslage speziell bei Publikumsgesellschaften s. die ergänzenden Hinweise am Ende der Falllösung).

Lösung

Jedenfalls **vor Fassung des Gesellschafterbeschlusses** (zu diesem sogleich) bestand **keine** **391** **Nachschusspflicht** des Wolgast. Gesetzlicher Ausgangspunkt für die Lösung der Frage ist § 707 BGB. Danach besteht vor Auflösung der Gesellschaft regelmäßig keine Nachschusspflicht über die vereinbarte Einlage hinaus.

§ 707 BGB ist u.a. dann nicht einschlägig, wenn sich die Gesellschafter im Gesellschafts- **392** vertrag keine der Höhe nach festgelegten Beiträge versprochen, sondern sich verpflichtet haben, entsprechend ihrer Beteiligung „das zur Erreichung des Gesellschaftszwecks Erforderliche beizutragen" o.ä. Ebenso steht § 707 BGB einer Regelung nicht entgegen, nach der die Gesellschafter zum einen eine betragsmäßig festgelegte Einlage, zum anderen laufende Beiträge versprechen (**gespaltene Beitragspflicht**). In den vorgenannten Fällen bedürfen die Festlegung der Höhe und die Einforderung der Beiträge keines Gesellschafterbeschlusses, sondern sind Sache der Geschäftsführung. Eine entsprechende Maßnahme der Geschäftsführung ist in unserem Fall im Gesellschaftsvertrag nicht vorgesehen. Vielmehr soll über Nachschüsse die Gesellschafterversammlung entscheiden. Zudem wäre auch bei gesellschaftsvertraglicher Ermächtigung der Geschäftsführung, weitere Beiträge einzufordern, die in § 707 BGB getroffene Grundentscheidung zu be-

---

292 Der Fall ist insbesondere an folgende Entscheidungen angelehnt: BGH, Urt. v. 23.1.2006 – II ZR 126/04, NZG 2006, S. 379 ff.; BGH, Urt. v. 19.3.2007 – II ZR 73/06, NZG 2007, S. 382 ff.
293 S. Rn. 301.

achten. Danach muss die **Höhe** der laufenden Beiträge im Gesellschaftsvertrag zumindest in **objektiv bestimmbarer Weise** ausgestaltet sein. Daran fehlt es vorliegend. Die nach dem Gesellschaftsvertrag für das Entstehen der Beitragspflicht maßgeblichen Kriterien der „laufenden Bewirtschaftung" und der „Unterdeckung" werden im Gesellschaftsvertrag in keiner Weise konkretisiert und sind daher zu vage.[294]

393   Allerdings könnte der **Gesellschafterbeschluss** eine Zahlungspflicht des Wolgast begründet haben. Insoweit ist jedoch zu unterscheiden. Eine „Kapitalerhöhung" in der Personengesellschaft, also eine Erhöhung der Summe der von sämtlichen Gesellschaftern zu leistenden Einlagen, kann durch den Gesellschaftsvertrag zum Gegenstand einer Mehrheitsentscheidung gemacht werden. Die Mehrheitsklausel muss dazu insbesondere dem Bestimmtheitsgebot gerecht werden,[295] was vorliegend im Hinblick auf die ausdrückliche Erwähnung der „Erhöhung des Gesellschaftskapitals" der Fall ist.

394   Von dem Mehrheitsbeschluss ist allerdings nur die „Kapitalerhöhung" als solche gedeckt, nicht auch die Mitwirkung gerade des Wolgast an dieser. Dies folgt aus § 707 BGB, wonach eine Nachschussverpflichtung der einzelnen Gesellschafter während des Bestehens der Gesellschaft ausschließlich mit deren Zustimmung in Betracht kommt (**Zustimmungsvorbehalt**). Zwar können die Gesellschafter die erforderliche Zustimmung zu Nachschüssen antizipiert erteilen. Auch kommt in Betracht, diese antizipierte Zustimmung im Wege der Auslegung gerade aus der Mehrheitsklausel des Gesellschaftsvertrages abzuleiten. Dazu genügt aber nicht, dass darin – wie in unserem Fall – generell die Fassung von Mehrheitsbeschlüssen über Nachschüsse vorgesehen ist. Vielmehr muss die Klausel nach ständiger Rechtsprechung **Ausmaß und Umfang der möglichen zusätzlichen Belastung** erkennen lassen. Das erfordert bei Beitragserhöhungen die Angabe einer **Obergrenze** oder die Festlegung sonstiger Kriterien, die das **Erhöhungsrisiko eingrenzen**. Diesen Erfordernissen der Klarheit und Bestimmtheit entspricht die vorliegend verwendete vage Klausel nicht.[296]

395   In Ausnahmefällen kann die gesellschafterliche **Treuepflicht** eine Zustimmung der Gesellschafter zu Beitragserhöhungen gebieten mit der Folge, dass § 707 BGB der Nachforderung nicht entgegensteht. Eine dahin gehende Pflicht des Wolgast bestand hier jedoch ebenfalls nicht. Ein Gesellschafter ist zur Hinnahme von Eingriffen in seine Mitgliedschaft nur dann verpflichtet, wenn diese im Gesellschaftsinteresse geboten und ihm unter Berücksichtigung seiner eigenen schutzwürdigen Belange zumutbar sind. Dabei sind an die aus der Treuepflicht abgeleitete Verpflichtung, einer **Beitragserhöhung** zuzustimmen, **besonders hohe Anforderungen** zu stellen. Dies folgt wiederum aus der Grundentscheidung des Gesetzgebers in § 707 BGB, nach der ein Gesellschafter grundsätzlich nicht zu neuen Vermögensopfern gezwungen werden kann. Derartige besondere Umstände sind hier nicht ersichtlich. Nach der Rechtsprechung genügt weder, dass die Mehrheit der Gesellschafter die geforderten Nachschüsse leistet, noch dass der jeweilige Gesellschafter in der Vergangenheit dasselbe getan hat. Selbst der Umstand, dass die Gesellschaft – ohne weitere Beitragsleistungen der Gesellschafter – in die Insolvenz geraten würde, gebietet kein anderes Ergebnis.[297] Ein Gesellschafter ist nämlich grundsätzlich nicht gezwungen, „schlechtem Geld gutes hinterherzuwerfen".[298]

396   Im Fall ist Wolgast nicht zur Zahlung des eingeforderten Nachschusses verpflichtet.

---

294 BGH, Urt. v. 19.3.2007 – II ZR 73/06, NZG 2007, S. 382 (384).
295 *Ulmer/Schäfer*, in: MüKo BGB, 5. Aufl., § 707 Rn. 7.
296 S. die in Fn. 292 angegebenen Entscheidungen sowie *Grunewald*, Gesellschaftsrecht, 8. Aufl., 1.A. Rn. 16.
297 BGH, Urt. v. 19.3.2007 – II ZR 73/06, NZG 2007, S. 382 (384).
298 *Priester*, DStR 2008, S. 1386 (1389).

Ergänzende Hinweise

Wie einleitend erwähnt, hat die Frage nach dem Bestehen von Nachschusspflichten die **397** Praxis insbesondere im Zusammenhang mit Not leidenden geschlossenen Immobilienfonds beschäftigt. In diesem Kontext ist darauf hinzuweisen, dass der Bestimmtheitsgrundsatz (s. dazu Rn. 410 f.) auf **Publikumsgesellschaften** keine Anwendung findet. Publikumsgesellschaften bestehen aus einer Vielzahl untereinander nicht verbundener, nicht selten anonymer[299], Gesellschafter. Bei solchen Gesellschaften erfassen Mehrheitsklauseln auch ohne ausdrückliche Erwähnung sämtliche denkbaren Beschlussgegenstände, einschließlich Vertragsänderungen und sonstigen Grundlagengeschäften. Die Rechtsprechung neigt sogar dazu, Mehrheitsentscheidungen ganz ohne entsprechende Grundlage im Gesellschaftsvertrag zuzulassen.[300] Der Gesellschaft soll dadurch im Interesse ihrer Gesellschafter, die auf die Vertragsgestaltung regelmäßig keinen Einfluss nehmen konnten, die notwendige Flexibilität eröffnet werden.

Abweichend davon gelten die oben behandelten **engen Voraussetzungen** für die Begrün- **398** dung von **Nachschusspflichten** (auch nach der Rspr.) **auch für Publikumsgesellschaften**.[301]

In einer jüngeren Entscheidung hat der BGH die Klausel „Die Gewinn- und Verlustbe- **399** teiligung erfolgt jährlich zwischen den Gesellschaftern prozentual im Verhältnis der Tausendstel-Anteile zueinander" für ungeeignet gehalten, eine Nachschusspflicht zu begründen. Die Klausel enthalte nicht die erforderliche Obergrenze oder Regelungen über die Eingrenzbarkeit der Vermehrung der Beitragspflichten.[302]

Wie oben ausgeführt (Rn. 395), lassen sich Nachschusspflichten i.d.R. nicht aus der **400** Treuepflicht ableiten, weil ein Gesellschafter grundsätzlich nicht gezwungen ist, „schlechtem Geld gutes hinterherzuwerfen". Zu ergänzen ist, dass aus der Treuepflicht dagegen durchaus die Pflicht eines Gesellschafters folgen kann, sich – ohne eigene Nachschüsse – nicht gegen Sanierungsversuche von Mitgesellschaftern zu sperren.[303] Der BGH hat in einer jüngeren Entscheidung (bekannt unter dem Stichwort „**Sanieren oder Ausscheiden**") festgestellt, dass Gesellschafter wegen der Treupflicht im Ausnahmefall sogar dazu verpflichtet sein können, einer Änderung des Gesellschaftsvertrags zuzustimmen, durch die sie vor die Wahl gestellt werden, sich entweder an einer zu Sanierungszwecken erfolgenden Kapitalerhöhung zu beteiligen oder aus der Gesellschaft auszuscheiden. Dies ist nach dem BGH dann der Fall, wenn die Gesellschaft zahlungsunfähig und überschuldet ist und die Gesellschafter im Fall des Ausscheidens nicht schlechter stehen als bei einer sofortigen Liquidation der Gesellschaft.[304]

---

299 S. dazu aber jetzt BGH, Urt. v. 5.2.2013 – II ZR 134/11, BeckRS 2013, 04606. Danach hat ein Anleger, der unmittelbar an einer Publikums-KG beteiligt ist, einen Anspruch darauf, dass ihm die Namen und die Anschriften der mittelbar über einen Treuhänder beteiligten Anleger mitgeteilt werden, wenn die mittelbar beteiligten Anleger nach den vertraglichen Bestimmungen im Innenverhältnis die einem unmittelbaren Gesellschafter entsprechende Rechtsstellung haben.
300 *Ulmer/Schäfer*, in: MüKo BGB, 5. Aufl., § 709 Rn. 94.
301 *Ulmer/Schäfer*, in: MüKo BGB, 5. Aufl., § 707 Rn. 8.
302 BGH, Urt. v. 9.2.2009 – II ZR 231/07, NZG 2009, S. 501 f.
303 *Priester*, a.a.O. (Fn. 298).
304 BGH, Urt. v. 19.10.2009 – II ZR 240/08, NJW 2010, S. 65 ff.

Fall 30: Mehrheitsentscheidungen (Stimmrechtskonsortium)

> Bella (die Beklagte) ist mit 38 % an der DGF-AG beteiligt, Karla und Katrin (die Klägerinnen) mit etwa 32 % und 22 %. Die Genannten gehören verschiedenen Familienstämmen derselben Familie an. Zwischen ihnen besteht ein sogenannter Vertrag über eine Schutzgemeinschaft (SG). Die SG ist eine Innen-GbR ohne Gesamthandsvermögen, die die einheitliche Rechtsausübung durch die Familienstämme in der DGF-AG gewährleisten soll. Nach dem Schutzgemeinschaftsvertrag (SGV) ist jedes Mitglied der SG verpflichtet, sein Stimmrecht in den Gesellschafterversammlungen der DGF-AG so auszuüben, wie dies in den jeweils zuvor abzuhaltenden Mitgliederversammlungen der SG mit einfacher Mehrheit beschlossen worden ist (Stimmbindungsvertrag). Das gilt nach dem SGV auch dann, wenn für die Beschlussfassung bei der DGF-AG eine größere Mehrheit vorgeschrieben sein sollte. Die Zahl der Stimmrechte in der Gesellschafterversammlung der SG richtet sich nach dem Aktienbesitz an der DGF-AG. Die Gesellschafterversammlung der SG beschließt mit einfacher Mehrheit, nämlich gegen die Stimme Bellas, einen Unternehmensteil der DGF-AG nach umwandlungsrechtlichen Regelungen aus dieser auf eine neu zu gründende Tochter-GmbH der DGF-AG auszugliedern. Über eine solche Maßnahme ist bei der DGF-AG ein Hauptversammlungsbeschluss mit ³/₄-Mehrheit zu fassen (§ 125 S. 1, 13 Abs. 1 S. 1, 65 Abs. 1 S. 1 UmwG). Bella stimmt in der Hauptversammlung der DGF-AG gegen die Ausgliederung, sodass ein wirksamer Ausgliederungsbeschluss nicht zustande kommt. Karla und Katrin verklagen Bella daher darauf, der Maßnahme in einer neu anzuberaumenden Hauptversammlung der DGF-AG zuzustimmen.
> Wird die Klage Erfolg haben?

Problemstellung

401 Im Fall[305] geht es um die Frage der Zulässigkeit von **Mehrheitsbeschlüssen** im Recht der Personengesellschaften. Betroffen sind wichtige Fragen des **Minderheitenschutzes.** Das heute gültige Konzept der Rechtsprechung für diesen Schutz muss bekannt sein. Anwendung findet eine zweistufige Prüfung mit dem **Bestimmtheitsgrundsatz** auf der ersten und einer **inhaltlichen Wirksamkeitsprüfung** auf der zweiten Stufe. Die Entscheidung, der unser Fall nachgebildet ist, ist eine Folgeentscheidung und Klarstellung zur OTTO-Entscheidung des BGH, an die in diesem Buch ein Fall zur Kommanditgesellschaft angelehnt ist.[306]

402 Der Fall gibt Anlass, einige Worte zu **Stimmbindungsverträgen,** auch bezeichnet als Konsortialverträge, Stimmrechtskonsortien oder Stimmenpools, zu verlieren. Es geht dabei darum, dass sich mehrere Gesellschafter einer Gesellschaft zu einer weiteren Gesellschaft zusammenschließen, um ihr Stimmgewicht in der ersten Gesellschaft – hier der DGF-AG – zu bündeln und so ihren Einfluss auf die Geschicke der Gesellschaft zu verstärken. Insbesondere Angehörige derselben Familie versuchen auf diese Weise häufig, den Einfluss der Familie gegenüber außen stehenden Gesellschaftern zu sichern. Regelmäßig organisieren sich Stimmrechtskonsortien als GbR, und zwar als reine Innengesellschaften.[307]

403 Die Zulässigkeit von Stimmrechtskonsortien ist seit langem anerkannt.[308] Sie folgt aus dem Grundsatz der Vertragsfreiheit und für das Aktienrecht auch aus einem Umkehr-

---

305 Der Fall ist folgender Entscheidung nachgebildet: BGH, Urt. v. 24.11.2008 – II ZR 116/08, NJW 2009, S. 669 ff., s. dazu JuS 2009, S. 474 ff. (*K. Schmidt*).
306 S.u. Rn. 687 ff.
307 Zur reinen Innengesellschaft s.o. Rn. 288 ff.
308 BGH, a.a.O. (Fn. 305), S. 670 m.w.N.

schluss zu § 136 Abs. 2 AktG. Nichtig sind danach nur Verträge, durch die ein Aktionär sich verpflichtet, sein Stimmrecht nach Weisung der Gesellschaft bzw. ihrer Organe auszuüben. Zulässig ist dagegen die vertragliche Verpflichtung eines Kapitalgesellschafters, nach Weisung eines Mitgesellschafters oder auch eines eventuell nur geringfügig an der Gesellschaft beteiligten Konsortialführers abzustimmen. Erst recht zulässig ist die vertragliche Bindung eines Aktionärs an die jeweilige Mehrheitsentscheidung eines Stimmrechtskonsortiums, dem er angehört.

Lösung

Zur **Zulässigkeit** der Klage: Die Klägerinnen Karla und Katrin sind die richtigen Parteien des Rechtsstreits. Die SG selbst als reine Innengesellschaft ist weder rechts-, noch parteifähig. Diese Fähigkeiten besitzt auch nach der grundlegenden Rechtsprechungsänderung durch die Entscheidung des BGH vom 29.1.2001[309] nur die Außen-GbR.[310] **404**

Die Klage ist **begründet**, wenn Karla und Katrin aus dem SGV einen wirksamen Anspruch gegen die Bella auf eine Zustimmung zur Ausgliederung in der Hauptversammlung der DGF-AG haben. Dies ist nach dem Wortlaut des SGV aufgrund des von den Klägerinnen gefassten Mehrheitsbeschlusses der Fall. Stimmbindungsverträge sind, wie einleitend ausgeführt, auch grundsätzlich wirksam. Fraglich ist aber, ob der in der Gesellschafterversammlung der Innen-GbR über die Stimmrechtsauübung gefasste **Mehrheitsbeschluss** wirksam ist. **405**

Im **Kapitalgesellschaftsrecht** werden Gesellschafterbeschlüsse grundsätzlich mit der einfachen Mehrheit der abgegebenen Stimmen gefasst (§§ 47 Abs. 1 GmbHG, 133 Abs. 1 AktG). Das Stimmgewicht der einzelnen Gesellschafter richtet sich dabei grundsätzlich nach der jeweiligen Beteiligung am Stamm- bzw. Grundkapital der Gesellschaft (§§ 134 Abs. 1 S. 1 AktG, 47 Abs. 2 GmbHG). **406**

Abweichend davon gilt im **Personengesellschaftsrecht,** um das es hier geht, der Grundsatz der **Einstimmigkeit** (§§ 709 Abs. 1 Hs. 2 BGB, 119 Abs. 2 HGB). Dieser kann jedoch im Gesellschaftsvertrag abbedungen werden. Auf diesem Wege können Mehrheitsentscheidungen zugelassen werden. Dabei können verschiedene Kriterien für die Berechnung von Mehrheiten herangezogen werden. Daher ist es auch zulässig, dass der SGV in unserem Fall maßgeblich auf den jeweiligen Aktienbesitz an der DGF-AG abstellt. Lediglich dann, wenn in einem Gesellschaftsvertrag zwar das Mehrheitsprinzip vorgesehen ist, aber keine Regelungen zur Berechnung der Mehrheit getroffen worden sind, gelten §§ 709 Abs. 2 BGB, 119 Abs. 2 oHG. Danach werden Mehrheiten – abweichend von der Regelung im Kapitalgesellschaftsrecht[311] – im Zweifel nicht nach Kapitalanteilen berechnet, sondern **nach Köpfen**. Der Grund dafür liegt darin, dass die persönlich haftenden Gesellschafter einer Personengesellschaft – unabhängig von der Höhe ihrer Einlagen und insoweit unterschiedslos – für die Gesellschaftsverbindlichkeiten jeweils mit ihrem gesamten Privatvermögen haften. Dies rechtfertigt die Zweifelsregelung des § 119 Abs. 2 HGB, die sämtlichen Gesellschaftern dasselbe Stimmgewicht einräumt und damit dieselben Einflussmöglichkeiten auf die Gesellschaft. Vorliegend haben die Gesellschafter, wie ausgeführt, eine Mehrheitsregelung vereinbart, die an den jeweiligen Aktienbesitz in der DGF-AG anknüpft. Diese Stimmbindungsregelung ist **grundsätzlich wirksam**. **407**

---

309 S. dazu Rn. 437 ff.
310 Zur Unterscheidung zwischen Außen- und Innengesellschaften s.o. Rn. 287 ff.
311 S. dazu Rn. 406.

408   Grundsätzlich wirksam ist insbesondere auch die Vereinbarung einer Beschlussfassung mit **einfacher Mehrheit** in der SG. Zwar wird für Stimmbindungsverträge teilweise vertreten, dass qualifizierte Mehrheitserfordernisse bei der jeweiligen Hauptgesellschaft (wie die vorliegend bei der DGF-AG erforderliche ^{3}/$_4$-Mehrheit) auf das Stimmrechtskonsortium „durchschlügen" und auch dort stets zum Erfordernis (mindestens) einer entsprechenden qualifizierten Mehrheit führten.[312] Der BGH hat diese Ansicht jedoch in der Entscheidung, der unser Sachverhalt nachgebildet ist, ausdrücklich abgelehnt.[313]

409   Allerdings könnte der gegen Bellas Stimmen gefasste Beschluss über die Ausgliederungsmaßnahme in der DGF-AG dennoch Bella gegenüber unwirksam sein. Nach wohl einhelliger Auffassung unterliegen **Mehrheitsbeschlüsse** in den Personengesellschaften zum Schutze der jeweiligen Minderheit einer besonderen **Wirksamkeitskontrolle**. Die Konzepte dieses Minderheitenschutzes weichen allerdings in den Einzelheiten voneinander ab. Die Rechtsprechung verfolgt beim Minderheitenschutz gegen Mehrheitsbeschlüsse ein **zweistufiges Konzept**. Die erste Stufe ist der **Bestimmtheitsgrundsatz**. Auf der zweiten Stufe findet eine **inhaltliche Wirksamkeitsprüfung** statt.

410   Zum **Bestimmtheitsgrundsatz**: Mehrheitsklauseln beziehen sich häufig nicht (oder nur teilweise) auf ausdrücklich aufgeführte Beschlussgegenstände, sondern schreiben für *sämtliche* Gesellschafterbeschlüsse Mehrheitsentscheidungen vor (**allgemeine Mehrheitsklauseln**). Nach dem von der Rechtsprechung vertretenen Bestimmtheitsgrundsatz beziehen sich solche allgemeinen Mehrheitsklauseln ausschließlich auf „gewöhnliche Beschlussgegenstände". Im Gegensatz dazu stehen Vertragsänderungen und ähnliche die Grundlagen der Gesellschaft berührende oder in Rechtspositionen der Gesellschafter eingreifende Maßnahmen. Die Rechtsprechung hält allgemeine Klauseln für auf solche Entscheidungen nicht anwendbar, da diese beim Abschluss des die Mehrheitsklausel enthaltenden Gesellschaftsvertrages oder beim Beitritt zur bereits bestehenden Gesellschaft typischerweise nicht in ihrer vollen Tragweite erfasst würden.

411   Aus dem Bestimmtheitsgrundsatz ist früher gefolgert worden, dass die Beschlussgegenstände, die der Mehrheitsklausel unterfallen, im Gesellschaftsvertrag in Form eines **Katalogs** aufgezählt werden müssen. Solche Kataloge sind deshalb in vielen Gesellschaftsverträgen zu finden. Nach einem entsprechend strengen Verständnis des Bestimmtheitsgrundsatzes würde die vorliegend vereinbarte Klausel den bei der DGF-AG zu fassenden Ausgliederungsbeschluss ggf. nicht umfassen, da sie weder auf Umwandlungsmaßnahmen im Allgemeinen, noch auf Ausgliederungen im Besonderen ausdrücklich Bezug nimmt. Der BGH betont jedoch nunmehr, dass eine Mehrheitsklausel die betroffenen **Beschlussgegenstände nicht stets ausdrücklich auflisten muss**. Ein solches Erfordernis würde den Bestimmtheitsgrundsatz zu einer Förmelei denaturieren und Gesellschaftsverträge unnötig „aufblähen". Es genüge daher, wenn sich aus dem Gesellschaftsvertrag – sei es auch durch dessen Auslegung – eindeutig ergebe, dass der in Frage stehende Beschlussgegenstand einer Mehrheitsentscheidung unterworfen sein soll.[314]

412   Die Mehrheitsklausel in unserem Fall bezieht sich nach diesen Grundsätzen der Rechtsprechung auch auf den in Rede stehenden Ausgliederungsbeschluss. Die Klausel enthält keine Einschränkungen der Mehrheitsmacht im Sinne eines qualifizierten Mehrheitserfordernisses für bestimmte Beschlussgegenstände. Sie bestimmt vielmehr ausdrücklich, dass mit einfacher Mehrheit gefasste Beschlüsse der Mitglieder der SG über das Abstimmungsverhalten in der Gesellschafterversammlung der DGF-AG jedes Mitglied auch dann binden, wenn für die entsprechende Beschlussfassung bei der DGF-AG eine grö-

---

312 *Pentz*, in: MüKo AktG, 3. Aufl., § 23 Rn. 195.
313 BGH, a.a.O. (Fn. 305), S. 671.
314 BGH, Urt. v. 15.1.2007 – II ZR 245/05 (OTTO), NJW 2007, S. 1685 (1686 f.). S. dazu auch Rn. 695.

ßere Mehrheit vorgeschrieben ist. Das erfasst eindeutig Fälle qualifizierter Mehrheitserfordernisse bei der DGF-AG[315] und damit auch einen Ausgliederungsbeschluss.

Ist der Bestimmtheitsgrundsatz gewahrt, reicht dies noch nicht aus, um eine Mehrheitsentscheidung abschließend zu legitimieren. Nach der Rechtsprechung ist der Bestimmtheitsgrundsatz vielmehr nur die erste Stufe („formelle Legitimation") einer **zweistufigen Prüfung**. Auf der zweiten Stufe findet eine **inhaltliche Wirksamkeitsprüfung** statt. Hier wird der gefasste Beschluss darauf überprüft, ob in ihm eine **treupflichtwidrige Ausübung** der Mehrheitsmacht liegt. Diese Prüfung ist bei jedem Beschlussgegenstand vorzunehmen. Dies hat der BGH in der Entscheidung, an die sich unser Fall anlehnt, klargestellt, und dabei wie folgt differenziert: Bei bestimmten Beschlussgegenständen, nämlich bei Maßnahmen, die die gesellschaftsvertraglichen Grundlagen des Konsortiums berühren (sog. „Grundlagengeschäfte"), oder die in den „Kernbereich" der Mitgliedschaftsrechte eingreifen, liegt nach der Rechtsprechung *regelmäßig* eine treupflichtwidrige Ausübung der Mehrheitsmacht vor. In sonstigen Fällen hat hingegen die Minderheit den Nachweis einer treupflichtwidrigen Mehrheitsentscheidung zu führen.[316] Im vorliegenden Fall ist für einen materiell unzulässigen Eingriff in Bellas Gesellschafterrechte nichts dargetan. **413**

In der **Literatur** wird der von der Rechtsprechung bejahte Bestimmtheitsgrundsatz teilweise abgelehnt. Eine allgemeine Mehrheitsklausel könne nur so verstanden werden, dass sie sich auf sämtliche, nicht nur auf wesentliche Beschlussgegenstände beziehe. Ein effektiver Minderheitenschutz sei ohnehin nicht über eine formelle Kontrolle zu erreichen, sondern nur über eine inhaltliche Überprüfung des gefassten Beschlusses auf seine Rechtmäßigkeit. Dazu müsse ein **Kernbereich** von Gesellschafterrechten bestimmt werden, in die nur mit der Zustimmung des jeweiligen Gesellschafters eingegriffen werden könne. Dazu gehörten die individuellen Rechte, die einem Gesellschafter nach dem Gesellschaftsvertrag zustehen und die seine Rechte in der Gesellschaft wesentlich prägen. Davon seien etwa das Stimmrecht, das Gewinnrecht, das Recht auf Geschäftsführung sowie das Recht auf Beteiligung an einem Liquidationserlös umfasst (sog. **Kernbereichslehre**).[317] Die Kernbereichslehre entspricht im Wesentlichen der auf der zweiten Stufe des Rechtsprechungskonzepts erforderlichen inhaltlichen Wirksamkeitskontrolle. Sie verzichtet lediglich auf die formelle Legitimationsprüfung unter der Überschrift des Bestimmtheitsgrundsatzes, die die Rechtsprechung der inhaltlichen Überprüfung voranstellt. In unserem Fall würde die (reine) Kernbereichslehre mithin nicht zu einem abweichenden Ergebnis kommen. **414**

Die von Karla und Katrin erhobene Klage wird nach allem Erfolg haben. **415**

Ergänzende Hinweise

Eine Mehrheitsklausel in einem Stimmbindungsvertrag kann nach der Rechtsprechung zu einer sittenwidrigen Knebelung der Konsortialmitglieder führen, die die Unwirksamkeit der Stimmbindung begründet (§ 138 BGB). Dies ist jedoch nur dann der Fall, wenn sich die Konsortialmitglieder aus der Stimmbindung nicht in angemessenen Fristen und auch sonst zumutbaren Bedingungen befreien können.[318] **416**

---

315 BGH, a.a.O. (Fn. 305), S. 671.
316 BGH, a.a.O. (Fn. 305), S. 671.
317 S. zum Folgenden etwa *Grunewald*, Gesellschaftsrecht, 8. Aufl., 1.A. Rn. 83 ff.
318 BGH, a.a.O. (Fn. 305), S. 672 m.w.N.

Fall 31: Treuepflicht/Drittbeziehungen

> Die Jürgens, Scheibe & Kayser GbR ist im Immobiliensektor tätig. Scheibe (einer der Gesellschafter) hat im Oktober 2009 ein unbebautes Grundstück an die Gesellschaft verkauft, den sofort fälligen Kaufpreis i.H.v. € 300.000 aber zunächst nicht eingefordert. In der Zwischenzeit hat die Gesellschaft begonnen, das Grundstück mit einem Seniorenpflegeheim zu bebauen. Sie hat bereits einen Mietvertrag mit der Pflege-GmbH geschlossen, die das Heim betreiben möchte. Zudem hat sie bereits einen Käufer für das bebaute und vermietete Grundstück gefunden. Die Übergabe des Grundstückes sowohl an die Pflege-GmbH als auch an den Käufer sollen am 1.1.2010 erfolgen, ebenso die Kaufpreiszahlung vom Käufer an die JS&K GbR. Im Oktober 2009 drängt Scheibe nun auf Begleichung seiner noch offenen Kaufpreisforderung. Die finanzielle Situation der JS&K GbR ist wegen Misserfolgen bei anderen Projekten zu diesem Zeitpunkt so angespannt, dass die Gesellschaft nach der geforderten Zahlung zahlungsunfähig und damit insolvenzreif wäre. Die Fertigstellung und Übergabe des Pflegeheimes wären dann gefährdet. Scheibe drängt dennoch auf Zahlung, hilfsweise auch von seinen Mitgesellschaftern. Zu Recht?

Problemstellung

417 Die Personengesellschaften gehen als Personen*gemeinschaften* über einfache Austauschverträge hinaus. Sie begründen besonders enge persönliche Beziehungen zwischen den Gesellschaftern und damit ungeschriebene **Treuepflichten**. Diese umfassen die positive Pflicht, die Interessen der Gesellschaft wahrzunehmen und die negative Verpflichtung, die Interessen der Gesellschaft nicht zu schädigen. Diese Verpflichtung besteht sowohl gegenüber der Gesellschaft als auch gegenüber den Mitgesellschaftern.[319]

418 Für die Intensität von Treuepflichten spielen insbesondere die Umstände eine Rolle, wie klein und damit persönlichkeitsbezogen der Gesellschafterkreis ist, wie gewichtig der Gesellschaftszweck für die Gesellschafter und wie groß die Möglichkeiten der Einflussnahme des jeweiligen Gesellschafters auf die Gesellschaftsgeschicke sind.[320] Begrenzt wird die Treuepflicht durch berechtigte eigene Interessen des Gesellschafters. Hier ist jedoch zu unterscheiden: Das Recht zur Geschäftsführung ist den Gesellschaftern *fremdnützig*, nämlich im Interesse der Gesellschaft und des gesamten Gesellschafterkreises, übertragen. In diesem Bereich sind die eigenen Interessen des Gesellschafters grundsätzlich nachrangig und Treuepflichten besonders intensiv. Dagegen kann aus der Treuepflicht nur restriktiv die Verpflichtung des Gesellschafters abgeleitet werden, sich bei der Ausübung *eigennütziger* Gesellschafterrechte – wie etwa dem Anspruch auf Gewinnbeteiligung – im Interesse der Gesellschaft bzw. der Mitgesellschafter zu verhalten.

419 Zur ungeschrieben Treuepflicht sollten einige besonders relevante (nicht abschließend zu verstehende) **Fallgruppen** bekannt sein, s. dazu den ergänzenden Hinweis am Ende der folgenden Falllösung.

Lösung

420 Es ist zwischen einem Anspruch des Scheibe *gegen die Gesellschaft* und Ansprüchen *gegen die eigenen Mitgesellschafter* zu differenzieren:

421 Scheibe hat einen Anspruch *gegen die Gesellschaft* aus § 433 Abs. 2 BGB. Er könnte allerdings durch die Treuepflicht an der Geltendmachung dieses Anspruches gehindert sein. Scheibes Anspruch gegen die Gesellschaft stammt aus einem gewöhnlichen Kauf-

---

319 *Grunewald*, Gesellschaftsrecht, 8. Aufl., 1.A. Rn. 17.
320 *Grunewald*, Gesellschaftsrecht, 8. Aufl., 1.A. Rn. 18.

vertrag, wie ihn die Gesellschaft ggf. auch mit einem fremden Dritten abgeschlossen hätte, also aus einer sogenannten Drittbeziehung.[321] Hier spielt die Treuepflicht nur eine sehr eingeschränkte Rolle. Immerhin ist es dem Gesellschafter aber auch bei Drittbeziehungen zuzumuten, auf einen vorübergehenden Liquiditätsengpass der Gesellschaft Rücksicht zu nehmen, wenn die sofortige Geltendmachung des Anspruchs des Gesellschafters der Gesellschaft schweren Schaden zufügen würde und andererseits ein Zuwarten des Gesellschafters dessen Befriedigungsaussichten nicht verschlechtern würde. In diesem Zusammenhang ist auch zu berücksichtigen, dass zumindest teilweise gegen die eigenen Mitgesellschafter vorgegangen werden kann (dazu sogleich). Aufgrund der in unserem Sachverhalt geschilderten besonderen Umstände des Einzelfalles (kurzfristiger Liquiditätsengpass, Insolvenzgefahr) kann Scheibe seinen Kaufpreisanspruch danach vorübergehend nicht gegen die JS&K GbR geltend machen. Dies ist Scheibe auch deshalb zumutbar, weil er freiwillig über einen längeren Zeitraum auf die Geltendmachung verzichtet hat.

Neben seinem Anspruch *gegen die Gesellschaft* hat Scheibe auch einen Anspruch auf Kaufpreiszahlung *gegen seine Mitgesellschafter,* und zwar aus § 128 HGB i.V.m. § 433 Abs. 2 BGB. § 128 HGB ist auf die Gesellschafterhaftung in der GbR nach moderner Auffassung analog anwendbar (Rn. 461). Die Vorschrift gilt zwar – wie im Recht der oHG – nicht für Sozialverbindlichkeiten der Gesellschaft, also Ansprüche der Gesellschafter gegen die Gesellschaft *aus dem Gesellschaftsverhältnis.* Darum geht es vorliegend aber nicht. Vielmehr steht ein Anspruch aus einer sogenannten *Drittbeziehung* in Rede. Hier ist § 128 HGB (analog) anwendbar. **422**

Auch in der Geltendmachung seines Anspruchs gegen seine Mitgesellschafter könnte Scheibe allerdings durch die Treuepflicht gehindert sein. Diese Pflicht verlangt von Scheibe zunächst, dass er sich wegen der Bezahlung vorrangig an die Gesellschaft hält. Gegen seine Mitgesellschafter darf er danach erst dann vorgehen, wenn eine Befriedigung aus dem Gesellschaftsvermögen nicht oder nur unter besonderen Schwierigkeiten zu erwarten ist (Subsidiarität der Gesellschafterhaftung).[322] Nach den oben gemachten Ausführungen hat Scheibe jedenfalls derzeit keinen durchsetzbaren Anspruch gegen die Gesellschaft. **423**

Dennoch kann Scheibe seine Mitgesellschafter nicht in der vollen Höhe seiner Kaufpreisforderung in Anspruch nehmen. Die Treuepflicht gebietet es vielmehr, dass sich der Scheibe bei der Geltendmachung von Ansprüchen aus Drittbeziehungen den eigenen Verlustanteil abziehen lassen muss.[323] In unserem Fall kann Scheibe daher nicht in voller Höhe seines Kaufpreisanspruchs gegen seine Mitgesellschafter vorgehen, weil diese anschließend in Höhe des Verlustanteils des Scheibe bei diesem Regress nehmen könnten. Scheibe hat vielmehr nur in Höhe von € 200.000 einen fälligen und durchsetzbaren Anspruch gegen seine Mitgesellschafter. Während Jürgens und Kayser nach einer Mindermeinung jeweils i.H.v. € 100.000 als Teilschuldner haften, bejaht die ganz h.M. eine gesamtschuldnerische Haftung der beiden Mitgesellschafter auf Zahlung der vollen € 200.000.[324] **424**

Ergänzender Hinweis

Zur Treuepflicht sollten einige besonders relevante (nicht abschließend zu verstehende) **Fallgruppen** bekannt sein: **425**

---

321 S. dazu bereits Rn. 370.
322 *Windbichler,* Gesellschaftsrecht, 22. Aufl., 22. Aufl., § 16 Rn. 29.
323 *Grunewald,* Gesellschaftsrecht, 8. Aufl., 1.A. Rn. 21.
324 BGH, Urt. v. 1.12.1982 – VIII ZR 206/81, NJW 1983, S. 749 f.; *K. Schmidt,* Gesellschaftsrecht, 4. Aufl., § 49 I 2. b) m.w.N., auch zur Gegenansicht; *Windbichler,* Gesellschaftsrecht, 22. Aufl., § 16 Rn. 29.

- **Wettbewerbsverbot:** Die Gesellschafter der oHG sowie der Komplementär (nicht auch der Kommanditist) der KG unterliegen nach §§ 112 Abs. 1, 161 Abs. 2 HGB einem ausdrücklichen Wettbewerbsverbot.[325] Für die GbR ist die Frage eines Wettbewerbsverbotes der Gesellschafter nicht gesetzlich geregelt. Insbesondere finden die §§ 112, 113 HGB nicht analoge Anwendung. Existenz und Grenzen eines solchen Verbotes lassen sich vielmehr allein aus der Treuepflicht ableiten.[326]
- **Geschäftschancenlehre:** Ein Gesellschafter darf der Gesellschaft günstige Geschäftschancen nicht für sich oder nahe stehende Personen „wegschnappen". Besteht etwa die Aussicht für eine Gesellschaft, das Geschäftsgrundstück, das die wesentliche Grundlage des Gesellschaftsunternehmens bildet, sehr günstig zu erwerben, so hat der Gesellschafter sich um den Erwerb für die Gesellschaft zu bemühen. Er muss dazu alle Maßnahmen ergreifen, um den Erwerb zu erreichen, und alles unterlassen, was den Erwerb gefährden konnte. Schiebt er das Grundstück dagegen seiner Ehefrau zu, ohne auch nur eine Entscheidung der Gesellschafterversammlung über den Erwerb herbeigeführt zu haben, verhält er sich treupflichtwidrig und macht er sich ggf. schadensersatzpflichtig.[327]
- Nach einem neueren BGH-Urteil stellt es unter dem Gesichtspunkt der Treuepflicht einen Rechtsmissbrauch dar, wenn ein Gesellschafter im Wege der *actio pro socio* die Rückzahlung unzulässiger Entnahmen fordert, wenn er selbst aus sachwidrigen Gründen die Feststellung von Jahresabschlüssen verweigert, auf deren Grundlage die beanstandeten Entnahmen zulässig wären.[328]

Fall 32: Regressfragen

Engel, Düvel und Bose haben sich als Ärzte in einer Gemeinschaftspraxis in Form einer GbR zusammengetan. Sie sind gemeinschaftlich geschäftsführungsbefugt. Düvel und Bose vernachlässigen die Gesellschaftsangelegenheiten. Bei Fälligkeit einer Monatsmiete für die Praxisräume von i.H.v. € 3.000 befinden sie sich im Urlaub und sind für Engel nicht erreichbar. Da Engel allein keinen Zugriff auf das Gesellschaftskonto hat und Ärger mit dem Vermieter vermeiden möchte, zahlt er die Monatsmiete zunächst aus seiner privaten Kasse. Anschließend verlangt er von Düvel und Bose zunächst Erstattung aus der Gesellschaftskasse. Als die beiden sich wiederum nicht rühren, macht Engel einen Erstattungsanspruch sowohl gegen die GbR als auch gegen seine Mitgesellschafter geltend. Zu Recht?

Problemstellung

426 Die Frage nach Erstattungsansprüchen eines Gesellschafters, der eine Verbindlichkeit der Gesellschaft erfüllt hat, ist von erheblicher Bedeutung für Praxis und Ausbildung. Es ist deutlich zwischen einem Regressanspruch *gegen die Gesellschaft* und einem Anspruch *gegen die Mitgesellschafter* zu unterscheiden.

Lösung

427 Die Begleichung der Monatsmiete stellt einen Akt der Geschäftsführung für die GbR dar. Der GbR-Geschäftsführer kann für seine Aufwendungen im Rahmen der Geschäftsführung nach § 713 i.V.m. § 670 BGB Ersatz *von der Gesellschaft* verlangen. Ersatzfähige Aufwendungen sind dabei sämtliche Vermögensopfer, die ein Gesellschafter freiwillig im Interesse der Gesellschaft erbringt. Im Hinblick auf die Mietzahlung des Engel kann allenfalls an der Freiwilligkeit der Leistung gezweifelt werden, weil Engel dazu im Au-

---

325 S. im Einzelnen unten Rn. 673 ff.
326 *Ulmer*, in: MüKo BGB, 5. Aufl., § 705 Rn. 235 ff.
327 BGH, Urt. v. 23.9.1985 – II ZR 257/84, NJW 1985, S. 584 f.; *Windbichler*, Gesellschaftsrecht, 22. Aufl., § 7 Rn. 3.
328 BGH, Urt. v. 26.4.2010 – II ZR 69/09, NZG 2010, S. 783.

ßenverhältnis zum Vermieter gemäß § 128 S. 1 HGB analog verpflichtet war (zu den Einzelheiten s. Rn. 461). Entscheidend und für die Annahme einer Aufwendung ausreichend ist aber, dass Engel im *Innen*verhältnis zu seinen Mitgesellschaftern nicht zur Leistung verpflichtet war, sondern insoweit nur seine Einlage leisten musste.[329] Engel hat danach einen Anspruch *gegen die Gesellschaft* auf Aufwendungsersatz wegen der Mietzahlung in Höhe von € 3.000.

428 Daneben könnte der Anspruch des Vermieters gegen die GbR aus § 535 Abs. 2 BGB im Wege einer *cessio legis* auf Engel übergegangen sein. § 426 Abs. 2 BGB kommt nach h.M. allerdings nicht als Grundlage für einen gesetzlichen Forderungsübergang in Betracht, weil Gesellschafts- und Gesellschafterverbindlichkeit keine Gesamtschuld darstellen.[330] Überzeugend begründen lässt sich eine Legalzession dagegen mit einer Analogie zu § 774 BGB.[331] Der Frage kommt dann besondere Bedeutung zu, wenn für die Gesellschaftsverbindlichkeit – anders als in unserem Fall – Sicherheiten bestellt waren oder bei Zahlung ein rechtskräftiger Titel darüber vorlag (s. §§ 412, 401 BGB, 727 ZPO).

429 Neben den genannten Ansprüchen *gegen die Gesellschaft* könnte Engel auch Regressansprüche *gegen seine Mitgesellschafter* haben. Düvel und Bose könnten Engel zunächst persönlich nach § 713 BGB i.V.m. § 670 BGB (Aufwendungsersatz, s.o.) sowie § 128 S. 1 HGB analog haften. Eine akzessorische Haftung der GbR-Gesellschafter für Gesellschaftsverbindlichkeiten in Analogie zu § 128 S. 1 HGB ist heute grundsätzlich anerkannt.[332] Für den Anspruch eines Gesellschafters gegen die Gesellschaft haften die Mitgesellschafter jedoch nur dann akzessorisch, wenn dieser Anspruch auf einer **Drittbeziehung**, also etwa einem gewöhnlichen Kaufvertrag, beruht. Für Ansprüche der Gesellschafter gegen die Gesellschaft aus dem Gesellschaftsverhältnis (**Sozialverbindlichkeiten**) gilt § 128 S. 1 HGB (in direkter wie analoger Anwendung) dagegen grundsätzlich nicht.[333] Um eine solche Sozialverbindlichkeit handelt es sich jedoch bei dem hier behandelten Aufwendungsersatzanspruch. Die Mitgesellschafter haften für Sozialverbindlichkeiten grundsätzlich nicht, weil sie nach § 707 BGB während des Bestehens der Gesellschaft zur Erhöhung ihrer Beiträge nicht verpflichtet sind (keine Nachschusspflicht, s. bereits Rn. 391 ff.). Sie gehen bei Abschluss des Gesellschaftsvertrages mit dem Versprechen ihrer jeweiligen Beiträge begrenzte Verpflichtungen ein, die durch Maßnahmen der Geschäftsführung nicht einseitig erweitert werden können.[334] Ansprüche der Gesellschafter auf Aufwendungsersatz wegen der Erfüllung von Gesellschaftsverbindlichkeiten sind nach der Wertung des § 707 BGB grundsätzlich erst im Rahmen der Liquidation der Gesellschaft zu berücksichtigen, und zwar auch hier nicht im Sinne von Einzelansprüchen, sondern als unselbstständige Abrechnungsposten zur Feststellung des Auseinandersetzungsguthabens[335].

430 Fraglich ist, ob von dem Grundsatz, dass die Mitgesellschafter für Sozialverbindlichkeiten nicht persönlich haften, eine **Ausnahme** für den hier behandelten Fall zu machen ist, dass die Sozialverbindlichkeit auf der **Erfüllung einer Gesellschaftsschuld** durch einen Gesellschafter beruht. Für eine solche Ausnahme spricht, dass es regelmäßig vom

---

329 *Timm/Schöne,* Fälle zum Handels- und Gesellschaftsrecht, Band I, 7. Aufl., Fall 12, S. 163; *Hopt,* in: Baumbach/Hopt, HGB, 35. Aufl., § 110 Rn. 7, 10 (jeweils zu § 110 HGB).

330 *K. Schmidt,* Gesellschaftsrecht, § 49 II 4. b) (S. 1421 f.).

331 *K. Schmidt,* Gesellschaftsrecht, § 49 V 1. (S. 1436); *Schäfer,* Gesellschaftsrecht, 2. Aufl., § 6 Rn. 13.

332 Seit BGH, Urt. v. 29.1.2001 – II ZR 331/00, NJW 2001, 1056 (1061) (*Weißes Rössl*). S. dazu im Einzelnen 461.

333 *K. Schmidt,* Gesellschaftsrecht, § 49 V 2.

334 BGH, Urt. v. 2.7.1979 – II ZR 132/78, NJW 1980, S. 339 f.

335 *v. Ditfurth,* in: Münchener Handbuch des Gesellschaftsrechts, 2. Aufl., § 7 Rn. 17; *Sprau,* in: Palandt, BGB, 72. Aufl., § 730 Rn. 7.

Zufall abhängt, welchen von mehreren Gesellschaftern ein Gläubiger der Gesellschaft persönlich in Anspruch nimmt. Von diesem Zufall sollte weder die endgültige Lastenverteilung unter den Gesellschaftern abhängen noch die Lastenverteilung bis zu einem Ausgleich im Rahmen der Liquidation der Gesellschaft. Die Rechtsprechung hat daher in der Vergangenheit für den Ausnahmefall, dass eine Sozialverbindlichkeit dadurch begründet worden ist, dass ein Gesellschafter eine Gesellschaftsverbindlichkeit erfüllt hat, einen Regress des leistenden Gesellschafters gegen seine Mitgesellschafter nach § 128 S. 1 HGB zugelassen. Die Mitgesellschafter sollen danach allerdings nicht gesamtschuldnerisch haften, sondern nur in Höhe ihres jeweiligen Verlustanteils. Zudem soll der Regress gegen die Mitgesellschafter nur subsidiär möglich sein, nämlich dann, wenn der leistende Gesellschafter einen Aufwendungsersatz aus dem Gesellschaftsvermögen nicht erlangen konnte.[336]

431 Ein Teil der Literatur lehnt eine Haftung der Mitgesellschafter für die Erfüllung einer Sozialverbindlichkeit nach § 128 S. 1 HGB (analog) dagegen auch für den Fall der Erfüllung einer Gesellschaftsverbindlichkeit ab. Die Vermeidung der oben beschriebenen Zufallsbelastungen sei systemkonform ausschließlich über einen Gesamtschuldnerausgleich nach § 426 BGB (dazu sogleich) zu erreichen.[337] Dies ist überzeugend. Auch die Rechtsprechung hat in jüngeren Entscheidungen ausschließlich auf einen Ausgleich nach § 426 BGB rekurriert.[338] In unserem Fall ist ein Regressanspruch Engels gegen seine Mitgesellschafter nach § 713 BGB i.V.m. § 670 BGB und § 128 S. 1 HGB danach zu verneinen.

432 Ein Regressanspruch Engels gegen seine Mitgesellschafter könnte sich jedoch aus § 426 Abs. 1 BGB ergeben. Die Außenhaftung der Gesellschafter für eine Gesellschaftsverbindlichkeit ist nach der ausdrücklichen gesetzlichen Bestimmung in § 128 S. 1 HGB (die hier analog angewendet wird) eine **gesamtschuldnerische Haftung**. Der Ausgleichsanspruch errechnet sich dabei gemäß § 426 Abs. 1 S. 1 BGB nur nach Köpfen, *„soweit nicht ein anderes bestimmt ist"*. Eine solche abweichende Bestimmung wird in unserem Zusammenhang in der Vereinbarung von Gewinn- und Verlustanteilen der Gesellschafter (regelmäßig orientiert an festen Kapitalanteilen)[339] gesehen. Die danach maßgebliche Aufteilung ist daher auch für den Gesamtschuldnerregress nach § 426 Abs. 1 BGB maßgeblich.[340]

433 Der Regress gegen die Mitgesellschafter ist während des Bestehens der Gesellschaft jedoch nur beschränkt möglich. Er ist gegenüber der Haftung *der Gesellschaft* subsidiär. Früher verlangte die Rechtsprechung, dass aus der Gesellschaftskasse kein Ausgleich erlangt werden kann, was nicht erst bei aussichtsloser Zwangsvollstreckung der Fall sein sollte, sondern bereits dann, wenn der Gesellschaft „zur Bezahlung frei verfügbare Mittel nicht zur Verfügung stehen".[341] Heute wird die Regressmöglichkeit gegen die Mitgesellschafter großzügiger bejaht, nämlich bereits dann, wenn der Gesellschafter auf seine an die Gesellschaft gerichtete Aufforderung keine entsprechende Zahlung erhalten hat.[342] Diese Voraussetzung ist in unserem Fall erfüllt. Engel kann danach von Düvel und Bose aus § 426 Abs. 1 BGB jeweils Zahlung von € 1.000 verlangen. Daneben ist auch eine *cessio legis* nach § 426 Abs. 2 BGB zu bejahen[343] (Übergang des Anspruchs des

---

336 BGH, Urt. v. 2.7.1962 – II ZR 204/60, NJW 1962, S. 1863 ff.

337 *Timm/Schöne,* Fälle zum Handels- und Gesellschaftsrecht, Band I, 7. Aufl., Fall 12, S. 166 f.

338 BGH, Urt. v. 17.12.2001 – II ZR 382/99, NZG 2002, S. 232 f.; BGH, Urt. v. 2.7.1979 – II ZR 132/78, NJW 1980, S. 339 f.

339 S.u. Rn. 582.

340 BGH, Urt. v. 17.12.2001 – II ZR 382/99, NZG 2002, S. 232 f.; *Schäfer,* Gesellschaftsrecht, 2. Aufl., § 6 Rn. 14.

341 BGH, Urt. v. 2.7.1979 – II ZR 132/78, NJW 1980, S. 339 f.

342 BGH, Urt. v. 17.12.2001 – II ZR 382/99, NZG 2002, S. 232 f.; s. dazu *K. Schmidt,* JuS 2002, S. 712 f.

343 *Schäfer,* Gesellschaftsrecht, 2. Aufl., § 6 Rn. 14.

Vermieters gegen Düvel und Bose aus § 128 S. 1 HGB (analog) auf den Engel); dies ist aber umstritten.[344]

Ergänzender Hinweis

Die vorstehend dargestellten Grundsätze zum Gesellschafterregress gelten in der oHG **434** und (unter Berücksichtigung der Besonderheiten der Kommanditistenhaftung) in der KG entsprechend. Zu achten ist lediglich darauf, dass sich der Regressanspruch des Gesellschaft*ers gegen die Gesellschaft* hier nicht aus § 713 i.V.m. § 670 BGB herleiten lässt. Vielmehr ist ein eigenständiger Aufwendungsersatzanspruch ausdrücklich geregelt (§ 110 Abs. 1 HGB.) Im Übrigen ergeben sich keine Abweichungen. Auch bei oHG und KG kann ein Regressanspruch gegen *die Gesellschaft* also auch auf § 774 Abs. 1 S. 1 BGB gestützt werden (Folge: Übergang auch von Sicherheiten, §§ 412, 401 BGB). Für den Regress gegen die Mitgesellschafter findet – entsprechend der Rechtslage bei der GbR – nicht § 110 HGB i.V.m. § 128 S. 1 HGB Anwendung, sondern § 426 Abs. 1 S. 1 BGB sowie § 426 Abs. 2 S. 1 BGB (mit den oben beschriebenen Einschränkungen).[345]

In einer jüngeren Entscheidung[346] hat der BGH klargestellt, dass § 426 Abs. 1 BGB dem **435** von einem Gesellschaftsgläubiger in Anspruch genommenen Gesellschafter nicht erst nach erfolgter Zahlung hilft. Vielmehr ergibt sich **vor Zahlung** aus § 426 Abs. 1 BGB ein gegen die Mitgesellschafter gerichteter Anspruch auf Befreiung von der Verbindlichkeit (durch Zahlung an den Gläubiger). Der Befreiungsanspruch entsteht danach bereits dann, wenn nur die ernsthafte Möglichkeit der Inanspruchnahme besteht und kann auf *vollständige* Befreiung gerichtet sein, wenn der zur Befreiung verpflichtete Gesellschafter die geschuldete Leistung im Innenverhältnis der Gesellschafter allein zu erbringen hat. In der Entscheidung hat der BGH erneut die Subsidiarität der Inanspruchnahme der Mitgesellschafter gegenüber einer Inanspruchnahme der Gesellschaft betont.

3.   Die GbR im Rechtsverkehr (das Außenverhältnis)

Ausbildungs- und praxisrelevante Fragen zum Außenverhältnis der GbR betreffen ins- **436** besondere die **Rechtsfähigkeit** der GbR und deren Fähigkeit, umfassend als Rechtssubjekt am Rechts- und Wirtschaftsverkehr teilzunehmen, sowie Fragen der **Haftung** der Gesellschaft und ihrer Gesellschafter. Diese Themen werden im folgenden Kapital ausführlich anhand von Fällen behandelt.

Fall 33: Rechtsfähigkeit/Parteifähigkeit

> Jens und Albrecht sind Rechtsanwälte und haben sich in der Jens & Albrecht GbR zusammengetan. Die Gesellschaft klagt eine Honorarforderung ein. Ist die Klage zulässig?

Problemstellung

In unserem Fall[347] geht um die **Rechtsfähigkeit** der GbR. Die heute wohl allgemein für **437** richtig gehaltene Lösung der Frage hat sich zunächst in der Literatur durchgesetzt und wurde dann etwa zur Jahrtausendwende von der Rechtsprechung aufgenommen. Diese Rechtsentwicklung und die zugrunde liegenden Entscheidungen des BGH sind **Grundlagenwissen** im Bereich des Gesellschaftsrechts.

---

344 Vertiefend *Timm/Schöne*, Fälle zum Handels- und Gesellschaftsrecht, Band I, 7. Aufl., Fall 12, S. 167 f.
345 *Grunewald*, Gesellschaftsrecht, 8. Aufl., I B. Rn. 48 m.w.N.
346 BGH, Urt. v. 15.10.2007 – II ZR 136/06, NJW-RR 2008, S. 256 ff.; s. dazu *K. Schmidt*, JuS 2008, S. 283 ff.
347 Der Fall ist folgender Entscheidung nachgebildet: BGH, Urt. v. 29.1.2001 – II ZR 331/00, NJW 2001, S. 1056 ff.

Lösung

438 Die Zulässigkeit der Klage setzt insbesondere die **Parteifähigkeit** der Jens & Albrecht GbR voraus, also die Fähigkeit einer GbR, als Partei im Zivilprozess aufzutreten. Parteifähig ist nach § 50 Abs. 1 ZPO, wer rechtsfähig ist.

439 Das Gesetz regelt ausdrücklich die Rechts- und auch die Parteifähigkeit der Handelsgesellschaften (§ 124 Abs. 1 HGB). Eine entsprechende Regelung fehlt jedoch für die GbR. Daher fragt sich, ob die GbR überhaupt Rechtssubjekt ist, oder ob Rechtsfähigkeit nicht ausschließlich ihren Gesellschaftern zukommt.

440 Früher war die **individualistische Theorie** herrschend. Diese Theorie grenzte die GbR als **Gesamthandsgemeinschaft** deutlich von den juristischen Personen ab. Das Charakteristikum der Gesamthandsgemeinschaft lag danach darin, dass Träger des Gesellschaftsvermögens nicht die Gesellschaft selbst sein sollte, sondern die Gesellschafter „in ihrer gesamthänderischen Verbundenheit". Es gab danach kein Gesellschaftsvermögen im engen Sinne, sondern lediglich ein Sondervermögen (s. dazu insbesondere § 719 BGB) der Gesellschafter.[348] Die GbR war in einem umfassenden Sinne nicht Rechtssubjekt. Zuordnungssubjekte der die Gesellschaft betreffenden Rechte und Pflichten waren vielmehr ausschließlich die Gesellschafter. Allein diese waren daher auch parteifähig im Zivilprozess. Im Fall hätten danach Jens und Albrecht als notwendige Streitgenossen i.S.d. § 62 Abs. 1 ZPO klagen müssen. Die Klage „der Jens & Albrecht GbR" wäre nach entsprechendem richterlichen Hinweis (§ 139 ZPO) als unzulässig abgewiesen worden.

441 Nach heute ganz h.M. ist dagegen die **Außen-GbR rechts- und parteifähig.** Dass diese Meinung herrschend wurde, beruht vor allem auf der grundlegenden Entscheidung des **BGH** in der Sache **„Weißes Rössl"** vom 29.1.2001.[349]

442 Für die **individualistische Theorie** wurden insbesondere folgende Argumente vorgebracht:
- Einordnung der GbR als schuldrechtliches Rechtsverhältnis unter den Gesellschaftern (s. die systematische Stellung im Besonderen *Schuldrecht*).
- Wortlaut des § 714 BGB, der von einer Vertretung der „anderen Gesellschafter" (nicht der Gesellschaft) spricht.
- Wortlaut des § 718 Abs. 1 BGB, der das Gesellschaftsvermögen definiert als „gemeinschaftliches Vermögen der Gesellschafter".
- Regelung des § 736 ZPO, wonach zur Zwangsvollstreckung in das Vermögen der GbR ein gegen alle Gesellschafter ergangenes Urteil erforderlich ist.

443 **Für die Rechtsfähigkeit der Außen-GbR spricht dagegen:**
- Die individualistische Theorie kann identitätswahrende Umwandlungen einer GbR in andere Rechtsformen und aus anderen Rechtsformen kaum erklären. Nimmt eine GbR ein Gewerbe auf, dann wird sie von Gesetzes wegen ohne jeden Publizitätsakt zu einer personen- und strukturgleichen oHG, sobald das Unternehmen nach Art und Umfang einen in kaufmännischer Weise eingerichteten Geschäftsbetrieb erfordert (§ 105 Abs. 1 i.V.m. § 1 HGB). Da der oHG jedenfalls Rechtssubjektivität im oben beschriebenen Sinne zukommt (vgl. § 124 Abs. 1 HGB), würden sich bei konsequenter Anwendung der individualistischen Auffassung die Eigentumsverhältnisse an den zum Gesellschaftsvermögen gehörenden Gegenständen mit der Umwandlung ändern. Dies würde für die Praxis insbesondere deshalb Probleme bereiten, weil für den Übergang von der GbR zur oHG infolge des wertungsabhängigen Kriteriums des Erfordernisses eines kaufmännischen Geschäftsbetriebes (§ 1 Abs. 2 HGB) ein genauer Zeitpunkt der Umwandlung oft nicht ausgemacht werden kann.

---

348 So wohl heute noch *Windbichler,* Gesellschaftsrecht, 22. Aufl., § 4 Rn. 8 f.
349 S. Fn. 347.

- Der Umstand, dass das Umwandlungsrecht einen identitätswahrenden Formwechsel einer Kapitalgesellschaft in eine GbR zulässt (§ 191 Abs. 1 Nr. 3, Abs. 2 Nr. 1 UmwG) lässt sich auf der Grundlage der individualistischen Auffassung – wenn überhaupt – ebenfalls nur mit Mühe erklären.
- Der InsO-Gesetzgeber hat die Insolvenzfähigkeit der GbR anerkannt (§ 11 Abs. 2 Nr. 1 InsO), sieht die Gesellschaft mithin als Träger der Insolvenzmasse an.
- Ein für die Praxis bedeutsamer Vorzug der nach außen bestehenden Rechtssubjektivität der GbR besteht darin, dass danach ein Wechsel im Mitgliederbestand keinen Einfluss auf den Fortbestand der mit der Gesellschaft bestehenden Rechtsverhältnisse hat. Bei strikter Anwendung der individualistischen Auffassung müssten Dauerschuldverhältnisse hingegen bei jedem Wechsel im Mitgliederbestand von den Vertragsparteien neu geschlossen bzw. bestätigt werden.
- § 736 ZPO steht der h.M. nicht entgegen. Ein gegen die Gesamtheit der Gesellschafter als Partei ergangenes Urteil ist vielmehr ein Urteil „gegen alle Gesellschafter" im Sinne dieser Vorschrift. Diese verlangt weder vom Wortlaut noch vom Zweck her ein Urteil gegen jeden einzelnen Gesellschafter.

Auf der Grundlage der heute h.M. ist die Klage der Jens & Albrecht GbR zulässig.   **444**

Ergänzende Hinweise

Weitere Gesamthandsgemeinschaften neben der GbR sind die **Erbengemeinschaft**   **445**
(§§ 2032 ff. BGB) und die **Gütergemeinschaft** (§§ 1415 ff. BGB). Diese Gemeinschaften sind nach der Rechtsprechung (nach wie vor) nicht rechtsfähig.[350]

Die **Wohnungseigentümergemeinschaft** nach dem WEG hat der BGH dagegen in der   **446**
Zwischenzeit als teilrechtsfähig anerkannt.[351]

Fall 34: Vertretung (§ 714 BGB)

> Bertram und Hubert haben sich zu einer GbR zusammengeschlossen, unter deren Dach sie die Vermittlung und Verwaltung von Wohnungen betreiben. Der Gesellschaftsvertrag enthält keine ausdrückliche Regelung zur Vertretung der Gesellschaft. Bertram und Hubert nehmen die Geschäftsführungsaufgaben gemeinsam wahr. Bertram beschränkt sich dabei jedoch weitgehend auf interne Verwaltungsangelegenheiten. Daher wurden in der Vergangenheit ca. 95 % der Verträge der GbR ohne Mitwirkung der Bertram allein von Hubert geschlossen. Die GbR übernimmt die Erstvermietung einer von der K-GmbH errichteten Wohnanlage. In diesem Rahmen gibt Hubert im Namen der GbR gegenüber der K-GmbH eine Mietgarantie ab. Als der Garantiefall eintritt, sind sowohl die GbR als auch Hubert insolvent.
> Die K-GmbH verklagte daher Bertram persönlich auf Zahlung der vereinbarten Garantiesumme. Zu Recht?

Problemstellung

Grundlegende Ausführungen zur Geschäftsführung und Stellvertretung in der GbR finden sich oben (Rn. 346 ff.). Über das Verhältnis der Institute zueinander sollte Klarheit bestehen. Der hier zu lösende Fall betrifft insbesondere den Grundsatz der Gesamtvertretung in der GbR sowie abweichende Regelungsmöglichkeiten.   **447**

---

350 BGH, Urt. v. 11.9.2002 – XII ZR 187/00, NJW 2002, S. 3389 ff.; BGH, Beschl. v. 17.10.2006 – VIII ZB 94/05, NJW 2006, S. 3715 f. (jeweils zur Erbengemeinschaft).
351 BGH, Beschl. v. 2.6.2005 – V ZB 32/05, NJW 2005, S. 2061 ff.

Lösung

448 Die Gesellschafter einer GbR haften für deren Verbindlichkeiten analog § 128 S. 1 HGB persönlich (zu den Einzelheiten s.u. Rn. 458 ff.). Fraglich ist aber, ob Hubert die GbR bei Abschluss des Garantievertrages wirksam vertreten hat.

449 In der GbR sind sämtliche Gesellschafter grundsätzlich nur gemeinschaftlich geschäftsführungsbefugt (**Gesamtgeschäftsführung**, § 709 Abs. 1 BGB). Daran anknüpfend enthält § 714 BGB die Auslegungsregel, dass sie im Zweifel auch nur gemeinschaftlich zur Vertretung der Gesellschaft befugt sind (**Gesamtvertretung**). Bertram und Hubert haben in ihrem Gesellschaftsvertrag keine Regelungen zur Stellvertretung getroffen. Ein wirksamer Vertragsschluss der GbR mit der K-GmbH könnte daher an der fehlenden Mitwirkung des Bertram am Vertragsschluss scheitern.

450 Allerdings entsprach das alleinige Handeln des Hubert in der Vergangenheit einer ständigen Übung der Gesellschafter. Laut Sachverhalt wurden ca. 95 % der Verträge der GbR ohne Mitwirkung der Bertram von Hubert allein geschlossen. Fraglich ist, ob sich daraus ein Einzelvertretungsrecht des Hubert ableiten lässt. Es kommen verschiedene Wege der Begründung in Betracht.

451 Ein einzelner von mehreren Gesamtvertretern kann zunächst durch Ermächtigung des oder der weiteren Gesamtvertreter zum alleinigen Handeln autorisiert werden. Eine solche **Gesamtvertreterermächtigung** ist für die oHG in § 125 Abs. 2 S. 2 HGB und für die AG in § 78 Abs. 4 S. 1 AktG ausdrücklich geregelt. Diese Regelungen sind zu verallgemeinern. Die Gesamtvertreterermächtigung stellt ein allgemeines Institut der Gesamtvertretung von Gesellschaften dar, das auch auf die GbR Anwendung findet. Allerdings darf der mit der grundsätzlichen Anordnung der Gesamtvertretung in § 714 BGB verfolgte Schutzzweck nicht unterlaufen werden. Eine Gesamtvertreterermächtigung darf sich daher nur auf ein einzelnes konkretes Geschäft oder einen bestimmten Kreis von Geschäften beziehen.[352] In unserem Fall – Abschluss von 95 % der Verträge der GbR durch Hubert allein – lässt sich die Annahme einer Einzelvertretungsberechtigung daher nicht auf den Gedanken einer Gesamtvertreterermächtigung stützen.[353]

452 Hubert und Bertram könnte durch ihre dauernde Übung den bestehenden Gesellschaftsvertrag konkludent geändert und abweichend von § 714 BGB eine Einzelvertretungsberechtigung des Hubert vereinbart haben (**konkludente Einräumung organschaftlicher Einzelvertretungsmacht**). Da § 714 BGB eine reine Auslegungsregel darstellt („im Zweifel"), ist die Vereinbarung organschaftlicher Einzelvertretungsmacht ohne weiteres zulässig. Eine Änderung des Gesellschaftsvertrages ist bei den Personengesellschaften, wenn nichts anderes vereinbart ist, auch konkludent möglich. Dabei spricht bei einer längeren vom Inhalt des Gesellschaftsvertrags abweichenden Übung eine tatsächliche Vermutung für eine solche Änderung. Daher könnte in unserem Fall von einer konkludent vereinbarten Alleinvertretungsregelung auszugehen sein.[354] Dass Bertram gelegentlich (in 5 % der Fälle) ebenfalls bei Vertragsschlüssen mitgewirkt hat, dürfte dieser Annahme nicht entgegenstehen.

453 Schließlich könnte die dauernde Übung der Parteien ggf. dahingehend zu interpretieren sein, dass Hubert und Bertram zwar organschaftliche Gesamtvertreter geworden und geblieben sind, sie dem Hubert aber kraft ihrer organschaftlichen Vertretungsmacht im Wege einer Vollmacht i.S.d. § 167 BGB (zusätzlich) konkludent **rechtsgeschäftliche Einzelvertretungsmacht** eingeräumt haben.[355]

---

352 *Wertenbruch,* NZG 2005, S. 462 (463 m.w.N.).
353 Ebenso *Wertenbruch,* NZG 2005, S. 462 (463).
354 So *Wertenbruch,* NZG 2005, S. 462 (463) m.w.N.
355 *Ulmer/Schäfer,* in: MüKo BGB, 5. Aufl., § 705 Rn. 22.

Der BGH bejaht in der Entscheidung, der unser Fall nachgebildet ist[356], eine Haftung des **454** allein handelnden Gesellschafters. Die Begründung für dieses Ergebnis fällt jedoch äußerst unklar aus. Der BGH führt einerseits aus, dass der Grundsatz der Gesamtvertretung in der GbR nicht ausnahmslos gelte. Dies spricht dafür, dass der BGH auf eine Ausnahme von der Gesamtvertretung hinauswollte, also auf eine organschaftliche Einzelvertretung (s. dazu oben Rn. 452). Andererseits ist in der Urteilsbegründung von einer „Bevollmächtigung" des allein handelnden Gesellschafters die Rede. Dies spricht für die Annahme einer rechtsgeschäftlichen Einzelvertretungsbefugnis (s. dazu oben Rn. 453). Von den beiden zu demselben Ergebnis führenden Begründungen dürfte die Annahme einer konkludenten Vertragsänderung im Sinne einer organschaftlichen Einzelvertretungsmacht des Hubert die konstruktiv einfachere und daher vorzugswürdig sein.

Fall 35: Gesellschafterhaftung

Helmut und Hans sind Architekten und bilden die Neues Wohnen GbR (NW GbR). Sie beschäftigen unter anderem Susanna als Sekretärin. Im Februar 2010 wird Christoph als weiterer Gesellschafter aufgenommen. Kurz darauf stellt Susanna fest, dass ihr das Weihnachtsgeld des Jahres 2009 zu Unrecht um € 500 gekürzt worden ist. Susanna verlangt von Christoph persönlich die Zahlung des Differenzbetrages. Zu Recht?

Problemstellung

Der Fall betrifft grundlegende und hoch prüfungsrelevante Fragen der Gesellschafter- **455** haftung in der GbR. Die geschilderte Rechtsprechungsentwicklung zu diesem Thema – Stichwort: Übergang von der Doppelverpflichtungslehre zu einer akzessorischen Haftung analog §§ 128 ff. HGB – muss bekannt sein.[357]

Lösung

Ein Anspruch Susannas gegen Christoph könnte sich aus §§ 130 Abs. 1, 128 S. 1 HGB **456** (analog) in Verbindung mit dem Arbeitsvertrag zwischen der NW GbR und Susanna ergeben.

Anspruch Susannas gegen die NW GbR: Zwischen Susanna und der als Außen-GbR **457** rechtsfähigen[358] NW GbR besteht ein wirksamer Arbeitsvertrag, nach dem Susanna laut Sachverhalt einen begründeten Anspruch auf Nachzahlung eines Teils des Weihnachtsgeldes hat.

Persönliche Inanspruchnahme des Christoph gemäß § 130 HGB analog: Ein Anspruch **458** von Susanna gegen Christoph persönlich könnte sich aus einer entsprechenden Anwendung der §§ 130 Abs. 1, 128 S. 1 HGB ergeben. § 130 Abs. 1 HGB regelt die Haftung des neu in eine oHG eintretenden Gesellschafters für die vor seinem Eintritt begründeten Gesellschaftsverbindlichkeiten. Eine entsprechende ausdrückliche Regelung gibt es im Recht der GbR nicht. In Betracht kommt jedoch eine analoge Anwendung des § 130 HGB auf die GbR. Damit ist die generelle Frage nach einer analogen Anwendung des oHG-Haftungsregimes (§§ 128 ff. HGB) auf die Gesellschafterhaftung in der GbR aufgeworfen.

---

356 BGH, Urt. v. 14.2.2005 – II ZR 11/03, NZG 2005, S. 345; s. dazu *Wertenbruch*, NZG 2005, S. 462 ff.
357 Original-Referendarexamensklausur zu dem Thema: *Henssler/Deckenbrock/Meyer*, JuS 2010, S. 48 (55 f.).
358 S. dazu Rn. 439 ff.

459   Dass die Gesellschafter einer GbR grundsätzlich persönlich für Gesellschaftsverbindlichkeiten haften, ist seit jeher unumstritten. Die dogmatische Verankerung dieser Haftung wurde jedoch lange kontrovers diskutiert. Der BGH und weite Teile des Schrifttums favorisierten ursprünglich die Theorie der **Doppelverpflichtung**. Danach sollte das rechtsgeschäftliche Handeln eines Gesellschafters für die GbR neben der Gesamthand zugleich die übrigen Gesellschafter persönlich verpflichten, und zwar nach allgemeinen Regeln der Stellvertretung (§§ 164 ff. BGB). Für diese Sichtweise könnte der Wortlaut des § 714 BGB angeführt werden, nach dem die Vertretungsmacht in der GbR die Befugnis ist, „die anderen Gesellschafter Dritten gegenüber zu vertreten".

460   Nach der Theorie der **Doppelverpflichtung** scheidet eine Inanspruchnahme Christophs aus. Er war bei Abschluss des Arbeitsvertrages mit Susanna noch nicht Gesellschafter der NW GbR, und auch sonst kommt für eine Stellvertretung Christophs durch die damaligen Geschäftsführer der NW GbR bereits zum damaligen Zeitpunkt nichts in Betracht. Zur Vermeidung dieses Ergebnisses ist unter Geltung der Doppelverpflichtungslehre teilweise angenommen worden, der Gesellschafter erkläre mit seinem Beitritt zur Gesellschaft auch einen Beitritt zu den von der Gesellschaft bereits zuvor geschlossenen Verträgen (Schuldbeitritt). Dabei handelte es sich allerdings um eine reine Fiktion, die jeder tatsächlichen Grundlage entbehrte.

461   Die Theorie der **Doppelverpflichtung** ist heute überholt. Dazu hat insbesondere eine **Kehrtwende der Rechtsprechung** geführt. Nach heute h.M. haften grundsätzlich alle Gesellschafter einer GbR für alle rechtsgeschäftlichen Verbindlichkeiten **persönlich** und **gesamtschuldnerisch**. Der BGH hat dies in seiner grundlegenden Entscheidung zu der Frage mit einem allgemeinen Grundsatz des Bürgerlichen Rechts und des Handelsrechts begründet. Danach haftet derjenige, der allein oder in Gemeinschaft mit anderen Geschäfte betreibt, für die daraus entstehenden Verbindlichkeiten mit seinem gesamten Vermögen, soweit das Gesetz nichts anderes bestimmt oder mit dem Vertragspartner keine Haftungsbeschränkung vereinbart ist.[359] Konstruktiv wird die persönliche Haftung der GbR-Gesellschafter mit einer analogen Anwendung der §§ 128 ff. HGB begründet. Für diesen Gleichlauf der Haftung bei GbR und oHG spricht insbesondere, dass sich bei gewerblich tätigen Gesellschaften der Übergang von der Rechtsform der oHG zu derjenigen der GbR und umgekehrt in Abhängigkeit von Art und Umfang der Geschäfte angesichts der Veränderlichkeit und Wertungsbedürftigkeit dieser Kriterien bei fehlender Handelsregistereintragung oft unmerklich vollzieht. Dies würde bei unterschiedlichen Haftungsverfassungen zu erheblicher Rechtsunsicherheit führen[360].

462   Die Gesellschafterhaftung analog § 128 S. 1 HGB ist eine akzessorische. Sie ist also in Entstehung, Umfang und Erlöschen sowie im Hinblick auf etwaige Einreden (s. dazu § 129 HGB) von der gegen die Gesellschaft gerichteten Hauptforderung abhängig (**Akzessorietätslehre**).

463   Auch bei grundsätzlicher Befürwortung der Akzessorietätslehre lässt sich allerdings daran zweifeln, ob gerade § 130 Abs. 1 HGB, der die Haftung eines eintretenden Gesellschafters für Altverbindlichkeiten der Gesellschaft regelt, analoge Anwendung im Recht der GbR finden soll. Teilweise wird in der Vorschrift eine speziell handelsrechtliche Regelung gesehen, die sich auf die GbR wegen derer *„Vielgestaltigkeit von klein- und nichtkaufmännischen Erwerbsgesellschaften bis zur Gelegenheitsgesellschaft nicht übertragen* [lasse]".[361]

---

359 BGH, Urt. v. 27.9.1999 – II ZR 371/98, NJW 1999, S. 3483 (3483).

360 BGH, Versäumnisurt. v. 7.4.2003 – II ZR 56/02, NJW 2003, S. 1803 (1805) unter Bezugnahme auf *Westermann*, NZG 2001, S. 289 (291).

361 OLG Düsseldorf, Urt. v. 20.12.2001 – 23 U 49/01, NZG 2002, 284 (286); *Westermann*, NZG 2001, S. 289 (294 f.); *Lange*, NZG 2002, S. 401 (403 ff.).

Der BGH hat in einer grundlegenden Entscheidung vom 7. April 2003 dagegen die **464** analoge Anwendung des § 130 Abs. 1 HGB auf die GbR bejaht.[362] Der Gedanke, dass ein neu in eine GbR eintretender Gesellschafter auch ohne besondere Verpflichtungserklärung gegenüber den Gläubigern auch in die bestehenden Verbindlichkeiten der Gesellschaft eintrete und damit nicht anders als die Altgesellschafter für alle Verbindlichkeiten der Gesellschaft ohne Unterscheidung nach dem Zeitpunkt ihrer Begründung hafte, entspreche sowohl dem Wesen der Personengesellschaft als auch einer *„im Verkehrsschutzinteresse zu Ende gedachten Akzessorietät der Haftung"*. Die persönliche Haftung aller Gesellschafter in ihrem jeweiligen personellen Bestand entspreche dem Wesen der Personengesellschaft und ihren Haftungsverhältnissen, weil die Gesellschaft kein eigenes, zugunsten ihrer Gläubiger gebundenes garantiertes Haftkapital besitze. Ihr Gesellschaftsvermögen stehe dem Zugriff der Gesellschafter jederzeit uneingeschränkt und sanktionslos offen. Bei dieser Sachlage sei die persönliche Haftung der Gesellschafter für die Gesellschaftsverbindlichkeiten nicht nur die alleinige Grundlage für die Wertschätzung und Kreditwürdigkeit der Gesellschaft; sie sei vielmehr das notwendige Gegenstück zum Fehlen jeglicher Kapitalerhaltungsregeln. Dabei könne die Rechtsordnung nicht bei einer Haftung nur der Altgesellschafter Halt machen. Denn mit dem Erwerb seiner Gesellschafterstellung erlange auch ein neu eintretender Gesellschafter dieselben Zugriffsmöglichkeiten auf das Gesellschaftsvermögen wie die Altgesellschafter. Zudem erwerbe der neue Gesellschafter auch einen Anteil an dem Vermögen, der Marktstellung sowie den Kunden- bzw. Mandantenbeziehungen, die die Gesellschaft durch ihre bisherige wirtschaftliche Tätigkeit begründet hat. Es sei deshalb nicht unangemessen, wenn er im Gegenzug auch in die Verbindlichkeiten eintrete, die die Gesellschaft im Zuge ihrer auf Erwerb und Vermehrung dieser Vermögenswerte gerichteten wirtschaftlichen Tätigkeit begründet hat. Nicht selten seien Altverbindlichkeiten auch exakt einem Aktivum der Gesellschaft, an dem der Eintretende eine Mitberechtigung erwerbe, zuzuordnen. Des Weiteren sei die Mithaftung neu eingetretener Gesellschafter auch für die vor ihrem Beitritt begründeten Gesellschaftsverbindlichkeiten auch deshalb sachgerecht, weil sich der Gläubiger dadurch nicht auf einen Streit über die Zeitpunkte des Entstehens seiner Forderung und der Mitgliedschaft des in Anspruch genommenen Gesellschafters einlassen müsse. Ein solcher Streit sei in der GbR – in Ermangelung einer Registerpublizität – unter Umständen besonders heikel.

Die analoge Anwendung des § 130 Abs. 1 HGB auf die GbR ist danach zu bejahen. **465** Nach der Entscheidung des BGH vom 7. April 2003 gilt dies auch im (hier vorliegenden) Fall **einer Freiberufler-GbR**.[363] Der BGH hat dazu auf die entsprechende ausdrückliche Regelung in der – speziell für Freiberufler geschaffenen – Partnerschaftsgesellschaft (§ 8 Abs. 1 PartGG) verwiesen. Offen gelassen hat der BGH lediglich die Frage, ob § 130 HGB analog auch für Verbindlichkeiten der Gesellschaft aus beruflichen Haftungsfällen gilt (s. dazu Rn. 481).[364]

Susanna hat daher aus ihrem Arbeitsvertrag i.V.m. § 130 Abs. 1 HGB (analog) einen **466** Anspruch gegen Christoph persönlich auf das noch ausstehende Weihnachtsgeld.

Ergänzende Hinweise

Der BGH hat in seinem Urteil vom 7. April 2003, in dem er erstmals die analoge An- **467** wendbarkeit des § 130 Abs. 1 auf die GbR angenommen hat, einen **Vertrauensschutz** im Hinblick auf Altfälle bejaht, diesen später jedoch eingeschränkt.[365]

---

362 BGH, Versäumnisurt. v. 7.4.2003 – II ZR 56/02, NJW 2003, S. 1803 (1805); ebenso *Habersack/Schürnbrand*, JuS 2003, S. 739 ff. sowie *Henssler/Deckenbrock/Meyer*, JuS 2010, S. 48 (55 f.).
363 BGH, Versäumnisurt. v. 7.4.2003 – II ZR 56/02, NJW 2003, S. 1803 (1805).
364 BGH, Versäumnisurt. v. 7.4.2003 – II ZR 56/02, NJW 2003, S. 1803 (1805).
365 BGH, Urteil vom 12.12.2005 – II ZR 283/03, NJW 2006, S. 765 f; s. dazu *K. Schmidt*, JuS 2006, S. 374 f.

Fall 36: § 31 BGB im Recht der GbR; Gesellschafterhaftung

Ausgangsfall: Kaufmann führte einen längeren Zivilprozess gegen zwei italienische Unternehmen. Mit der Prozessvertretung beauftragte er eine aus den Rechtsanwälten Abel, Anhäuser und Zorc bestehende Hamburger Rechtsanwaltssozietät. Der Prozess endete mit einem gerichtlichen Vergleich. An Kaufmann waren danach € 80.000 zu zahlen. Die italienischen Beklagten überwiesen diesen Betrag auf Weisung des Rechtsanwalts Zorc auf dessen Privatkonto. Zorc veruntreute das Geld. Zorc und auch Anhäuser sind heute insolvent. Kaufmann verlangt von Abel Erstattung des von Zorc veruntreuten Betrages. Zu Recht?
Abwandlung: Zorc war lediglich „Scheinsozius" von Abel und Anhäuser. Diese hatten Zorc „auf den Briefkopf aufgenommen" und erweckten auch im Übrigen (Kanzleischild, Internetauftritt etc.) nach außen den Eindruck, mit Zorc in Form einer Anwaltssozietät verbunden zu sein. Tatsächlich war Zorc lediglich Angestellter von Abel und Anhäuser. Ändert sich die Rechtslage gegenüber dem Ausgangsfall?

Problemstellung

468 Im Zentrum der Falllösung stehen zwei Fragen. Zunächst geht es um die Anwendbarkeit des § 31 BGB auf die GbR. Wer diese Frage bejaht, hat sich weiter insbesondere damit auseinanderzusetzen, ob eine Haftung von Mitgesellschaftern gerade auch bei deliktischer Begründung einer Gesellschaftsverbindlichkeit über § 31 BGB in Betracht kommt. Unser Fall ist eng an einen Original-BGH-Fall des Jahres 2007 angelehnt.[366] Die Abwandlung betrifft Haftungsfragen bei sog. Scheinsozien – hier lauert ein Haftungsrisiko (insbesondere) für angestellte Rechtsanwälte in Sozietäten.

Lösung

469 Ausgangsfall:
In Betracht kommt zunächst ein **vertraglicher Schadensersatzanspruch** (§ 280 Abs. 1 BGB) des Kaufmann gegen eine aus Abel, Anhäuser und Zorc bestehende GbR (AAZ GbR). Dafür könnte Abel persönlich nach § 128 S. 1 HGB (analog) haften.

470 **Haftung der Gesellschaft:** Eine Anwaltssozietät ist eine Gesellschaft bürgerlichen Rechts, sofern die Rechtsanwälte nicht ausdrücklich eine andere Rechtsform gewählt haben.[367] Eine solche abweichende Wahl ist hier nicht getroffen worden. Die Veruntreuung von Mandantengeldern stellt ohne Weiteres eine Pflichtverletzung des Anwaltsvertrages i.S.d. § 280 Abs. 1 BGB dar. Gehandelt hat aber ausschließlich Zorc. Fraglich ist, ob sich die aus Abel, Anhäuser und Zorc bestehende GbR dieses Verhalten zurechnen lassen muss.

471 Eine **Zurechnung** des Verschuldens des Zorc zur GbR nach § 278 BGB (**Erfüllungsgehilfe**) kommt nicht in Betracht. Geschäftsführende Gesellschafter einer GbR sind nicht deren Erfüllungsgehilfen, da sie selbst den Willen der Gesellschaft bilden und diese durch sie handelt.[368] Die Anwendung des § 278 BGB auf Organe einer Gesellschaft hätte zudem die Anwendbarkeit des § 278 S. 2 BGB zur Folge. Abweichend von § 276 Abs. 2 BGB könnte danach die Haftung (auch) für vorsätzliches Handeln im Voraus ausgeschlossen werden. Dieses Ergebnis wäre nicht sachgerecht.[369]

---

366 BGH, Urt. v. 3.5.2007 – IX ZR 218/05, NJW 2007, S. 2490 ff.
367 BGH, a.a.O. (Fn. 366), S. 2491.
368 *Windbichler*, Gesellschaftsrecht, 22. Aufl., § 9 Rn. 4.
369 *Hadding*, in: Soergel, BGB, 13. Aufl., § 31 Rn. 4.

Der GbR könnte das Verhalten des Zorc jedoch nach § 31 BGB (analog) zuzurechnen **472** sein. § 31 BGB begründet keinen eigenen Schadensersatzanspruch. Die Vorschrift rechnet einer juristischen Person (zur Anwendbarkeit auf Personengesellschaften s.u.) vielmehr nur Handlungen ihrer Vertreter als eigene zu, und zwar sowohl im Rahmen vertraglicher als auch gesetzlicher Schadensersatzansprüche.

Der BGH hat die Anwendbarkeit des § 31 BGB auf die GbR in seiner früheren Recht- **473** sprechung verneint. Dem lag die Annahme zugrunde, das Außenhandeln dieser Gesellschaftsform lasse sich nicht hinreichend deutlich von demjenigen ihrer Mitglieder unterscheiden. Der BGH formulierte, die GbR sei *„zu wenig körperschaftlich organisiert, als dass man die für sie handelnden Gesellschafter als ihre Organe bezeichnen könnte".*[370]

Nach heute ganz h.M. ist demgegenüber die analoge Anwendung des § 31 BGB grund- **474** sätzlich auch im Recht der GbR geboten, soweit eine solche als Außengesellschaft über ein verselbstständigtes Sondervermögen und eine den Personenhandelsgesellschaften vergleichbare, der Teilnahme am Rechtsverkehr dienende Organstruktur verfügt.[371] Dies gilt auch für die – hier in Rede stehende – Zurechnung bei Haftungsfällen in Freiberufler-Sozietäten.[372]

Fraglich ist, ob Zorc **„verfassungsmäßig berufener Vertreter"** der AAZ GbR i.S.d. § 31 **475** BGB ist. Der Sachverhalt besagt nichts darüber, welche Zuständigkeiten und Befugnisse Zorc in der Gesellschaft hatte. Zu beachten ist aber, dass der der Begriff des „verfassungsmäßig berufenen Vertreters" weit auszulegen ist. Insbesondere orientiert sich die Rechtsprechung nicht strikt an der gesellschaftsrechtlichen Vertretungsbefugnis. Sie fasst den Begriff vielmehr weiter. Verfassungsmäßig berufener Vertreter ist danach „auch ein Nichtgesellschafter, dem durch allgemeine Betriebsregelung und Handhabung bedeutsame, für die Gesellschaft wesensmäßige Funktionen zur selbstständigen, eigenverantwortlichen Erfüllung zugewiesen sind, so dass er die Gesellschaft im Rechtsverkehr repräsentiert"[373]. In Ermangelung einer gegenteiligen Regelung ist danach bei einer Anwaltssozietät jeder Sozius „verfassungsmäßig berufener Vertreter" i.S. des § 31 BGB, wenn ihm nur die selbstständige und eigenverantwortliche Bearbeitung von Mandaten überlassen worden ist. Der Sozius muss hingegen nicht (auch) in Angelegenheiten des „Managements" tätig geworden sein, welche die Sozietät als solche betreffen (bspw. die Anmietung der Kanzleiräume).[374]

§ 31 BGB setzt schließlich voraus, dass der Vertreter **„in Ausführung einer ihm zuste- 476 henden Verrichtung"** tätig geworden. Ein bloßes Handeln „bei Gelegenheit" der entsprechenden Verrichtungen genügt dagegen nicht. Der erforderliche Zusammenhang zwischen Amtsführung und zum Schadensersatz verpflichtender Handlung ist in unserem Fall der Veruntreuung von Mandantengeldern durch den das Mandat bearbeitenden Sozius (noch) zu bejahen.[375]

Kaufmann hat nach allem einen **Schadensersatzanspruch** aus § 280 Abs. 1 BGB i.V.m. **477** § 31 BGB gegen die AAZ GbR.

Gesellschafterhaftung: Für diese (vertragliche) Verbindlichkeit der AAZ GbR könnte **478** Abel persönlich nach § 128 S. 1 HGB (analog) haften.

---

370 BGH, Urt. v. 30.6.1966 – VII ZR 23/65, NJW 1966, S. 1807 (1808).
371 *Ulmer*, in: MüKo BGB, 5. Aufl., § 705 Rn. 263 f.
372 BGH, a.a.O. (Fn. 366), S. 2491.
373 BGH, a.a.O. (Fn. 366), S. 2491.
374 BGH, a.a.O. (Fn. 366), S. 2491 f.
375 BGH, a.a.O. (Fn. 366), S. 2492.

479 Die Gesellschafterhaftung analog § 128 HGB ist heute im Grundsatz anerkannt. Fraglich ist aber, ob davon bei **beruflichen Haftungsfällen** eine Ausnahme zu machen ist. Dies ist jedenfalls bei (quasi-)vertraglich begründeten Gesellschaftsverbindlichkeiten zu erwägen.[376] Ein möglicher Ansatzpunkt für eine gesonderte Behandlung solcher Verbindlichkeiten könnte § 8 Abs. 2 PartGG zu entnehmen sein. Die Vorschrift regelt für die *Partnerschafts*gesellschaft eine Beschränkung der Haftung für „berufliche Fehler" auf den oder die konkret mit der Bearbeitung des jeweiligen Auftrages befassten Partner. Die Vorschrift wird in ihrem unmittelbaren Anwendungsbereich weit ausgelegt. Erfasst sind danach sämtliche Schadensersatzansprüche wegen Pflichtverletzung im Rahmen von Geschäftsbesorgungs-, Dienst- oder Werkverträgen, für die die Partnerschaft nach Maßgabe der §§ 31, 278 BGB einzustehen hat.[377] Auch auf die hier in Rede stehende Haftung wegen der Veruntreuung von Mandantengeldern dürfte § 8 Abs. 2 PartGG danach grundsätzlich anwendbar sein.

480 Fraglich ist aber, ob eine **Analogie zu § 8 Abs. 2 PartGG** im Hinblick auf die Gesellschafterhaftung in der GbR überhaupt in Betracht kommt. Im Schrifttum wird die Partnerschaftsgesellschaft teilweise als typisiertes Regelungsmodell für Zusammenschlüsse von Freiberuflern gesehen. Die in § 8 Abs. 2 angeordnete Haftungskonzentration sei insoweit unabhängig von der gewählten Rechtsform als interessengerechte Lösung zu verstehen.[378] Andere Autoren lehnen eine Angleichung der Gesellschafterhaftung bei beruflichen Haftungsfällen in der GbR und in der Partnerschaftsgesellschaft dagegen ab. Bei der Partnerschaftsgesellschaft sei der Rechtsverkehr durch den zwingend erforderlichen Rechtsformzusatz im Namen der Partnerschaft (§ 2 Abs. 1 PartGG) über das Vorliegen einer Partnerschaft informiert und gewarnt. Eine Erweiterung der Haftungsbeschränkung auf die GbR, bei der es an einer entsprechenden Publizität fehle, komme nicht in Betracht. Es fehle auch an einem Regelungsbedürfnis für eine solche Erweiterung, da die Haftungskonzentration durch Wahl der Rechtsform einer Partnerschaftsgesellschaft erreichbar sei.[379]

481 Der für das Gesellschaftsrecht zuständige II. Zivilsenat des BGH hatte die Frage in seiner Entscheidung vom 7. April 2003 zunächst offen gelassen.[380] Der IX. Zivilsenat hat eine Haftungskonzentration analog § 8 Abs. 2 PartGG in der GbR nunmehr in seiner Entscheidung vom 3. 5 2007 abgelehnt.[381]

482 Abel haftet danach analog § 128 S. 1 HGB persönlich für die Gesellschaftsverbindlichkeit.

483 **Deliktischer Schadensersatzanspruch/Haftung der Gesellschaft:** Die Veruntreuung von Mandantengeldern durch den Zorc begründet auch deliktische Schadensersatzansprüche gegen die Gesellschaft gemäß §§ 823, 826 BGB.

484 § 31 BGB findet auf deliktische Schadensersatzansprüche Anwendung. Auch die analoge Anwendung der Vorschrift auf die GbR ist zu bejahen. Insbesondere der BGH bejaht diese Anwendbarkeit seit seiner grundlegenden Entscheidung vom 24. Februar 2003. Zur (analogen) Anwendbarkeit des § 31 BGB auf die GbR gerade bei deliktischen Verbindlichkeiten hat der BGH dabei auf den Gedanken des Gläubigerschutzes verwiesen. Anders als bei rechtsgeschäftlicher Haftungsbegründung könnten sich die Gläubi-

---

376 Umstritten ist die Anwendbarkeit von § 128 HGB (analog) auf Verbindlichkeiten der Gesellschaft, die nach § 31 BGB entstanden sind, lediglich bei rein deliktischem Handeln des Vertreters (s. dazu Rn. 485 ff.).

377 *Ulmer*, in: MüKo BGB, 5. Aufl., § 8 PartGG Rn 15.

378 *Kamps/Wollweber*, DStR 2009, S. 926 (927).

379 *Henssler/Deckenbrock/Meyer*, JuS 2010, S. 48 (55 f.); *Grunewald*, Gesellschaftsrecht, 8. Aufl., 1.A. Rn. 134.

380 BGH, Versäumnisurt. v. 7.4.2003 – II ZR 56/02, NJW 2003, S. 1803 (1805).

381 BGH, Urt. v. 3.5.2007 – IX ZR 218/05, NJW 2007, S. 2490 (2492 f.).

ger einer gesetzlichen Verbindlichkeit ihren Schuldner nicht aussuchen. Solchen Gläubigern müsse daher erst recht über Analogien zu § 31 BGB sowie (dazu sogleich) § 128 HGB das Privatvermögen der Gesellschafter als Haftungsmasse zur Verfügung stehen.[382]

Gesellschafterhaftung: Die Anwendbarkeit von § 128 HGB (analog) auf Verbindlich- **485** keiten der Gesellschaft, die durch deliktisches Handeln eines Vertreters gemäß § 31 BGB entstanden sind, ist umstritten.

Teilweise wird eine entsprechende Haftung abgelehnt. Die unbeschränkte persönliche **486** Haftung natürlicher Personen für fremde Delikte, nämlich solcher von Mitgesellschaftern, sei aus der Sicht des Deliktsrechts inakzeptabel. Zudem sei § 128 HGB keine taugliche Rechtfertigung für eine solche Haftung, weil diese Norm aufgrund ihrer Entstehungsgeschichte nicht auf Deliktsverbindlichkeiten eines Verbandes zu beziehen sei.[383]

Der BGH bejaht demgegenüber nunmehr die Anwendbarkeit von § 128 HGB (analog) **487** auf Verbindlichkeiten der Gesellschaft, die durch deliktisches Handeln eines Vertreters gemäß § 31 BGB entstanden sind. § 128 HGB umfasse seinem Wortlaut nach unterschiedslos vertragliche und deliktische Verbindlichkeiten. Die ausnahmslose Haftung für gesetzliche Verbindlichkeiten sei zudem im Modell der akzessorischen Haftung angelegt; ohne sie bliebe „die Rechtssubjektivität der Gesellschaft bürgerlichen Rechts unvollkommen". Die Haftung für deliktisches Handeln eines Gesellschafters, soweit dieses nach § 31 BGB der Gesellschaft zugerechnet werden kann, sei den übrigen Gesellschaftern auch zumutbar, weil diese in aller Regel auf Auswahl und Tätigkeit der Organmitglieder entscheidenden Einfluss besäßen.[384]

Danach haftet Abel dem Kaufmann auch bezogen auf die deliktische begründete Ver- **488** bindlichkeit der AAZ GbR nach § 128 HGB (analog).

Abwandlung: **489**
Die Abwandlung ist wie der Ausgangsfall zu lösen.[385]

Wenn ein angestellter Rechtsanwalt oder freier Mitarbeiter auf dem Briefkopf, dem **490** Praxisschild oder im Internetauftritt einer Anwaltssozietät auftaucht und der Auftritt nicht zwischen diesem und den Gesellschaftern unterscheidet, droht nach ständiger Rechtsprechung eine Haftung des **Scheinsozius** für die Verbindlichkeiten des Sozietät gegenüber einem gutgläubigen Mandanten.[386] Der falsche Rechtsschein und die damit drohende Haftung können durch einen Zusatz wie „angestellter Anwalt" vermieden werden. Der „Werbeeffekt" der „Aufnahme auf den Briefkopf" leidet darunter allerdings.

Der BGH begründet seine Rechtsprechung zur Haftung eines Scheinsozius (noch im- **491** mer) mit den Grundsätzen der Duldungs- und Anscheinsvollmacht.[387] Nach Aufgabe der Doppelverpflichtungslehre dürfte dagegen § 128 HGB analog i.V.m. allgemeinen Rechtsscheingrundsätzen die zutreffende dogmatische Grundlage sein.[388]

---

382 BGH, Urt. v. 24.2.2003 – II ZR 385/99, NJW 2003, S. 1445 (1446 f.).
383 So insb. *Altmeppen,* NJW 2003, S. 1553 (1558).
384 BGH, a.a.O. (Fn. 366), S. 2492).
385 BGH, a.a.O. (Fn. 366), S. 2490 ff.
386 BGH, Urteil vom 16.4.2008 – VIII ZR 230/07, NJW 2008, S. 2330 m.w.N.; *Henssler/Deckenbrock/Meyer,* JuS 2010, S. 48 (56 f.).
387 BGH, Urteil vom 16.4.2008 – VIII ZR 230/07, NJW 2008, S. 2330.
388 *Henssler/Deckenbrock/Meyer,* JuS 2010, S. 48 (56 f.).

Ergänzender Hinweis

492 Die Haftung des Scheinsozius beschränkt sich nach dem BGH auf anwaltstypische, also rechtsberatende oder rechtsvertretende Tätigkeiten. So kommt nach einem BGH-Urteil vom 16. April 2008 eine Haftung des Scheinsozis für Verbindlichkeiten einer Sozietät aus der Lieferung und Reparatur einer EDV-Anlage nicht in Betracht. Die Berechtigung dieser Ausnahme wird allerdings angezweifelt.[389]

Fall 37: Analogie zu § 28 HGB bei GbR-Gründung?

Pech war von 2003 bis Anfang 2006 Sozius von Steuerberater Schwefel. Schwefel wurde rechtskräftig zur Zahlung von Schadensersatz i.H.v. € 1,5 Mio. an den Mandanten Meinke verurteilt. Die zugrunde liegende Mandatsvereinbarung zwischen Meinke und Schwefel war dabei schon vor der Gründung der Sozietät zwischen Schwefel und Pech zustande gekommen, als Schwefel noch als „Einzelkämpfer" tätig war. Erst während des Bestehens der Sozietät beging Schwefel dann die Sorgfaltswidrigkeiten, die Grund seiner Schadensersatzverpflichtung waren. Weil Schwefel heute insolvent ist, nimmt Meinke den Pech auf Zahlung von € 1,5 Mio. in Anspruch. Zu Recht?

Problemstellung

493 Das Haftungsrecht der GbR hat sich in den vergangenen Jahren an dasjenige der oHG angenähert. Die Frage, ob § 28 HGB bei Gesellschaftsgründung durch Zusammenschluss mit Nicht-Kaufmann zu einer GbR (analog) anwendbar ist, stellt eine Facette der Problematik dar.

Lösung

494 Eine Haftung des Pech analog §§ 128 S. 1, 130 Abs. 1 HGB scheidet aus. Zwar ist diese Analogie im Recht der GbR heute grundsätzlich anerkannt. Eine entsprechende Anwendung des § 130 Abs. 1 HGB scheidet hier allerdings schon deshalb aus, weil der Bekl. nicht in eine *bestehende* Gesellschaft eingetreten ist.[390]

495 Pech könnte dem Meinke persönlich neben Schwefel haften, wenn die aus Pech und Schwefel bestehende Sozietäts-GbR den zuvor (nur) zwischen Schwefel und Meinke bestehenden Anwaltsvertrag im Zusammenhang mit ihrer Gründung übernommen haben oder diesem als weitere Vertragspartnerin vertraglich beigetreten sein sollte. Pech würde in diesem Falle für die dadurch begründeten Gesellschaftsschulden analog § 128 S. 1 HGB akzessorisch haften. Die grundsätzliche persönliche Haftung der Gesellschafter einer GbR für deren Verbindlichkeiten analog § 128 S. 1 HGB ist heute anerkannt.[391] Die Haftung Pechs nach dieser Vorschrift setzt aber zunächst eine entsprechende Haftung *der Gesellschaft* voraus.

496 Die Gründung einer Gemeinschaftssozietät könnte zunächst im Sinne einer *vertraglichen* Auswechslung einer Vertragspartei auszulegen sein. Dies ist ohne weitere Anhaltspunkte jedoch nicht der Fall. Als weiterer Anhaltspunkt, der für eine vertragliche Vertragsüberleitung spricht, genügt nicht schon, dass der jeweilige Mandant nach Gründung der Gemeinschaftssozietät *diese* (und nicht mehr den ihn zuvor betreuenden Anwalt einzeln) mit *anderen* Mandaten betraut.[392] Unser Sachverhalt enthält keine Anhaltspunkte für eine vertraglich vereinbarte Parteiauswechslung oder -erweiterung im Zusammenhang mit der Sozietätsgründung.

---

389 BGH, Urt. v. 16.4.2008 – VIII ZR 230/07, NJW 2008, S. 2330; krit. dazu *Lux*, NJW 2008, S. 2309 ff.; *Grunewald*, NJW 2008, S. 3621 (3622).
390 BGH, Urt. v. 22.1.2004 – IX ZR 65/01, NJW 2004, S. 836 f.
391 S. o. Rn. 459 ff.
392 BGH, a.a.O (Fn. 390).

Der Anwaltsvertrag könnte jedoch im Zusammenhang mit der Sozietätsgründung kraft **497** Gesetzes auf die Anwalts-GbR übergegangen sein. Dazu kommt eine Analogie zu § 28 S. 1 HGB in Betracht (s. zu dieser Vorschrift bereits Rn. 102 ff.). Nach dieser Vorschrift haftet, wenn jemand als persönlich haftender Gesellschafter oder als Kommanditist in das Geschäft eines Einzelkaufmanns eintritt, die dadurch entstehende Gesellschaft, auch wenn sie die frühere Firma nicht fortführt, für alle im Betriebe des Geschäfts entstandenen Verbindlichkeiten des früheren Geschäftsinhabers.

§ 28 S. 1 HGB setzt seinem Wortlaut nach voraus, dass jemand in das Geschäft eines **498** *Einzelkaufmanns* eintritt. Daraus und aus der Regelung in § 28 Abs. 2 HGB lässt sich ableiten, dass der Gesetzgeber den Fall der Entstehung einer Handelsgesellschaft i.S.d. §§ 105 ff. HGB (nicht etwa auch einer GbR) vor Augen hatte. Schwefel als Rechtsanwalt war bei Begründung der Sozietät mit Pech jedoch nicht Kaufmann i.S.d. § 1 HGB, da Rechtsanwälte kein Handelsgewerbe betreiben (s. auch § 2 Abs. 2 BRAO).[393] Daher ist durch den Zusammenschluss keine oHG, sondern eine GbR entstanden.

Die Anwendung des § 28 HGB ist daher nach verbreiteter Ansicht ausgeschlossen.[394] **499** Eine erweiternde Anwendung der Vorschrift oder eine Analogie soll nicht in Betracht kommen. Als Argument wird unter anderem vorgebracht, dass bei der GbR mangels Handelsregistereintragung keine Möglichkeit bestehe, eine Haftungsbeschränkung nach § 28 Abs. 2 HGB herbeizuführen.[395]

Die Gegenansicht versteht § 28 S. 1 HGB als *„Bestandteil eines allgemeinen Außen-* **500** *privatrechts der Unternehmen"*[396]. Die Vorschrift sei daher auch außerhalb des Handelsrechts (analog) anwendbar. Danach ist jeder *Unternehmensträger,* nicht bloß der Kaufmann nach den §§ 1 ff. HGB, Einzelkaufmann i.S.d. § 28 Abs. 1 HGB. Es soll auch genügen, wenn durch den Eintritt in das Geschäft des bisherigen Einzelunternehmers eine (das Unternehmen tragende) Gesellschaft bürgerlichen Rechts entsteht.[397] Als Argumente für eine entsprechende Analogie werden die grundsätzliche Annäherung des Haftungsrechts der GbR an dasjenige der offenen Handelsgesellschaft angeführt sowie die lediglich marginalen tatsächlichen Unterschiede zwischen dem heute nach h.M. von § 130 HGB analog erfassten Beitritt zu einer bestehenden GbR und der Erweiterung eines vormaligen Einzelgeschäfts zu einer solchen.[398]

Der BGH hat zuletzt offen gelassen, ob einer solchen erweiternden Auslegung des § 28 **501** Abs. 1 HGB allgemein zu folgen ist.[399] Denn jedenfalls für die hier in Rede stehenden Verpflichtungen komme ein Übergang der Haftung in entsprechender Anwendung des § 28 HGB wegen der Besonderheiten des zwischen einem Einzelanwalt und seinen Mandanten bestehenden Rechtsverhältnisses nicht in Betracht. Dieses Verhältnis sei *„in erster Linie durch die persönliche und eigenverantwortliche anwaltliche Dienstleistung geprägt"* und *„in besonderem Maße dadurch gekennzeichnet, dass die zu erbringende Dienstleistung an die Person des beauftragten Anwalts geknüpft* [sei]". Hier greife der § 28 HGB zugrunde liegende *„Gedanke einer auf die Kontinuität eines Unternehmens gestützten Haftungserstreckung"*.

---

393 BGH, Beschl. v. 16.10.1978 – AnwZ (B) 18/78, NJW 1979, S. 430 f.
394 *Hopt,* in: Baumbach/Hopt, HGB, 35. Aufl., § 28 Rn. 2.
395 BGH, Urt. v. 22.1.2004 – IX ZR 65/01, NJW 2004, S. 794 (796); BSG, Urt. v. 7.2.2007 – B 6 KA 6/06R, BeckRS 2007, 45208.
396 *K. Schmidt,* NJW 2003, S. 1897 (1903).
397 So insb. *K. Schmidt,* NJW 2003, S. 1897 (1903); ebenso *Lieb,* in: MüKo HGB, 2. Aufl. (Voraufl.), § 28 Rn. 10; a.A. *Thiessen,* in: MüKo HGB, 3. Aufl., § 28 Rn. 13.
398 *K. Schmidt,* NJW 2003, S. 1897 (1903)
399 BGH, Urt. v. 22.1.2004 – IX ZR 65/01, NJW 2004, S. 836 f.; bestätigt im Urt. v. 17.11.2011 – IX ZR 161/09, NZG 2012, S. 65 (66 f.).

4. Gesellschafterwechsel

Fall 38: Übertragung der Gesellschafterstellung

> Die Onassis-GmbH, deren Geschäftsanteile bislang von den Onassis-Brüdern Alexis
> und Stavros gehalten wurden, hat ein Modell der (mittelbaren) Mitarbeiterbeteili-
> gung eingeführt. Die Brüder übertrugen dazu einen Geschäftsanteil an der GmbH auf
> eine Onassis-GbR, an der sie zunächst jeweils zu 50 % beteiligt waren. Sie verkauften
> anschließend Anteile an dieser GbR an Mitarbeiter der GmbH.
> Nach dem GbR-Gesellschaftsvertrag übt die GbR sämtliche Stimmrechte aus den an
> der O-GmbH gehaltenen Geschäftsanteilen einheitlich aus, und zwar durch einen
> ihrer Gründungsgesellschafter. Der Gesellschaftsvertrag enthält weiter Regelungen
> zur Übertragbarkeit der GbR-Gesellschaftsanteile, nach denen u.a. die Gesellschafter
> (mit Ausnahme der Gründungsgesellschafter) über ihre Anteile nur mit vorheriger
> Zustimmung der Gesellschafterversammlung, die mit einfacher Mehrheit entschei-
> det, verfügen dürfen. Die Zustimmung darf nur erteilt werden, wenn sichergestellt ist,
> dass die Anteile auch nach ihrer Veräußerung im bisherigen Gesellschafterkreis blei-
> ben. Ein veräußerungswilliger Gesellschafter hat seine Anteile zudem zunächst den
> Gründungsgesellschaftern zum Erwerb anzubieten.
> Storm, zu dieser Zeit Mitarbeiter der GmbH, erwarb mit privatschriftlichem Vertrag
> von den Onassis-Brüdern einen Anteil an der O-GbR i.H. zu einem Kaufpreis von
> € 20.000 Euro. Als sich die Gesellschafter der GmbH sehr schlecht entwickeln, for-
> dert Storm den entrichteten Kaufpreis mit der Begründung zurück, der Anteilskauf-
> vertrag sei nichtig.

Problemstellung

502 Die GbR ist in ihrer gesetzlichen Grundform stark auf die Personen der Gesellschafter
bezogen. Sofern gesellschaftsvertraglich nichts anderes geregelt wird, führt der Tod eines Gesellschafters zur Auflösung der Gesellschaft (§ 727 Abs. 1 BGB), ebenso die Kündigung der Gesellschaft durch einen Gesellschafter (§§ 723 Abs. 1, 736 Abs. 1 BGB).
Dem entspricht, dass die **Gesellschafterstellung nicht frei übertragbar** ist.

503 Während GmbH-Geschäftsanteile und Aktien nach ausdrücklichen gesetzlichen Bestimmungen frei übertragen werden können (§§ 15 Abs. 1 GmbHG, 10, 68 AktG), ging
der historische Gesetzgeber davon aus, dass Anteile an Personengesellschaften generell
nicht fungibel sein sollen. Vorschriften zur Anteilsübertragung finden sich weder für die
GbR noch für die oHG und KG. Geregelt sind hingegen das Ausscheiden (vgl. §§ 131
Abs. 3, 160 HGB) und auch der Eintritt eines Gesellschafters (vgl. § 130 HGB). Der
Austritt eines bisherigen und der Eintritt eines neuen Gesellschafters lassen sich aller-
dings nur bedingt mit einer Anteilsübertragung vergleichen, da hinsichtlich des Alt-
Gesellschafters Abfindung und Anwachsung eintreten (§ 738 BGB), während der Neu-
Gesellschafter eine völlig neue Mitgliedschaft erlangt. Eine Anteilsübertragung liegt
dagegen vor, wenn ein Gesellschaftsanteil unverändert von einem Alt- auf einen Neu-
Gesellschafter übergeht.

504 Obwohl es vor dem geschilderten historischen Hintergrund an einer gesetzlichen Regelung der Anteilsübertragung für die Personengesellschaften fehlt, ist diese nach heute
allgemeiner Auffassung zulässig. Sie stellt aber ein Grundlagengeschäft dar, das der
Zustimmung sämtlicher Gesellschafter bedarf und ohne diese schwebend unwirksam
ist.[400] Der Gesellschaftsvertrag kann allerdings abweichende Wirksamkeitserfordernisse
aufstellen. So kann – wie in unserem Fall – die Übertragung aufgrund eines Mehrheitsbeschlusses der Gesellschafterversammlung zugelassen oder auch (dies geschieht selten)
die freie Übertragbarkeit der Beteiligung geregelt werden.

---

400 *Windbichler*, Gesellschaftsrecht, 22. Aufl., § 10 Rn. 15.

Die Übertragung eines GbR-Anteils ist ein Verfügungsgeschäft, das nach der Verweisungsvorschrift in § 413 BGB (Übertragung anderer Rechte) den Abtretungsregelungen der §§ 398 ff. BGB folgt. Grundsätzlich gilt Formfreiheit. Der Fall[401] behandelt die Frage, ob im Hinblick auf § 15 Abs. 4 GmbHG etwas anderes gilt, wenn sich GmbH-Geschäftsanteile im Vermögen der GbR befinden. Dieselbe Frage stellt sich wegen § 311b BGB bei Grundstücken im Gesellschaftsvermögen. **505**

Lösung

Storm könnte einen Anspruch auf Rückzahlung des Kaufpreises aus § 812 Abs. 1 BGB haben. Dies ist der Fall, wenn die Zahlung (neben weiteren Voraussetzungen) ohne Rechtsgrund erfolgt ist. Eine Rechtsgrund für die Zahlung fehlt, wenn der geschlossene Kaufvertrag nichtig ist. In Betracht kommt Formnichtigkeit nach § 125 S. 1 BGB. Zwar ist die Übertragung von GbR-Anteilen nach §§ 413, 398 BGB grundsätzlich formlos möglich. Im Hinblick darauf, dass sich GmbH-Geschäftsanteile im GbR-Gesellschaftsvermögen befinden, kommt jedoch eine analoge Anwendung des § 15 Abs. 4 GmbHG in Betracht. **506**

Nach § 15 Abs. 4 GmbHG bedarf ein Kaufvertrag über GmbH-Geschäftsanteile (Verpflichtungsgeschäft) der notariellen Form (dasselbe gilt nach § 15 Abs. 3 GmbHG für die Abtretung von GmbH-Geschäftsanteilen, also das Verfügungsgeschäft). Zu erwägen ist, den Anwendungsbereich dieser Vorschrift durch Analogie auf Fälle zu erstrecken, in denen sich GmbH-Geschäftsanteile im Vermögen einer GbR befinden. In der Übertragung von Anteilen an der GbR könnte hier die wirtschaftliche Übertragung der GmbH-Geschäftsanteile gesehen werden. Zudem könnte mit dem Schutz vor Umgehungen des § 15 Abs. 4 GmbHG argumentiert werden, und zwar in dem Sinne, dass GmbH-Gesellschafter, die die Mühen und Kosten notarieller Anteilsübertragungen scheuen, ohne eine entsprechende Analogie übergehen könnten, die Geschäftsanteile mittelbar über eine GbR zu halten und Anteilsübertragungen ausschließlich (formfrei) auf Ebene der GbR vorzunehmen. **507**

Ob tatsächlich eine Umgehung des § 15 Abs. 4 GmbHG droht, ist anhand des Normzwecks der Vorschrift zu ermitteln. Die Regelung dient vor allem zwei gesetzgeberischen Zielen. Zunächst soll der leichte und spekulative Handel mit GmbH-Anteilen unterbunden werden. Zudem geht es um den erleichterten Beweis von Übertragungen, insbesondere wegen der fehlenden Verbriefung der Mitgliedschaftsrechte an einer GmbH.[402] **508**

Nach ganz h.M., die insbesondere der BGH vertritt, rechtfertigen diese Gesetzeszwecke jedenfalls keine generelle Analogie zu § 15 Abs. 4 GmbHG auf sämtliche Fälle, in denen sich GmbH-Geschäftsanteile im Gesellschaftsvermögen einer GbR befinden[403] (ebenso wird die Analogie zu § 311b BGB im Falle einer Grundstücke haltenden GbR abgelehnt[404]. **509**

Zunächst sei die Beweisfunktion des § 15 Abs. 4 GmbHG bei einem Gesellschafterwechsel auf Seiten der den Anteil haltenden GbR nicht tangiert. Inhaberin des Geschäftsanteils im Sinne des § 16 Abs. 4 GmbHG sei unverändert die GbR. Ein Wechsel in der personellen Zusammensetzung der GbR ändere hieran nichts. Daher werde auch **510**

---

401 Nach BGH, Urt. v. 10.3.2008, II ZR 312/06, NZG 2008, S. 377 f.

402 BGH, Urt. v. 10.3.2008 – II ZR 312/06, NZG S. 2008, S. 377 (378). Das GmbHG sieht die Ausgabe von Anteilscheinen als Verbriefung von Geschäftsanteilen nicht vor. Ihre Ausgabe ist dennoch zulässig, es entsteht aber kein Wertpapier, sondern eine reine Beweisurkunde, s. im Einzelnen *Roth,* in: Roth/Altmeppen, GmbHG, 7. Aufl., § 14 Rn. 9.

403 BGH, a.a.O (Fn. 402).

404 BGH, Urt. v. 31.1.1983 – II ZR 288/81, NJW 1983, S. 1110 f.

nicht der GmbH-Anteil als solcher zum Gegenstand des freien Handelsverkehrs. Er bleibe vielmehr unverändert dem bisherigen Rechtsträger, der GbR, zugeordnet. Mit ihm werde nicht „gehandelt".

511 Anders wird die Rechtslage – auch für eine GbR, die Grundstücke hält – teilweise dann beurteilt, wenn sich der Zweck der Gesellschaft auf das Halten und Verwalten von GmbH-Geschäftsanteilen – bzw. von Grundstücken – beschränkt. In diesem Fall sei ohne Weiteres von einer objektiven Umgehung der Formvorschriften auszugehen.[405] Der BGH steht dem kritisch gegenüber. Vorliegend ist die teilweise postulierte Ausnahme jedenfalls deshalb nicht einschlägig, weil der Zweck der GbR nicht auf das Halten und Verwalten des GmbH-Anteils beschränkt ist, sondern vielmehr dem legitimen Ziel der Mitarbeiterbeteiligung dient.[406]

512 Dass die Funktion der GbR-Anteile nicht darauf beschränkt ist, eine mittelbare Beteiligung an der GmbH herzustellen, ergibt sich schon daraus, dass mit den GbR-Beteiligungen keine gesellschaftsrechtlichen Mitwirkungsrechte auf Ebene der GbR verbunden sind. Vielmehr wahrt der GbR-Gesellschaftsvertrag die Interessen der Gründungsgesellschafter, indem den Mitarbeitern kein unmittelbarer Einfluss auf die Entscheidungen in der GmbH eingeräumt wird, sondern sämtliche Stimmrechte in der GmbH durch einen der Onassis-Brüder ausgeübt werden. Einem unkontrollierten (mittelbaren) Handel in Anteilen an der GmbH beugt das Vertragswerk durch weit reichende Übertragungsbeschränkungen vor.

513 Nach allem ist für einen Umgehungssachverhalt nichts ersichtlich. § 15 Abs. 4 GmbHG findet daher keine (analoge) Anwendung. Storm hat keinen Rückzahlungsanspruch.

Ergänzender Hinweis

514 Nach einer neueren Entscheidung des BGH sind die Grundsätze der fehlerhaften Gesellschaft[407] im Fall der nichtigen Übertragung von Geschäftsanteilen einer Fonds-GbR anwendbar.[408] Damit entscheidet der BGH hier anders als bei der fehlerhaften Abtretung von GmbH-Geschäftsanteilen. Eine Ansicht in der Literatur will dagegen beide Fälle gleich behandeln, soweit die Übertragung von Anteilen an einer Personengesellschaft sich nur zwischen Veräußerer und Erwerber und damit ohne Mitwirkung der Gesellschaft vollzieht, da hier die Mitgliedschaft als solche unberührt bleibe. Nach dem BGH berührt der Gesellschafterwechsel bei einer Personengesellschaft dagegen sowohl die Belange der Gläubiger als auch die der Gesellschaft deutlich stärker als bei der GmbH. Dazu verweist der BGH auf § 16 Abs. 1 GmbHG (und das Fehlen einer entsprechenden Regelung im Personengesellschaftsrecht), wonach die GmbH berechtigt und verpflichtet ist, nur denjenigen als Gesellschafter anzusehen, der als Erwerber des Geschäftsanteils bei ihr angemeldet ist. Eines zusätzlichen Schutzes durch die Anwendung der Grundsätze über die fehlerhafte Gesellschaft bedürfe die GmbH nicht, dies sei bei den Personengesellschaften anders. Zudem erfordere die Haftungskonstruktion der GmbH (fehlende Außenhaftung der Gesellschafter, § 13 Abs. 2 GmbHG) keine Anwendung der Regeln über die fehlerhafte Gesellschaft. Die Dinge verhielten sich bei oHG und GbR mit der für diese kennzeichnenden unbeschränkten Außenhaftung gegenüber den Gesellschaftsgläubigern genau umgekehrt.

---

405 *Ulmer,* in: MüKo BGB, 5. Aufl., § 719 Rn. 36 m.w.N.
406 S. im Einzelnen BGH, a.a.O. (Fn. 402).
407 S.o. Rn. 316 ff.
408 BGH, Urt. v. 20.7.2010 – XI ZR 465/07, NZG 2010, S. 991 ff.

Fall 39: Hinauskündigung

East wurde bei seinem Tod von seinen Töchtern Alice und Ellen beerbt. Im Nachlass befand sich ein Pfandleihhaus, das East in kleinem Rahmen betrieben hatte. In Übereinstimmung mit einer testamentarischen Verfügung des Erblassers führten Alice und Ellen das Pfandleihhaus in der Rechtsform einer GbR fort, deren Gesellschaftsanteile sie je zur Hälfte übernahmen. Ebenfalls aufgrund einer entsprechenden Anordnung im Testament des East nahmen sie in den Gesellschaftsvertrag die folgende Regelung auf:

„Die Gesellschaft kann von beiden Seiten mit einer Frist von einem Jahr auf den Schluss eines Kalenderjahres ordentlich gekündigt werden, frühestens jedoch zum 31. Dezember 2010. Im Falle einer Kündigung soll Ellen, und zwar auch dann, wenn sie selbst gekündigt hat, den Betrieb und die Firma fortführen dürfen und Alice eine Abfindung erhalten."

Ellen hat die Kündigung der Gesellschaft zum 31. Dezember 2010 erklärt. Alice hat Feststellungsklage erhoben, gerichtet auf die Feststellung, dass ihre Gesellschafterstellung durch Ellens Kündigungserklärung nicht beendet worden ist. Wird die Klage Erfolg haben?

Problemstellung

Befugnisse zur „Hinauskündigung" von Gesellschaftern spielen – vor allem in der Ge- **515** staltungsberatung – eine erhebliche Rollen. Sie werden jedoch kritisch betrachtet, weil sie den Mitgesellschafter, über dem „das Damoklesschwert des Ausschlusses schwebt", daran hindern können, seine Gesellschafterrechte frei und unbeeinflusst auszuüben.

Lösung

Die Feststellungsklage (§ 256 Abs. 1 ZPO) ist zulässig, aber unbegründet. Die von Ellen **516** erklärte Kündigung der Gesellschaft ist wirksam.

Das gesellschaftsvertraglich vorgesehene Kündigungsrecht ist, obwohl es nicht an be- **517** sondere Voraussetzungen gebunden ist, wirksam. Allerdings kann eine gesellschaftsvertragliche Regelung nach der Rechtsprechung im Allgemeinen nicht anerkannt werden, wenn sie einem einzelnen Gesellschafter das Recht einräumt, Mitgesellschafter ohne Vorliegen eines sachlichen Grundes aus einer Personengesellschaft oder einer GmbH auszuschließen.[409] Dieser Grundsatz soll den von der Ausschließung bedrohten Gesellschafter bei der Wahrnehmung seiner Gesellschafterrechte und -pflichten davor schützen, unangemessene Rücksicht auf den durch die Vertragsgestaltung begünstigten Gesellschafter nehmen zu müssen. Zwar geht es vorliegend vordergründig nicht um die Ausschließung aus einer Gesellschaft, sondern um deren Kündigung. Weil als deren Folge die Fortführung des Betriebes des Geschäfts durch den Kündigenden allein vorgesehen ist, ist die Kündigungsklausel hier aber nach den für Ausschließungsklauseln geltenden Grundsätzen zu beurteilen.

Das Verbot von Klauseln, die es erlauben, Mitgesellschafter ohne Vorliegen eines sach- **518** lichen Grundes aus der Gesellschaft auszuschließen, gilt jedoch nicht ausnahmslos. Vielmehr kann eine freie Hinauskündigungsklausel wegen besonderer Umstände sachlich gerechtfertigt sein.

Solche besonderen Umstände liegen hier vor: Die Kündigungsklausel beruht auf der letzt- **519** willigen Verfügung des East, der seinen Erben den Abschluss eines Ellen insoweit begünstigenden Gesellschaftsvertrags ausdrücklich vorgegeben hat. Die testamentarische Verfügung des Erblassers, im Rahmen der Auseinandersetzung seines einzelkaufmän-

---

409 BGH, Urt. v. 8.3.2004 – II ZR 165/02, NJW 2004, S. 1013 (1014).

nischen Betriebs einen bestimmten Gesellschaftsvertrag zu schließen, stellt eine mit einer Auflage (§ 1940 BGB) verbundene Teilungsanordnung (§ 2048 BGB) dar. Kern dieser Teilungsanordnung ist, dass East seinen beiden Töchtern nicht zwingend und für alle Zukunft eine paritätische Beteiligung an seinem Geschäftsbetrieb zuwenden wollte. Vielmehr hatte er die durch das freie Hinauskündigungsrecht bevorzugte Ellen – abhängig von deren künftiger Entschließung – als „Unternehmensnachfolgerin" ausersehen und Alice lediglich eine – an die Ausübung des Kündigungsrechts geknüpfte und darum nicht notwendig dauerhafte – kapitalmäßige Beteiligung zugedacht.

520 Dass diese Gestaltung zulässig ist, folgt schon daraus, dass East rechtlich auch in der Lage war, Alice ganz von der Erbfolge oder zumindest mit Hilfe einer Teilungsanordnung bzw. eines Vorausvermächtnisses (§ 2150 BGB) von der Nachfolge in das Unternehmen auszuschließen. Es muss ihm daher auch möglich gewesen sein, Alice eine durch das vorbehaltene Kündigungsrecht geschwächte Gesellschafterstellung zuzuweisen. Nach dem BGH findet das freie Kündigungsrecht daher vorliegend als *„bloße Schmälerung der Erbeinsetzung [...] in der Testierfreiheit seine sachliche Rechtfertigung."*[410]

Ergänzende Hinweise

521 Der BGH hat *„freie Hinauskündigungsrechte"* in den vergangenen Jahren mehrfach für sachlich gerechtfertigt und zulässig gehalten:
- So ist eine entsprechende Klausel wirksam, wenn das Ausschließungsrecht bei Aufnahme eines neuen Gesellschafters in eine Freiberuflerpraxis dazu dient, den Altgesellschaftern binnen angemessener Frist die Prüfung zu ermöglichen, ob zu dem neuen Gesellschafter das notwendige Vertrauen aufgebaut werden kann (**Probezeit**).[411]
- Sachlich gerechtfertigt ist auch eine Klausel, nach der nach Beendigung eines zwischen der Gesellschaft und dem Gesellschafter bestehenden **Kooperationsvertrags** auch die Gesellschafterstellung gekündigt werden darf.[412]
- Entsprechendes gilt für Regelungen, welche die Kündigung eines Gesellschafters für den Fall der Beendigung seines Amtes als Geschäftsführer (**Managermodell**)[413] oder für den Fall seines Ausscheidens als Angestellter (**Mitarbeitermodell**)[414] gestatten.

---

410 BGH, Urt. v. 19.3.2007 – II ZR 300/05, NZG 2007, S. 422 (423).
411 BGH, Urt. v. 8.3.2004 – II ZR 165/02, NJW 2004, S. 1013 (1014).
412 BGH, Urt. v. 14.3.2005 – II ZR 153/03, NZG 2005, S. 479 ff. = JuS 2005, S. 657 (*K. Schmidt*).
413 BGH, Urt. v. 19.9.2005 – II ZR 173/04, BGHZ 164, S. 98 ff. = NJW 2005, S. 3641 ff. = JuS 2006, S. 178 ff. (*K. Schmidt*).
414 BGH, Urt. v. 19.9.2005 – II ZR 342/03, BGHZ 164, S. 107 ff. = NJW 2005, S. 3644 ff. = JuS 2006, S. 180 ff. (*K. Schmidt*).

Fall 40: Nachvertragliche Wettbewerbsverbote

Moser und Stoiber sind Steuerberater und alleinige Gesellschafter der M & S GbR. Moser scheidet zum Ende des Jahres 2010 aus der Gesellschaft aus. Ein aus diesem Anlass geschlossener Auseinandersetzungsvertrag enthält unter anderem die Verpflichtung Mosers, *„für die Dauer von fünf Jahren nach seinem Ausscheiden aus der Gesellschaft weder im Rahmen einer eigenen Praxis noch im Rahmen eines Dienst- oder Arbeitsverhältnisses unmittelbar oder mittelbar für solche Auftraggeber tätig zu werden, die in den letzten zwei Jahren vor ihrem Ausscheiden Auftraggeber der Gesellschaft waren“.* Moser erhält im Hinblick auf das langjährige Wettbewerbsverbot eine Karenzentschädigung von € 260.000.
Mandantin der M & S GbR war die Modeboutique *Chique,* mit deren Inhaberin Moser befreundet ist. Ab dem 1. Februar 2013 wird Moser für diese Mandantin wieder als Steuerberater tätig. Darin sieht Stoiber einen Verstoß gegen das vereinbarte Wettbewerbsverbot. Er verklagt Moser auf Unterlassung. Hilfsweise beantragt er, Stoiber zur Rückzahlung der Entschädigung von € 260.000 zu verurteilen. Dazu beruft er sich auf § 5 des Auseinandersetzungsvertrages, der bestimmt, dass bei gerichtlich festgestellter gänzlicher oder teilweiser Unwirksamkeit der Wettbewerbsklausel die Entschädigung zurückzuzahlen ist.

Problemstellung

522 Während Wettbewerbsverbote für die oHG-Gesellschafter und für den KG-Komplementär ausdrücklich geregelt sind (§ 112 Abs. 1 HGB) und für den Kommanditisten ausdrücklich nicht bestehen (§ 165 HGB), fehlt für die GbR jegliche darauf bezogene Regelung. Ein Wettbewerbsverbot kann sich hier aus der Treuepflicht ergeben (zu den Einzelheiten s.o. Rn. 425 ff.). Diese begründet jedoch grundsätzlich kein *nachvertragliches* Wettbewerbsverbot. Nachvertragliche Wettbewerbsverbote in der GbR bedürfen vielmehr grundsätzlich einer Vereinbarung. Dabei ist eine konkludente Vereinbarung eines nachvertraglichen Wettbewerbsverbotes anzunehmen, wenn ein Gesellschafter aus einer Freiberuflersozietät ausscheidet und dabei eine Abfindung erhält, die (auch) den Wert seines Mandantenstamms abgelten soll. Der BGH hat für einen solchen Fall angenommen, dass mangels abweichender Abreden ein nachvertragliches Wettbewerbsverbot von zwei Jahren als konkludent vereinbart anzusehen sei.[415]

523 In unserem Fall geht es um ein *ausdrücklich* vereinbartes nachdrückliches Wettbewerbsverbot und um die Grenzen einer zulässigen Vereinbarung eines solchen Verbotes. Diese Grenzen ergeben sich aus § 138 BGB.

Lösung

524 Der Hauptantrag Mosers gegen Stoiber (auf Unterlassung gerichtet) ist begründet, wenn das im Auseinandersetzungsvertrag vereinbarte Wettbewerbsverbot (auch im Jahr 2013 noch) wirksam ist. Ein nachträgliches Wettbewerbsverbot für den aus einer GbR ausscheidenden Gesellschafter kann grundsätzlich wirksam vereinbart werden. Die Unwirksamkeit eines solchen Verbotes kann sich jedoch aus § 138 BGB (Sittenwidrigkeit) ergeben. Dabei fließen grundrechtliche Wertungen in die Anwendung des § 138 BGB ein.

525 Nach der Wertentscheidung des Art. 12 GG, die auch im Privatrecht zu beachten ist, ist die vertragliche Beschränkung der Berufsausübung nur insoweit gerechtfertigt, als ein anerkennenswertes Bedürfnis besteht, den verbleibenden Gesellschafter vor einer illoyalen Verwertung des Erfolgs seiner oder der gemeinsamen Arbeit zu schützen. Über das sich hieraus ergebende schützenswerte Interesse des begünstigten Vertragspartners darf ein Wettbewerbsverbot nicht hinausgehen.[416]

---

415 BGH, Urt. v. 8.5.2000 – II ZR 308/98, NJW 2000, S. 2584 f.
416 BGH, Urt. v. 29.9.2003 – II ZR 59/02, NJW 2004, S. 66 f.

526   Nachvertragliche Beschränkungen der Berufsausübungsfreiheit dürfen daher, um nicht gegen § 138 BGB, zu verstoßen, bestimmte räumliche, zeitliche und gegenständliche Beschränkungen nicht überschreiten.[417] **Räumlich und gegenständlich** darf eine Wettbewerbsbeschränkung danach nicht über den Einzugsbereich und die bisherige Tätigkeit der Gesellschaft hinausgehen. Mit einem Wettbewerbsverbot, das sich lediglich auf die bisherige gemeinsame Kundschaft bezieht, haben Moser und Stoiber eine in räumlicher und gegenständlicher Hinsicht unproblematische Abrede getroffen.

527   Die Wirksamkeit des Wettbewerbsverbotes hängt damit ausschließlich davon ab, ob dessen Dauer zulässig ist (**zeitliche Komponente**). Hier geht die Rechtsprechung davon aus, dass sich die während der Zugehörigkeit zur Gesellschaft geknüpften Verbindungen typischerweise nach einem Zeitraum von zwei Jahren so gelöst haben, dass der ausgeschiedene Partner wie jeder andere Wettbewerber behandelt werden kann. Ein über zwei Jahre hinausgehendes Wettbewerbsverbot überschreitet nach diesen Grundsätzen das in zeitlicher Hinsicht notwendige Maß[418]. Dies gilt auch dann, wenn das nachvertragliche Wettbewerbsverbot nicht schon im Gesellschaftsvertrag vereinbart worden ist, sondern – wie in unserem Fall – erst anlässlich der Auseinandersetzung der Parteien.[419] Die Unwirksamkeit besteht allerdings nicht von Anfang an – vielmehr war das vereinbarte Wettbewerbsverbot im Fall für die Dauer von zwei Jahren (bis Ende 2012) wirksam – es hat erst am 1. Januar 2013 die Wirksamkeit verloren (geltungserhaltende Reduktion).[420]

528   Der Hauptantrag Mosers gegen Stoiber, der auf Unterlassung gerichtet ist, ist (weil es um 2013 aufgenommenen Wettbewerb geht) nach allem unbegründet. Der Hilfsantrag ist hingegen teilweise begründet. § 5 des Auseinandersetzungsvertrages zwischen Moser und Stoiber bestimmt, dass bei gerichtlich festgestellter gänzlicher oder teilweiser Unwirksamkeit der Wettbewerbsklausel die Entschädigung zurückzuzahlen ist. Diese Klausel ist im Sinne einer Teil-Rückzahlung bei Teil-Unwirksamkeit zu interpretieren. Da das vereinbarte Wettbewerbsverbot für 2/5 der vereinbarten Dauer (zwei von fünf Jahren) wirksam war, kann Moser von Stoiber nur die Rückzahlung von drei Fünfteln der vereinbarten Karenzentschädigung i.H.v. € 260.000, also Zahlung von € 156.000, verlangen.[421]

III. Das Recht der oHG

1. Grundlagen

Fall 41: Entstehung der oHG im Innenverhältnis (§ 105 HGB)

> Belfinger und Birger wollen in der Rechtsform der oHG eine vermietete Immobilie am Hamburger Ballindamm erwerben und sie weiterhin vermieten. Sie setzen daher einen schriftlichen Gesellschaftsvertrag auf, in dem die Firma der Gesellschaft mit „B&B oHG" angegeben ist. Weil Belfinger und Birger gehört haben, dass die Eintragung in das Handelsregister für eine oHG lediglich deklaratorische (nicht konstitutive) Bedeutung habe, sehen sie davon ab, die Gesellschaft zum Handelsregister anzumelden. Ist eine oHG entstanden?

---

417 Einen Überblick über die zu diesen Grenzen ergangene Rechtsprechung gibt *Morawietz,* NJOZ 2008, S. 3813 ff.
418 BGH, a.a.O. (Fn. 415).
419 BGH, a.a.O. (Fn. 416). In dieser Entscheidung hat der BGH zudem klargestellt, dass die zeitliche Obergrenze von zwei Jahren auch dann nicht hinauszuschieben ist, wenn auch die Gesellschaft bzw. verbliebene Gesellschafter sich im Sinne einer Gegenleistung ebenfalls einer Wettbewerbsbeschränkung unterworfen haben.
420 BGH, a.a.O. (Fn. 460).
421 BGH, a.a.O. (Fn. 416).

Problemstellung

Bei der Entstehung der oHG ist zu unterscheiden zwischen der Entstehung im Innen- **529** verhältnis (unter den Gesellschaftern), die in § 105 HGB geregelt ist, und der Entstehung im Außenverhältnis, die in § 123 HGB geregelt ist. In unserem Fall geht es nur um die Entstehung der oHG im Innenverhältnis (zur Entstehung im Außenverhältnis siehe Rn. 537 ff.).

Lösung

§ 105 Abs. 1 HGB setzt für das Entstehen einer oHG im Innenverhältnis zunächst das **530** Vorliegen einer „Gesellschaft" voraus. Damit wird auf die Vorschriften über die GbR, §§ 705 ff. BGB, verwiesen. Unter Berücksichtigung dieser Verweisung ist die Entstehung einer oHG im Innenverhältnis an **vier Tatbestandsmerkmale** geknüpft.

Es muss zunächst – wie bei der GbR (s.o. Rn. 293) – ein **vertraglicher Zusammenschluss** **531** **mehrerer Personen** vorliegen.

Zweite Voraussetzung ist die Verfolgung eines **bestimmten** (dazu sogleich) **gemeinsamen** **532** **Zweckes.** Hier unterscheidet sich die oHG von der GbR: Die GbR kann für eine Vielzahl unterschiedlicher Zwecke (mit Ausnahme des Betriebs eines Handelsgewerbes) gegründet werden (siehe oben Rn. 300). Eine oHG kann dagegen nur bestimmte Zwecke verfolgen. Der in der Praxis häufigste Gesellschaftszweck ist der Betrieb eines Handelsgewerbes (§ 1 Abs. 2 HGB), daneben kommen nach § 105 Abs. 2 HGB zwei weitere Zwecke in Betracht (s.u.). Je nach dem, welcher Zweck verfolgt wird, hat die Eintragung in das Handelsregister konstitutive (also die Eigenschaft als oHG begründende) oder rein deklaratorische Wirkung:
– Regelmäßiger Gesellschaftszweck einer oHG ist der **Betrieb eines Handelsgewerbes** (§§ 105 Abs. 1, 1 Abs. 2 HGB). Handelsgewerbe ist jeder Gewerbebetrieb, es sei denn, dass das Unternehmen nach Art oder Umfang einen in kaufmännischer Weise eingerichteten Geschäftsbetrieb nicht erfordert (§ 1 Abs. 2 HGB). Wird ein solches vollkaufmännisches Gewerbe betrieben, kommt es für die Entstehung der oHG nicht auf die Eintragung der Gesellschaft im Handelsregister an. Dies zeigt u.a. der Unterschied zwischen § 105 Abs. 1 HGB und § 105 Abs. 2 HGB. Nur in den Fällen des § 105 Abs. 2 (dazu sogleich) ist Voraussetzung für die Entstehung der oHG, dass *„die Firma des Unternehmens in das Handelsregister eingetragen ist".*
– Nach § 105 Abs. 2 S. 1 Alt. 1 HGB wird eine Gesellschaft, „deren Gewerbebetrieb nicht schon nach § 1 Abs. 2 Handelsgewerbe ist", durch Eintragung in das Handelsregister oHG. Hier geht es um Fälle, in denen zwar ein Gewerbebetrieb vorliegt, also eine selbstständige, planmäßige, anbietende und entgeltliche Tätigkeit am Markt, die nicht den freien Berufen zuzuordnen ist (s.o. Rn. 11 ff.), in denen aber die Anforderungen an Art und Umfang des Betriebes, die § 1 Abs. 2 für ein vollkaufmännisches Gewerbe aufstellt, nicht erfüllt sind (**Kleingewerbe**). Wenn Mehrere gemeinsam ein Kleingewerbe i.S.d. § 1 Abs. 2 HGB betreiben, sind sie also regelmäßig in der Rechtsform der GbR. Sie haben aber das Wahlrecht des § 105 Abs. 2 HGB, durch Anmeldung der Gesellschaft zum Handelsregister eine oHG zur Entstehung zu bringen. Die Handelsregistereintragung wirkt hier, anders als die Eintragung der vollkaufmännischen oHG, konstitutiv. Vor der Eintragung liegt eine GbR vor.
– Nach § 105 Abs. 2 S. 1 Alt. 2 HGB besteht ein Wahlrecht, eine oHG zur Entstehung zu bringen, ferner für eine **Gesellschaft, „die nur eigenes Vermögen verwaltet".** Es geht hier also um Gesellschaften, die kein Gewerbe, nicht einmal ein Kleingewerbe, betreiben. Der Gesetzgeber wollte hier insbesondere Holding-Gesellschaften sowie reinen Immobiliengesellschaften die Möglichkeit verschaffen, die Rechtsform der oHG anzunehmen. Wie bei den kleingewerblich tätigen Gesellschaften ist bei den rein vermögensverwaltenden Gesellschaften Voraussetzung für die Entstehung einer

oHG im Innenverhältnis die Eintragung der Gesellschaft im Handelsregister. Diese wirkt hier also wiederum nicht nur deklaratorisch, sondern konstitutiv. Vor der Eintragung liegt eine GbR vor.

533 In unserem Fall soll die von Belfinger und Birger gegründete Gesellschaft ausschließlich eine Immobilie erwerben, halten und vermieten. Darin liegt eine reine private Vermögensverwaltung, die nach der Rechtsprechung keine gewerbliche Tätigkeit darstellt[422], weder ein Handelsgewerbe i.S.d. § 1 Abs. 2 HGB noch ein kleinkaufmännisches Gewerbe i.S.v. § 105 Abs. 2 S. 1 Alt. 1 HGB. Vielmehr liegt eine reine Vermögensverwaltung i.S.d. § 105 Abs. 2 S. 1 Alt. 2 HGB vor. Belfinger und Birger irren daher, wenn sie der Meinung sind, dass ihre Gesellschaft auch ohne Eintragung in das Handelsregister eine oHG sei. Nach § 105 Abs. 2 S. 1 Alt. 2 HGB bedarf es zur Entstehung einer oHG vielmehr noch der Eintragung in das Handelsregister (**konstitutive Eintragung**). Solange diese nicht erfolgt ist, liegt keine oHG, sondern eine GbR vor.

534 Dritte Voraussetzung für das Vorliegen einer oHG ist nach § 105 Abs. 1 HGB i.V.m. § 705 BGB die Verpflichtung der Gesellschafter, Beiträge zu leisten (**Förderpflicht**). Hier ergeben sich gegenüber der GbR (siehe oben Rn. 301) keine Abweichungen.

535 Eine oHG liegt schließlich (vierte Voraussetzung) nur vor, wenn bei keinem der Gesellschafter die Haftung gegenüber den Gesellschaftsgläubigern beschränkt ist (**keine Haftungsbeschränkung**). Durch dieses Tatbestandsmerkmal wird die oHG von der KG abgegrenzt, bei der es neben persönlich haftenden Gesellschaftern auch Gesellschafter gibt, bei denen die Haftung gegenüber den Gesellschaftsgläubigern auf den Betrag einer bestimmten Vermögenseinlage beschränkt ist (Kommanditisten, siehe § 161 Abs. 1 HGB).

536 **Keine Voraussetzung** für das Vorliegen einer oHG ist schließlich eine **gemeinsame Firma**. Der Wortlaut des § 105 Abs. 1 HGB darf nicht zu dem Trugschluss verleiten, die Gesellschafter hätten es in der Hand, die Entstehung einer oHG dadurch zu vermeiden, dass sie auf eine gemeinschaftliche Firma verzichten.[423] Eine oHG, die wegen Erfüllung der vier oben genannten Tatbestandsmerkmale entstanden ist, ist vielmehr verpflichtet, eine Firma i.S.d. §§ 17 ff. HGB zu führen. Diese Firma ist nach § 17 Abs. 1 HGB der Name, unter dem die Gesellschaft ihre Geschäfte betreibt und Unterschriften abgibt. Nach § 19 Abs. 1 Nr. 2 HGB muss dieser Name die Bezeichnung „offene Handelsgesellschaft" oder eine allgemein verständliche Abkürzung dieser Bezeichnung (in der Praxis: „oHG") enthalten.

Ergänzender Hinweis

537 Ist die Eintragung in das Handelsregister für die Entstehung einer oHG konstitutiv (Fälle des § 105 Abs. 2 HGB), so besteht in dem Zeitraum zwischen dem Abschluss des Gesellschaftsvertrages und der Handelsregistereintragung eine GbR. Auf diese GbR finden überwiegend bereits die Vorschriften des Innenrechts der oHG Anwendung. Davon sind die Regelungen, die Gestaltungsklagen betreffen (§§ 117, 127, 133, 140 HGB), allerdings ausgenommen.[424]

---

422 BGH, Urt. v. 10.5.1979 – VII ZR 97/78, NJW 1974, S. 1650; *Kindler,* in: Ebenroth/Boujong/Joost/Strohn, HGB, 2. Aufl., § 1 Rn. 34 m.w.N.
423 *Hopt,* in: Baumbach/Hopt, HGB, 35. Aufl., § 105 Rn. 5.
424 *Schäfer,* Gesellschaftsrecht, 2. Auflage, § 5 Rn. 14.

Fall 42: Entstehung der oHG im Außenverhältnis (§ 123 HGB)

Henrik und Tobias schließen im Oktober 2011 einen schriftlichen Gesellschaftsvertrag betreffend die Gründung der H & T oHG, die in großem Umfang mit Landmaschinen handeln soll. Sie vereinbaren, dass die Geschäfte am 1. Januar 2012 aufgenommen werden sollen. Erst nach dem 1. Januar 2012 kümmern sich Henrik und Tobias um die Anmeldung der Gesellschaft zum Handelsregister. Die Eintragung der Gesellschaft erfolgt im März 2012. Bereits im Dezember 2011 hatte Tobias, auftretend im Namen der oHG, vom Landmaschinenhersteller Lelle 10 Mähdrescher gekauft. Als Tobias Henrik kurz vor Weihnachten 2011 von dem Kauf berichtete, protestierte dieser dagegen. Er hält bis heute daran fest, dass das Geschäft „für die Gesellschaft nicht bindend" sei. Kann Lelle von Henrik persönlich Bezahlung des vereinbarten Kaufpreises verlangen?

Problemstellung

Von der in § 105 HGB geregelten Frage, wann eine Gesellschaft im Innenverhältnis **538**
entsteht, ist die Frage zu unterscheiden, wann die Gesellschaft im Außenverhältnis entsteht, wann sie also gegenüber Dritten existent wird. Dafür lässt § 123 HGB den Abschluss des Gesellschaftsvertrages nicht genügen. Die Gesellschaft muss vielmehr für den Rechtsverkehr „sichtbar" werden. Darum geht es in unserem Fall.

Lösung

Lelle könnte gegen Henrik einen Anspruch aus §§ 433 Abs. 2 BGB, 128 S. 1 HGB haben. **539**
Dazu müsste zunächst eine Gesellschaftsschuld bestehen. Diese setzt voraus, dass bei Abschluss des Kaufvertrages im Dezember 2011 bereits eine Gesellschaft existierte.

Die vollkaufmännische oHG entsteht im Innenverhältnis bereits mit Abschluss des Gesellschaftsvertrages (§ 105 Abs. 1 HGB). Hier geht es jedoch um das Wirksamwerden der Gesellschaft gegenüber einem Dritten (Lelle), also im **Außenverhältnis**. Nach § 123 Abs. 1 HGB tritt diese Wirksamkeit mit dem Zeitpunkt ein, in welchem die Gesellschaft in das Handelsregister eintragen wird. Die Eintragung erfolgte hier erst im März 2012. Bei Abschluss des Kaufvertrages war die Gesellschaft also noch nicht nach § 123 Abs. 1 HGB wirksam geworden. **540**

Nach § 123 Abs. 2 HGB tritt die Wirksamkeit der Gesellschaft im Außenverhältnis **541**
allerdings schon vor der Handelsregistereintragung ein (soweit sich nicht aus § 2 oder § 105 Abs. 2 HGB etwas anderes ergibt), wenn die Gesellschaft ihre Geschäfte schon vor dem Eintragungszeitpunkt beginnt. Die Gesellschaft beginnt ihre Geschäfte bereits, wenn sie sog. Vorbereitungsgeschäfte tätigt, die erst die Grundlagen für die eigentliche Unternehmenstätigkeit schaffen sollen (z.B. Anmietung einer Geschäftsimmobilie, Eröffnung eines Bankkontos).[425] Hier fiel der Ankauf der Mähdrescher durch Tobias bereits in den Rahmen der eigentlichen Unternehmenstätigkeit.

Zum Schutze der Mitgesellschafter setzt ein Beginn der Geschäfte i.S.d. § 123 Abs. 2 **542**
HGB jedoch nach h.M. voraus, dass alle Gesellschafter der Aufnahme der Geschäfte zugestimmt haben.[426] Dafür spricht, dass auch bei dem anderen Entstehungstatbestand – der Eintragung in das Handelsregister – sichergestellt ist, dass die Entstehung nicht gegen den Willen der übrigen Gesellschafter stattfindet (hier dadurch, dass gemäß § 108 HGB die Anmeldung von sämtlichen Gesellschaftern zu bewirken ist). Der Sinn und Zweck dieser Regelung, dass niemand gegen seinen Willen in ein hohes Haftungs-

---

425 *K. Schmidt*, in: MüKo HGB, 3. Aufl., § 123 Rn. 9.
426 *Schäfer*, Gesellschaftsrecht, 2. Auflage, § 5 Rn. 15 m.w.N.; dagegen aber *K. Schmidt*, in: MüKo HGB, 3. Aufl., § 123 Rn. 10.

risiko gedrängt werden soll, muss auch bei der Entstehung der Gesellschaft durch Aufnahme der Geschäfte gemäß § 123 Abs. 2 HGB zum Tragen kommen.[427] Nach allem war bei Abschluss des Kaufvertrages im Dezember 2011 eine oHG im Außenverhältnis noch nicht entstanden. Eine Haftung Henriks gemäß §§ 433 Abs. 2 BGB, 128 S. 1 HGB (in direkter Anwendung) besteht nicht.

543 Möglicherweise hat Lelle aber gegen Henrik persönlich einen Anspruch auf Kaufpreiszahlung aus §§ 433 Abs. 2 BGB, 128 S. 1 HGB (in analoger Anwendung). Dies ist der Fall, wenn bei Abschluss des Kaufvertrages bereits eine **GbR** bestand, und zwischen Lelle und dieser ein wirksamer Kaufvertrag zustande gekommen ist.

544 Schon das Bestehen einer (Außen-)GbR bei Abschluss des Kaufvertrages ist indes zu verneinen. Denn die Entstehung einer GbR im Außenverhältnis setzt analog § 123 Abs. 2 HGB ebenfalls die Aufnahme der Geschäfte mit Zustimmung sämtlicher Gesellschafter voraus (die hier zu verneinen ist, s.o.). Der Grund für die Analogie liegt darin, dass das Haftungsregime der GbR heute im Wesentlichen dem der oHG entspricht (s.o. Rn. 461). Dies rechtfertigt es, den Schutzmechanismus des § 123 Abs. 2 HGB hier greifen zu lassen.[428]

545 Henrik haftet nach allem nicht für den Kaufpreisanspruch des Lelle. Tobias hat als Vertreter ohne Vertretungsmacht gehandelt und haftet nach § 179 BGB.

2. Innenverhältnis

Fall 43: Geschäftsführung (§ 114 HGB)

Gedamke und Niemeyer (wohnhaft jeweils in Lübeck) sowie Kohl (wohnhaft in Bremen) sind Gesellschafter der GNK oHG mit Geschäftssitz in Hamburg, die Immobilien verwaltet. Nach dem Gesellschaftsvertrag führt ausschließlich Kohl (von § 181 BGB befreit) die Geschäfte der Gesellschaft. Kohl hat im Namen der Gesellschaft mit seiner Gattin, die Architektin ist, einen Architektenvertrag geschlossen. Frau Kohl hat eine Rechnung über € 100.000 an die Gesellschaft geschickt. Herr Kohl will bezahlen; Gedamke und Niemeyer meinen dagegen, dass der Vertrag viel zu hoch dotiert sei. Herr Kohl habe bei Vertragsschluss seine Interessen (und die seiner Gattin) im Blick gehabt, nicht jedoch das Wohl der Gesellschaft. Man findet keine Einigung.
Kurz vor der beabsichtigten Auszahlung beantragen Gedamke und Niemeyer daher beim Landgericht Hamburg eine einstweilige Verfügung, durch die Kohl die Auszahlung verboten werden soll. Wird der Antrag Erfolg haben?

Problemstellung

546 Die gesetzlichen Regelungen zur Geschäftsführung in der oHG sind – als Regelungen des „Innenrechts" – grundsätzlich disponibel. Dieser Vorrang einer abweichenden gesellschaftsvertraglichen Regelung ist in § 109 HGB ausdrücklich bestimmt.

547 Während in der GbR der Grundsatz der Gesamtgeschäftsführung gilt (§ 709 Abs. 1 BGB, s.o. Rn. 350), sind bei der oHG nach der gesetzlichen Ausgangsregelung sämtliche Geschäftsführer jeweils einzeln zur Geschäftsführung berufen (**Einzelgeschäftsführung,** §§ 114 Abs. 1, 115 Abs. 1, ergänzt durch den Grundsatz der Einzelvertretung gemäß § 125 HGB).

---

427 *Schäfer*, Gesellschaftsrecht, 2. Auflage, § 5 Rn. 15.
428 *Schäfer*, Gesellschaftsrecht, 2. Auflage, § 5 Rn. 15.

Durch den Gesellschaftsvertrag können einzelne Gesellschafter von der Geschäftsführung ausgeschlossen werden. Dies kann ausdrücklich geschehen. Alternativ kann der Gesellschaftsvertrag den oder die zur Geschäftsführung berufenen Gesellschafter benennen. § 114 Abs. 2 HGB stellt klar, dass die übrigen Gesellschafter dann von der Geschäftsführung ausgeschlossen sind. **548**

Steht die Geschäftsführung allen oder mehreren Gesellschaftern zu, so regelt § 115 HGB deren Verhältnis untereinander. Nach § 115 Abs. 1 HGB ist jeder einzelne Geschäftsführer berechtigt, allein zu handeln. Widerspricht ein anderer zur Geschäftsführung berufener Gesellschafter, muss das Geschäft aber unterbleiben (zur Klarstellung: von der Geschäftsführung ausgeschlossene Gesellschafter haben das Widerspruchsrecht nach § 115 Abs. 1 HGB nicht). **549**

Vom Grundsatz der Einzelgeschäftsführung kann abgewichen werden, indem im Gesellschaftsvertrag bestimmt wird, dass die geschäftsführenden Gesellschafter nur zusammen handeln können. Eine Geschäftsführungsmaßnahme ist dann nur zulässig, wenn ihr sämtliche geschäftsführenden Gesellschafter zugestimmt haben, § 115 Abs. 2 HGB. Eine Ausnahme gilt nur bei Gefahr im Verzug. **550**

Prozessual ist unser Fall eingekleidet (insb.) in Fragen des einstweiligen Rechtsschutzes (Einstweilige Verfügung, §§ 935 ff. i.V.m. §§ 916 ff. ZPO). Der einstweilige Rechtsschutz hat bei gesellschaftsrechtlichen Streitigkeiten eine erhebliche Praxisrelevanz. **551**

Lösung

Der **Antrag auf Erlass einer einstweiligen Verfügung** wird Erfolg haben, wenn er **zulässig und begründet** ist. Die Zulässigkeit eines Verfahrens nach § 935 ZPO bestimmt sich nach den allgemeinen Kriterien, es müssen also die allgemeinen Prozessvoraussetzungen erfüllt sein.[429] U.a. muss das angerufene Gericht sachlich und örtlich zuständig sein. Nach § 937 Abs. 1 ZPO ist für den Erlass einstweiliger Verfügungen das Gericht der Hauptsache zuständig (zu Ausnahmen s. § 942 ZPO). **552**

Örtliche Zuständigkeit: Der allgemeine Gerichtsstand für Klagen gegen Kohl richtet sich gemäß § 13 ZPO nach dessen Wohnsitz, liegt hier also in Bremen. Daneben besteht hier jedoch nach § 22 ZPO der besondere Gerichtsstand der Mitgliedschaft. Danach ist u.a. für Klagen von Gesellschaftern, die gegen Mitgesellschafter (in dieser Eigenschaft) erhoben werden, das Gericht örtlich zuständig, bei dem **die Gesellschaft ihren allgemeinen Gerichtsstand** hat. Dieser liegt für die GHK oHG gemäß § 17 Abs. 1 ZPO in Hamburg. Zwischen dem allgemeinen und einem oder mehreren besonderen Gerichtsständen hat der Kläger (im Verfügungsverfahren: der Antragsteller) nach § 35 ZPO die Wahl. **553**

Sachliche Zuständigkeit: Die sachliche Zuständigkeit des Landgerichts ergibt sich aus §§ 23 Nr. 1, 71 Abs. 1 GVG (Streitwert von über € 5.000). Funktionell zuständig ist auf Antrag gemäß §§ 96 f. GVG die Kammer für Handelssachen (KfH). **554**

Der Antrag ist danach vorliegend **zulässig.** **555**

Der Antrag auf Erlass einer einstweiligen Verfügung ist **begründet,** wenn der Antragsteller einen Verfügungsanspruch und einen Verfügungsgrund schlüssig behauptet und glaubhaft macht.[430] **556**

---

429 *Kemper,* in: Saenger, ZPO, 4. Aufl., § 935 Rn. 8. Der Verfügungsgrund i.S.d. § 935 ZPO stellt zwar der Sache nach eine besondere Form des Rechtsschutzbedürfnisses dar (OLG Frankfurt a.M., Beschl. v. 22.3.2001 – 6 W 67/01, GRUR-RR 2002, S. 44). Anders als das allgemeine Rechtsschutzbedürfnis, das Zulässigkeitsvoraussetzung ist, ist der Verfügungsgrund im Rahmen des Verfügungsverfahrens aber als Element der Begründetheit des Verfügungsantrages zu prüfen, so etwa *Kemper,* a.a.O., Rn. 13.

430 *Kemper,* in: Saenger, ZPO, 4. Aufl., § 935 Rn. 10.

557 Ein **Verfügungsgrund** liegt nach § 935 ZPO vor, *„wenn zu besorgen ist, dass durch eine Veränderung des bestehenden Zustandes die Verwirklichung des Rechts einer Partei vereitelt oder wesentlich erschwert werden könnte".* Eine einstweilige Verfügung darf danach nur bei besonderer Eilbedürftigkeit ergehen. Diese Eilbedürftigkeit könnte hier im Hinblick auf die unmittelbar bevorstehende Zahlung bestehen. Dies kann dahinstehen, wenn jedenfalls ein Verfügungsanspruch nicht bestehen sollte.

558 **Verfügungsanspruch** ist der durch einstweilige Verfügung zu sichernde Anspruch. In Betracht kommt jeder zivilrechtliche Individualanspruch mit Ausnahme (wegen des Vorrangs des Arrestverfahrens, §§ 916 ff. ZPO) von Geldforderungen und Ansprüchen, die in Geldforderungen übergehen können.[431] Gedamke und Niemeyer wollen durch die beantragte Verfügung einen Unterlassungsanspruch sichern. Das ist im Verfügungsverfahren grundsätzlich möglich.

559 Fraglich ist aber, ob ein **Unterlassungsanspruch** materiellrechtlich besteht. Das Bestehen eines solchen Anspruches ist im Verfügungsverfahren summarisch zu prüfen. Das bedeutet, dass hinsichtlich der anspruchsbegründenden Tatsachen anstelle der im Hauptsacheverfahren nötigen Überzeugung des Gerichts (§ 286 ZPO) bereits Glaubhaftmachung ausreicht, wofür z.B. eine eidesstattliche Versicherung genügen kann (§ 294 Abs. 1 ZPO). Eine vollständige fachkundige Rechtsprüfung (insb. Schlüssigkeitsprüfung) ist dagegen auch im Verfügungsverfahren geboten.[432]

560 Danach ist ein Unterlassungsanspruch Gedamkes und Niemeyers in unserem Fall abzulehnen. Die beabsichtigte Honorarzahlung ist eine Maßnahme der Geschäftsführung. Die Zuständigkeit dafür richtet sich in der oHG nach den §§ 114 ff. HGB.

561 Nach dem Sachverhalt haben die Gesellschafter in Abweichung vom Regelstatut der oHG vereinbart, dass nur ein Gesellschafter – Kohl – die Geschäfte führen soll. Niemeyer und Gedamke sind von der Geschäftsführung ausgeschlossen. Das ist zulässig, § 114 Abs. 2 HGB. Kohl hat danach die Geschäfte allein zu führen. Seine Mitgesellschafter haben in Geschäftsführungsangelegenheiten grundsätzlich kein Mitspracherecht, daher auch keine Unterlassungsansprüche.

562 Gedamke und Niemeyer haben insbesondere kein Widerspruchsrecht gegen Geschäftsführungsmaßnahmen Kohls gemäß § 115 Abs. 1 HGB, denn diese Regelung begründet ein Widerspruchsrecht nur bei *mehreren* geschäftsführenden Gesellschaftern. Hier ist Kohl einziger Geschäftsführer.

563 Ein Unterlassungsanspruch lässt sich auch nicht mit § 116 Abs. 2 HGB begründen, wonach zur Vornahme von Handlungen, die über den gewöhnlichen Betrieb der Gesellschaft hinausgehen (**außergewöhnliche Geschäfte**), ein Beschluss sämtlicher Gesellschafter erforderlich ist. Die Beauftragung und Bezahlung von Architekten gehört nämlich grundsätzlich zum gewöhnlichen Geschäftsbetrieb der GNK oHG.

564 Daran lässt sich im konkreten Fall allenfalls deshalb zweifeln, weil Kohl in seiner Eigenschaft als Alleingeschäftsführer möglicherweise (dies steht nach dem Sachverhalt nicht fest) seine privaten Interessen mit dem Geschäftsinteresse in einer Weise verknüpft hat, die die Gefahr einer Interessenkollision begründet, die zu einem Schaden der Gesellschaft führen kann. Es ließe sich argumentieren, dass hier der Bereich des „gewöhnlichen Betriebes" gemäß § 116 Abs. 1 HGB verlassen sei. Der BGH hat dies in der Entscheidung, an die unser Fall angelehnt ist, jedoch verneint. Die gegenseitigen Interessen der Gesellschaft einerseits und des geschäftsführenden Gesellschafters andererseits seien von der Sache her klar und kontrollierbar abgegrenzt. Auch hätten die

---

431 *Kemper,* in: Saenger, ZPO, 4. Aufl., § 935 Rn. 11.
432 *Drescher,* in: MüKo ZPO, 4. Aufl., § 935 Rn. 12.

Mitgesellschafter typischer Weise eintretende Interessenkollisionen durch die gesellschaftsvertragliche Befreiung von § 181 BGB gerade gebilligt. Die abstrakte Gefahr einer Interessenkollision könne die zu beurteilende Maßnahme daher nicht als „außergewöhnlich" i.S.d. § 116 Abs. 1, 2 HGB qualifizieren.[433]

Im Ergebnis ist ein Unterlassungsanspruch Gedamkes und Niemeyers, der durch eine **565** einstweilige Verfügung gesichert werden könnte, in unserem Fall zu verneinen. Die beiden können Kohl also auch nicht durch Prozesse „in die Geschäftsführung hineinreden". Sie sind zunächst auf die Geltendmachung von Schadensersatzansprüchen beschränkt (die dann entstehen, wenn Kohls Maßnahme tatsächlich pflichtwidrig ist und zu einem Schaden führt). Bei Vorliegen eines wichtigen Grundes können sie auf Entziehung der Geschäftsführungsbefugnis nach § 117 HGB klagen (Gestaltungsklage).[434]

Der Verfügungsantrag wird keinen Erfolg haben.   **566**

Fall 44: Innenverhältnis der oHG: Konten, Gewinn- und Entnahmerechte

> Robert und Axel gründen am 1. Januar 2010 die Northern Shores oHG, die Sportartikel herstellt und vertreibt. Am 1. Januar 2010 leistet Robert eine Bareinlage von € 150.000, Axel eine Bareinlage von € 100.000. Am 1. Juli 2010 leistet Robert eine weitere Einlage (Nachschuss) von wiederum € 100.000. Robert und Axel stellen im Februar 2011 den Jahresabschluss der oHG per 31. Dezember 2010 fest; der Jahresüberschuss beträgt danach € 90.000. Wie entwickeln sich die Kapitalkonten der Gesellschafter, wie wird der Gewinn verteilt und welche Entnahmerechte bestehen, wenn Robert und Axel keine vom Gesetz abweichenden Vereinbarungen getroffen haben?

Problemstellung

Wer sich mit der **Finanzverfassung** der Handelsgesellschaften beschäftigt, muss folgende **567** Begriffe auseinander halten:

Der **Gesellschaftsanteil** ist der Inbegriff der (vermögenswerten und nicht vermögens- **568** werten) Gesellschaftsrechte des Gesellschafters.

Vom **Vermögensanteil** wird gesprochen, wenn die **wertmäßige Beteiligung** des Gesell- **569** schafters am Gesellschaftsvermögen gemeint ist. Damit ist kein Bruchteilseigentum gemeint. Denn Inhaberin des Gesellschaftsvermögens sind nach moderner Auffassung von der Gesamthand nicht (anteilig) die Gesellschafter; vielmehr ist ausschließlich die Gesellschaft selbst Inhaberin des Gesellschaftsvermögens.

Während das Gesetz davon ausgeht, dass jeder Gesellschafter mit seinem Gesellschafts- **570** anteil auch einen Vermögensanteil hält (also wertmäßig am Vermögen der Gesellschaft beteiligt ist), sind **abweichende Gestaltungen** zulässig. Der Gesellschaftsvertrag kann vorsehen, dass ein Gesellschafter keinen Vermögensanteil (kein Kapitalkonto) hat. Der Gesellschaftsanteil eines solchen Gesellschafters umfasst dann nur andere als vermögensbezogene Rechte und Pflichten. Üblich ist insbesondere die Gründung einer GmbH & Co. KG mit einer GmbH als Komplementärin, die keinen Kapitalanteil hält. Die GmbH hält hier einen Gesellschaftsanteil und ist kraft dessen insbesondere zur Führung der Geschäfte der KG berechtigt und verpflichtet (§§ 163, 114 Abs. 1 HGB). Sie hat aber keinen Vermögensanteil, bleibt also insbesondere bei der Verteilung von Gewinnen und Verlusten sowie bei der Verteilung eines etwaigen Liquidationserlöses außen vor; sie hat

---

433 BGH, Urt. v. 11.2.1980 – II ZR 41/79, NJW 1980, S. 1463 (1465).
434 Eine solche Klage ist auch gegen den einzigen geschäftsführenden Gesellschafter möglich; zu dann erforderlich werdenden Neuordnung der Geschäftsführung s. *Hopt*, in: Baumbach/Hopt, HGB, 35. Aufl., § 117 Rn. 10.

regelmäßig (wenn sich die Stimmrechte nach der Vermögensbeteiligung richten) auch kein Stimmrecht in der Gesellschafterversammlung.

571 Der **Kapitalanteil** ist schließlich eine reine Rechenziffer, die den *buchmäßigen* Wert der Einlage des Gesellschafters unter Berücksichtigung (weiterer) Einlagen und Entnahmen sowie von Gewinn- und Verlustanteilen wiedergibt. „Buchmäßig" bedeutet dabei, dass der Wert des Kapitalanteils sich aus der Finanzbuchhaltung ergibt. Dieser Buchwert spiegelt nicht notwendig den wahren Wert der Beteiligung wider und weicht in der Praxis regelmäßig davon ab, insbesondere weil stille Reserven in der Finanzbuchhaltung nicht sichtbar sind. Die Kapitalkonten der Gesellschafter spiegeln übrigens auch nicht die Verhältnisse der Beteiligungen der Gesellschafter und Gesellschaftsvermögen wider. Ihnen lässt sich vielmehr nur die absolute Wertdifferenz zwischen den Vermögensbeteiligungen entnehmen.[435]

572 Nach § 719 Abs. 1 BGB (**gesamthänderische Bindung**) kann ein Gesellschafter nicht über seinen Anteil an dem Gesellschaftsvermögen und an den einzelnen dazu gehörenden Gegenständen verfügen. Der Norm ist nicht zu entnehmen, dass ein Gesellschaftsanteil kraft Gesetzes nicht übertragen werden darf. Der Anteil ist vielmehr übertragbar, wenn auch (wenn im Gesellschaftsvertrag nichts Abweichendes geregelt ist) nur mit Zustimmung der Mitgesellschafter. § 719 Abs. 1 BGB besagt vielmehr nach dem modernen Gesamthandsverständnis lediglich, dass es kein Bruchteilseigentum an den Gegenständen des Gesellschaftsvermögens gibt, da nur die Gesellschaft selbst Inhaberin dieses Vermögens ist.

573 Nach dem in § 717 S. 1 BGB enthaltenen **Abspaltungsverbot** kann der Gesellschafter seine Mitgliedschaftsrechte nicht von der Mitgliedschaft getrennt übertragen. Davon sind nach § 717 S. 2 BGB Ansprüche ausgenommen, die sich von der Mitgliedschaft gelöst haben oder sich (bei Abtretung künftiger Ansprüche) mit ihrer Entstehung davon lösen werden. Abtretbar ist danach insbesondere ein (auch künftiger) Gewinnanspruch.[436]

Lösung

574 Die gesetzliche Finanzverfassung der oHG (von der im Gesellschaftsvertrag häufig abgewichen wird, s.u. Rn. 587) beruht auf einem **System variabler Kapitalanteile**. Danach gibt der Kapitalanteil eines Gesellschafters bei Gesellschaftsgründung oder Beitritt eines Gesellschafters dessen Einlage wieder. Im weiteren Verlauf werden dem Kapitalanteil Gewinne und (weitere) Einlagen zugeschrieben; Verluste und Entnahmen werden davon abgeschrieben (§ 120 Abs. 2 HGB). Der Kapitalanteil eines Gesellschafters wächst und schrumpft im Laufe des Gesellschaftslebens also kontinuierlich.

575 Bei **Gesellschaftsgründung** betrug Roberts Kapitalanteil damit (entsprechend seiner Einlage) € 150.000, Axel hatte einen Kapitalanteil von € 100.000. Durch die **weitere Einlage** Roberts am 1. Juli 2010 hat sich dessen Kapitalanteil um € 100.000 auf € 250.000 erhöht.

576 Gewinnverteilung: Der Jahresüberschuss 2010 von € 90.000 ist wie folgt zu verteilen: Nach § 121 Abs. 1 S. 1 HGB sind zunächst die **Kapitalanteile** der Gesellschafter **mit 4 % zu verzinsen.** Wurden (wie hier) unterjährig Einlagen oder Entnahmen getätigt, kommt es dabei nicht auf die Kapitalanteile am Schluss des Geschäftsjahres (wie oben angegeben) an. Die Einlagen oder Entnahmen sind vielmehr nach § 121 Abs. 2 HGB zeitanteilig zu berücksichtigen. (Nur) für Zwecke der Verzinsung nach § 121 Abs. 1 S. 1 HGB

---

435 *K. Schmidt*, Gesellschaftsrecht, 4. Auflage, § 47 III 2 c) bb).
436 *Schäfer*, Gesellschaftsrecht, 2. Auflage, § 9 Rn. 1; zu den Einzelheiten s. *Ulmer/Schäfer*, in: MüKo BGB, 5. Aufl., § 717 Rn. 31.

ergibt sich damit für Robert per 31. Dezember 2010 ein Kapitalanteil von (€ 150.000 + ¹/₂ * € 100.000 =) € 200.000, für Axel ein Kapitalanteil von € 100.000. Die Verzinsung der Kapitalanteile nach § 121 Abs. 1 S. 1 HGB beträgt damit für Robert € 8.000, für Axel € 4.000.

Der verbleibende Jahresüberschuss von (€ 90.000 – € 8.000 – € 4.000 =) € 78.000 ist **577** nach § 121 Abs. 3 HGB **nach Köpfen zu verteilen**, Robert und Axel werden also je weitere € 39.000 gutgeschrieben. Insgesamt werden Robert also € 47.000 gutgeschrieben und Axel € 43.000. Im System der variablen Kapitalanteile verändern die genannten Gewinne unmittelbar die variablen Kapitalkonten der Gesellschafter. Das Kapitalkonto Roberts nach Verbuchung seines Gewinnanteils beträgt also (€ 250.000 + € 47.000 =) € 297.000, das Kapitalkonto Axels (€ 100.000 + € 43.000 =) € 143.000.

Entnahmerechte: Die Gewinnverteilung, die nach dem Gesetz wie vorstehend beschrie- **578** ben vorzunehmen ist, führt lediglich dazu, dass sich die variablen Kapitalanteile der Gesellschafter ändern. Dadurch fließt noch kein Geld an die Gesellschafter. Es ist auch nicht so, dass die wie oben beschrieben ermittelten Gewinnanteile stets entnommen werden können. Vielmehr enthält § 122 HGB eine eigenständige Entnahmeregelung.

Nach § 122 Abs. 1 HGB ist jeder Gesellschafter zunächst berechtigt, einen Betrag von **579** **4 % seines für das letzte Geschäftsjahr festgestellten Kapitalanteils** zu entnehmen. Der für das letzte Geschäftsjahr festgestellte Kapitalanteil betrug für Robert € 250.000, für Axel € 100.000, so dass zunächst € 10.000 bzw. € 4.000 entnommen werden können. Nach § 122 Abs. 1 HGB können Robert und Axel außerdem auch die Differenz zwischen diesen Beträgen und ihren jeweiligen Gewinnanteilen entnehmen, dies jedoch nur unter der weiteren Voraussetzung, dass diese weitere Entnahme nicht zum offenbaren Schaden der Gesellschaft gereichen darf. Dies ist eine Tatfrage, zu der unser Sachverhalt keine Angaben enthält.

Ergänzende Hinweise

In der **gesellschaftsvertraglichen Praxis** wird regelmäßig vom System variabler Kapital- **580** anteile abgewichen. Statt eines variablen Kapitalkontos werden mehrere Konten für jeden Gesellschafter geführt, und zwar regelmäßig sowohl Konten, die Kapitalanteile ausweisen, als auch solche, die schuldrechtliche Ansprüche und Verbindlichkeiten zeigen.[437]

Nach gängiger Praxis wird zunächst für jeden Geschäftsführer ein **festes Kapitalkonto** **581** geführt, auf dem ausschließlich die Einlagen verbucht wird, und nach dem die Verteilung von Gewinnen und Verlusten vorgenommen wird (Kapitalkonto I). Gewinn- und Verlustanteile sowie Entnahmen und weitere Einlagen werden auf einem variablen Kapitalkonto II verbucht. Schließlich wird für jeden Gesellschafter ein Privat- oder Darlehenskonto geführt, auf dem die zwischen Gesellschaft und Gesellschafter bestehenden schuldrechtlichen Ansprüche und Verbindlichkeiten verbucht werden. Weitere Konten können hinzukommen.

Unabhängig davon, welche einzelnen Konten abweichend von der gesetzlichen Rege- **582** lung (ein variables Kapitalkonto) geführt werden, ist entscheidend, dass in Gesellschaftsverträgen in aller Regel von der **Gewinnverteilungsregelung** nach § 121 Abs. 1, 3 abgewichen wird. Hinter dieser gesetzlichen Regelung (= Verzinsung von Kapitalanteilen + Verteilung des Restgewinns nach Köpfen) steht die Überlegung, dass die Gewinnverteilung (auch) das Haftungsrisiko der Gesellschafter widerspiegeln soll. Dieses Haftungsrisiko ist bei allen Gesellschaftern – unabhängig von der jeweiligen Einlage – in

---

437 Zu aktuellen gesellschaftsrechtlichen Fragen im Zusammenhang mit Gesellschafterkonten s. *Wälzholz*, DStR 2011, S. 1815 ff.

dem Sinne gleich hoch, dass alle Gesellschafter in vollem Umfang mit ihrem Privatvermögen haften (§ 128 S. 1 HGB). In der Praxis wird dagegen fast immer die Anknüpfung der Gewinnverteilung an die geleisteten Gesellschafterbeiträge für sachgerecht gehalten und entsprechend im Gesellschaftsvertrag verankert.

3. Die oHG im Rechtsverkehr (Außenverhältnis)

Fall 45: Einzelvertretung (§ 125 HGB)

Kirchbauer, Schäfer und von Schlippe sind Gesellschafter der Music oHG, die Veranstaltungstechnik vertreibt. Geschäftsführung und Vertretung waren bislang entsprechend dem Gesetz geregelt. Am 1. Januar 2012 beschließen die Gesellschafter eine Änderung des Gesellschaftsvertrages wie folgt: „Mit sofortiger Wirkung sind nur noch Schäfer und von Schlippe zur Geschäftsführung und Vertretung der Gesellschaft berufen, und zwar nur gemeinsam. Sie dürfen keine Grundstücksgeschäfte tätigen." Die Änderung wird nicht in das Handelsregister eingetragen. Im März 2012 ergibt sich die Möglichkeit, vom bisherigen Eigentümer Engelke das Geschäftsgrundstück zu erwerben, auf dem die oHG ihr Geschäftsgebäude bislang gemietet hat. Schäfer und von Schlippe diskutieren darüber; von Schlippe lehnt den Ankauf dabei strikt ab. Schäfer hält die Gelegenheit für so gut, dass er sich darüber hinwegsetzt und allein im Namen der oHG handelnd das Grundstück erwirbt. Die Gesellschaft wird als Eigentümerin in das Grundbuch eingetragen. Als von Schlippe davon erfährt, fordert er Schäfer wütend auf, nach einer Veräußerungsmöglichkeit für das Grundstück zu suchen. Einen „weiteren Alleingang" beim Verkauf verbitte er sich allerdings. Schäfer solle von Schlippe informieren, wenn es einen Kaufinteressenten gebe, damit man dann gemeinschaftlich handelnd verkaufen können. Schäfer setzt sich darüber einmal mehr hinweg und verkauft und übereignet (ohne Mitwirkung oder Wissen von Schlippes) an den Mitgesellschafter Kirchbauer, der in das Grundbuch eingetragen wird. Wer ist jetzt Eigentümer des Grundstückes?

Problemstellung

583 Der Fall betrifft Grundfragen der Geschäftsführung und der Vertretungsmacht in der oHG.

Lösung

584 Ursprünglich war Engelke Eigentümer des Grundstückes. Die Music oHG könnte das Eigentum am Grundstück gemäß §§ 873 Abs. 1, 925 Abs. 1 S. 1 BGB von Engelke erworben haben. Neben der erfolgten Grundbucheintragung müsste dazu zwischen Engelke und der Gesellschaft die Auflassung wirksam vereinbart worden sein. Fraglich ist allein, ob Schäfer die Gesellschaft dabei wirksam vertreten hat (§§ 164 ff. BGB).

585 In der oHG gelten die Grundsätze der Einzelgeschäftsführung (§§ 114 Abs. 1, 115 Abs. 1 HGB) und der Einzelvertretung (§ 125 Abs. 1 HGB). Der Umfang der Vertretungsmacht ist gesetzlich festgelegt und sehr weit. Sie erstreckt sich nach § 126 Abs. 1 HGB „auf alle gerichtlichen und außergerichtlichen Geschäfte und Rechtshandlungen einschließlich der Veräußerung und Belastung von Grundstücken sowie der Erteilung und des Widerrufs einer Prokura". Vor Änderung des Gesellschaftsvertrages am 1. Januar 2012 war Schäfer daher ohne weiteres dazu berechtigt, die Gesellschaft ohne Mitwirkung seiner Mitgesellschafter bei Grundstücksgeschäften zu vertreten.

586 Die Änderungen des Gesellschaftsvertrages vom 1. Januar 2012 zielten auf eine doppelte Beschränkung der Geschäftsführungsbefugnis und der Vertretungsmacht (u.a.) des Schäfer ab. Er sollte nur noch gemeinsam mit von Schlippe handeln können (Gesamtvertretung) und Grundstücksgeschäfte sollten von Geschäftsführungsbefugnis und Vertretungsmacht nicht mehr umfasst sein (Beschränkung in gegenständlicher Hinsicht). Fraglich ist, ob diese Beschränkungen wirksam vereinbart werden konnten.

Soweit sich die Beschränkungen auf die **Geschäftsführungsbefugnis** beziehen, sind sie   **587** wirksam. Bestimmungen zur Geschäftsführungsbefugnis als Regelungen des Innenverhältnisses der Gesellschafter unterliegen nach § 109 HGB deren Disposition, können also im Gesellschaftsvertrag geändert werden.

Die Regelungen zur **Vertretungsmacht** sind dagegen, weil sie die Interessen Dritter berühren, nur in beschränktem Umfang disponibel. In unserem Fall war die gegenständliche Beschränkung der Vertretungsmacht, nämlich das Verbot von Grundstücksgeschäften, gemäß § 126 Abs. 2 HGB unwirksam. Nach dieser Vorschrift ist jede Beschränkung des Umfangs der Vertretungsmacht Dritten gegenüber unwirksam; dies gilt insbesondere von der Beschränkung, dass sich die Vertretung nur auf gewisse Geschäfte oder Arten von Geschäften erstrecken oder dass sie nur unter gewissen Umständen oder für eine gewisse Zeit oder an einzelnen Orten stattfinden soll. Die Gesellschafter haben die Vertretungsmacht von Schäfer und von Schlippe daher in gegenständlicher Hinsicht nicht wirksam begrenzt.   **588**

Seit dem 1. Januar 2012 **fallen damit Geschäftsführungsbefugnis und Vertretungsmacht**   **589** **auseinander.** Schäfer musste den Grundstückerwerb daher im Innenverhältnis (Geschäftsführungsbefugnis) unterlassen, war dazu aber im Außenverhältnis (Vertretungsmacht) berechtigt (zur Frage der Einzel- oder Gesamtvertretung siehe noch unten). Das im Innenverhältnis bestehende Verbot schlägt nicht auf das Außenverhältnis durch. Eine Ausnahme davon besteht lediglich bei einem **Missbrauch der Vertretungsmacht.** Es ist umstritten, ob diese Rechtsfigur bei organschaftlichen Vertretern ein **bewusstes Überschreiten** der Vertretungsmacht durch den Vertreter voraussetzt, oder ob dessen objektive Pflichtverletzung genügt; Letzteres ist heute wohl herrschende Meinung.[438] Weil ein bewusstes Überschreiten hier vorliegt, kommt ein Missbrauch der Vertretungsmacht im Ergebnis unabhängig von dieser Streitfrage in Betracht. Ein solcher ist allerdings ausgeschlossen, soweit die Vertretung gegenüber einem gutgläubigen Dritten erfolgt. Der Missbrauch für den Dritten evident sein. Dafür müssen mindestens massive Verdachtsmomente vorliegen.[439] Hier ist für solche Anhaltspunkte und damit insgesamt für einen Missbrauch der Vertretungsmacht nichts ersichtlich. In gegenständlicher Hinsicht hatte Schäfer daher Vertretungsmacht für den Erwerb der Immobilie.

Ergänzt sei, dass dem Umstand, dass von Schlippe dem Erwerb widersprochen hat, hier   **590** keine gesonderte Bedeutung zukommt. Bei Gesamtgeschäftsführung durch mehrere Geschäftsführer hat jeder Gesamtgeschäftsführer ein **Widerspruchsrecht** gegen (beabsichtigte) Maßnahmen seiner Mitgeschäftsführer. Ein Geschäft, dem auf diese Weise widersprochen worden ist, muss gemäß § 115 Abs. 2 HGB unterbleiben. Die Rechtsfolgen dieses Widerspruchs sind auf die Befugnis zur Geschäftsführung beschränkt. Sie schlagen nicht auf das Außenverhältnis, also die Vertretungsmacht, durch.[440] Die Grenze ist auch hier der Missbrauch der Vertretungsmacht,[441] für den hier nichts ersichtlich ist (s.o.). In unserem Fall hat der Widerspruch nach § 115 Abs. 2 HGB deshalb keine gesonderte Bedeutung, weil Schäfer die Geschäftsführungsbefugnis für den Erwerb schon deshalb fehlte, weil sich die Befugnis zur Geschäftsführung nach dem Gesellschaftsvertrag grundsätzlich nicht auf Grundstücksgeschäfte erstreckte (s.o.). Die Maßnahme war daher im Innenverhältnis unzulässig, ohne dass es des Rückgriffs auf § 115 Abs. 2 HGB bedarf.

---

438 *Habersack,* in: Staub, HGB, 5. Auflage, § 126 Rn. 24 f. m.w.N.
439 *Habersack,* in: Staub; HGB, 5. Auflage, § 126 Rn. 26 f. m.w.N.
440 *Hopt,* in: Baumbach/Hopt, HGB, 35. Aufl., § 115 Rn. 4.
441 *Hopt,* a.a.O. (Fn. 446).

591 Während der gegenständliche Umfang der Vertretungsmacht nach § 126 Abs. 2 HGB nicht beschränkt werden darf (s.o.), ist eine Beschränkung der Vertretungsmacht in dem Sinne, dass statt Einzelvertretungsmacht **Gesamtvertretungsmacht** besteht, nach der ausdrücklichen Bestimmung in § 125 Abs. 2 S. 1 HGB zulässig. Eine solche Regelung haben die Gesellschafter hier durch die Änderung des Gesellschaftsvertrages am 1. Januar 2012 getroffen. Zu beachten ist aber, dass die Änderung der Vertretungsmacht gemäß § 107 HGB in das Handelsregister hätte eingetragen werden müssen. Da es sich um eine in den Angelegenheiten der Gesellschafter einzutragende Tatsache handelt, kann die Beschränkung der Vertretungsmacht dem (mangels gegenteiliger Angaben im Sachverhalt) gutgläubigen Engelke gemäß § 15 Abs. 1 HGB nicht entgegen gehalten werden (**negative Publizität** des Handelsregisters). Schäfer hat die Music oHG nach allem wirksam bei Erwerb des Eigentums am Grundstück vertreten. Die Music oHG ist Eigentümerin geworden.

592 Die Music oHG hat das Eigentum am Grundstück nicht auf Kirchbauer übertragen. Es liegt keine wirksame Auflassung (§ 925 BGB) vor, weil Schäfer die Gesellschaft bei der Übereignung nicht wirksam vertreten hat. Zunächst war das Geschäft in gegenständlicher Hinsicht nicht vom Umfang seiner Vertretungsmacht gedeckt. Grundstücksgeschäfte waren davon ausgenommen. Die Unwirksamkeit einer Beschränkung der Vertretungsmacht dem Umfang nach gilt nach § 126 Abs. 2 Hs. 1 HGB nämlich nur „Dritten gegenüber". Auf **Rechtsgeschäfte zwischen der Gesellschaft und einem ihrer Gesellschafter** findet der Grundsatz der unbeschränkten und unbeschränkbaren Vertretungsmacht daher keine Anwendung.[442] Insoweit besteht nämlich kein Anlass, die Interessen der Gesellschaft und der Mitgesellschafter dem allgemeinen Interesse an Verkehrssicherheit, wie es durch § 126 Abs. 2 HGB geschützt wird, unterzuordnen. Schäfer hat die Music oHG bei der Veräußerung des Grundstückes zudem deshalb nicht wirksam vertreten, weil er nach der Änderung des Gesellschaftsvertrages am 1. Januar 2012 nur gesamtvertretungsberechtigt war. Anders als der frühere Eigentümer Engelke (s.o.) kann sich Kirchbauer nicht auf § 15 Abs. 1 HGB berufen, weil er (wegen seiner Mitwirkung daran) positive Kenntnis von der Änderung der Vertretungsmacht hatte (s. § 15 Abs. 1 HGB a.E.: „Es sei denn, dass wie diesem bekannt war".).

593 Nach allem ist die Music oHG Eigentümerin des Grundstückes geworden und ist dies heute noch. Bei Verkauf und Veräußerung an Kirchbauer handelte Schäfer als Vertreter ohne Vertretungsmacht, sodass die §§ 177 ff. BGB anwendbar sind. Die Gesellschaft kann die Veräußerung gemäß § 177 Abs. 1 BGB genehmigen (allerdings müssten vorher durch neuerliche Vertragsänderung Grundstücksgeschäfte wieder in die Geschäftsführungsbefugnis und Vertretungsmacht einbezogen werden). Bleibt die Genehmigung aus, kommen Ansprüche des Kirchbauer gegen Schäfer nach § 179 BGB (Haftung des Vertreters ohne Vertretungsmacht) wegen der positiven Kenntnis Kirchbauers vom Fehlen der Vertretungsmacht gemäß § 179 Abs. 3 S. 1 BGB nicht in Betracht.

Fall 46: Gesellschafterhaftung (Haftungsinhalt, § 128 HGB)

> Ewelt und Bogumil sind Gesellschafter der E&B oHG, die im Hochbau tätig ist. Bogumil hat sich nach dem Eintritt in das Rentenalter aus dem Geschäft zurückgezogen. Der Gesellschaftsvertrag wurde geändert und Ewelt führt jetzt allein die Geschäfte. Die oHG hat für Schumann ein Bürogebäude gebaut. Es zeigt sich Feuchtigkeit im Keller; es ist unstreitig, dass deshalb eine Nacherdfüllungsanspruch gegen die Gesellschaft besteht (§§ 634 Nr. 1, 635 BGB). Schumann versteht sich mit Ewelt sehr gut und möchte sich nicht mit ihm streiten. Er verlangt daher von Bogumil persönlich die Mängelbeseitigung. Hat er darauf einen Anspruch?

---

442 *Habersack*, in: Staub; HGB, 5. Auflage, § 126 Rn. 28 f. m.w.N.

Problemstellung

Die oHG kann gemäß § 124 Abs. 1 HGB selbst Rechte und Pflichten haben, sie ist also **594** rechtsfähig. Das Gesellschaftsvermögen ist vom Gesellschaftervermögen zu unterscheiden. Entsprechend ist zu trennen zwischen Gesellschaftsverbindlichkeit und Gesellschafterverbindlichkeit. Dies zeigt sich u.a. bei der Zwangsvollstreckung: Für die Zwangsvollstreckung *in das Gesellschaftsvermögen* ist ein Titel *gegen die Gesellschaft* erforderlich (§ 124 Abs. 2 HGB). Ein Titel gegen sämtliche oder einzelne Gesellschafter genügt dagegen nicht. Umgekehrt erlaubt ein Titel *gegen die Gesellschaft* nicht die Zwangsvollstreckung *in das Privatvermögen* der Gesellschafter (§ 129 Abs. 4 HGB). Wer sich als Gesellschaftsgläubiger die Zwangsvollstreckung auch in das Privatvermögen der Gesellschafter vorbehalten will, muss diese bei einer Klage gegen die Gesellschaft also mitverklagen.[443]

Zur **Entstehung von Gesellschaftsverbindlichkeiten** ist auf die Ausführungen oben zur **595** GbR zu verweisen. Danach gilt: Vertragliche (Primär-) Pflichten der Gesellschaft entstehen, indem diese vertreten wird, und zwar entweder durch ihre Gesellschafter als organschaftliche Vertreter (§§ 125 f. HGB) oder aufgrund einer Vollmacht (§ 167 BGB), die die organschaftlichen Vertreter einem Dritten erteilt haben (dies ist auch in der Form einer Prokura, § 48 HGB, möglich). Hinsichtlich der Verletzung vertraglicher Verpflichtungen wird der Gesellschaft das Handeln ihrer Gesellschafter analog § 31 BGB zugerechnet, das Verhalten von Erfüllungsgehilfen nach § 278 BGB (die Gesellschafter selbst sind also nicht Erfüllungsgehilfen, s.o. Rn. 471). Die Gesellschaft muss sich schließlich auch unerlaubte Handlungen ihrer Gesellschafter im Rahmen des § 31 BGB (analog) zurechnen lassen. Die Ausführungen zur GbR, wonach der Begriff des „verfassungsmäßig berufenen Vertreters" bei der analogen Anwendung von § 31 BGB weit auszulegen ist, gelten auch für die oHG (Stichwort: Zuweisung von „wesensmäßigen Funktionen zur selbstständigen, eigenverantwortlichen Erfüllung").[444]

Lösung

Das Bestehen einer **Gesellschaftsverbindlichkeit** aus §§ 634 Nr. 1, 635 BGB ist nach **596** dem Sachverhalt unstreitig.

Nach § 128 S. 1 HGB trifft Bogumil eine **persönliche Haftung** für die Gesellschaftsver- **597** bindlichkeiten. Davon abweichende Vereinbarungen sind Dritten gegenüber unwirksam (§ 128 S. 2 HGB). Die persönliche Gesellschafterhaftung ist das tragende Element des Gläubigerschutzes bei den Personengesellschaften. Sie ist „der Preis dafür", dass es – anders als bei den Kapitalgesellschaften – ein durch strenge Vorschriften der Kapitalaufbringung und -erhaltung geschütztes Nennkapital der Gesellschaft nicht gibt (umgekehrt kann man auch die Pflicht zur Kapitalaufbringung und -erhaltung bei den Kapitalgesellschaften als Preis für den Ausschluss der persönlichen Haftung der Gesellschafter bezeichnen).

Die Haftung der Gesellschafter nach § 128 S. 1 HGB ist **unmittelbar, primär und unbe- 598 schränkt.**
– **Unmittelbare Haftung** bedeutet, dass der Gesellschafter unmittelbar Ansprüchen der Gesellschaftsgläubiger ausgesetzt ist (**Außenhaftung**); er muss also nicht nur (im Sinne einer reinen Innenhaftung) die Gesellschaft mit den zur Erfüllung ihrer Verbindlichkeiten erforderlichen Mitteln ausstatten.
– **Primäre Haftung** bedeutet, dass es keinen Vorrang der Haftung der Gesellschaft vor derjenigen des Gesellschafters gibt. Wenn dem Gläubiger danach ist, kann er den Gesellschafter in Anspruch nehmen, bevor er es bei der Gesellschaft auch nur ver-

---

443 *Schäfer*, Gesellschaftsrecht, 2. Auflage, § 6 Rn. 1 f.
444 S.o. Rn. 475 m.w.N.

sucht hat (insbesondere existiert für die Gesellschafterhaftung keine Einrede der Vorausklage entsprechend der Regelung im Bürgschaftsrecht, § 771 BGB).

– **Unbeschränkte Haftung** bedeutet, dass der Gesellschafter dem Gläubiger in voller Höhe haftet (grundsätzlich anders ist die Kommanditistenhaftung ausgestaltet – der Kommanditist haftet den Gesellschaftsgläubigern nach § 171 Abs. 1 HGB nur „bis zur Höhe seiner Einlage" und nach deren Leistung gar nicht, s. dazu Rn. 718 ff.).

599 Der konkrete **Inhalt der Haftung** nach § 128 S. 1 HGB ist umstritten, soweit es um andere Verbindlichkeiten als reine Geldschulden geht. Dann stellt sich die Frage, ob der Gläubiger vom Gesellschafter (wie von der Gesellschaft) Erfüllung in natura verlangen kann oder ob der Gesellschafter stets allenfalls Geld schuldet. Nach der **Haftungstheorie** haften die Gesellschafter dem Gesellschaftsgläubiger stets nur auf das (positive) Interesse, also Geldzahlung. Die Ablehnung einer Haftung auf Erfüllung in Natura wird insbesondere begründet mit dem Schutz einer „gesellschaftsfreien Privatsphäre" des Gesellschafters. Nach der **Erfüllungstheorie** kann ein Gesellschaftsgläubiger von den Gesellschaftern dagegen dieselbe Leistung verlangen wie von der der Gesellschaft. Dafür wird das Argument des Gläubigerschutzes angeführt.

600 Allerdings machen die **Vertreter beider Auffassungen Einschränkungen.** So wird vertreten, dass von der Erfüllungstheorie eine Ausnahme zu machen sei, soweit es um nichtvertretbare Handlungen gehe. Umgekehrt gehen Vertreter der Haftungstheorie davon aus, dass bei Verpflichtung der Gesellschaft zur Übereignung einer Sache ein Gesellschafter dem Gläubiger auf Erfüllung in natura hafte, wenn er seinerseits dazu verpflichtet ist, die Sache der Gesellschaft zu übereignen.[445] Schließlich wird die Erfüllungstheorie mit der Einschränkung vertreten, dass dann lediglich eine Haftung auf Geldzahlung bestehe, wenn die Erbringung der von der Gesellschaft geschuldeten Leistung den Gesellschafter in seiner Privatsphäre wesentlich mehr beeinträchtigen würde, als dies bei einer Geldleistung der Fall wäre.[446] Dieser vermittelnden Auffassung ist der Vorzug zu geben. Sie stellt den Gedanken des Gläubigerschutzes, dem die Gesellschafterhaftung nach § 128 S. 1 HGB dient, in den Vordergrund, vernachlässigt schutzwürdige Interessen des Gesellschafters aber nicht.

601 Danach schuldet Bogumil in unserem Fall nicht lediglich eine Geldleistung, sondern die Mängelbeseitigung selbst. Er wird dadurch nicht wesentlich mehr in seiner Privatsphäre beeinträchtigt, als er dies bei einer reinen Geldhaftung würde, denn auch die Verurteilung zur Leistung *in natura* bedeutet nicht, dass sich Bogumil „selbst auf die Baustelle begeben muss". Da eine vertretbare Handlung vorliegt, kann er vielmehr einen Dritten mit der Mängelbeseitigung beauftragen. Bogumil wird daher nicht mehr zugemutet, als was anderenfalls Schumann als Gläubiger tun müsste, um sich selbst zu helfen. Ein unzumutbarer Eingriff in den außergesellschaftlichen Bereich des Gesellschafters liegt damit nicht vor.[447] Bogumil schuldet die Nacherfüllung.

Ergänzende Hinweise

602 Der BGH hatte einen Fall zu entscheiden, in dem eine oHG sich vertraglich verpflichtet hatte, in einer bestimmten Schutzzone keine Kies- und Sandausbeutung zu betreiben. Die Gesellschafter betrieben eben diese Ausbeutung dann unter dem Dach einer gesellschafteridentischen weiteren oHG. Der BGH gab einer Unterlassungsklage gegen eine der Gesellschafterinnen statt und bezog sich dafür auf Treu und Glauben (§ 242 BGB) sowie Sinn und Zweck der vereinbarten Sperrbezirksklausel.[448] Das gefundene Ergebnis

---

445 *Habersack,* in: Staub, HGB, 5. Auflage, § 128 Rn. 27 zum Meinungsbild (m.w.N.).
446 BGH, Urteil vom 11.12.1978 – II ZR 235/77, NJW 1979, S. 1361 (1362).
447 BGH, Urteil vom 11.12.1978 – II ZR 235/77, NJW 1979, S. 1361 (1362).
448 BGH, Urteil vom 7.6.1972 – VIII ZR 175/70, NJW 1972, S. 1421.

hätte wohl auch damit begründet werden können, dass die Gesellschafterin nach § 128 S. 1 HGB und den oben diskutierten Grundsätzen einer inhaltsgleichen Unterlassungsverbindlichkeit unterlag wie die Gesellschaft selbst.[449]

Die Haftung gemäß § 128 S. 1 HGB trifft nach § 130 Abs. 1 HGB auch denjenigen, der **603** erst nach Begründung einer Gesellschaftsverbindlichkeit in die Gesellschaft eintritt. Auch insoweit ist eine abweichende Vereinbarung Dritten gegenüber unwirksam (§ 130 Abs. 2 HGB). Umgekehrt endet die Haftung für Gesellschaftsverbindlichkeiten nicht (oder jedenfalls nicht sofort) mit dem Ausscheiden eines Gesellschafters aus der Gesellschaft. Vielmehr tritt nach § 160 Abs. 1 S. 1 HGB eine Enthaftung erst nach fünf Jahren ein (siehe dazu Rn. 634 ff.).

Fall 47: Gesellschafterhaftung (Einreden, § 129 HGB)

Fortsetzung des vorangegangenen Falles: Ewelt trifft mit Schumann eine Vereinbarung. Danach erlässt Schumann der Gesellschaft die Verbindlichkeit auf Mängelbeseitigung, behält sich aber vor, den Anspruch gegen Bogumil weiter zu verfolgen. Weil Bogumil sich gegen den Anspruch wehrt, wird er von Schumann verklagt. Während des Prozesses verjährt die Forderung Schumanns gegen die Gesellschaft (soweit sie trotz der Erlassvereinbarung noch bestehen sollte). Wird die Klage Schumanns gegen Bogumil Erfolg haben?

Problemstellung

Gesellschaft und Gesellschafter haften nicht gesamtschuldnerisch (anders als die Gesell-   **604** schafter untereinander, s.o. Rn. 432). Vielmehr ist die Gesellschafterverbindlichkeit akzessorisch zur Verbindlichkeit der Gesellschaft, also an diese angelehnt. Dies zeigt u.a. die Regelung zu den Einwendungen, die der Gesellschafter gegen seine Haftung erheben kann, in § 129 HGB (hier wird der weite Einwendungsbegriff der ZPO verwendet, umfasst sind also sowohl bürgerlich-rechtliche Einwendungen als auch Einreden). Nach § 129 Abs. 1 HGB kann der Gesellschafter einerseits Einwendungen geltend machen, die „in seiner Person begründet" sind, also etwa eine nur zwischen dem Gläubiger und dem konkreten Gesellschafter getroffene Erlassvereinbarung (§ 397 Abs. 1 BGB). Daneben kann der Gesellschafter jedoch auch die Einwendungen geltend machen, die „von der Gesellschaft erhoben werden können". Muss also die Gesellschaft etwa wegen Erfüllung (§ 362 Abs. 1 BGB) oder wegen Verjährung (§ 214 Abs. 1 BGB) nicht leisten, kann daher nach § 129 Abs. 1 HGB grundsätzlich auch der Gesellschafter die Leistung verweigern (s. zur Verjährung aber unseren Fall).

Nach § 129 Abs. 2 HGB kann der Gesellschafter zudem die Befriedigung des Gläubigers   **605** verweigern, wenn die Gesellschaft das zugrunde liegende Rechtsgeschäft anfechten kann. Dieser Regelung bedarf es, weil die Gesellschaft selbst vor Ausübung des Anfechtungsrechts kein Leistungsverweigerungsrecht hat, sodass § 129 Abs. 1 HGB dem Gesellschafter nicht weiterhilft. § 129 Abs. 2 HGB findet auf andere Gestaltungsrechte, die dazu führen, dass eine Gesellschaftsverbindlichkeit entfällt, entsprechende Anwendung.[450]

Nach § 129 Abs. 3 HGB kann ein in Anspruch genommener Gesellschafter die Befrie-   **606** digung des Gläubigers verweigern, „solange sich der Gläubiger durch Aufrechnung gegen eine fällige Forderung der Gesellschaft befriedigen kann". Die Vorschrift ist nach herrschender Meinung entgegen ihrem Wortlaut auszulegen: Der Gesellschafter hat nur ein Leistungsverweigerungsrecht, wenn und soweit *die Gesellschaft* die Aufrechnung erklären kann. Kann nur der Gesellschaftsgläubiger die Aufrechnung erklären, besteht

---

449 *Grunewald*, Gesellschaftsrecht, 8. Aufl., 1. B. Rn. 40.
450 *Hopt*, in: Baumbach/Hopt, HGB, 35. Aufl., § 129 Rn. 5, 10.

dagegen kein Leistungsverweigerungsrecht. Zwar bestehen in der Regel Aufrechnungsrechte auf beiden Seiten des Schuldverhältnisses. Etwas anderes kann sich aber z.B. aus §§ 393 f. BGB ergeben.

Lösung

607 Nach § 129 Abs. 1 HGB hat der nach § 128 S. 1 HGB haftende Gesellschafter die Einwendungen der Gesellschaft. Fraglich ist, ob sich damit eine Abrede der Gesellschaft mit den Gläubigern vereinbaren lässt, wonach die Gesellschaftsschuld erlassen wird (§ 397 Abs. 1 BGB), die Gesellschafterschuld aber fortbestehen soll. Eine solche Vereinbarung ist mit der **Akzessorietät der Gesellschafterhaftung** (s.o. Rn. 611) nicht zu vereinbaren. Das gilt selbst dann, wenn der betroffene Gesellschafter der Vereinbarung zustimmt.

608 Allerdings kann die „Erlassvereinbarung", wenn der betroffene Gesellschafter daran mitwirkt, so ausgelegt werden, dass Gläubiger und Gesellschaft einen *pactum de non petendo* schließen und gleichzeitig der Gesellschafter auf die Erhebung der daraus für ihn gemäß § 129 Abs. 1 HGB entstehenden Einrede verzichtet.[451] Hier hat Bogumil an der Vereinbarung jedoch nicht mitgewirkt.

609 Weil die Vereinbarung über den Fortbestand der Haftung Bogumils nichtig ist, ist auch die mit der Gesellschaft getroffene Erlassvereinbarung nach § 139 HGB nichtig. Nach allem steht die Vereinbarung einer Inanspruchnahme Bogumils auf Schadensbeseitigung nicht entgegen.

610 Fraglich ist, ob Bogumil die Verjährungseinrede, § 214 Abs. 1 BGB, erheben kann. Die Erhebung einer Leistungs- oder Feststellungsklage führt nach § 204 Abs. 1 Nr. 1 BGB zur Hemmung der Verjährung. Schumann hat in unserem Fall aber lediglich Bogumil verklagt, nicht auch die Gesellschaft. Gegenüber der Gesellschaft ist nach dem Sachverhalt nach Klageerhebung Verjährung eingetreten. Der Gesellschaft steht die Verjährungseinrede nach § 214 Abs. 1 BGB damit zu. An sich müsste daher auch Bogumil diese Einrede seiner persönlichen Haftung nach § 129 Abs. 1 HGB entgegenhalten können.

611 Anders hat jedoch der BGH in einem Fall entschieden, an den unser Fall angelehnt ist: Es müsse eine Ausnahme gemacht werden von der Grundregel, dass die Gesellschafterschuld der Gesellschaftsschuld entspreche. Der Gläubiger habe es in der Hand, von vornherein nur den Gesellschafter in Anspruch zu nehmen. Dieses Recht würde entscheidend geschmälert, müsste der Gläubiger, wenn er einen Gesellschafter in Anspruch nehmen will, stets die Gesellschaft mitverklagen, um Verjährungsrisiken auszuschließen. Schützenswerte Interessen des Gesellschafters stünden nicht entgegen. Dieser sei in unverjährter Zeit in Anspruch genommen worden und habe daher damit rechnen müssen, dass er die Schuld zu begleichen habe.[452]

Ergänzende Hinweise

612 Zur **prozessualen** Geltendmachung der Gesellschafterhaftung ist auf Folgendes hinzuweisen: Entsprechend der materiell-rechtlichen Trennung zwischen Gesellschafts- und Gesellschafterverbindlichkeit ist auch prozessual zwischen Gesellschafts- und Gesellschafterprozess klar zu trennen. Gesellschaft und Gesellschafter sind verschiedene Prozessparteien. Werden sie gemeinsam verklagt, sind sie keine notwendigen Streitgenossen i.S.d. § 62 Abs. 1 ZPO, weil abweichende Beurteilungen der Klage gegen die Gesellschaft einerseits und den Gesellschafter andererseits möglich sind, u.a. im Hinblick auf

---

451 *Habersack,* in: Staub, HGB, 5. Auflage, § 128 Rn. 21 zum Meinungsbild (m.w.N.); *Grunewald,* Gesellschaftsrecht, 8. Aufl., I B. Rn. 46 m.w.N.

452 BGH, Urteil vom 22.3.1988 – X ZR 64/87, NJW 1988, S. 1976 (1977); zustimmend *Grunewald,* Gesellschaftsrecht, 8. Aufl., I B. Rn. 44.

persönliche Einwendungen des Gesellschafters i.S.v. § 129 Abs. 1 HGB. Dies (keine notwendige Streitgenossenschaft) gilt unabhängig davon, ob der Gesellschafter sich mit persönlichen Einwendungen verteidigt oder nicht.[453] Der Übergang vom Gesellschafts- zum Gesellschafterprozess ist ein gewillkürter Parteiwechsel.[454]

Eine Schiedsvereinbarung der oHG mit Dritten wirkt in der Regel auch für und gegen die nach § 128 HGB haftenden Gesellschafter (in der KG dagegen nicht für und gegen Kommanditisten).[455]   **613**

Eine Regelung zur Gesellschafterhaftung in der Insolvenz der Gesellschaft enthält § 93 InsO.[456] Die Haftung endet danach (selbstverständlich) nicht mit der Gesellschaftsinsolvenz. Sie kann während des Insolvenzverfahrens aber nur vom Insolvenzverwalter geltend gemacht werden. Dadurch soll ein Wettlauf der Gläubiger vermieden werden.[457]   **614**

4.   Eintritt und Ausscheiden von Gesellschaftern

Fall 48: Ausscheidensgründe, Abfindung

Wolff, Scherzer und Holländer sind Gesellschafter der Print oHG, die Druckmaschinen herstellt. Nach dem Gesellschaftsvertrag ist ausschließlich Scherzer zur Geschäftsführung und Vertretung der Gesellschaft befugt. Er ist ausdrücklich ermächtigt, neue Gesellschafter in die Gesellschaft aufzunehmen. Scherzer schließt im Namen der Gesellschaft einen Aufnahmevertrag mit Koch. Kurze Zeit später wird über das Vermögen Kochs das Insolvenzverfahren eröffnet. Im Gesellschaftsvertrag ist für den Fall des Ausscheidens eines Gesellschafters vorgesehen, dass der Ausscheidende lediglich eine Abfindung in Höhe des Buchwertes seiner Beteiligung erhält, mindestens jedoch in Höhe von 75 % des Verkehrswertes. Der Mindestbetrag von 75 % des Verkehrswertes soll nicht gelten, wenn ein Gesellschafter ausscheidet, weil über sein Vermögen das Insolvenzverfahren eröffnet wird oder weil Privatgläubiger des Gesellschafters die Kündigung erklären. Wolgast, der zum Insolvenzverwalter über Kochs Vermögen bestellt worden ist, möchte wissen, ob Koch Gesellschafter der Print oHG geworden ist, ob er aus der Gesellschaft ausgeschieden ist und ob und in welcher Höhe Abfindungsansprüche bestehen.

Problemstellung

In unserem Fall geht es um Fragen, die den Eintritt und das Ausscheiden von Gesellschaftern in der oHG betreffen sowie die Möglichkeit, Abfindungszahlungen zu beschränken.   **615**

Lösung

Koch ist der Print oHG wirksam beigetreten. Das Gesetz geht in §§ 107, 130 HGB davon aus, dass weitere Gesellschafter einer bestehenden Gesellschaft beitreten können. Dagegen ist nicht gesetzlich geregelt, wie sich der Beitritt vollzieht. Es entspricht jedoch allgemeiner Meinung, dass der Beitritt eines weiteren Gesellschafters ein **Grundlagengeschäft** ist, das zwischen sämtlichen Altgesellschaftern und dem beitretenden Gesellschafter vorzunehmen ist. Der Beitritt ist mithin keine Maßnahme der Geschäftsführung und nicht von der Vertretungsmacht gemäß §§ 125, 126 HGB gedeckt.   **616**

---

453 BGH, Urteil vom 10.3.1988 – IX ZR 194/87, NJW 1988, S. 2113 m.w.N.
454 *Hopt,* in: Baumbach/Hopt, HGB, 35. Aufl., § 128 Rn. 39.
455 *Hopt,* in: Baumbach/Hopt, HGB, 35. Aufl., § 128 Rn. 40.
456 S. dazu BGH, Urt. v. 9.10.2006 – II ZR 193/05, DStR 2007. S 125.
457 *Hopt,* in: Baumbach/Hopt, HGB, 35. Aufl., § 128 Rn. 46.

617 Davon kann jedoch im **Gesellschaftsvertrag** abgewichen werden, indem die Geschäftsführung ausdrücklich zur Aufnahme neuer Gesellschafter in die Gesellschaft ermächtigt wird. Eine solche Regelung ist insbesondere in Gesellschaftsverträgen von Publikumsgesellschaften üblich, die auf den Beitritt einer Vielzahl von Gesellschaftern gerichtet sind. Macht der Geschäftsführer von einer solchen Ermächtigung Gebrauch, ist darin – entsprechend der Annahme eines Grundlagengeschäfts, an dem sämtliche Gesellschafter mitwirken müssen (s.o.) – die Vertretung sämtlicher Gesellschafter und nicht eine Vertretung der Gesellschaft selbst zu sehen.[458] Der Gesellschaftsvertrag der Print oHG enthält die ausdrückliche Ermächtigung des Geschäftsführers, Beitrittsverträge abzuschließen. Danach ist in unserem Fall von einem wirksamen Beitritt Kochs zur Print oHG auszugehen.

618 § 131 Abs. 3 HGB führt die Gründe auf, die – wenn im Gesellschaftsvertrag nicht Abweichendes geregelt ist – zum **Ausscheiden** eines Gesellschafters führen. Die Eröffnung des Insolvenzverfahrens über das Vermögen des Koch führte danach zu dessen Ausscheiden aus der Print oHG (§ 131 Abs. 3 S. 1 Nr. 2 HGB).

619 Mit Ausscheiden aus der Gesellschaft hat Koch gegen diese gemäß §§ 105 Abs. 5 HGB, 738 Abs. 1 S. 2 BGB einen Abfindungsanspruch erworben, der in die Insolvenzmasse gefallen ist und damit dem Verwaltungs- und Verfügungsrecht des Insolvenzverwalters Wolgast unterliegt (§ 80 Abs. 1 InsO). Nach § 738 Abs. 1 S. 2 BGB ist der Abfindungsanspruch ein Anspruch auf Geldzahlung (*„zu zahlen"*). Koch kann Zahlung dessen verlangen, *„was er bei der Auseinandersetzung erhalten würde, wenn die Gesellschaft zur Zeit seines Ausscheidens aufgelöst worden wäre"*. Damit hat der ausscheidende Gesellschafter grundsätzlich einen Anspruch auf Auszahlung des **Verkehrswertes** seiner Beteiligung. Zur Ermittlung dieses Wertes genügt es regelmäßig nicht, zu den Buchwerten des Gesellschaftsvermögens die in den einzelnen Vermögensgegenständen ruhenden stillen Reserven zu addieren. Vielmehr ist von dem (anteiligen) Preis auszugehen, den ein Erwerber für die Gesellschaft zahlen würde. Daraus folgt, dass regelmäßig der durch ein Sachverständigengutachten zu ermittelnde **Ertragswert** maßgeblich ist.[459]

620 In Gesellschaftsverträgen werden – wie auch vorliegend im Gesellschaftsvertrag der Print oHG – häufig **Beschränkungen des Abfindungsanspruchs** vereinbart. Diese verfolgen regelmäßig einen legitimen Zweck. Die Gesellschaft, die die Abfindung zu zahlen hat (der Abfindungsanspruch richtet sich gegen die Gesellschaft, nicht gegen die Mitgesellschafter!), soll durch das Ausscheiden eines Gesellschafters nicht in Liquiditätsschwierigkeiten und Existenznot gebracht werden. Auf der anderen Seite kann die Aussicht auf eine nur unzureichende Abfindung einen Gesellschafter unter Druck setzen und ihn veranlassen, seine Gesellschafterrechte nach den Vorstellungen seiner Mitgesellschafter auszuüben. Zudem können Abfindungsbeschränkungen die Interessen Dritter berühren. Dies ist hier hinsichtlich der Gläubiger des Koch der Fall, deren Interessen der Insolvenzverwalter vertritt.

621 Die **Rechtsprechung** hält gesellschaftsvertragliche Abfindungsbeschränkungen für **grundsätzlich zulässig**. Auch sogenannte **Buchwertklauseln**, also Klauseln, die die Abfindung auf den Buchwert des Kapitalanteils des ausscheidenden Gesellschafters beschränken, werden grundsätzlich akzeptiert. Es gibt jedoch Grenzen. Diese ergeben sich aus § 723 Abs. 3 BGB (Verbot von Vereinbarungen, die das Kündigungsrecht beschränken oder ausschließen) sowie aus § 138 BGB (Verbot sittenwidriger Rechtsgeschäfte). Eine Abfindungsbeschränkung ist danach unwirksam (mit der Folge, dass die Abfindung sich gemäß § 738 Abs. 1 S. 2 BGB nach dem vollen Verkehrswert richtet), wenn

---

458 *Schäfer*, in: Gesellschaftsrecht, 2. Auflage, § 9 Rn. 21.
459 BGH, Urt. v. 24.9.1984 – II ZR 256/83, NJW 1985, S. 192 (193).

(von vornherein) ein erhebliches Missverhältnis zwischen Verkehrswert und vertragsgemäßer Abfindung besteht.[460]

Die Rechtsprechung hat die Schwelle, deren Unterschreitung ein **erhebliches Missver-** **622** **hältnis** auslöst, bislang nicht exakt beziffert. Auch eine einheitliche Meinung des Schrifttums gibt es nicht. Als Faustregel wird angeboten, die Untergrenze einer noch angemessenen Abfindung bei zwei Dritteln des wirklichen Anteilswerts zu ziehen, wenn nicht die Auszahlungsmodalitäten (etwa sehr langfristige Ratenzahlungen) weitere spürbare Einschränkungen begründen.[461] In unserem Fall ist die Buchwertklausel um ein „Sicherheitsnetz" ergänzt, nach dem der Ausgeschiedene regelmäßig mindestens 75 % des Verkehrswertes seiner Beteiligung erhält. Das erscheint grundsätzlich akzeptabel. Nach § 138 BGB unwirksam ist aber die Ausnahme, nach der es diese Mindest-Abfindung nicht gibt (insb.) im Falle des Insolvenzverfahrens über das Vermögen des Gesellschafters. Denn eine solche Regelung ist eindeutig und ausschließlich darauf gerichtet, Dritte – die Gesellschaftergläubiger – zu schädigen und sie gegenüber dem Gesellschafter selbst schlechter zu behandeln (verbotene Gläubigerdiskriminierung).[462] Die Mindest-Abfindung von 75 % des Verkehrswertes ist damit stets einschlägig und führt insgesamt dazu, dass eine angemessene, wirksame Abfindungsbeschränkung vereinbart worden ist. Zur konkreten Berechnung des danach bestehenden Abfindungsanspruchs des Koch enthält der Sachverhalt keine Angaben.

Ergänzende Hinweise

Eine Abfindungsklausel, die **von vornherein** ein grobes Missverhältnis zwischen Abfin- **623** dungsbetrag und Verkehrswert der Beteiligung vorsieht, ist nach den vorstehend behandelten Grundsätzen unwirksam. Etwas anderes gilt jedoch, wenn das Verhältnis anfangs angemessen ist und erst **nachträglich** die genannten Werte auseinanderdriften. Hier ist die vertragliche Abfindungsbeschränkung nicht schlechthin nichtig (was die Folge hätte, dass der Verkehrswert für die Abfindung maßgeblich wäre). Nach dem BGH ist vielmehr eine **ergänzende Vertragsauslegung** vorzunehmen: Der Inhalt der vertraglichen Abfindungsregelung sei „nach den Grundsätzen von Treu und Glauben unter angemessener Abwägung der Interessen der Gesellschaft und des ausscheidenden Gesellschafters und unter Berücksichtigung aller Umstände des konkreten Falles entsprechend den veränderten Verhältnissen neu zu ermitteln". Die notwendige Korrektur könne in aller Regel nicht darin bestehen, nunmehr die Unternehmensinteressen gänzlich zu vernachlässigen und die Abfindung nach dem vollen Verkehrswert zu bemessen. Eine angemessene Berücksichtigung der beiderseitigen Belange werde vielmehr dadurch erreicht, dass ein Betrag zwischen dem Buch- und dem Verkehrswert zugrunde gelegt wird.[463]

Die Rechtsprechung zur Kontrolle von Abfindungsbeschränkungen findet keine An- **624** wendung auf eine GbR, die nach ihrem Gesellschaftsvertrag **rein ideelle Zwecke** verfolgt. Die Erwartung einer Abfindung ist nach dem BGH mit den altruistischen Vorstellungen, die der Beteiligung an einer solchen Gesellschaft zugrunde liegen, schwerlich zu vereinbaren. Daraus folge, dass die wirtschaftliche Freiheit des Ausgeschiedenen durch den Ausschluss einer Abfindung oder eine Beschränkung auf die Rückzahlung der Einlage nicht beeinträchtigt werde.[464]

---

460 BGH, a.a.O. (Fn. 465).
461 *Ulmer/Schäfer*, in: MüKo BGB, 5. Aufl., § 738 Rn. 52.
462 BGH, Urt. v. 19.6.2000 – II ZR 73/99, NJW 2000, S. 2819 (2820) m.w.N.
463 BGH, Urt. v. 20.9.1993 – II ZR 104/92, NJW 1993, S. 3193 (3194 f.).
464 BGH, Urt. v. 2.6.1997 – II ZR 81/96, NJW 1997, S. 2592 (2593).

Fall 49: Haftung des ausgeschiedenen Gesellschafters (§ 160 HGB)

Christine war gemeinsam mit ihren Eltern Gesellschafterin einer unter „CMV GbR" firmierenden Gesellschaft. Unternehmensgegenstand war der Großhandel mit Pharmazeutika. Ein „in kaufmännischer Art und Weise eingerichteter Geschäftsbetrieb" i.S.d. § 1 Abs. 2 HGB war erforderlich und gegeben. Die Gesellschafter gingen aber irrtümlich vom Vorliegen einer GbR aus. Die Gesellschaft wurde daher zu keinem Zeitpunkt in das Handelsregister eingetragen.
Die Ocean Bank hatte der Gesellschaft 2004 ein Darlehen gewährt. Mit einem am 9. Februar 2005 bei der Ocean Bank eingegangenen Brief teilte Christine mit, dass sie „zum 1. Februar 2005 aus der GbR ausgeschieden" sei. Ihren Gesellschaftsanteil hatte Christine mit Vertrag vom 1. Februar 2005 auf ihre Eltern übertragen. Da die Gesellschaft nach wie vor nicht in das Handelsregister eingetragen war, wurde auch der Austritt Christines nicht nach § 160 Abs. 1 S. 2 HGB im Handelsregister verlautbart. Im Januar 2006 wurden die monatlichen Darlehensraten – ohne dass Christine hiervon etwas erfuhr – von € 1.000 auf € 250 herabgesetzt. Bis Herbst 2010 wurde das Darlehen ordnungsgemäß bedient; Ende 2010 wurden die Zahlungen eingestellt. Nachdem die Ocean Bank im Januar und Februar 2011 die Rückstände nicht nur gegenüber Christines Eltern, sondern auch gegenüber Christine wiederholt erfolglos angemahnt hatte, kündigte sie den Darlehensvertrag mit Schreiben vom 26. Februar 2011 gegenüber der Gesellschaft. Die Ocean Bank verklagt Christine nun auf Zahlung von des noch ausstehenden Darlehensbetrages von € 12.000. Mit Aussicht auf Erfolg?

Problemstellung

625 Eine „GbR, die ein Handelsgewerbe betreibt", gibt es nicht. Ist die Schwelle des § 1 Abs. 2 HGB überschritten, liegt vielmehr zwingend eine oHG vor (s.o. Rn. 300); auf die Vorstellungen der Gesellschafter kommt es nicht an. Im Fall hätten daher sämtliche Gesellschafter die tatsächlich bestehende oHG zum Handelsregister anmelden müssen (§§ 106, 108 Abs. 1 HGB). Weil die Gesellschaft hier ein Handelsgewerbe betreibt (§§ 105 Abs. 2, 1 Abs. 2 HGB) hat die unterbliebene Eintragung in das Handelsregister jedoch rein deklaratorischen (nicht konstitutiven) Charakter. Dass sie nicht erfolgt ist, steht der Entstehung einer oHG daher nicht entgegen.

626 Nach §§ 143 Abs. 2, Abs. 1 S. 1 HGB ist das Ausscheiden eines Gesellschafters in das Handelsregister einzutragen. Christine ist nicht i.S.d. § 131 Abs. 3 HGB aus der Gesellschaft ausgeschieden; sie hat vielmehr ihren Gesellschaftsanteil auf ihre Eltern übertragen. Auf die – gesetzlich nicht geregelte – Übertragung eines Gesellschaftsanteils ist die Regelung des §§ 143 Abs. 2, Abs. 1 S. 1 HGB zur Eintragungspflicht bei Ausscheiden eines Gesellschafters jedoch entsprechend anzuwenden.[465]

Lösung

627 Die zulässige Klage ist begründet, wenn die Ocean Bank einen Anspruch gegen Christine hat. Ein Rückzahlungsanspruch gegen die Gesellschaft besteht gemäß § 488 Abs. 1 S. 2 BGB. Als Gesellschafterin würde Christine dafür nach § 128 S. 1 HGB haften. Es könnte aber die Enthaftungsvorschrift des § 160 Abs. 1 S. 1 HGB greifen. Danach haftet ein ausgeschiedener Gesellschafter für die bis zu seinem Ausscheiden begründeten Gesellschaftsverbindlichkeiten, wenn sie vor Ablauf von fünf Jahren nach dem Ausscheiden fällig und daraus Ansprüche gegen ihn in einer in § 197 Abs. 1 Nr. 3 bis 5 BGB bezeichneten Art festgestellt sind oder eine gerichtliche oder behördliche Vollstreckungshandlung vorgenommen oder beantragt wird. § 160 Abs. 1 S. 1 HGB ist als **Enthaftungsre-**

---

465 K. *Schmidt*, in: MüKo HGB, 3. Aufl., § 143 Rn. 7.

gelung deutlich von Verjährungsvorschriften (s. die allgemeinen Verjährungsregelungen in §§ 194 ff. BGB) zu unterscheiden. Während die Verjährung lediglich zu einem Leistungsverweigerungsrecht führt (§ 214 Abs. 1 BGB), das im Prozess durch Erhebung einer Einrede geltend gemacht werden muss, erlischt (kein Wahlrecht) die Haftung des früheren Geschäftsinhabers nach § 160 HGB mit Ablauf der Enthaftungsfrist; dies ist im Zivilprozess von Amts wegen zu beachten (rechtsvernichtende Einwendung).[466]

Die Enthaftungsregelung des § 160 Abs. 1 S. 1 HGB ist auf die „CMV GbR" unmittelbar (und nicht lediglich über die Verweisung in § 736 Abs. 2 BGB) anwendbar, denn die Gesellschaft ist kraft Gesetzes und unabhängig von ihrer Firmierung oHG (§§ 105 Abs. 1, 1 Abs. 2 HGB). Auf die fehlende Handelsregistereintragung (Pflicht zur Anmeldung nach §§ 106, 108 Abs. 1 HGB) kommt es nicht an: Weil die „CMV GbR" ein Handelsgewerbe betreibt (§§ 105 Abs. 2, 1 Abs. 2 HGB), hat die unterbliebene Eintragung in das Handelsregister hier rein deklaratorischen (nicht konstitutiven) Charakter.   **628**

Bei dem geltend gemachten Darlehensrückzahlungsanspruch handelt es sich auch um eine **Altverbindlichkeit** der oHG, auf die sich die befristete Nachhaftung der ausgeschiedenen Gesellschafterin Christine nach § 160 Abs. 1 S. 1 HGB grundsätzlich erstreckt. Die Herabsetzung der monatlichen Darlehensraten im Januar 2006 wandelte den Kreditvertrag nicht in eine Neuverbindlichkeit um, weil dies nur angenommen werden könnte, wenn die Änderung des Vertrages zu einer Erweiterung der Schuld nach Inhalt und Umfang geführt hätte[467]. Hier wurden lediglich die zu zahlenden Raten herabgesetzt.   **629**

Die Enthaftungsfrist des § 160 Abs. 1 S. 1 HGB beginnt nach § 160 Abs. 1 S. 2 HGB mit dem Ende des Tages, an dem das Ausscheiden in das Handelsregister eingetragen wird. Es stellt sich die Frage, wie der (vorliegende) Fall zu behandeln ist, in dem die Eintragung des Ausscheidens unterblieben ist.   **630**

Im Schrifttum wird zum Teil die Ansicht vertreten, die Eintragung des Ausscheidens des Gesellschafters in das Handelsregister sei unabdingbare, konstitutive Voraussetzung für den Beginn der Enthaftungsfrist.[468] Wenn der Gesellschafter oder gar die Gesellschaft noch nicht eingetragen seien, müssten für den Fristbeginn diese Eintragungen zuvor nachgeholt und sodann das Ausscheiden eingetragen werden.   **631**

Der BGH folgt dieser Auffassung nicht. Nach seiner Auffassung beginnt dann, wenn das Ausscheiden des Gesellschafters einer oHG nicht in das Handelsregister eingetragen wird, der Lauf der fünfjährigen Enthaftungsfrist – wie im Recht der GbR -mit der positiven Kenntnis des Gesellschaftsgläubigers vom Ausscheiden des Gesellschafters (s.u.); die Eintragung des Ausscheidens im Handelsregister sei für den Fristbeginn nicht konstitutiv.[469]   **632**

Auf die GbR ist § 160 HGB nach § 736 Abs. 2 HGB „sinngemäß anwendbar". Die Verweisung wirft das Problem auf, dass bei der GbR die Enthaftungsfrist nicht mit einer Registereintragung beginnen kann, weil es für die GbR kein Register gibt. Es entspricht der ganz h.M., dass die Fünf-Jahres-Frist in der in § 736 Abs. 2 BGB geregelten sinngemäßen Anwendung des § 160 Abs. 1 HGB mit der – durch Kundgabe erlangten – positiven Kenntnis des jeweiligen Gläubigers von dem Ausscheiden des Gesellschafters aus der Gesellschaft beginnt.[470]   **633**

---

466 *Hillmann*, in: Ebenroth/Boujong/Joost/Strohn, HGB, 2. Auflage 2008, § 160 Rn. 17; s. auch § 26 HGB, der eine ähnliche Enthaftungsregelung (nicht Verjährungsvorschrift) enthält.
467 BGH, Urt. v. 24.9.2007 – II ZR 284/05, NJW 2007, S. 3784 (3785) = JuS 2008, S. 184 (185) (*K. Schmidt*).
468 *Hofmeister*, NJW 2003, S. 93 ff.; *Hopt*, in: Baumbach/Hopt, HGB, 35. Aufl., § 159 Rn. 7.
469 BGH, Urt. v. 24.9.2007 – II ZR 284/05, NJW 2007, S. 3784 ff. = JuS 2008, S. 184 f. (*K. Schmidt*).
470 *Wertenbruch*, NZG 2008, S. 216 m.w.N.

634 Der BGH überträgt diese Behandlung unter Berufung auf die „Einheitlichkeit der Haftungsbegrenzung im Personengesellschaftsrecht" auf den hier behandelten Fall, dass die Eintragung des Ausscheidens eines oHG-Gesellschafters in das Handelsregister unterblieben ist. Die Ansicht der Literatur, die eine Enthaftung unabdingbar an diese Eintragung knüpft, verkenne den Sinn und Zweck des § 160 Abs. 1 S. 2 HGB. Sie solle den Gesellschafter einer oHG der Notwendigkeit entheben, alle Gläubiger einzeln in Kenntnis zu setzen; stattdessen lasse es der Gesetzgeber für den Fristbeginn ausreichen, dass die Gläubiger von dem Ausscheiden durch Einsichtnahme in das Handelsregister und die dortige Eintragung Kenntnis erlangen können. Habe der Gläubiger einer oHG infolge positiver Kenntnis vom Ausscheiden taggenau volle fünf Jahre Zeit, seine Ansprüche gegenüber dem ausgeschiedenen Gesellschafter durchzusetzen, könne ihm dagegen nicht gestattet werden, sich auf die fehlende Eintragung des Ausscheidens zu berufen. Darin läge nach dem BGH eine nicht vertretbare Besserstellung der Gläubiger eines oHG-Gesellschafters gegenüber den Gläubigern eines GbR-Gesellschafters.

635 Legt man die Auffassung des BGH zugrunde, war Fristbeginn für den Lauf der Enthaftungsfrist der Ablauf des 9. Februar 2005 (§ 187 Abs. 1 BGB); die Frist ist daher mit Ablauf des 9. Februar 2010 abgelaufen. Die Klage der Ocean Bank gegen Christine wird keinen Erfolg haben.

Fall 50: Vererbung von Gesellschaftsanteilen

> Müller, Meier und Schulze sind Gesellschafter der MM&S oHG, die einen Großhandel mit Maschinenteilen betreibt. Am 2. April 2011 stirbt Schulze. Er hinterlässt – als einzige Erben – drei Söhne, nämlich Alexander (20), Bert (18) und Christian (15). Der Gesellschaftsvertrag der OHG sieht vor, dass beim Tode eines Gesellschafters dessen zwei ältesten Kinder Gesellschafter werden. Meier bestellt am 15. April 2011 Maschinenteile für € 100.000 bei Genscher. Eintragungen im Handelsregister sind nicht erfolgt.
>
> **1. Frage:** Genscher verlangt später Bezahlung von Alexander, Bert und Christian. Zu Recht?
>
> **2. Frage:** Ist Christian Gesellschafter der MM&S oHG geworden oder hat er – falls nicht – Ausgleichsansprüche gegen die Gesellschaft und/oder Alexander und Bert?

Problemstellung

636 Beim Tode des Gesellschafters einer Personen- oder Kapitalgesellschaft stellen sich Rechtsfragen an der **Schnittstelle zwischen Gesellschafts- und Erbrecht.**[471] Es geht jeweils darum, ob die Gesellschaft fortbesteht, wer die Gesellschafterstellung übernimmt und ob und welche Ausgleichsansprüche bestehen. Im Überblick besteht folgende Rechtslage:

– Der Bestand von **Kapitalgesellschaften** bleibt durch den Tod von Gesellschaftern unberührt. GmbH-Geschäftsanteile und Aktien sind vererblich (§ 15 Abs. 1 GmbHG). Die Vererblichkeit kann durch die Satzung nicht ausgeschlossen werden. Wollen die Gesellschafter verhindern, dass es auf diese Weise ohne ihr Zutun zu einer Änderung des Gesellschafterkreises kommt, kann in der Satzung für den Fall des Todes eines Gesellschafters eine Zwangseinziehung oder -abtretung oder die Ausschließung des/der Erben vorgesehen werden (s. etwa §§ 34 GmbHG, 237 AktG).[472] Bei mehreren Erben fallen die – ungeteilten – Anteile in den Nachlass und stehen der Miterbengemeinschaft zur gesamten Hand zu.[473] Die Miterben können

---

471 *K. Schmidt,* Gesellschaftsrecht, 4. Aufl., § 45 V.; s. auch die Referendarexamensklausur von *Tröger,* JuS 2010, S. 713 ff.

472 *Leipold,* in: MüKo BGB, 5. Aufl., § 1922 Rn. 58.

473 *Leipold,* in: MüKo BGB, 5. Aufl., § 1922 Rn. 55.

die Rechte aus dem Kapitalgesellschaftsanteil nur durch einen gemeinschaftlichen Vertreter ausüben (§§ 18 Abs. 1 GmbHG, 69 Abs. 1 AktG).

– Regelt der Gesellschaftsvertrag einer **GbR** nichts Abweichendes, ist ein GbR-Anteil nicht vererblich. Die Gesellschaft wird vielmehr durch den Tod eines Gesellschafters aufgelöst. § 727 Abs. 1 BGB lässt eine abweichende Regelungen im Gesellschaftsvertrag ausdrücklich zu. Davon wird häufig Gebrauch gemacht. Für die gebräuchlichsten abweichenden Vereinbarungen hat sich folgende Terminologie durchgesetzt:[474] Eine **Fortsetzungsklausel** bestimmt, dass die Gesellschaft mit dem Tod eines Gesellschafters nicht aufgelöst wird, sondern der Tod zum Ausscheiden des Verstorbenen mit der regelmäßigen Folge einer Abfindung für dessen Erben führt.[475] Eine – einfache oder qualifizierte – **Nachfolgeklausel** führt dazu, dass sämtliche oder bestimmte Erben mit dem Tode eines Gesellschafters kraft Gesetzes die Gesellschafterstellung in der – fortgesetzten – Gesellschaft übernehmen. Eine **Eintrittsklausel** im Gesellschaftsvertrag regelt schließlich ebenfalls die Fortsetzung der Gesellschaft, verbunden mit einem rechtsgeschäftlichen Eintrittsrecht für den oder die Erben, von dem Gebrauch gemacht werden kann, aber nicht muss. Abweichend von der Rechtslage bei Vereinbarung einer Nachfolgeklausel tritt die Rechtsnachfolge also nicht kraft Gesetzes ein. Vielmehr schließen Altgesellschafter und eintretender Gesellschafter einen Aufnahmevertrag ab.[476]

– Die oHG wird durch den Tod eines Gesellschafters, ohne dass es dazu einer Fortsetzungsklausel im Gesellschaftsvertrag bedarf, nicht aufgelöst. Das zeigt die Regelung in § 131 Abs. 3 S. 1 Nr. 1 HGB, wonach der Tod eines Gesellschafters zu dessen Ausscheiden führt. Wird nichts anderes geregelt, entstehen damit Abfindungsansprüche der Erben gegen die Gesellschaft. Als abweichende Regelungen finden sich in Gesellschaftsverträgen häufig Nachfolge- oder Eintrittsklauseln im oben genannten Sinne. Die Zulässigkeit speziell von Nachfolgeklauseln wird in § 139 HGB vorausgesetzt. Nach dieser Vorschrift kann der Nachfolger – fristgebunden – seinen Verbleib in der Gesellschaft davon abhängig machen, dass er die Stellung eines Kommanditisten erhält.

– Bei der KG gelten für den **Komplementär** kraft der Verweisung in § 161 Abs. 2 HGB die für die oHG dargestellten Regelungen. Probleme ergeben sich, wenn es – wie in der Praxis häufig der Fall – nur einen Komplementär gab. Eine KG ohne einen einzigen Komplementär kann nicht fortbestehen. Führen die Kommanditisten die Gesellschaft ohne weitere Maßnahmen weiter, wird diese daher zur oHG.[477] Um dies – und die damit verbundene persönliche Haftung – zu vermeiden, können die Kommanditisten aber einen neuen persönlich haftenden Gesellschafter aufnehmen, insbesondere, indem sie zu diesem Zweck eine GmbH gründen. Sie sind dazu im Regelfall aufgrund der gesellschaftsrechtlichen Treuepflicht verpflichtet.[478] Der Anteil eines **Kommanditisten** ist dagegen nach § 177 HGB vererblich.

Lösung

1. Frage:

637

Ein Anspruch Genschers gegen Alexander, Bert und Christian auf Zahlung von € 100.000 könnte sich aus §§ 433 Abs. 2 BGB, 128 S. 1 HGB ergeben. Dies setzt zunächst voraus, dass zwischen Genscher und der Gesellschaft ein Kaufvertrag wirksam

---

474 *Windbichler*, Gesellschaftsrecht, 22. Aufl., § 10 Rn. 3.
475 Die Fortsetzungsklausel entfaltet ihre Wirkung nur, wenn auch nach dem Tod eines Gesellschafters noch mindestens zwei Gesellschafter verbleiben: Es gibt grundsätzlich keine Einmann-Personengesellschaft, s. *Windbichler*, Gesellschaftsrecht, 22. Aufl., § 11 Rn. 2 sowie oben Rn. 286.
476 *Windbichler*, Gesellschaftsrecht, 22. Aufl., § 16 Rn. 5.
477 BGH, Urt. v. 23.11.1978 – II ZR 20/78, NJW 1979, S. 1705 f.
478 *Hopt*, in: Baumbach/Hopt, HGB, 35. Aufl., § 177 Rn. 1.

zustande gekommen ist. Fraglich ist allein, ob Meier die Gesellschaft allein vertreten konnte. Grundsätzlich haben die Gesellschafter der oHG Einzelvertretungsmacht (§§ 115 Abs. 1, 126 Abs. 1 HGB). Eine Abweichung von diesem Grundsatz würde hier nur dann gelten, wenn die Gesellschaft durch den Tod des Schulze aufgelöst worden wäre, da – vorbehaltlich einer anderen Regelung durch Gesellschaftsvertrag oder Beschluss – sämtliche Gesellschafter Liquidatoren sind (§ 146 Abs. 1 S. 2 HGB) und nur gemeinschaftlich handeln können (§ 150 Abs. 1 HGB). Der Tod eines Gesellschafters führt aber nicht (mehr) zur Auflösung der oHG, sondern lediglich zum Ausscheiden des Verstorbenen, s. § 131 Abs. 1, Abs. 3 S. 1 Nr. 1 HGB (abdingbar, dazu sogleich). Eine wirksame Kaufpreisforderung gegen die Gesellschaft besteht danach.

638 Alexander, Bert und Christian müssten bei Begründung der Gesellschaftsschuld persönlich haftende Gesellschafter gewesen sein. Sie könnten die Gesellschafterstellung mit dem Tod des Schulze gem. § 1922 Abs. 1 BGB erworben haben. § 131 Abs. 3 S. 1 Nr. 1 HGB steht einem Übergang der Gesellschafterstellung im Erbwege grundsätzlich entgegen, denn danach scheidet der verstorbene Gesellschafter mit seinem Tod aus der Gesellschaft aus; in die Erbmasse fällt lediglich der Abfindungsanspruch nach §§ 105 Abs. 3 HGB, 738 Abs. 1 S. 2 BGB.

639 Nach h.M. ist § 131 Abs. 3 S. 1 Nr. 1 HGB aber gesellschaftsvertraglich abdingbar. Diese Wirkung hat eine sogenannte **Nachfolgeklausel**, wie sie hier verwendet worden ist. Sie „stellt die Mitgliedschaft in der oHG vererblich". Sind mehrere Erben vorhanden, erben diese – abweichend von sonst geltenden erbrechtlichen Regelungen (§ 2032 Abs. 1 BGB) – nicht als gesamthänderisch verbundene Erbengemeinschaft. Vielmehr findet eine Sonderrechtsnachfolge der einzelnen Erben in die Gesellschafterstellung statt. Für dieses Verständnis lässt sich u.a. § 139 Abs. 1 HGB anführen. Die Vorschrift geht erkennbar von einer Sonderrechtsnachfolge aus, da danach jeder Erbe *sein Verbleiben in der Gesellschaft* von der Einräumung einer Kommanditistenstellung abhängig machen kann.

640 Bei Vereinbarung einer **einfachen Nachfolgeklausel** („Beim Tode eines Gesellschafters geht dessen Beteiligung an der Gesellschaft auf seine Erben über") wären Alexander, Bert und Christian jeweils Gesellschafter geworden. Die hier verwendete Klausel beschränkte den Übergang aber auf einzelnen Erben, nämlich die zwei ältesten Kinder. Auch eine solche **qualifizierte Nachfolgeklausel** wird von der ganz h.M. für zulässig gehalten. Danach sind mit dem Tode des Schulze nur Alexander und Bert, nicht aber Christian Gesellschafter geworden. Nur die beiden Erstgenannten haften nach § 128 S. 1 HGB.

641 Fraglich ist, ob sich eine gesamtschuldnerische Haftung von Alexander, Bert und (auch) Christian auf §§ 433 Abs. 2 BGB, 128 S. 1, 15 Abs. 1 HGB, 1922 Abs. 1, 1967, 2058 BGB (**erbrechtliche Haftung**) stützen lässt.

642 Die Erben haften nach § 1967 Abs. 2 Alt. 1 BGB für die „vom Erblasser herrührenden Schulden" (Erblasserschulden) und nach § 1967 Abs. 2 Alt. 2 BGB für die „den Erben als solchen treffenden Verbindlichkeiten" (Nachlassverwaltungsschulden). Eine Erblasserschuld liegt hier nicht vor, weil Genschers Forderung gegen die Gesellschaft erst nach Schulzes Tod entstanden ist. Bei Begründung der Forderung waren Alexander und Bert Gesellschafter, nicht aber die Erbengemeinschaft, sodass auch eine Nachlassverwaltungsschuld zunächst nicht vorzuliegen scheint. Allerdings wird die Erbengemeinschaft nach § 15 Abs. 1 HGB so behandelt, als sei Schulze bei Abschluss des Kaufvertrages noch Gesellschafter gewesen. Es handelt sich beim Ausscheiden des Schulze nämlich um eine eintragungspflichtige Tatsache (analog § 143 Abs. 2 HGB), die in den Angelegenheiten der Erben einzutragen war (s. auch § 143 Abs. 3 HGB), aber nicht eingetragen worden ist. Genscher hatte auch keine Kenntnis von der Unrichtigkeit des Handelsregisters.[479]

Alexander, Bert und Christian trifft nach allem eine erbrechtliche Haftung. Genscher **643** kann entweder die Befriedigung aus dem ungeteilten Nachlass verlangen (§ 2059 Abs. 2 BGB) oder die Miterben individuell als Gesamtschuldner in Anspruch nehmen (§ 2058 BGB). Bei individueller Inanspruchnahme können die Erben die Einrede des ungeteilten Nachlasses geltend machen (§ 2059 Abs. 2 BGB).

2. Frage: **644**

Christian ist, wie oben ausgeführt, nicht Gesellschafter geworden. Der Gesellschaftsvertrag sieht keine Abfindungsansprüche derjenigen Erben vor, die nicht Gesellschafter werden. Ansprüche Christians gegen die Gesellschaft bestehen daher nicht. Christian könnte aber gegen seine Brüder einen Anspruch auf Wertausgleich in Geld haben, soweit der Wert der ihnen zugewiesenen Beteiligungen den anteiligen Wert des Erbmasse gemäß Erbquote übersteigt. Ein solcher Anspruch besteht nach ganz h.M.[480] Die Rechtsprechung stützt ihn auf § 242 BGB[481], nach anderer Auffassung ergibt er sich aus einer Analogie zu den erbrechtlichen Auseinandersetzungsvorschriften (§§ 2050 ff. BGB). Der Anspruch wird damit begründet, dass der Vorrang der gesellschaftsrechtlichen Nachfolgeregelung es nicht gebiete, dem Begünstigten auch den Wert der Beteiligung alleine zuzuordnen. Christian hat danach einen Ausgleichanspruch in Geld gegen Alexander und Bert.

Ergänzender Hinweis

Eine qualifizierte Nachfolgeklausel geht ins Leere, wenn die gesellschaftsvertraglich **645** qualifizierte Person nicht auch Erbe wird, da die erbrechtliche Sukzession als „Transportvehikel" für den Übergang der Mitgliedschaft benötigt wird. Wird keine der gesellschaftsvertraglich qualifizierten Personen Erbe, ist über die Umdeutung der Nachfolgeklausel in eine rechtsgeschäftliche Eintrittsklausel nachzudenken.[482] Für eine solche Umdeutung soll kein Raum sein, wenn von mehreren qualifizierten Personen wenigstens eine Erbe wird.[483]

5.   Auflösung, Abwicklung, Vollbeendigung

Fall 51: Auflösungsgründe, Auflösung und Vollbeendigung, Liquidationsstadium

Steve und Bill haben die S&B GbR gegründet, die mit Computerteilen handelt. Nach rasantem Wachstum des Unternehmens hat die Gesellschaft heute 17 Mitarbeiter und macht etwa € 40 Mio. Umsatz im Jahr. Eine Handelsregistereintragung haben sie nicht vorgenommen. Im Gesellschaftsvertrag ist geregelt, dass jeder Gesellschafter durch Kündigung die Auflösung der Gesellschaft herbeiführen kann. Als es zwischen Steve und Bill zu Schwierigkeiten kommt, macht Steve von diesem Recht am 27. Oktober 2013 Gebrauch. Ins Handelsregister wird wiederum nichts eingetragen. Am 2. November 2013 bietet Großhändler Apfel der Gesellschaft einen größeren Posten Prozessoren zum Preis von € 10.000 an. Bill ahnt, dass Steve das Angebot nicht mehr annehmen möchte, da er die Abwicklung der Gesellschaft so schnell wie möglich vorantreiben möchte. Bill will der Gesellschaft das gute Geschäft dagegen sichern. Er nimmt daher, ohne mit Steve Rücksprache zu halten, das Angebot des Apfel im Namen der Gesellschaft an. Apfel nimmt Steve auf Zahlung von € 10.000 in Anspruch. Besteht dieser Anspruch?

---

479 S. im Einzelnen *Tröger,* JuS 2010, S. 713, (717 f.).
480 *Schäfer,* Gesellschaftsrecht, 2. Aufl., § 9 Rn. 35.
481 BGH, Urt. v. 22.11.1956 – II ZR 222/55Z, NJW 1957, S. 180 (181).
482 *K. Schmidt,* Gesellschaftsrecht, § 45 VV.6. d) (S. 1349 f.).
483 *Schäfer,* Gesellschaftsrecht, 2. Aufl., § 9 Rn. 37.

Problemstellung

646 Bei den Personen- wie bei den Kapitalgesellschaften vollzieht sich die Beendigung der Gesellschaft in mehreren Schritten. Zu unterscheiden ist die **Auflösung** (Schritt 1) von der **Liquidation/Auseinandersetzung** (Schritt 2), an deren Ende die Vollbeendigung steht. Die Auflösung bedeutet also noch nicht das Ende der Gesellschaft. Es ändert sich vielmehr lediglich der Zweck der Gesellschaft. Der bisherige Zweck (z.B. bei den Handelsgesellschaften: der Betrieb eines Handelsgewerbes) entfällt zugunsten des neuen Gesellschaftszwecks, der Abwicklung der Gesellschaft. Die Abwicklung wird bei der GbR als Auseinandersetzung bezeichnet (§§ 730 ff. BGB), bei der oHG/KG als Liquidation (§§ 145 ff. HGB). Erst am Ende der Auseinandersetzung/Liquidation steht das Erlöschen der Gesellschaft, also deren Vollbeendigung (siehe § 157 Abs. 1 HGB).

647 **Auflösungsgründe** bei der **GbR** sind:
- Zeitablauf (siehe § 723 Abs. 1 S. 1 BGB),
- Gesellschafterbeschluss,
- Eröffnung des Insolvenzverfahrens über das Vermögen der Gesellschaft (§ 728 Abs. 1 BGB) oder eines Gesellschafters (§ 728 Abs. 2 BGB),
- Kündigung durch einen Gesellschafter (§ 723 BGB),
- Kündigung durch einen Pfändungsgläubiger (§ 725 BGB),
- Zweckerreichung bzw. Unmöglichkeit der Zweckerreichung (§ 726 BGB),
- Tod eines Gesellschafters (§ 727 BGB).

648 Diese Auflösungsgründe sind auf **oHG** und **KG** nicht anwendbar, da § 131 Abs. 1 HGB als spezielle Regelung vorgeht. Danach bestehen folgende Auflösungsgründe (die sich nur teilweise mit den Auflösungsgründen nach §§ 723 ff. BGB decken):
- Zeitablauf (§ 131 Abs. 1 Nr. 1 HGB),
- Gesellschafterbeschluss (§ 131 Abs. 1 Nr. 2 HGB),
- Eröffnung des Insolvenzverfahrens über das Vermögen der Gesellschaft (§ 131 Abs. 1 Nr. 3 HGB),
- gerichtliche Entscheidung (§§ 131 Abs. 1 Nr. 4, 133 HGB). Es handelt sich hierbei um ein **Auflösungsurteil** (**Gestaltungsurteil**), das auf eine Auflösungsklage (Gestaltungsklage) des Gesellschafters ergeht.

649 Demnach bestehen **relevante Unterschiede** zwischen den Auflösungsgründen bei der GbR einerseits und bei den Personenhandelsgesellschaften andererseits:
- Die **Kündigung eines Gesellschafters** führt nur bei der GbR zur Auflösung der Gesellschaft. Rechtsfolge der Kündigung bei oHG und KG ist nach § 131 Abs. 3 S. 1 Nr. 3 HGB dagegen das Ausscheiden des Kündigenden (wenn gesellschaftsvertraglich nichts anderes geregelt ist). Der Gesellschafter, der die Auflösung der Gesellschaft erreichen möchte, kann sich bei oHG/KG also nicht auf eine reine Gestaltungserklärung beschränken. Er muss vielmehr den Weg der **Auflösungsklage** (§ 133 HGB) wählen. Ist diese erfolgreich, ergeht ein Gestaltungsurteil, durch das die die Gesellschaft aufgelöst wird. Die Auflösungsklage setzt einen wichtigen Grund voraus (§ 133 Abs. 1 HGB). Dieser liegt insbesondere vor, wenn ein anderer Gesellschafter wesentliche gesellschaftsvertragliche Pflichten vorsätzlich oder grob fahrlässig verletzt (§ 133 Abs. 2 HGB).
- Die **Eröffnung des Insolvenzverfahrens** über das Vermögen eines Gesellschafters führt nur bei der GbR zur Auflösung der Gesellschaft. Bei oHG/KG führt sie dagegen zum Ausscheiden des Gesellschafters (§ 131 Abs. 3 S. 1 Nr. 2 HGB).
- Der **Tod eines Gesellschafters** führt ebenfalls nur bei der GbR zur Auflösung (§ 727 Abs. 1 BGB), bei oHG/KG dagegen zum Ausscheiden des Verstorbenen (§ 131 Abs. 3 S. Nr. 1 HGB) mit der Folge, dass ein Abfindungsanspruch nach §§ 105 Abs. 3 HGB, 738 Abs. 1 S. 2 BGB in die Erbmasse fällt (zu – regelmäßig anzutref-

fenden – abweichenden gesellschaftsvertraglichen Vereinbarungen, insbesondere Nachfolgeklauseln s. Rn. 643 ff.).

Lösung

Apfel könnte gegen Steve einen Anspruch aus § 433 Abs. 2 BGB i.V.m. § 128 S. 1 HGB **650** haben. Dazu müsste zunächst bei Vertragsschluss am 2. November 2013 (noch) eine **oHG** bestanden haben. Das von Steve und Bill betriebene Gewerbe war ein **Handels-gewerbe**, da die in § 1 Abs. 2 HGB genannten Voraussetzungen (Erfordernis eines in kaufmännischer Weise eingerichteten Geschäftsbetriebes) in Anbetracht des Umsatz-volumens und der Zahl der Mitarbeiter erfüllt waren. Eine oHG war daher im Innen-verhältnis gemäß § 105 Abs. 1 HGB entstanden. Auch im Außenverhältnis war mit Aufnahme der Geschäfte eine oHG entstanden; auf die Handelsregistereintragung, die hier unterblieben ist, kommt es bei einem vollkaufmännischen Gewerbe nach § 123 Abs. 1 HGB nicht an (s. Rn. 532).

Die demnach bestehende oHG ist auch nicht durch Steves **Kündigung** erloschen. Die **651** Kündigung führte zur **Auflösung** der Gesellschaft i.S.d. § 131 Abs. 1 HGB. Zwar führt die Kündigung durch einen Gesellschafter nach § 131 Abs. 3 S. 1 Nr. 3 HGB regelmäßig nur zum Ausscheiden des kündigenden Gesellschafters. Davon kann im Gesellschafts-vertrag jedoch abgewichen werden. Die Auflösungsgründe können erweitert oder ein-geschränkt werden. Daher kann auch die Kündigung durch einen Gesellschafter als Auflösungsgrund vorgesehen werden;[484] dies ist hier geschehen. Durch die Auflösung ist aber *nicht* das sofortige Ende der Gesellschaft herbeigeführt worden. Vielmehr hat sich damit nur der Gesellschaftszweck geändert. Neuer Zweck war die Abwicklung („Über-gang von der werbenden zur sterbenden Gesellschaft"). Erst am Ende der Abwicklung (Liquidation) steht die Vollbeendigung einer Gesellschaft. Während der Liquidation existiert diese also weiter.

Bill müsste die Gesellschaft weiter bei Abschluss des Kaufvertrages mit Apfel wirksam **652** vertreten haben. In der oHG besteht der Grundsatz der Einzelvertretung (§ 125 Abs. 1 HGB). Dies gilt jedoch nur für die werbende Gesellschaft. Etwas anderes gilt in der Liquidation der Gesellschaft: Nach der Auflösung fungieren, soweit nicht durch Gesell-schafterbeschluss oder Gesellschaftsvertrag etwas anderes geregelt ist, sämtliche Gesell-schafter als Liquidatoren, sie sind nur **gemeinschaftlich vertretungsbefugt** (§§ 146 Abs. 1 S. 1, 150 Abs. 1 HGB). Bill hatte danach grundsätzlich keine Einzelvertretungs-macht.

Apfel muss die Auflösung der Gesellschaft und die damit einher gehende Änderung der **653** Vertretungsverhältnisse aber womöglich nach § 15 Abs. 1 HGB (**negative Publizität des Handelsregisters**) nicht gegen sich gelten lassen. Die Auflösung der Gesellschaft ist eine nach § 143 Abs. 1 S. 1 HGB eintragungspflichtige Tatsache. Das gilt nach § 148 Abs. 1 S. 1 HGB auch für die Personen der Liquidatoren und ihre Vertretungsmacht. Diese Tatsachen waren „in den Angelegenheiten der Gesellschafter einzutragen" i.S.d. § 15 Abs. 1 S. 1 HGB. Dies folgt daraus, dass der Übergang zur Gesamtvertretung beider Gesellschafter dazu führte, dass ohne ihre Mitwirkung keine haftungsbegründenden (§ 128 S. 1 HGB) Gesellschaftsverbindlichkeiten mehr begründet werden konnten, so dass die Eintragung auch in ihrem Interesse lag.[485]

Die Eintragung ist unterblieben. Die nicht eingetragenen Tatsachen (Auflösung der Ge- **654** sellschaft und Änderung der Vertretungsverhältnisse) waren dem Apfel auch nicht be-kannt. Fraglich ist allein, ob § 15 Abs. 1 HGB dennoch nicht greift, weil schon die

---

484 *Hopt*, in: Baumbach/Hopt, HGB, 35. Aufl., § 131 Rn. 74.
485 *Hopt*, in: Baumbach/Hopt, HGB, 35. Aufl., § 15 Rn. 6.

Eintragung der Gesellschaft unterblieben war. Dies ist jedoch abzulehnen. Nach § 15 Abs. 1 HGB wird ein gutgläubiger Dritter gegen die Folgen nicht eingetragener Tatsachen auch dann geschützt, wenn die gebotene **Voreintragung unterblieben** war.[486] Dafür spricht, dass eine oHG nach § 123 Abs. 1 HGB außerhalb des Handelsregisters entstehen kann und in unserem Fall auch so entstanden ist. Der Rechtsverkehr kann auf den Fortbestand einer solchen Gesellschaft und der bei ihr bestehenden Vertretungsverhältnisse in derselben Weise vertrauen wie bei einer pflichtgemäß eingetragenen Gesellschaft.

655 Nach allem hat Apfel gegen Steve einen Anspruch auf Zahlung von € 10.000 aus §§ 433 Abs. 2 BGB, 128 S. 1 HGB.

IV. Das Recht der KG

1. Grundlagen

Fall 52: Charakteristika der KG

Schulrektor Rainer errichtete im Jahre 2007 zusammen mit Frau Zuse, einer ungelernten Zuschneiderin, die selbst vermögenslos war, die Hannoveraner Strickwaren KG (HSKG). Rainer wollte in dieser Gesellschaft sein Geld anlegen. Da er wegen seiner Stellung als Rektor nicht unmittelbar kaufmännisch tätig werden konnte, wurde er Kommanditist mit einer im Handelsregister eingetragenen Einlage von € 100.000. Frau Zuse wurde persönlich haftende Gesellschafterin. Sie brachte ihre Arbeitskraft als Einlage ein. Die Gesellschaft pachtete einen Strickereibetrieb und kaufte die erforderlichen Maschinen. Rainer zahlte seine Einlage sofort und brachte im Laufe der Zeit erhebliche weitere Beträge für die Gesellschaft auf, und zwar bis zum Zusammenbruch der Gesellschaft im Jahre 2010 mindestens € 830.000. Er nahm in dieser Zeit maßgeblichen Einfluss auf die Geschäftsführung.
Von Mai 2008 an belieferte Glaser die Gesellschaft mit Garnen. Im Juli 2008 fanden Kreditbesprechungen statt, an denen auch Rainer teilnahm. Dabei räumte Glaser der Gesellschaft, vertreten durch Frau Zuse, einen Kredit von € 50.000 ein. Bei Fälligkeit der Rückzahlung leistete die Gesellschaft nicht.
Glaser nimmt nun Rainer persönlich auf Zahlung von € 50.000 in Anspruch. Zu Recht?

Problemstellung

656 Kennzeichen der Kommanditgesellschaft (KG) ist, dass es zwei Klassen von Gesellschaftern gibt. Der **Komplementär** (persönlich haftender Gesellschafter) haftet den Gesellschaftsgläubigern wie der Gesellschafter einer oHG (dazu Rn. 604 ff.), also insbesondere unbeschränkt (§§ 162 Abs. 2, 128 HGB). Der **Kommanditist** haftet den Gesellschaftsgläubigern dagegen nur beschränkt, nämlich bis zur Höhe seiner nach § 162 Abs. 1 S. 1 HGB in das Handelsregister einzutragenden Einlage. Soweit er diese Einlage geleistet hat, ist seine Haftung ausgeschlossen (§ 171 Abs. 1 HGB). Dem beschränkten Risiko des Kommanditisten stehen beschränkte Rechte gegenüber: Er ist von Geschäftsführung und Vertretung ausgeschlossen (§§ 164, 170 HGB) und seine Kontrollrechte nach § 166 HGB sind schwach ausgeprägt – das Gesetz sieht den Kommanditisten also in einer reinen Geldgeberrolle.

Lösung

657 Glaser hat einen Anspruch i.H.v. € 5.000 aus Darlehensvertrag gegen die HSKG; diese wurde bei Abschluss des Darlehensvertrages durch Frau Zuse als Komplementärin wirksam vertreten (§§ 161 Abs. 2, 125 Abs. 1 HGB).

---

486 BGH, Urt. v. 21.3.1983 – II ZR 113/82, NJW 1983, S. 2258 (2259).

Eine Haftung Rainers für diese Gesellschaftsverbindlichkeit scheidet grundsätzlich aus. **658** Er ist der Gesellschaft als **Kommanditist** beigetreten. Als solcher haftet er zwar Gesellschaftsgläubigern im Grundsatz unmittelbar (die Ausgangslage bei der KG ist also anders als bei den Kapitalgesellschaften GmbH und AG, bei denen eine Außenhaftung der Gesellschafter nicht besteht); soweit ein Kommanditist seine Einlage geleistet hat, ist seine Haftung gegenüber den Gesellschaftsgläubigern jedoch ausgeschlossen (§ 171 Abs. 1 2. Hs. 2 HGB).

Fraglich ist, ob davon eine Ausnahme zu machen ist, wenn ein Kommanditist – wie in **659** unserem Fall – **wirtschaftlich Alleininhaber** des Handelsgeschäfts ist, er auf die Geschäftsführung Einfluss nimmt und als persönlich haftenden Gesellschafter eine vermögenslose Person vorschiebt. Rainers Berufung auf die beschränkte Kommanditistenhaftung könnte unter diesen Gesichtspunkten rechtsmissbräuchlich und damit nach Treu und Glauben ausgeschlossen sein (§ 242 BGB).

In Betracht kommt zunächst ein **institutioneller Rechtsmissbrauch** – Rainer könnte die **660** KG für Zwecke eingesetzt haben, für die diese Rechtsform nicht vorgesehen ist. Das ist der Fall, wenn in der KG ein zwingender **Gleichlauf zwischen Unternehmensleitung und persönlicher Haftung** bestehen muss. Die gesetzliche Regelung der Personengesellschaften sieht diesen Gleichlauf regelmäßig vor. Bei der KG kommt er darin zum Ausdruck, dass der ausschließlich zur Geschäftsführung und Vertretung berufene Komplementär unbeschränkt für die Gesellschaftsverbindlichkeiten haftet. Der von Geschäftsführung und Vertretung ausgeschlossene Kommanditist haftet beschränkt auf seine Einlage (§§ 164, 170, 171 Abs. 1 HGB).

Der Gleichlauf von Herrschaft und Haftung ist aber kein zwingender rechtlicher Grund- **661** satz, sondern **dispositiv**. § 163 HGB ordnet ausdrücklich an, dass die Gesellschafter (u.a.) von § 164 HGB abweichen und dem Kommanditisten damit Geschäftsführungsbefugnis einräumen können. Eine Änderung des Haftungsregimes der KG ist für diesen Fall nicht vorgesehen. Wenn man es dennoch – unter Berufung auf § 242 BGB (Rechtsmissbrauch) – bejahte, wäre eine erhebliche Rechtsunsicherheit die Folge. Die (wichtige) Frage einer Außenhaftung der Kommanditisten könnte nur im Einzelfall unter Berücksichtigung der konkreten Aufgabenverteilung in der Gesellschaft entschieden werden. Für manchen Kommanditisten würde dies ein Investitionshemmnis bedeuten.[487]

Allein der Umstand, dass Rainer maßgeblichen Einfluss auf die Geschäftsführung ge- **662** nommen hat, stellt nach allem keinen (institutionellen) Rechtsmissbrauch dar.

Erwägenswert ist noch ein **individueller Rechtsformmissbrauch**. Ein solcher läge vor, **663** wenn Rainer die KG zur **Täuschung** des allgemeinen Rechtsverkehrs oder einzelner Dritter benutzt hätte. Für eine Täuschung gibt der Sachverhalt indes nichts her. Insbesondere kann kein Anstoß daran genommen werden, dass Rainer die vermögenslose Frau Zuse als persönlich haftende Gesellschafterin „vorgeschoben hat". Die Haftungsverhältnisse in der KG sind aus dem Handelsregister ersichtlich. Der Sachverhalt enthält keinen Hinweis darauf, dass Rainer oder Frau Zuse bei Glaser einen falschen Eindruck darüber erweckt haben. Insbesondere lässt der bloße Auftritt als Komplementär nicht auf vorhandene Bonität schließen (ebenso wenig wie jener als Einzelkaufmann). Auch ein individueller Rechtsmissbrauch ist nach allem nicht ersichtlich.

Glaser hat keinen Anspruch auf Zahlung von € 5.000 gegen Rainer. **664**

---

487 BGH, Urt. v. 17.3.1966 – II ZR 282/63, NJW 1966, S. 1309 ff. („Rektor-Fall").

Ergänzender Hinweis

665 Wie ausgeführt, ist der Kommanditist nach der dispositiven gesetzlichen Regelung in § 164 HGB von der Geschäftsführung ausgeschlossen. Nach § 164 S. 1 Hs. 2 HGB hat er nur bei Handlungen des Komplementärs, die über den gewöhnlichen Betrieb des Handelsgewerbes hinausgehen (**außergewöhnliche Geschäfte**), ein Widerspruchsrecht. Nach ganz h.M. ist diese Regelung so auszulegen, dass über ein bloßes Widerspruchsrecht hinaus ein **Zustimmungsvorbehalt** besteht. Wie nach § 116 Abs. 2 HGB ist also ein Beschluss sämtlicher Gesellschafter – einschließlich der Kommanditisten – herbeizuführen.[488] Wird dagegen verstoßen, hat dies indes nur Folgen für das Innenverhältnis der Gesellschaft. Die Vertretungsmacht des Komplementärs im Außenverhältnis bleibt unberührt.[489]

Fall 53: Kaufmannseigenschaft der Gesellschafter?

> Helmut und Jolan sind Gesellschafter der H&J KG, die einen Großhandel für Künstlerbedarf betreibt. Helmut ist Komplementär und Jolan ist Kommanditist beide sind zu gleichen Anteilen an Gewinn und Verlust beteiligt, die Einlage und Haftsumme Jolans beträgt € 20.000. Die ART-Bank gibt der Gesellschaft einen Betriebsmittelkredit von € 100.000, verlangt dafür aber eine Bürgschaft Jolans in Höhe von € 50.000. Jolan gibt eine entsprechende Bürgschaftserklärung telefonisch gegenüber einen Mitarbeiter der ART-Bank ab.
>
> Als Illustrator Björn, mit dem die KG wichtige Geschäftsbeziehungen unterhält, sich in einem Liquiditätsengpass befindet, übernimmt außerdem Helmut persönlich – wiederum telefonisch – gegenüber der ART-Bank eine Bürgschaft in Höhe von € 10.000 für dessen Betriebsmittelkredit. Er will dadurch den Illustrator als Kunden der KG „retten".
>
> Sind wirksame Bürgschaftsverträge zwischen der ART-Bank und Helmut einerseits sowie Jolan andererseits zustande gekommen?

Problemstellung

666 Die auf Kaufleute bezogenen Vorschriften des HGB finden nach § 6 Abs. 1 HGB auf die Handelsgesellschaften Anwendung. So unterliegt die H&J KG in unserem Fall unabhängig davon den einschlägigen handelsrechtlichen Vorschriften, ob sie wegen des Betriebs eines Handelsgewerbes (§§ 161 Abs. 2, 105 Abs. 1 HGB) oder nur durch Handelsregistereintragung (§§ 161 Abs. 2, 105 Abs. 2 HGB) die Eigenschaft als Kommanditgesellschaft und damit Handelsgesellschaft erlangt hat. Um die Kaufmannseigenschaft *der Gesellschaft* geht es in unserem Fall aber nicht. Vielmehr haben Helmut und Jolan sich jeweils persönlich verbürgt. Es geht also darum, ob sie persönlich Kaufleute sind oder ob Vorschriften, die die Kaufmannseigenschaft voraussetzen, auf sie analog anwendbar sind.

Lösung

667 Zur Gültigkeit eines Bürgschaftsvertrages ist nach § 766 Abs. 1 S. 1 BGB die schriftliche Erteilung der Bürgschaftserklärung erforderlich. Entbehrt die Erklärung dieser Form, ist der Bürgschaftsvertrag nichtig, § 125 S. 1 BGB. Die Formvorschrift des § 766 S. 1 BGB ist nach § 350 HGB allerdings nicht anwendbar (u.a.) auf eine Bürgschaft, sofern diese auf Seiten des Bürgen ein Handelsgeschäft ist. Handelsgeschäfte sind nach § 343 Abs. 1 HGB alle Geschäfte eines Kaufmanns, die zum Betrieb seines Handelsgewerbes gehören (die von einem Kaufmann vorgenommenen Rechtsgeschäfte gelten dabei nach § 344 Abs. 1 HGB im Zweifel als zum Betriebe seines Handelsgewerbes gehörig).

---

488 *Hopt*, in: Baumbach/Hopt, HGB, 35. Aufl., § 164 Rn. 2.
489 *Hopt*, a.a.O (Fn. 488).

Während die H&J KG nach § 6 Abs. 1 HGB den für die Kaufleute geltenden Vor- **668** schriften des HGB unterliegt, ist zweifelhaft, ob (auch) Helmut und Jolan Kaufleute sind. Kaufmann ist nach § 1 Abs. 1 HGB, wer ein Handelsgewerbe „betreibt". Dabei ist Kaufmann generell diejenige natürliche oder juristische Person, in deren Namen das Handelsgewerbe betrieben wird.[490] Die Geschäfte einer Handelsgesellschaft werden von deren Vertretern im Namen der Gesellschaft und nicht im Namen der Gesellschafter geschlossen. Dennoch wird seit langem die Frage diskutiert, ob nicht auch die Gesellschafter (oder wenigstens bestimmte Gesellschafter) der Personenhandelsgesellschaften den Kaufmannsregelungen zu unterwerfen sind.

Die Rechtsprechung und Teile der Lehre differenzieren zwischen dem oHG-Gesell- **669** schafter und dem persönlich haftenden Gesellschafter der KG einerseits und dem Kommanditisten andererseits. Der Kommanditist sei nicht Kaufmann,[491] wohl aber der oHG-Gesellschafter und der KG-Komplementär.[492] Diese Abgrenzung hat den Vorteil der Klarheit. Sie wird aber als zu pauschal kritisiert. Sie setze sich über die Trennung von Gesamthand und Gesellschafter hinweg und berücksichtige nicht die unterschiedliche Schutzbedürftigkeit der Gesellschafter.[493] Nach der Gegenansicht ist daher nicht pauschal über „die Kaufmannseigenschaft" eines Gesellschafters zu entscheiden. Vielmehr sei anhand des Normzwecks der jeweiligen handelsrechtlichen Vorschrift (hier des § 350 HGB) über deren (analoge) Anwendung zu entscheiden.

Die Formerleichterung des § 350 BGB beruht auf der Annahme, dass ein Kaufmann als **670** geschäftserfahrene Person des Schutzes, den die Formvorschrift des § 766 S. 1 BGB vermittelt, nicht bedürfe. Diese Erwägung ist auf geschäftsführende oHG-Gesellschafter und Komplementäre zu übertragen, nicht jedoch auf einen Kommanditisten, der lediglich die beschränkten gesetzlichen Kommanditistenrechte hat, also insbesondere von der Geschäftsführung ausgeschlossen ist (§ 164 S. 1 HGB; werden einem Kommanditisten – abweichend vom Regelstatut – Geschäftsführungsrechte eingeräumt, spricht dagegen viel dafür, § 350 HGB anzuwenden).[494]

Vorliegend kommt danach die Anwendung des § 350 HGB nur auf den Komplementär **671** Helmut, nicht auch auf den Kommanditisten Jolan in Betracht. Weitere Voraussetzung für die Anwendung auf Helmut ist, dass die Bürgschaft einen Bezug zum Gewerbe der H&J KG hat, (weil reine Privatgeschäfte von der Geltung handelsrechtlicher Vorschriften ausgenommen sind, vgl. § 344 Abs. 1 HGB). Diese Voraussetzung ist hier erfüllt, weil Helmut mit der Abgabe der Bürgschaftserklärung geschäftliche Interessen der KG verfolgte.

Ergänzender Hinweis

Nach ständiger Rechtsprechung ist § 350 HGB auf Erklärungen, die der Gesellschafter **672** einer **GmbH** im eigenen Namen abgibt, – auch wenn er Alleingesellschafter und -geschäftsführer ist – nicht anwendbar.[495]

---

490 *Hopt,* in: Baumbach/Hopt, HGB, 35. Aufl., § 1 Rn. 30.
491 BGH; Urt. v. 22.10.1981 – III ZR 149/80, NJW 82, S. 569 (570) m.w.N.
492 BGH, Urt. v. 5.5.1960 – II ZR 128/58, NJW 1960, S. 1852 (1583).
493 *Hopt,* in: Baumbach/Hopt, HGB, 35. Aufl., § 105 Rn. 19.
494 *Hopt,* in: Baumbach/Hopt, HGB, 35. Aufl., § 105 Rn. 22.
495 BGH, Urt. v. 28.1.1993 – IX ZR 259/91, NJW 1993, S. 1126 m.w.N.

2.   Das Innenverhältnis der KG

Fall 54: Wettbewerbsverbote (§§ 112, 165 HGB)

> Sylvester, Arnold und Bruce sind Gesellschafter der SAB-KG, die in Berlin ein Kino
> betreibt, das Actionfilme zeigt. Arnold ist Kommanditist, Sylvester Komplementär.
> Bruce ist ebenfalls Komplementär, aber von der Geschäftsführung ausgeschlossen.
> Bruce wollte eigentlich eine reine Kapitalbeteiligung; um die Kreditwürdigkeit der
> Gesellschaft zu verbessern, übernahm er aber die Stellung als (zweiter) persönlich
> haftender Gesellschafter. Arnold und Bruce beteiligen sich nunmehr auch an der
> Moviestar oHG als Gesellschafter. Die Moviestar oHG betreibt ebenfalls ein Kino in
> Berlin, das Actionfilme zeigt.
> Sylvester macht im Namen der Gesellschaft das sog. Eintrittsrecht nach § 113 Abs. 1
> HGB im Klagewege geltend. Mit Aussicht auf Erfolg?

Problemstellung

673   Ein oHG-Gesellschafter unterliegt nach § 112 Abs. 1 HGB einem ausdrücklichen Wettbewerbsverbot. Er darf ohne Einwilligung seiner Mitgesellschafter weder in dem Handelszweig der Gesellschaft Geschäfte machen noch sich an einer anderen Gesellschaft,
die auf demselben relevanten Markt tätig ist,[496] als persönlich haftender Gesellschafter
beteiligen. Dasselbe gilt über § 161 Abs. 2 HGB für den Komplementär einer KG, während der Kommanditist nach § 165 HGB grundsätzlich keinem Wettbewerbsverbot unterliegt.

674   Die Rechtsprechung hatte sich wiederholt mit der Frage zu befassen, in welchem Verhältnis das Wettbewerbsverbot gemäß §§ 112 Abs. 1, 161 Abs. 2 HGB zum Verbot
wettbewerbsbeschränkender Abreden gemäß § 1 GWB steht. Darum geht es (u.a.) in
unserem Fall.

675   Hinsichtlich der **Rechtsfolgen** bei verbotenem Wettbewerb gilt:
– Die Gesellschaft hat zunächst einen **Unterlassungsanspruch** (nicht ausdrücklich gesetzlich geregelt), den sie auch im Wege der Unterlassungsklage gegen den Gesellschafter geltend machen kann.[497]
– Weiter hat die Gesellschaft nach § 113 Abs. 1 Hs. 1 HGB einen **Schadensersatzanspruch.**
– Statt des Schadensersatzanspruchs (der u.U. schwer zu berechnen und zu beweisen
ist) kann die Gesellschaft das sog. **Eintrittsrecht** des § 113 Abs. 1 Hs. 2 HGB geltend
machen, also verlangen, dass der Gesellschafter „die für eigene Rechnung gemachten Geschäfte als für Rechnung der Gesellschaft eingegangen gelten lasse und die aus
Geschäften für fremde Rechnung bezogene Vergütung herausgebe oder seinen Anspruch auf die Vergütung abtrete". Wird das Wettbewerbsverbot dadurch verletzt,
dass sich ein Gesellschafter einer „anderen gleichartigen Handelsgesellschaft als
persönlich haftender Gesellschafter beteiligt" (§ 112 Abs. 1 2. Alt. HGB), gibt § 113
Abs. 1 HGB der Gesellschaft das Recht, den vollen Ertrag aus der Beteiligung (Gewinn abzüglich Aufwendungen nach § 670 BGB) an sich zu ziehen.[498]

676   Die vorgenannten Ansprüche unterliegen einer sehr **kurzen Verjährung** (§ 113 Abs. 3
HGB: drei Monate ab Kenntnis/grob fahrlässiger Unkenntnis).

---

496 S. dazu *Hopt,* in: Baumbach/Hopt, HGB, 35. Aufl., § 112 Rn. 7.
497 *Hopt,* in: Baumbach/Hopt, HGB, 35. Aufl., § 113 Rn. 4.
498 *Hopt,* in: Baumbach/Hopt, HGB, 35. Aufl., § 113 Rn. 3.

Lösung

Die Klage wird Erfolg haben, wenn sie zulässig und begründet ist. Zulässigkeitsbeden- **677**
ken bestehen nicht.

Materiell-rechtlich setzt die Geltendmachung von Ansprüchen nach § 113 Abs. 1 HGB   **678**
(also auch die Geltendmachung des hier relevanten Eintrittsrechts) nach § 113 Abs. 2
HGB einen Gesellschafterbeschluss voraus, bei dem nur „die übrigen Gesellschafter"
mitstimmen dürfen. Bei der Zwei-Mann-Gesellschaft ist ein förmlicher Gesellschafterbeschluss nicht erforderlich, vielmehr genügt die Entschließung des einen Gesellschafters, gegen den anderen (Wettbewerb betreibenden) Gesellschafter einen der Ansprüche
nach § 113 Abs. 1 HGB geltend zu machen.[499] Dasselbe (Entbehrlichkeit eines förmli-
chen Gesellschafterbeschlusses) muss gelten, wenn – wie in unserem Fall – in einer
Gesellschaft mit mehr als zwei Gesellschaftern Ansprüche nach § 113 Abs. 1 HGB gegen sämtliche Gesellschafter bis auf einen erhoben werden.

Arnold und Bruce müssten, damit gegen sie Ansprüche nach § 113 Abs. 1 HGB beste- **679**
hen, einem Wettbewerbsverbot gemäß § 112 Abs. 1 HGB unterliegen.

Dies ist bei Arnold, der reiner **Kommanditist** ist, nicht der Fall. Das Gesetz sieht den **680**
Kommanditisten als einen in erster Linie kapitalmäßig an der Gesellschaft Beteiligten an.
Er hat keine Geschäftsführungsmacht und nur begrenzte Informations- und Kontrollrechte (§§ 164, 166 HGB). Folgerichtig unterliegt er kraft ausdrücklicher gesetzlicher
Regelung grundsätzlich keinem Wettbewerbsverbot (§ 165 HGB).[500] Etwas anderes
kann sich bei **atypischer gesellschaftsvertraglicher Ausgestaltung** der Kommanditisten-
rolle aus der Treuepflicht ergeben. Räumt der Gesellschaftsvertrag dem Kommanditisten etwa Geschäftsführungsbefugnis ein[501] oder hat dieser sonst einen maßgeblichen
Einfluss auf die Geschäftsführung, so gelten die §§ 112, 113 aufgrund der Treuepflicht
auch für ihn.[502] Der BGH hat dies zuletzt für den Kommanditisten einer AG & Co. KG
bejaht, der zugleich die Mehrheit am Grundkapital der Komplementär-AG hielt.[503] Arnold als „typischer Kommanditist" unterliegt dagegen keinem Wettbewerbsverbot.

Bruce als **persönlich haftender Gesellschafter** unterliegt dagegen grundsätzlich dem **681**
Wettbewerbsverbot gemäß §§ 112 Abs. 1, 161 Abs. 2 HGB. Das Wettbewerbsverbot
des § 112 Abs. 1 HGB könnte aber durch **§ 1 GWB** (**Verbot wettbewerbsbeschränken-
der Vereinbarungen**) ausgeschlossen oder eingeschränkt sein. Nach § 1 GWB sind (u.a.)
Vereinbarungen zwischen Unternehmen, die eine Verhinderung, Einschränkung oder
Verfälschung des Wettbewerbs bezwecken oder bewirken, verboten. Das Verhältnis dieses Verbotes zu dem nach § 112 Abs. 1 HGB bestehenden Wettbewerbsverbot ist problematisch. Die Relevanz von § 1 GWB für das Wettbewerbsverbot nach § 112 Abs. 1
HGB lässt sich jedenfalls nicht mit dem Argument verneinen, dass es sich bei § 112
Abs. 1 HGB um ein gesetzliches Verbot und damit nicht um eine wettbewerbsbeschrän-
kende „Vereinbarung" handele. Denn Geltungsgrund für das Wettbewerbsverbot nach
§ 112 Abs. 1 HGB ist der Gesellschaftsvertrag.

---

499 *Hopt,* in: Baumbach/Hopt, HGB, 35. Aufl., § 113 Rn. 7.
500 *Hopt,* in: Baumbach/Hopt, HGB, 35. Aufl., § 165 Rn. 2.
501 § 164 HGB ist abdingbar. Die Einräumung von Geschäftsführungsbefugnis zugunsten eines Kommanditisten ist insbesondere bei der GmbH & Co KG eine gängige steuerrechtliche Gestaltung, die der Vermeidung
einer gewerblichen Prägung der Gesellschaft nach § 15 Abs. 3 Nr. 2 EStG dient.
502 BGH, Urt. v. 4.12.2001 – X ZR 167/99, NJW 2002, S. 1046 (1047) m.w.N.; *Hopt,* in: Baumbach/Hopt,
HGB, 35. Aufl., § 165 Rn. 3.
503 BGH, Urt. v. 9.3.2009 – II ZR 170/07, NZG 2009, S. 744.

682 Nach heute herrschender Meinung hat weder die eine noch die andere Norm absoluten Vorrang. Vielmehr ist im Einzelfall zu entscheiden, welche Norm sich durchsetzt. Dazu sind die durch § 1 GWB geschützte Wettbewerbsfreiheit und diejenigen Interessen, denen das gesellschaftsrechtliche Wettbewerbsverbot dient, gegeneinander **abzuwägen.** Danach ist wie folgt abzugrenzen:

683 Ein Wettbewerbsverbot nach § 112 Abs. 1 HGB besteht nicht, wenn der Zusammenschluss in einer Gesellschaft gezielt erfolgt, um aktuellen oder potentiellen Wettbewerb zwischen den Gesellschaftern auszuschalten oder zu regulieren.[504] Andererseits ist anerkannt, dass § 1 GWB keine Anwendung findet, soweit eine typische – als Arbeits- und Haftungsgemeinschaft der Mitglieder organisierte – Personenhandelsgesellschaft vorliegt. Bei einer solchen „kartellrechtsneutralen" Gesellschaft setzt sich das Interesse an der Sicherung des Bestandes der Gesellschaft, dem § 112 Abs. 1 HGB durch ein Verbot der „Aushöhlung durch Wettbewerb" dient, gegenüber dem Verbot wettbewerbsbeschränkender Abreden durch.[505]

684 Eine Ausnahme hiervon i.S. einer Einschränkung des Wettbewerbsverbotes, dem ein persönlich haftender Gesellschafter unterliegt, durch § 1 GWB hat der BGH jedoch in der Entscheidung bejaht, an die unser Fall angelehnt ist. Das Wettbewerbsverbot greift danach nicht bei einer Gesellschaft, bei der es sich „nicht um den gesetzlichen Regelfall einer umfassenden Arbeits- und Haftungsgemeinschaft handelt". Ein Gesellschafter wie unser Bruce unterliegt danach nicht dem Wettbewerbsverbot des § 112 Abs. 1 HGB, weil er „im Wesentlichen nur kapitalistisch beteiligt" ist, aber keinen Einfluss auf die Geschäftsführung hat und insofern eher einem Kommanditisten ähnelt, der nach § 165 HGB ausdrücklich keinem Wettbewerbsverbot unterliegt.[506]

685 Im Schrifttum wird teilweise argumentiert, dass selbst der nur „kapitalistisch beteiligte persönlich haftende Gesellschafter" i.S.d. vorgenannten BGH-Rechtsprechung ein umfassendes Informationsrecht nach § 118 HGB habe. Zum Schutze der Gesellschaft vor der Ausnutzung von Insiderkenntnissen sei daher das Wettbewerbsverbot gemäß § 112 Abs. 1 HGB vorrangig. Dem wird entgegen gehalten, dass auch der nach § 165 HGB vom Wettbewerbsverbot befreite Kommanditist die Informationsrechte des § 166 HGB habe. Zutreffend ist es wohl, hier im Einzelfall zu prüfen, ob und in welchem Umfang ein Wettbewerbsverbot zum Schutze der Funktionsfähigkeit der Gesellschaft erforderlich ist.[507] Unser Fall enthält keine Hinweise darauf, dass mit den Informationsrechten des Bruce eine gesteigerte Gefahr verbunden wäre, dass Bruce in gesellschaftsschädigender Weise von Insiderkenntnissen Gebrauch macht. Bruce unterliegt nach allem gemäß § 1 GWB keinem Wettbewerbsverbot.

686 Die gegen Arnold und Bruce gerichtete Klage wird keinen Erfolg haben.

---

504 BGH, Beschl. v. 1.12.1981 – KRB 5/79, NJW 1982, S. 938 f.
505 BGH, Urt. v. 21.2.1978 – KZR 6/77, NJW 1978, S. 1001 f.
506 BGH, Urt. v. 6.12.1962 – KZR 4/62, NJW 1963, S. 646 (648 ff.).
507 *Langhein,* in: MüKo HGB, 3. Auflage, § 112 Rn. 34 m.w.N.

Fall 55: Mehrheitsentscheidungen; Jahresabschluss

An der Otter GmbH & Co. KG sind Alf, Ben, Chaleb und Klaus als Kommanditisten beteiligt. Sie sind jeweils zu 25 % an Vermögen, Gewinnen und Verlusten der Gesellschaft beteiligt. Die Komplementär-GmbH hält demgemäß keinen Kapitalanteil. Der Gesellschaftsvertrag sieht vor, dass Beschlüsse mit der Mehrheit der abgegebenen Stimmen gefasst werden, und dass die Verteilung der Stimmrechte sich nach der Höhe der Kapitalanteile richtet.

Es kommt zu Streit über die Finanzen der Gesellschaft. Alf, Ben und Chaleb fassen gegen die Stimme des Klaus einen Beschluss über die Feststellung des Jahresabschlusses sowie über die Gewinnverwendung für das Geschäftsjahr 2012. Der Beschluss umfasst die Bildung einer Gewinnrücklage, in die 20 % des Jahresüberschusses eingestellt werden. Der Gesellschaftsvertrag enthält keine Regelung zur Bildung von Rücklagen. Einen besonderen Grund für die Rücklagenbildung (wie etwa geplante Investitionen o.ä.) haben die dafür stimmenden Gesellschafter nicht. Klaus klagt vor dem Landgericht auf Feststellung der Nichtigkeit der genannten Beschlüsse. Wird er damit Erfolg haben?

Problemstellung

Es geht um die Frage der Zulässigkeit von **Mehrheitsbeschlüssen** im Recht der Personengesellschaften. In diesem Rahmen stellen sich wichtige Fragen des **Minderheitenschutzes**. Das heute gültige Konzept der Rechtsprechung für diesen Schutz muss bekannt sein. Anwendung findet eine zweistufige Prüfung mit dem **Bestimmtheitsgrundsatz** auf der ersten und einer **inhaltlichen Wirksamkeitsprüfung** auf der zweiten Stufe. **687**

Die Lösung des Falles setzt voraus, dass Klarheit über die Grundlagen der **Bilanzaufstellung und Bilanzfeststellung** bei den Personengesellschaften besteht. Der Jahresabschluss der Handelsgesellschaften (§ 246 Abs. 1 S. 1 HGB) wird von deren geschäftsführenden Gesellschaftern – in unserem Fall: der Komplementär-GmbH – aufgestellt. Rechtlich verbindlich wird der Abschluss jedoch erst durch *Fest*stellung. Diese Feststellung ist keine Maßnahme der Geschäftsführung, sondern ein Grundlagengeschäft, das im Wege eines Gesellschafterbeschlusses von sämtlichen stimmberechtigten Gesellschaftern vorzunehmen ist.[508] Im Falle der KG wirken daran nach neuerer Rechtsprechung daher auch die (nach § 164 S. 1 HGB von der Geschäftsführung ausgeschlossenen) Kommanditisten mit. Bei der GmbH & Co. KG ohne Stimmrecht der Komplementär-GmbH[509] bedeutet das sogar, dass ausschließlich die Kommanditisten für die Bilanzfeststellung zuständig sind. Fraglich ist, ob und unter welchen Voraussetzungen insoweit eine Mehrheitsentscheidung zulässig ist. **688**

Lösung

Zum **prozessualen Aspekt** des Falles: In der Entscheidung, der unser Fall nachgebildet ist, hält der BGH in Übereinstimmung mit der bisherigen Rechtsprechung und weiten Teilen des Schrifttums die Feststellungsklage für den statthaften Rechtsbehelf, ohne die Frage nach einer Analogie zur aktienrechtlichen Anfechtungsklage auch nur zu thematisieren.[510] **689**

Zum **materiell-rechtlichen Aspekt** des Falles: Die Feststellungsklage des Klaus wird Erfolg haben, wenn der von ihm beanstandete Gesellschafterbeschluss tatsächlich unwirksam ist. Dies ist der Fall, wenn die erforderliche Beschlussmehrheit nicht erreicht wor- **690**

---

508 BGH, Urt. v. 29.3.1996 – II ZR 263/94, NJW 1996, S. 1678 ff.
509 S. dazu Rn. 570.
510 S. dazu bereits oben Rn. 376, 388 f.

den ist. Dies hängt davon ab, ob die im Gesellschaftsvertrag vorgesehene **Mehrheitsklausel** wirksam ist.

691 Im **Kapitalgesellschaftsrecht** werden Gesellschafterbeschlüsse grundsätzlich mit der **einfachen Mehrheit der abgegebenen Stimmen** gefasst (§§ 47 Abs. 1 GmbHG, 133 Abs. 1 AktG). Das Stimmgewicht der einzelnen Gesellschafter richtet sich dabei grundsätzlich nach der jeweiligen Beteiligung am Stamm- bzw. Grundkapital der Gesellschaft (§§ 134 Abs. 1 S. 1 AktG, 47 Abs. 2 GmbHG).

692 Abweichend davon gilt im **Personengesellschaftsrecht** der Grundsatz der **Einstimmigkeit:** Nach §§ 709 Abs. 1 Hs. 2 BGB, 119 Abs. 1 HGB sind Gesellschafterbeschlüsse grundsätzlich einstimmig zu fassen. Soweit – davon abweichend – im Gesellschaftsvertrag Mehrheitsentscheidungen zugelassen werden, gelten §§ 709 Abs. 2 BGB, 119 Abs. 2 oHG. Danach werden Mehrheiten – abweichend von der Regelung im Kapitalgesellschaftsrecht – im Zweifel nicht nach Kapitalanteilen berechnet, sondern **nach Köpfen.** Der Grund dafür liegt darin, dass die persönlich haftenden Gesellschafter einer Personengesellschaft – unabhängig von der Höhe ihrer Einlagen und insoweit unterschiedslos – für die Gesellschaftsverbindlichkeiten jeweils mit ihrem gesamten Privatvermögen haften. Dies rechtfertigt die Zweifelsregelung des § 119 Abs. 2 HGB, die sämtlichen Gesellschaftern dasselbe Stimmgewicht einräumt und damit dieselben Einflussmöglichkeiten auf die Gesellschaft. Vorliegend haben die Gesellschafter ausdrücklich eine Mehrheitsregelung vereinbart, die an die jeweiligen Kapitalanteile anknüpft.

693 Wie einleitend ausgeführt, ist die **Feststellung des Jahresabschlusses** einer Personengesellschaft im Gegensatz zu dessen Aufstellung keine bloße Geschäftsführungsmaßnahme, sondern ein **Grundlagengeschäft.** Daran sind daher in der KG auch die Kommanditisten zu beteiligen. Die Einstufung als derartiges „Grundlagengeschäft" besagt indessen nichts darüber, ob der entsprechende Beschluss nur einstimmig gefasst werden kann. Denn aus § 119 Abs. 2 HGB ergibt sich, dass das für Gesellschafterbeschlüsse in einer oHG oder KG geltende Einstimmigkeitsprinzip des § 119 Abs. 1 HGB nicht nur für einfache Geschäftsführungsangelegenheiten, sondern auch darüber hinaus grundsätzlich dispositiv ist.

694 Die im Fall verwendete Mehrheitsklausel bezieht sich nicht auf ausdrücklich aufgeführte Beschlussgegenstände, sondern schreibt für *sämtliche* Gesellschafterbeschlüsse Mehrheitsentscheidungen vor (**allgemeine Mehrheitsklausel**). Nach dem von der Rechtsprechung anerkannten **Bestimmtheitsgrundsatz** beziehen sich solche allgemeinen Mehrheitsklauseln ausschließlich auf „**gewöhnliche Beschlussgegenstände".** Im Gegensatz dazu stehen Vertragsänderungen und ähnliche die Grundlagen der Gesellschaft berührende oder in Rechtspositionen der Gesellschafter eingreifende Maßnahmen. Diese werden nämlich bei Abschluss des Gesellschaftsvertrages oder Beitritt zur bereits bestehenden Gesellschaft typischer Weise nicht in ihrer vollen Tragweite erfasst. Vor allem Mehrheitsentscheidungen über nachträgliche Beitragserhöhungen setzen daher voraus, dass Ausmaß und Umfang einer möglichen zusätzlichen Belastung der Gesellschafter aus dem Gesellschaftsvertrag erkennbar sind.[511]

695 Aus dem Bestimmtheitsgrundsatz ist früher gefolgert worden, dass die Beschlussgegenstände, die der Mehrheitsklausel unterfallen, im Gesellschaftsvertrag in Form eines **Kataloges** aufgezählt werden müssen. Solche Kataloge sind deshalb in vielen Gesellschaftsverträgen zu finden. Der BGH betont jedoch nunmehr, dass eine Mehrheitsklausel die betroffenen Beschlussgegenstände nicht stets ausdrücklich auflisten muss. Ein solches Erfordernis würde den Bestimmtheitsgrundsatz zu einer Förmelei denaturieren und Gesellschaftsverträge unnötig „aufblähen". Es genüge daher, wenn sich aus dem Gesell-

---

511 S.o. Rn. 394.

schaftsvertrag – sei es auch durch dessen **Auslegung** – eindeutig ergebe, dass der in Frage stehende Beschlussgegenstand einer Mehrheitsentscheidung unterworfen sein soll.[512] Der Sache nach dürfte die Rechtsprechung damit einen speziellen gesellschaftsrechtlichen Bestimmtheitsgrundsatz, der über allgemein anerkannte Auslegungsgrundsätze hinausgeht, nicht mehr verfolgen[513]; dennoch wird in der Rechtsprechung an der überkommenen Terminologie festgehalten.[514]

Speziell zur **Feststellung des Jahresabschlusses** hat der BGH früher angenommen, eine   **696** Mehrheitsklausel decke diese als ein das Gewinnrecht der Gesellschafter tangierendes „Grundlagengeschäft" nur bei ausdrücklicher Einbeziehung dieses Beschlussgegenstands in die Klausel, die auch Art und Umfang des zulässigen Eingriffs erkennen lassen müsse.[515] Daran hat der BGH jedoch in der **OTTO-Entscheidung,** an die unser Fall angelehnt ist, nicht festgehalten.[516] Die Bilanzfeststellung sei ein „Grundlagengeschäft" nur insofern, als sie nicht in die Zuständigkeit der Geschäftsführung falle. Die Grundlagen der Gesellschaft würden dadurch jedoch nicht berührt. Die Feststellung sei vielmehr eine wiederkehrende Maßnahme der laufenden Verwaltung, die nicht mit einer Änderung des Gesellschaftsvertrages einhergehe. Der Jahresabschluss und dessen Feststellung enthielten auch nicht per se einen „Eingriff" in einen (bestehenden) Gewinnanspruch, sondern seien im Grundsatz interessenneutrale Voraussetzungen für dessen Berechnung (§ 120 Abs. 1 HGB).

Ist der Bestimmtheitsgrundsatz gewahrt, reicht dies nicht in allen Fällen aus, um eine   **697** Mehrheitsentscheidung zu legitimieren. Nach der Rechtsprechung ist der Bestimmtheitsgrundsatz vielmehr nur die erste Stufe einer **zweistufigen Prüfung** (s. dazu bereits Rn. 413 f.). Auf der zweiten Stufe findet eine **inhaltliche Wirksamkeitsprüfung** statt. Hier wird der gefasste Beschluss darauf überprüft, ob in ihm eine **treupflichtwidrige Ausübung** der Mehrheitsmacht liegt (s. dazu bereits Rn. 413). Dabei ist wie folgt zu differenzieren: Bei bestimmten Beschlussgegenständen, nämlich bei Maßnahmen, die die gesellschaftsvertraglichen Grundlagen berühren (sog. „Grundlagengeschäfte"), oder die in den „Kernbereich" der Mitgliedschaftsrechte eingreifen, liegt nach der Rechtsprechung *regelmäßig* eine treupflichtwidrige Ausübung der Mehrheitsmacht vor; hier muss also die Mehrheit den Nachweis führen, dass der Eingriff nicht treuwidrig ist. In sonstigen Fällen hat hingegen die Minderheit den Nachweis einer treupflichtwidrigen Mehrheitsentscheidung zu führen.[517] In die Richtung der danach auf zweiter Stufe erforderlichen inhaltlichen Wirksamkeitskontrolle geht auch die in der Literatur teilweise und mit unterschiedlichen Akzenten vertretene „**Kernbereichslehre**".[518]

In unserem Fall wird mit der beschlossenen Thesaurierung in das Gewinnbezugsrecht   **698** und damit in den Kernbereich der Mitgliedschaftsrechte eingegriffen. Gründe, die gegen eine Treupflichtverstoß sprechen, liegen nicht vor. Denn während etwa das GmbH-Recht die Bildung von Gewinnrücklagen durch Mehrheitsbeschluss ausdrücklich vorsieht (§ 29 Abs. 2 GmbHG), gilt bei oHG und KG der **Grundsatz der Vollausschüttung**. Gewinnanteile sind dem Kapitalanteilen der Gesellschafter hinzuzurechnen (§ 120 Abs. 2 Hs. 1 HGB) und können (wenn kein „offenbarer Schaden" der Gesellschaft droht) in voller Höhe entnommen werden (§ 122 Abs. 1 HGB). Diese grundlegende Entscheidung des Gesetzgebers ist zu berücksichtigen, sodass eine freie Abwägung zwischen dem Thesaurierungsinteresse der Gesellschaft und dem Aus-

---

512 BGH, Urt. v. 15.1.2007 – II ZR 245/05 (OTTO), NJW 2007, S. 1685 (1686 f.).
513 *Schäfer,* Gesellschaftsrecht, 2. Aufl., § 7 Rn. 10.
514 S. etwa BGH, a.a.O. (Fn. 518).
515 BGH, Urt. v. 29.3.1996 – II ZR 263/94, NJW 1996, S. 1678 ff.
516 BGH, Urt. v. 15.1.2007 – II ZR 245/05 (OTTO), NJW 2007, S. 1685 (1687).
517 BGH, Urt. v. 24.11.2008 – II ZR 116/08, NJW 2009, S. 669 (671), s. dazu JuS 2009, S. 474 ff. (K. Schmidt).
518 S. dazu bereits Rn. 414.

schüttungsinteresse der Gesellschafter abzulehnen ist.[519] Das Thesaurierungsinteresse kann allenfalls dann Vorrang haben, wenn *„sich die Bildung von Rücklagen als erforderlich erweist, um das Unternehmen für die Zukunft lebens- und widerstandsfähig zu erhalten".*[520] Allerdings ist fraglich, ob das Ziel, die Gesellschaft *„lebens- und widerstandsfähig zu erhalten"* wirklich bereits Einfluss auf die Zulässigkeit der Bildung von Gewinnrücklagen haben kann, oder ob dieses Ziel nach der Gesetzessystematik nicht ausschließlich bei der Frage nach *Entnahme*rechten zu verorten ist (s. § 122 Abs. 1 HGB: keine Entnahme bei drohendem „offenbaren Schaden").

699 In unserem Fall ist **kein spezifischer Grund für die Rücklagenbildung** angeführt worden. Nach der Grundentscheidung des Gesetzgebers für die Vollausschüttung (s.o.) ist die Rücklagenbildung daher treupflichtwidrig und damit unzulässig. Die Klage des Klaus wird Erfolg haben.

3.   Die KG im Rechtsverkehr (Außenverhältnis)

Fall 56: Kommanditistenhaftung: Gründung (§ 176 HGB)

Arndt und Berndt als Komplementäre sowie Konrad als Kommanditist gründen die ABK KG, die einen Großhandel mit Tierfutter betreiben soll. Die für Konrad vereinbarte Einlage von € 10.000 leistet dieser sofort. Noch vor Eintragung der Gesellschaft im Handelsregister kommen die Gesellschafter überein, dass bereits jetzt die Geschäfte aufgenommen werden sollen. Arndt erhält – mit Konrads Zustimmung – den Auftrag, erste Waren einzukaufen. Er erwirbt bei Giebel für die Gesellschaft Tierfutter für € 12.000. Bei der Rückfahrt von Giebel verursacht er einen Verkehrsunfall, bei dem Glotz einen Schaden von € 5.000 erleidet. Weder Giebel noch Glotz wussten von der Beteiligung Konrads an der ABK KG.
Giebel und Glotz nehmen jeweils Konrad persönlich auf Zahlung in Anspruch. Zu Recht?

Problemstellung

700 Als besondere eintragungspflichtige Tatsachen sind bei einer KG die Kommanditisten und deren jeweilige Einlagen im Handelsregister anzugeben (§ 162 Abs. 1 S. 1 HGB). Dadurch werden die Gläubiger der Gesellschaft geschützt. Nimmt die Gesellschaft bereits vor der entsprechenden Eintragung ihre Geschäfte auf (oder führt sie sie fort), kann sich eine Haftung des Kommanditisten aus § 176 HGB ergeben.

Lösung

701 **Giebel** könnte gegen Konrad einen Anspruch auf Zahlung von € 12.000 aus § 433 Abs. 2 BGB i.V.m. §§ 176 Abs. 1 S. 1, 128 S. 1 HGB haben.

702 Dazu müsste zunächst eine entsprechende Verbindlichkeit der ABK KG entstanden sein. Das setzt voraus, dass die Gesellschaft bei Abschluss des Kaufvertrages mit Giebel bereits existierte und dass sie wirksam von Arndt vertreten worden ist.

703 Eine KG **entsteht** im Außenverhältnis nach §§ 161 Abs. 2, 123 HGB entweder mit der Eintragung im Handelsregister oder (vorbehaltlich §§ 2, 105 Abs. 2 HGB) mit der Aufnahme der Geschäfte. Im Fall war die Handelsregistereintragung noch nicht erfolgt. Die Gesellschaft hatte aber ihre Geschäfte bereits im Sinne des § 123 Abs. 2 HGB aufgenommen – der Begriff der Geschäftsaufnahme wird weit interpretiert und erfasst bereits Vorbereitungstätigkeiten,[521] erst recht – wie hier – den Beginn der eigentlichen Handels-

---

519 Ebenso *Schäfer,* in: Staub, HGB, 5. Aufl., § 120 Rn. 41.
520 BGH, Urt. v. 29.3.1996 – II ZR 263/94, NJW 1996, S. 1678 (1681).
521 *Boesche,* in: Oetker, HGB, 2. Aufl., § 123 Rn. 14.

tätigkeit eines Handelsunternehmens. Die für einen Geschäftsbeginn nach § 123 Abs. 2 HGB nach h.M. erforderliche Zustimmung aller Gesellschafter lag ebenfalls vor. Schließlich war die Gesellschaft auch nicht auf den Betrieb eines Kleingewerbes oder einen Zweck nach § 105 Abs. 2 HGB gerichtet. Bei Abschluss des Kaufvertrages mit Giebel war die KG nach allem im Außenverhältnis existent.

Arndt hat die Gesellschaft auch **wirksam vertreten**. Mehrere Komplementäre haben **704** nach §§ 161 Abs. 2, 125 Abs. 1 HGB – wie mehrere oHG-Gesellschafter – jeweils Einzelvertretungsmacht.

§ 171 Abs. 1 Hs. 1 HGB regelt eine **Haftung des Kommanditisten bis zur Höhe seiner** **705** **Einlage** gegenüber den Gläubigern der KG für deren Verbindlichkeiten. Die Haftung ist aber nach § 171 Abs. 1 Hs. 2 HGB ausgeschlossen, soweit die Einlage geleistet ist. Die Leistung der Einlage wirkt also für den Kommanditisten haftungsbefreiend. Konrad hat die vereinbarte Einlage von € 10.000 vollständig geleistet. Nach § 171 Abs. 1 Hs. 2 HGB dürfte seine Haftung gegenüber den Gläubigern der Gesellschaft ausgeschlossen sein.

Etwas anderes könnte sich indes aus § 176 Abs. 1 HGB ergeben. Nach dieser Vorschrift **706** haftet jeder Kommanditist gleich einem persönlich haftenden Gesellschafter (der Haftungsausschluss nach § 171 Abs. 1 Hs. 2 HGB gilt also nicht), wenn die Gesellschaft ihre **Geschäfte noch vor Handelsregistereintragung begonnen** hat, für die bis zur Eintragung begründeten Verbindlichkeiten der Gesellschaft. Diese Haftung trifft einen Kommanditisten nur, wenn dieser dem Geschäftsbeginn zugestimmt hat. Sie ist ausgeschlossen, wenn die Beteiligung als Kommanditist dem Gläubiger bekannt war. Bei einem Kleingewerbe sowie in den Fällen des § 105 Abs. 2 HGB greift § 176 Abs. 1 HGB nicht (s. § 176 Abs. 1 S. 2 HGB).

Im Fall hatte die ABK KG ihre Geschäfte (Handelsgewerbe nach § 1 Abs. 2 HGB) vor **707** Handelsregistereintragung begonnen. Konrad hatte dem zugestimmt. Fraglich ist allein, ob eine Haftung Konrads ausgeschlossen ist, weil Giebel Konrads Beteiligung an der Gesellschaft bei Abschluss des Kaufvertrages nicht bekannt war. Die Haftung aus § 176 Abs. 1 HGB setzt eine Kenntnis des Gläubigers von der Beteiligung des Kommanditisten aber nicht voraus. Die Vorschrift schützt nicht ein konkretes Vertrauen des Gläubigers, sondern dient dem **abstrakten Vertrauensschutz.**[522]

Giebel hat nach allem gegen Konrad einen Anspruch auf Zahlung von € 12.000 aus **708** § 433 Abs. 2 BGB i.V.m. §§ 176 Abs. 1 S. 1, 128 S. 1 HGB.

Glotz könnte gegen Konrad einen Anspruch auf Zahlung von € 5.000 aus § 823 Abs. 1 **709** BGB i.V.m. §§ 176 Abs. 1 S. 1, 128 S. 1 HGB sowie § 31 BGB haben.

Die Voraussetzungen für eine Haftung der ABK KG nach §§ 823 Abs. 1, 31 BGB liegen **710** vor: Arndt hat in Ausführung der ihm als Gesellschaftsorgan zustehenden Verrichtungen eine zum Schadensersatz verpflichtende Handlung begangen. § 31 BGB als Vorschrift des Vereinsrechts findet auf die Personengesellschaften analoge Anwendung.[523]

Danach scheinen die Voraussetzungen für eine Haftung Konrads auch gegenüber Glotz **711** vorzuliegen. Diese ist indes im Ergebnis zu verneinen. § 176 Abs. 1 HGB setzt zwar, wie ausgeführt, keine Kenntnis des Gläubigers von der Kommanditistenstellung voraus. Immerhin dient die Regelung aber dem abstrakten Vertrauensschutz. Als solche kommt sie nicht zur Anwendung, wo ein Vertrauen auf eine Haftung von vornherein ausgeschlossen ist. Das ist bei **deliktischen Handlungen** ohne jeden geschäftlichen Hinter-

---

522 *Oetker*, in: ders., HGB, 2. Aufl., § 176 Rn. 19.
523 Zur analogen Anwendung auf die GbR s. Rn. 472 ff.

grund der Fall. Glotz als bei einem Verkehrsunfall deliktisch Geschädigter kann sich nach allem nicht auf § 176 Abs. 1 HGB berufen.

712   Glotz hat nach allem keinen Anspruch gegen Konrad auf Zahlung von € 5.000 aus § 823 Abs. 1 BGB i.V.m. §§ 176 Abs. 1 S. 1, 128 S. 1 HGB sowie § 31 BGB.

Ergänzende Hinweise

713   Während § 176 Abs. 1 HGB den Fall der Neugründung einer KG betrifft, greift nach § 176 Abs. 2 HGB eine entsprechende Haftung, wenn jemand in eine bestehende Handelsgesellschaft als Kommanditist eintritt. Hier haftet der Eintretende für diejenigen Gesellschaftsverbindlichkeiten unbeschränkt, die zwischen seinem Eintritt und dessen Eintragung im Handelsregister begründet worden sind.

714   Ob die Haftung bei Eintritt nach § 176 Abs. 2 HGB eine Zustimmung des Eintretenden zur Fortsetzung der Geschäfte der Gesellschaft voraussetzt, lässt sich der Vorschrift nicht zweifelsfrei entnehmen. Jedenfalls ist diese Zustimmung anzunehmen, wenn der Eintretende bei seinem Beitritt nichts anderes verlautbart.[524]

715   In der Praxis wird die Haftung nach § 176 Abs. 2 HGB in aller Regel durch die Vereinbarung ausgeschlossen, dass der Eintritt erst mit Eintragung im Handelsregister wirksam werden soll (**aufschiebende Bedingung**). Durch das zeitliche Zusammenfallen der Entstehung der Gesellschafterstellung mit der Handelsregistereintragung wird ein Zwischenzeitraum, für den eine Haftung nach § 176 Abs. 2 HGB gelten könnte, vermieden.

Fall 57: Kommanditistenhaftung: Haftsumme und Pflichteinlage (§ 171 HGB)

An der Seestraße Barendorf KG ist u.a. Kommanditist Koffka beteiligt. Im Handelsregister ist für ihn eine Einlage von € 10.000 eingetragen. Im Gesellschaftsvertrag ist vereinbart, dass Koffka seine Einlagepflicht erfüllen soll, indem er einen bestimmten PKW in die Gesellschaft einbringt. Dazu ist dort geregelt: „Die Gesellschafter bewerten diese Sacheinlage verbindlich mit € 10.000".
Ausgangsfall: Koffka hat den PKW bereits an die Gesellschaft übereignet. Der PKW ist tatsächlich nur € 9.000 wert. Grau hat eine Kaufpreisforderung i.H.v. € 25.000 gegen die Gesellschaft. Kann er von Koffka persönlich Zahlung verlangen? Kann die Gesellschaft Zahlung der Differenz von € 1.000 verlangen?
Abwandlung: Koffka hat den PKW noch nicht an die Gesellschaft übereignet. Der PKW ist € 30.000 wert. Grau hat wiederum eine Kaufpreisforderung i.H.v. € 25.000 gegen die Gesellschaft. Er verlangt von Koffka persönlich Zahlung. Koffka beruft sich auf die beschränkte Kommanditistenhaftung. Welche Möglichkeiten hat Grau?

Problemstellung

716   Das Gesetz verwendet den Begriff der „Einlage" mehrdeutig. Teilweise ist damit das gemeint, was der Kommanditist der Gesellschaft als mitgliedschaftlichen Beitrag schuldet. Die Einlage in diesem Sinne lässt sich als **„Pflichteinlage"** bezeichnen. Damit wird eine Abgrenzung von der im Handelsregister eingetragenen **„Haftsumme"** erreicht, die das Gesetz ebenfalls als „Einlage" bezeichnet.[525] Die Unterscheidung zwischen Pflichteinlage und Haftsumme ist unter anderem deshalb wichtig, weil ausschließlich die im Handelsregister ausgewiesene Haftsumme für die Kommanditistenhaftung nach § 171 Abs. 1 HGB maßgeblich ist, und diese von der vereinbarten Pflichteinlage abweichen kann (nicht muss).

---

524 *Oetker,* in: ders., HGB, 2. Aufl., § 176 Rn. 48.
525 *Hopt,* in: Baumbach/Hopt, HGB, 35. Aufl., § 171 Rn. 1.

Lösung

Ausgangsfall: **717**
Grau könnte gegen Koffka einen Anspruch auf Zahlung von € 25.000 aus §§ 433 Abs. 2 BGB, 171 Abs. 1 HGB haben.

Der Kommanditist haftet den Gläubigern der KG im **Außenverhältnis** (anders als im   **718** Recht der Kapitalgesellschaften gibt es eine Gesellschafterhaftung also nicht nur im Innenverhältnis zur Gesellschaft). Nach Eintragung in das Handelsregister (s. § 176 HGB und dazu oben Rn. 706 ff.) beschränkt sich die Haftung des Kommanditisten allerdings auf die nach § 162 Abs. 1 S. 1 HGB eingetragene Einlage. Soweit diese Einlage geleistet ist, ist eine Kommanditistenhaftung ausgeschlossen (§ 171 Abs. 1 HGB).

Die „Einlage", auf die sich § 171 Abs. 1 HGB bezieht, ist die im Handelsregister einge-   **719** tragene Einlage (häufig als „**Haftsumme**" bezeichnet), die nicht mit der im Gesellschaftsvertrag vereinbarten Beitragspflicht („**Pflichteinlage**") übereinstimmen muss. Als Pflichteinlage können im Gesellschaftsvertrag Bar- oder Sachleistungen vereinbart werden; darüber hinaus kommen sogar Dienstleistungen in Betracht (§§ 161 Abs. 2, 105 Abs. 3 HGB, 706 Abs. 3 HGB). Die Haftsumme ist dagegen stets ein auf Euro lautender Geldbetrag.

Die Pflichteinlage kann mit der Haftsumme übereinstimmen. Sie tut dies häufig – der   **720** Kommanditist schuldet dann der Gesellschaft im Innenverhältnis (Pflichteinlage) eben jenen Geldbetrag, der im Handelsregister als Haftsumme ausgewiesen ist. Abweichungen sind aber denkbar; unser Fall ist dafür ein Beispiel. Für die Kommanditistenhaftung nach § 171 Abs. 1 HGB ist dann ausschließlich die im Handelsregister ausgewiesene Haftsumme maßgeblich (§ 172 Abs. 1 HGB). Eine erbrachte Sach- oder Dienstleistung ist mit ihrem **objektiven Wert** anzusetzen.[526]

Im Fall war Koffkas Haftung gegenüber Grau demnach auf die aus dem Handelsregister   **721** ersichtliche Haftsumme von € 10.000 beschränkt. In Höhe des objektiven Wertes des eingebrachten PKW (€ 9.000) ist die Haftung nach § 171 Abs. 1 Hs. 2 HGB erloschen. Koffka kann von Grau nach §§ 433 Abs. 2 BGB, 171 Abs. 1 HGB nur noch Zahlung von € 1.000 verlangen.

Die Seestraße Barendorf KG hat dagegen keinen Anspruch gegen Koffka auf Leistung   **722** dieses Differenzbetrages, weil Koffka die gesellschaftsvertraglich vereinbarte **Pflichteinlage,** die die Gesellschafter verbindlich mit € 10.000 bewertet haben, voll geleistet hat.

Abwandlung: **723**
Da Koffka in der Abwandlung seine Einlage an die Gesellschaft noch nicht geleistet hat, hat Koffka gegen ihn einen Anspruch auf Zahlung von € 10.000 aus §§ 433 Abs. 2 BGB, 171 Abs. 1 HGB. Dass Koffka der Gesellschaft als Pflichteinlage einen Gegenstand (PKW) schuldet, dessen Wert (€ 25.000) über die Haftsumme (€ 10.000) hinausgeht, hat für die Außenhaftung gegenüber den Gesellschaftsgläubigern nach § 171 Abs. 1 HGB keine Bedeutung.

Grau kann aber, nachdem er einen Titel gegen die Seestraße Barendorf KG erstritten hat,   **724** im Wege der Zwangsvollstreckung – nämlich durch **Pfändungs- und Überweisungsbeschluss** nach §§ 829, 835 ZPO – auf den Einlageanspruch der Gesellschaft gegen Koffka zugreifen.

---

526 *Hopt,* in: Baumbach/Hopt, HGB, 35. Aufl., § 171 Rn. 6.

Ergänzender Hinweis

725 Die Gesellschafter können einem Kommanditisten durch Änderung des Gesellschaftsvertrages die Pflichteinlage erlassen, sie herabsetzen oder stunden. § 172 Abs. 3 HGB stellt klar, dass solche Vereinbarungen die Haftung im Außenverhältnis, die sich nach wie vor nach der Haftsumme laut Handelsregister richtet, unberührt lassen. Im Außenverhältnis zu den Gesellschaftsgläubigern wirkt eine **Herabsetzung der Einlage** nach § 174 HGB erst ab Anpassung der Haftsumme im Handelsregister. Neugläubiger (Gläubiger, deren Forderung nach der Änderung des Handelsregisters entstanden ist) können sich dann nur auf die reduzierte Haftsumme berufen. Für Altgläubiger gilt dagegen noch die bisherige – höhere – Haftsumme, dies allerdings nur innerhalb einer fünfjährigen Ausschlussfrist (analog § 160 HGB).[527]

Fall 58: Kommanditistenhaftung: Einlagenrückgewähr (§ 172 HGB)

Die Street Bank hat der Ocean KG ein Darlehen von € 100.000 gewährt. An der Ocean KG ist Kommanditist Wolff, der beruflich als Landwirt tätig ist, beteiligt. Er hat seine vereinbarte und im Handelsregister ausgewiesene Einlage von € 50.000 im Jahr 2004 voll eingezahlt. 2005 wurde auf seinem Kapitalkonto ein Verlustanteil von € 5.000 verbucht. Für 2006 wurde dem Kapitalkonto ein Gewinnanteil von € 10.000 hinzugebucht und an Wolff ausgeschüttet. Die Street Bank kündigt das der Ocean KG gewährte Darlehen und verlangt i.H.v. € 20.000 die Rückzahlung von Wolff persönlich. Wolff beruft sich unter anderem darauf, dass er – auch unter Berücksichtigung unklarer Ausführungen in einem Beteiligungsprospekt, den er seiner Beteiligung an der Ocean KG zugrunde gelegt habe – nicht damit habe rechnen müssen, dass Ausschüttungen an ihn seine persönliche Haftung (wieder-)begründen könnten.
Muss Wolff zahlen?

Problemstellung

726 Ein Kommanditist, der seine Einlage vollständig geleistet hat, haftet den Gesellschaftsgläubigern zunächst nicht mehr (§ 171 Abs. 1 HGB). Seine persönliche Haftung für Gesellschaftsschulden kann jedoch gemäß § 172 Abs. 4 HGB durch bestimmte Leistungen der Gesellschaft an ihn wiederaufleben, insbesondere durch die Rückzahlung von Einlagen. § 172 Abs. 5 HGB schützt in einem gewissen Rahmen den guten Glauben eines Kommanditisten. Eine Haftung wird danach nicht begründet durch Ausschüttungen, die ein Kommanditist „aufgrund einer in gutem Glauben errichteten Bilanz in gutem Glauben als Gewinn bezieht".

Lösung

727 Die Street Bank könnte gegen Wolff persönlich einen Zahlungsanspruch gemäß §§ 488 Abs. 1 S. 2, 490 Abs. 1 BGB i.V.m. §§ 128, 161 Abs. 2 HGB haben. Die persönliche Haftung Wolffs war zunächst durch die Zahlung eines Betrages in Höhe seiner im Handelsregister ausgewiesenen Haftsumme gemäß § 171 Abs. 1 Hs. 2 HGB ausgeschlossen. Sie könnte aber aufgrund der an ihn geleisteten Ausschüttungen nach § 172 Abs. 4 HGB wieder aufgelebt sein.

728 Die persönliche Haftung des Kommanditisten lebt nach § 172 Abs. 4 HGB zunächst wieder auf, wenn die geleistete Einlage an den Kommanditisten zurückgezahlt wird. Daneben können nach dieser Vorschrift auch Gewinnausschüttungen an den Kommanditisten dazu führen, dass dessen persönliche Haftung wiederauflebt. Dies ist dann der Fall, wenn der Kapitalanteil des Kommanditisten schon vor der Ausschüttung durch

---

527 *Hopt,* in: Baumbach/Hopt, HGB, 35. Aufl., § 174 Rn. 2.

ihm zugeschriebene Verluste unter den Betrag der geleisteten Einlage herabgesunken ist oder wenn und soweit sich die Reduzierung des Kapitalanteils auf einen Betrag unterhalb der vereinbarten Einlage gerade aus der jeweiligen Ausschüttung ergibt.

Das Kapitalkonto des Wolff hat sich in unserem Fall wie folgt entwickelt: **729**

Vereinbarte Einlage:		€ 50.000
Verlustanteil 2005:	–	€ 5.000
Gewinnanteil 2006	+	€ 10.000
Stand vor Ausschüttungen also		€ 55.000

Vor den Gewinnausschüttungen an den Wolff wies dessen Kapitalkonto mithin einen **730** Betrag von € 55.000 aus, war also nicht unter den Betrag der vereinbarten Einlage (€ 50.000) herabgesunken. Dies ist allerdings durch die Gewinnausschüttung an Wolff geschehen. Sein Kapitalkonto ist dadurch auf einen Betrag von € 45.000 gemindert worden (€ 55.000./. € 10.000). Wolff haftet den Gläubigern der Ocean KG damit persönlich, dies jedoch nicht in voller Höhe des an ihn ausgeschütteten Gewinns (€ 10.000), sondern nur, „soweit durch die Entnahme der Kapitalanteil unter den bezeichneten Betrag herabgemindert wird" (§ 172 Abs. 4 a.E.), in unserem Fall also i.H.v. € 5.000.

Fraglich ist, ob sich Wolff gegen eine Haftung mit der **Gutglaubensvorschrift** des § 172 **731** Abs. 5 HGB verteidigen kann. Danach haftet der Kommanditist nicht für solche Ausschüttungen, die er aufgrund einer in gutem Glauben errichteten Bilanz in gutem Glauben als Gewinn erhalten hat. Zweifelhaft ist, ob § 172 Abs. 5 HGB das Vorliegen einer falschen Bilanz voraussetzt (eine solche lag in unserem Fall nicht vor). Teilweise wird davon ausgegangen, dass der Gutglaubensschutz nicht nur im Falle einer falschen Bilanz greife. § 172 Abs. 5 HGB sei vielmehr – erst Recht – auch dann anwendbar, wenn – wie hier – eine inhaltlich richtige Bilanz vorliege. Dann komme es nur auf den guten Glauben des Kommanditisten an. Danach dürfte eine Haftung des Wolff in unserem Fall im Hinblick auf dessen fehlende professionelle Befassung mit der Materie und irreführende Angaben im Prospekt ausgeschlossen sein.

Die dargestellte weite Auslegung des § 172 Abs. 5 HGB ist jedoch abzulehnen. Denn **732** ohne eine unrichtige Bilanz fehlt es an einem Rechtsscheinträger, an den sich ein Gutglaubensschutz knüpfen ließe. Reine Rechtsirrtümer würden, ohne Berücksichtigung der Interessen des Rechtsverkehrs, zu einem Ausschluss der persönlichen Haftung führen. Der BGH hat einer weiten Auslegung des § 172 Abs. 5 HGB daher zu Recht eine klare Absage erteilt und für ein Eingreifen der Vorschrift stets eine unrichtige Bilanz verlangt.[528]

Die Ocean Bank hat daher einen Anspruch gegen Wolff persönlich aus §§ 488 Abs. 1 **733** S. 2, 490 Abs. 1 BGB i.V.m. §§ 128, 161 Abs. 2, 172 Abs. 4 HGB (nur) i.H.v. € 5.000.

Ergänzender Hinweis

Wenn § 172 Abs. 5 HGB eingreift, ist umstritten, ob dadurch lediglich eine persönliche **734** Haftung des Kommanditisten *gegenüber den Gesellschaftsgläubigern* ausgeschlossen ist oder auch Ansprüche *der Gesellschaft* auf Rückzahlung der (vermeintlichen) Gewinnausschüttung aus Bereicherungsrecht. Unter Berücksichtigung des Schutzzwecks der Norm ist hier eine weite Auslegung des § 172 Abs. 5 HGB vorzuziehen.[529]

---

528 BGH, Urt. v. 20.4.2009 – II ZR 88/08, NJW 2009, S. 2126 (2127).
529 Ebenso *Grunewald,* Gesellschaftsrecht, 8. Aufl., 1.C. Rn. 43 m.w.N.

V.   GmbH-Recht

Fall 59: Die Vor-GmbH

> **Ausgangsfall:** Friedrich und Otto möchten einen Getränkehandel in der Rechtsform der GmbH betreiben. Dazu schließen sie am 10. Mai 2012 einen notariell beurkundeten Gesellschaftsvertrag über die Errichtung der „F&O Getränke GmbH". Darin wird Friedrich zum alleinigen Geschäftsführer bestellt und zur sofortigen Aufnahme der Geschäfte ermächtigt. Unter Angabe der Firma „F&O Getränke GmbH i.G." schließt Friedrich mit Venn als Verkäufer am 20. Mai 2012 einen Vertrag über eine Getränkelieferung zum Preis von € 2.000.
> Venn fragt noch vor Eintragung der Gesellschaft im Handelsregister, von wem er die Zahlung des Kaufpreises verlangen kann.
> **Abwandlung:** Am 23. Mai 2012 wird die GmbH in das Handelsregister eingetragen. Von wem kann Venn jetzt Zahlung des Kaufpreises verlangen?

Problemstellung

735   Die **Gründung einer GmbH** vollzieht sich in folgenden Schritten:
- Die Gesellschafter schließen nach § 2 Abs. 1 GmbHG – notariell beurkundet – einen Gesellschaftsvertrag (**Feststellung der Satzung**), der mindestens den Inhalt nach § 3 GmbHG haben muss.
- Ein oder mehrere **Geschäftsführer** werden bestellt, und zwar entweder schon im Gesellschaftsvertrag oder durch gesonderten Gesellschafterbeschluss (§ 6 Abs. 3 S. 2 GmbHG). Erfolgt die Bestellung – wie im Fall – bereits im Gesellschaftsvertrag, ist sie nur formeller (nicht materieller) Satzungsbestandteil. Die Abberufung setzt also keine Satzungsänderung nach § 53 GmbHG (notariell beurkundeter Gesellschafterbeschluss mit ³/₄-Mehrheit und Eintragung im Handelsregister) voraus. Sie geschieht vielmehr – wie bei Bestellung durch einfachen Bestellungsbeschluss – durch Abberufungsbeschluss mit einfacher Mehrheit (§ 47 Abs. 1 GmbHG).[530]
- Es werden Einlagen geleistet. Dabei muss das Stammkapital nicht vollständig eingezahlt werden (Einlagen können „stehen gelassen" werden). Nach § 7 Abs. 2, 3 GmbHG müssen aber **Mindesteinlagen** vor Anmeldung zum Handelsregister geleistet werden: Jede Bareinlage ist mindestens zu einem Viertel zu leisten, jede Sacheinlage vollständig. Insgesamt müssen mindestens € 12.500 eingezahlt werden.
- Sämtliche Geschäftsführer (§ 78 GmbHG) nehmen die **Anmeldung** der Gesellschaft zum Handelsregister vor (§ 7 Abs. 1, § 8 GmbHG).
- Das Registergericht **prüft** den Gründungsvorgang nach § 9 GmbHG. U.a. wird geprüft, ob Sacheinlagen wesentlich überbewertet worden sind, und (dies nur beschränkt, § 9 Abs. 2 GmbHG) ob die Bestimmungen der Satzung rechtmäßig sind.
- Erst mit **Eintragung** der Gesellschaft im Handelsregister entsteht die GmbH als solche (§ 11 Abs. 1 GmbHG).

736   Wenn namens der GmbH schon vor der Eintragung ins Handelsregister Geschäfte geschlossen werden, stellen sich **Haftungsfragen,** um die es in unserem Fall geht. Das Gesetz regelt diese Haftungsfragen in § 11 Abs. 2 GmbHG nur sehr lückenhaft. Es ist anerkannt, dass sich die Gesellschafter für vor der Eintragung begründete Verbindlichkeiten nicht auf die Haftungsbeschränkung nach § 13 Abs. 2 GmbHG berufen können. Vielmehr besteht eine **Verlustdeckungshaftung**, die nach der Eintragung der Gesellschaft im Handelsregister in eine **Unterbilanzhaftung** übergeht.

---

530 *Schäfer,* in: Lutter/Hommelhoff, GmbHG, 18. Aufl., § 6 Rn. 15.

Lösung

Ausgangsfall:

737

Venn könnte gegen die F&O Getränke GmbH einen Anspruch auf Zahlung von € 2.000 gemäß § 433 Abs. 2 BGB haben. Vor ihrer Eintragung im Handelsregister besteht die GmbH als solche allerdings noch nicht (§ 11 Abs. 2 GmbHG) und kann daher nicht Schuldnerin eines Kaufpreisanspruchs sein.

Venn könnte aber einen Anspruch auf Zahlung von € 2.000 gemäß § 433 Abs. 2 BGB gegen eine sog. **Vor-GmbH** haben.

738

Bei der Gründung einer GmbH werden regelmäßig **drei Stadien** durchlaufen. Sofern die Gesellschafter einen Gründungs-Vorvertrag abschließen, mit dem sie sich zur GmbH-Gründung verpflichten, entsteht eine sog. **Vorgründungsgesellschaft.** Sofern der Zweck dieser Vorgründungsgesellschaft lediglich in der GmbH-Gründung liegt, handelt es sich um eine BGB-Innengesellschaft.[531] Wird bereits ein Unternehmen betrieben, liegt eine Außengesellschaft in der Rechtsform der GbR oder der oHG vor.[532]

739

Mit Abschluss des notariellen Gesellschaftsvertrages i.S.d § 2 GmbHG entsteht eine sog. **Vor-GmbH**[533]. Diese ist noch nicht juristische Person: (Grund: die fehlende Handelsregistereintragung, § 11 Abs. 1 GmbHG), sondern ein körperschaftlich strukturiertes Rechtsgebilde eigener Art, auf das das Recht der GmbH bereits anwendbar ist, soweit dieses nicht die Eintragung der Gesellschaft im Handelsregister voraussetzt, und dem nicht der besondere Zweck der Vor-GmbH entgegensteht.[534] Friedrich und Otto haben am 10. Mai 2012 einen notariell beurkundeten Gesellschaftsvertrag geschlossen, sodass die Vor-GmbH zum Zeitpunkt des Vertragsschlusses am 20. Mai 2012 existierte. Die Vor-GmbH kommt damit als Venns Vertragspartnerin in Betracht.

740

Eine Verpflichtung der Vor-GmbH setzt eine wirksame Stellvertretung (§§ 164 ff. GmbHG) voraus. Friedrich hat eine eigene Willenserklärung im Namen der Vor-GmbH abgegeben. Problematisch ist, ob er mit der erforderlichen Vertretungsmacht gehandelt hat. Auf die Vor-GmbH finden diejenigen Vorschriften Anwendung, die auch für die (nach Handelsregistereintragung) entstandene GmbH gelten, sofern diese Vorschriften nicht an die Eintragung im Handelsregister anknüpfen oder sonst mit dem besonderen Zweck der Vor-GmbH unvereinbar sind.[535] Der Geschäftsführer einer („fertigen") GmbH ist nach §§ 35 Abs. 1, 37 Abs. 2 GmbHG im Verhältnis zu Dritten unbeschränkt vertretungsberechtigt. Auch in der Vor-GmbH obliegt die Vertretung der Gesellschaft dem Geschäftsführer.[536] Umstritten ist aber der Umfang der Vertretungsmacht. Nach einer Auffassung ist die Vertretungsmacht des Geschäftsführers der Vor-GmbH auf die zur Herbeiführung der Eintragung erforderlichen Geschäfte beschränkt. Eine Erweiterung der Vertretungsmacht sei nur durch übereinstimmenden Entschluss aller Gesellschafter möglich.[537] Die Gegenansicht spricht sich für eine unbeschränkte Vertretungsmacht entsprechend § 37 Abs. 2 GmbHG aus.[538] Im Fall ist Friedrich durch die Gesellschafter zur Geschäftstätigkeit ermächtigt worden, sodass nach beiden Ansichten Vertretungsmacht bestand und der Streit nicht zu entscheiden ist. Friedrich hat die Vor-

741

531 *K. Schmidt,* in: Scholz, GmbHG, 10. Aufl., § 11 Rn. 9.
532 *Hueck/Fastrich,* in: Baumbach/Hueck, GmbHG, 20. Aufl., § 11 Rn. 36.
533 *Hueck/Fastrich,* in: Baumbach/Hueck, GmbHG, 20. Aufl., § 11 Rn. 3.
534 BGH, Urt. v. 12.7.1956 – II ZR 218/54, NJW 1956, S. 1435; *Hueck/Fastrich,* in: Baumbach/Hueck, GmbHG, 20. Aufl., § 11 Rn. 6; *Michalski/Funke,* in: Michalski, GmbHG, 2. Aufl. 2010, § 11 Rn. 43; *Roth,* in: Roth/Altmeppen, GmbHG, 7. Aufl., § 11 Rn. 39.
535 *Hueck/Fastrich,* in: Baumbach/Hueck, GmbHG, 20. Aufl., § 11 Rn. 6.
536 *Hueck/Fastrich,* in: Baumbach/Hueck, GmbHG, 20. Aufl., § 11 Rn. 9.
537 *Bayer,* in: Lutter/Hommelhoff, GmbHG, 18. Aufl., § 11 Rn. 14.
538 *K. Schmidt,* in: Scholz, GmbHG, 10. Aufl., § 11 Rn. 64.

GmbH wirksam vertreten. Venn hat gegen die Vor-GmbH einen Anspruch auf Zahlung des Kaufpreises von € 2.000 nach § 433 Abs. 2 BGB.

742 Venn könnte gegen Friedrich und Otto persönlich einen Anspruch auf Zahlung des Kaufpreises von € 2.000 gemäß § 433 Abs. 2 BGB i.V.m. § 11 Abs. 2 GmbHG haben (**Handelndenhaftung**). Nach § 11 Abs. 2 GmbHG haften die Gesellschafter persönlich und solidarisch, wenn vor der Eintragung der Gesellschaft im Handelsregister in deren Namen gehandelt worden ist.

743 Friedrich hat als Geschäftsführer der Vor-GmbH in deren Namen mit Venn einen Kaufvertrag geschlossen. Somit hat Friedrich im Namen der Gesellschaft vor deren Eintragung gehandelt. Die Voraussetzungen der Haftung nach § 11 Abs. 2 GmbHG sind erfüllt.

744 Otto selbst hat dagegen nicht vor Eintragung der GmbH für diese gehandelt. Als haftungsbegründende Handlung i.S.d. § 11 Abs. 2 GmbHG kommt bei ihm allenfalls die Zustimmung zur Geschäftsaufnahme in Frage. Diese ist nach früherer Rechtsprechung zur Begründung der Haftung nach § 11 Abs. 2 GmbHG als ausreichend erachtet worden. Nach heute überwiegender Ansicht wird der Handelndenbegriff dagegen eng ausgelegt. Als Handelnder im Sinne des § 11 Abs. 2 GmbHG werden nur einzelne Geschäftsführer und wie Geschäftsführer tätig werdende Personen mit Organstellung qualifiziert.[539] Mangels Beteiligung am Vertragsschluss haftet Otto damit nicht nach § 11 Abs. 2 GmbHG.

745 Venn hat nur gegen Friedrich, nicht auch gegen Otto einen Anspruch auf Kaufpreiszahlung gemäß § 433 Abs. 2 BGB i.V.m. § 11 Abs. 2 GmbHG.

746 Schließlich könnte auch eine **Gesellschafterhaftung** Ottos und Friedrichs für die Kaufpreisverbindlichkeit der Vor-GmbH analog § 128 S. 1 HGB in Betracht kommen. Einer persönlichen Haftung steht § 13 Abs. 2 GmbHG nicht entgegen, denn diese Vorschrift gilt unstreitig erst ab der Eintragung der GmbH im Handelsregister.[540] Die Frage nach einer Gesellschafterhaftung für die Verbindlichkeiten der Vor-GmbH ist dennoch umstritten. Nach Auffassung der Rechtsprechung unterliegen die Gesellschafter einer **Verlustdeckungshaftung**.[541] Sie müssen also alle Verluste der Gesellschaft, die diese im Stadium der Vor-GmbH erleidet, ausgleichen. Die Haftung ist aber – von Ausnahmen abgesehen – eine reine **Innenhaftung** gegenüber der Gesellschaft (keine Außenhaftung gegenüber den Gesellschaftsgläubigern).[542] Zudem entsteht die Haftung erst mit dem **Scheitern der Eintragung**.[543] Unter beiden Gesichtspunkten hat Venn in unserem Fall keine Ansprüche gegen Friedrich und Otto.

747 Abwandlung:
Venn könnte gegen die F&O Getränke GmbH einen Anspruch auf Zahlung von € 2.000 aus dem Kaufvertrag gemäß § 433 Abs. 2 BGB haben.

748 Dies setzt einen Kaufvertrag zwischen Venn und der F&O Getränke GmbH voraus. Zum Zeitpunkt des Vertragsschlusses war die GmbH allerdings noch nicht im Handelsregister eingetragen und bestand daher nach § 11 Abs. 2 GmbHG noch nicht.[544] Eine

---

539 *Hueck/Fastrich,* in: Baumbach/Hueck, GmbHG, 20. Aufl., § 11 Rn. 47.
540 *Schroeter,* in: Bork/Schäfer, GmbHG, 2. Aufl., § 11 Rn. 27 m.w.N.
541 BGH, Urt. v. 9.3.1981 – II ZR 54/80, NJW 1981, S. 1373 ff.
542 Die Frage ist umstritten, s. zur h.M. (auch zu den danach bestehenden Ausnahmen) *Schroeter,* in: Bork/Schäfer, GmbHG, 2. Aufl., § 11 Rn. 35 f. Die Gegenansicht spricht sich für eine unbeschränkte Außenhaftung der Gesellschafter vor Eintragung der GmbH aus, die sich erst mit Eintragung der GmbH in eine Innenhaftung umwandelt, vgl. K. *Schmidt,* in: Scholz, GmbHG, 10. Aufl., § 11 Rn. 82, 88.
543 *Schroeter,* in: Bork/Schäfer, GmbHG, 2. Aufl., § 11 Rn. 27 m.w.N.
544 *Hueck/Fastrich,* in: Baumbach/Hueck, GmbHG, 20. Aufl., § 11 Rn. 2.

Haftung der GmbH kommt dennoch in Frage, wenn die Verbindlichkeiten der Vor-GmbH auf die GmbH übergegangen sind. Früher wurde der Übergang von Verbindlichkeiten der Vor-GmbH auf die GmbH abgelehnt. Nach dem sog. Vorbelastungsverbot sollte die GmbH ohne Verbindlichkeiten entstehen. An die Stelle des Vorbelastungsverbotes ist heute die oben erörterte Verlustdeckungshaftung getreten und die h.M. geht von einer rechtlichen Identität zwischen der Vor-GmbH und der GmbH aus.[545] Die GmbH haftet danach für sämtliche Verbindlichkeiten der Vor-GmbH und damit auch für die Kaufpreisverbindlichkeit gegenüber Venn.

749 Venn hat einen Anspruch auf Zahlung von € 2.000 gegen die F&O Getränke GmbH aus § 433 Abs. 2 BGB.

750 Venn könnte gegen Friedrich und Otto Ansprüche auf Zahlung von € 2.000 aus § 433 Abs. 2 BGB i.V.m. § 11 Abs. 2 GmbHG haben. § 11 Abs. 2 GmbHG bezieht sich allerdings nur auf die Vor-GmbH. Nach erfolgter Eintragung ist die Norm nicht mehr anwendbar. Ihr Zweck, die Gesellschafter zu einer möglichst zeitnahen Anmeldung anzuhalten, ist dann nämlich erreicht.[546] Gegen Otto besteht ein Anspruch aus § 11 Abs. 2 GmbHG – wie im Ausgangsfall – zudem nicht, weil er nicht Handelnder im Sinne der Vorschrift war.

751 Venn hat nach allem gegen Friedrich und Otto keine Ansprüche auf Zahlung von € 2.000 aus § 433 Abs. 2 BGB i.V.m. § 11 Abs. 2 GmbHG.

752 Eine Gesellschafterhaftung Ottos und Friedrichs für die Kaufpreisverbindlichkeit der GmbH analog § 128 S. 1 HGB kommt wiederum nicht in Betracht kommen. Nach Eintragung der GmbH schließt § 13 Abs. 2 GmbHG eine Gesellschafterhaftung grundsätzlich aus. Zwar setzt sich die Verlustdeckungshaftung, die im Stadium der Vor-GmbH gilt (s.o.), nach Eintragung der Gesellschaft im Handelsregister als **Unterbilanzhaftung** fort. Damit das Stammkapital im Zeitpunkt der Eintragung vollständig vorhanden ist (Unversehrtheitsgrundsatz), müssen die Gesellschafter danach eine in diesem Zeitpunkt bestehende Unterbilanz (= das Reinvermögen der Gesellschaft – Aktiva abzüglich Passiva – ist geringer als das Stammkapital) ausgleichen. Wie die Vorbelastungshaftung ist die Unterbilanzhaftung aber – hier unstreitig – eine reine **Innenhaftung** gegenüber der Gesellschaft (keine Außenhaftung gegenüber den Gesellschaftsgläubigern).[547] Venn hat daher keine Ansprüche aus Unterbilanzhaftung gegen Friedrich und Otto.

---

545 BGH, Urt. v. 9.3.1981 – II ZR 54/80, NJW 1981, S. 1373 ff.; vgl. *Merkt,* in: MüKo GmbHG, 1. Aufl., § 11 Rn. 7.

546 *Hueck/Fastrich,* in: Baumbach/Hueck, GmbHG, 20. Aufl., § 11 Rn. 53.

547 *Bayer,* in: Lutter/Hommelhoff, GmbHG, 18. Aufl., § 11 Rn. 32; *Schroeter,* in: Bork/Schäfer, GmbHG, 2. Aufl., § 11 Rn. 59.

Fall 60: Organverfassung und Durchgriffshaftung

Ausgangsfall: Bonin ist Alleingesellschafter der Cleano GmbH, Czichy deren Geschäftsführer. Die GmbH reinigt seit mehreren Jahren die Bürogebäude der Fairbanks AG. Diese zahlt bislang eine Pauschalvergütung von € 10.000 im Monat – etwa 80 % des gesamten monatlichen Umsatzes der Cleano GmbH. Im Mai 2012 weist Bonin Czichy an, den Vertrag mit der Fairbanks AG zu einem um 25 % reduzierten Preis um weitere zwei Jahre zu verlängern. Der Einnahmeverlust soll teilweise durch die Entlassung von zweier Reinigungskräften ausgeglichen werden; im Übrigen genügen die Rücklagen der Gesellschaft, um eine Schieflage zu verhindern. Geschäftsführer Czichy weigert sich, Bonins Weisung nachzukommen. Er ist nämlich der Ansicht, dass weitere Verhandlungen mit der Fairbanks AG zu einem für die Cleano GmbH besseren Ergebnis führen würden. Die Kündigung der Reinigungskräfte kommt für ihn aufgrund persönlicher Beziehungen nicht in Frage. Ist Czichy verpflichtet, Bonins Weisung zu folgen?

Abwandlung: Abweichend vom Ausgangsfall weist Bonin Czichy an, einen um 80 % reduzierten Preis zu akzeptieren. Dabei weiß Bonin, dass dies über kurz oder lang zur Insolvenz der GmbH führen muss. Dies ist ihm aber gleichgültig, da er sich bereits anderweitig ein neues Standbein aufgebaut hat und ihm – auch im Hinblick auf diese neue Tätigkeit – sehr an guten Beziehungen zur Fairbanks AG gelegen ist. Czichy möchte Streit mit Bonin aus dem Wege gehen und befolgt daher dessen Weisung. Nach einem Jahr ist die Cleano GmbH insolvent. Die Eröffnung des Insolvenzverfahrens wird mangels Masse abgelehnt. Dies hat zur Folge, dass Groß, der aus der Lieferung von Putzmitteln einen Anspruch von € 500 gegen die Gesellschaft hat, von der GmbH keine Bezahlung erhält. Er verlangt dafür von Bonin Ersatz. Hat Groß gegen Bonin einen Anspruch auf Zahlung von € 500?

Problemstellung

753 Die GmbH hat zwingend **mindestens zwei Organe**, den oder die Geschäftsführer und die Gesellschafterversammlung. Unser Ausgangsfall betrifft das Verhältnis dieser Organe zueinander, das durch die Dominanz der Gesellschafter gegenüber der Geschäftsführung geprägt ist.

754 Die Abwandlung betrifft die Frage, ob und unter welchen Voraussetzungen die Gesellschafter einer GmbH für deren Verbindlichkeiten haften. § 13 Abs. 2 GmbHG schließt die Gesellschafterhaftung aus (die GmbH als **„Haftungsschirm“**). Ausnahmen werden unter dem Stichwort einer **Durchgriffshaftung** diskutiert.

Lösung

755 Ausgangsfall:
Eine Verpflichtung Czichys, Bonins Weisung Folge zu leisten, könnte sich aus § 37 Abs. 1 GmbHG ergeben. Danach sind die Geschäftsführer der Gesellschaft gegenüber verpflichtet, bei der Vertretung der Gesellschaft etwaige Beschränkungen zu beachten, die sich aus dem Gesellschaftsvertrag oder aus Gesellschafterbeschlüssen ergeben. Die Norm bezieht sich ihrem Wortlaut nach nur auf rechtsgeschäftliches Handeln in Vertretung der Gesellschaft (Stellvertretung nach §§ 164 ff. BGB). Darüber hinaus gilt die in § 37 Abs. 1 GmbHG geregelte Weisungsunterworfenheit nach einhelliger Auffassung für alle Akte der Geschäftsführung, also auch dann, wenn der Geschäftsführer rein tatsächlich handelt.[548] Im Fall geht es um einen Vertragsschluss, also einen Akt der Stellvertretung, der schon dem Wortlaut nach von § 37 Abs. 1 GmbHG erfasst ist.

---

548 *Jacoby*, in: Bork/Schäfer, GmbHG, 2. Aufl., § 37 Rn. 2.

In § 37 Abs. 1 GmbHG kommt – wie auch in anderen Regelungen, z.B. § 46 Nr. 5, 6 **756** GmbHG – ein **tragendes Prinzip der Organverfassung** in der GmbH zum Ausdruck, nämlich die umfassende Regelungszuständigkeit der Gesellschafter. Hier unterscheiden sich GmbH und Aktiengesellschaft deutlich. Bei Letzterer führt der Vorstand die Geschäfte in eigener Verantwortung (§ 76 Abs. 1 AktG). Eine Weisungsunterworfenheit gegenüber der Hauptversammlung besteht nicht (s. § 119 Abs. 2 AktG, wonach die Hauptversammlung über Fragen der Geschäftsführung nur auf Verlangen des Vorstands entscheidet; zu Ausnahmen s. Rn. 806 m.w.N.).

In § 37 Abs. 1 GmbHG ist von Weisungen durch **Gesellschafterbeschluss** die Rede. Im **757** Fall hat Bonin keinen solchen Beschluss gefasst, obwohl auch in der Einpersonen-GmbH Gesellschafterbeschlüsse vorgesehen sind (s. die Protokollierungspflicht nach § 48 Abs. 3 GmbHG). Gesellschafter als solche (also außerhalb der Gesellschafterversammlung) haben grundsätzlich keine Weisungsbefugnis, auch nicht, wenn sie Mehrheitsgesellschafter sind. Ausnahmen gelten aber, wenn die Satzung die Weisungsbefugnis eines einzelnen Gesellschafters vorsieht sowie generell im (hier vorliegenden) Fall der Einpersonen-GmbH.[549]

Eine Folgepflicht der Geschäftsführung ist nur in einigen **Ausnahmefällen** ausgeschlos- **758** sen. Dies ist zunächst nach einigen gesetzlichen Bestimmungen der Fall, durch die der Gesetzgeber der Geschäftsführung im Interesse Dritter Aufgaben zur Wahrnehmung in eigener Verantwortung zugewiesen hat. Zu diesen Aufgaben gehören neben weiterer das Unterlassen von Auszahlungen unter Verstoß gegen Kapitalerhaltungsvorschriften (§ 43 Abs. 3 S. 1, 3 GmbHG), die ordnungsgemäße Buchführung (§ 41 GmbHG), sowie die Stellung eines Insolvenzantrages nach § 15a InsO.

Im Übrigen muss der Geschäftsführer Weisungen nicht befolgen, die in einem nichtigen **759** Gesellschafterbeschluss enthalten sind (während zweifelhaft ist, ob ein bloß anfechtbarer Beschluss lässt die Folgepflicht entfallen lässt[550]. Auch Weisungen, die auf ein sittenwidriges Handeln oder einen Verstoß gegen ein Verbotsgesetz gerichtet sind, müssen nicht befolgt werden (§§ 134, 138 BGB). Schließlich sind Weisungen nicht zu befolgen, die die Gesellschaft mit überwiegender Wahrscheinlichkeit in die Insolvenz führen und Gesellschaftsgläubiger schädigen würden (existenzvernichtende Weisungen).[551] Dass eine Weisung lediglich wirtschaftlich unzweckmäßig ist, lässt die Folgepflicht der Geschäftsführung dagegen nicht entfallen.[552] Das gilt erst recht, wenn die Frage, was in der gegebenen Situation wirtschaftlich sinnvoll ist, zwischen Gesellschafter und Geschäftsführung umstritten ist. Diese Beurteilung liegt in der Hand des Gesellschafters. Zwar gebietet es die Sorgfaltspflicht (§ 43 Abs. 1 GmbHG) der Geschäftsführung, den oder die Gesellschafter auf darauf hinzuweisen, wenn die Befolgung einer Weisung die Gesellschaft voraussichtlich schädigen wird; hier kann auch die vorläufige Aussetzung geboten sein.[553] Letztlich muss sich die Geschäftsführung dem oder den Gesellschaftern aber beugen. Dass rein persönliche Gründe – wie hier die persönliche Nähe Czichys zu Arbeitnehmern, die entlassen werden sollen – eine Folgepflicht nicht entfallen lassen, liegt ebenfalls auf der Hand.

---

549 BGH, Urt. v. 28.9.1992 – II ZR 299/91, NJW 1993, S. 193 (194); *Jacoby,* in: Bork/Schäfer, GmbHG, 2. Aufl., § 37 Rn. 10.
550 S. dazu *Kleindiek,* in: Lutter/Hommelhoff, GmbHG, 18. Aufl., § 37 Rn. 28; *Jacoby,* in: Bork/Schäfer, GmbHG, 2. Aufl., § 37 Rn. 18 m.w.N.
551 *Kleindiek,* in: Lutter/Hommelhoff, GmbHG, 18. Aufl., § 37 Rn. 18.
552 *Kleindiek,* in: Lutter/Hommelhoff, GmbHG, 18. Aufl., § 37 Rn. 18.
553 *Kleindiek,* in: Lutter/Hommelhoff, GmbHG, 18. Aufl., § 37 Rn. 23.

760 Im Fall steht eine Existenzvernichtung der Gesellschaft nicht im Raum. Damit muss Czichy der wirtschaftlichen Entscheidung Bonins folgen und dessen Weisung nach § 37 Abs. 1 GmbHG umsetzen, auch wenn er sie für nachteilig hält.

761 **Abwandlung:**
Groß könnte gegen Bonin einen Anspruch auf Zahlung von € 500 aus § 433 Abs. 2 BGB haben.

762 Nach § 13 Abs. 2 GmbHG ist eine persönliche Haftung der Gesellschafter für Gesellschaftsverbindlichkeiten ausgeschlossen (anders als etwa nach § 128 S. 1 HGB im Recht der oHG). Die GmbH stellt damit für ihre Gesellschafter einen **Haftungsschirm** dar.

763 Unter dem Stichwort einer **Durchgriffshaftung** wird die Frage diskutiert, ob und unter welchen Voraussetzungen eine Gesellschafterhaftung für Gesellschaftsverbindlichkeiten (analog § 128 S. 1 HGB) als Ausnahme von § 13 Abs. 2 GmbHG anzuerkennen ist.

764 Eine Durchgriffshaftung wird verbreitet für Fälle der **Vermögensvermischung** bejaht, also dann, wenn die GmbH-Gesellschafter ihr Vermögen nicht getrennt von jenem der GmbH führen (Fälle der „Waschkorbbuchführung").[554] Für eine Vermögensvermischung gibt es vorliegend keinen Anhaltspunkt.

765 Teilweise wird für Fälle der **materiellen Unterkapitalisierung** ebenfalls eine Durchgriffshaftung angenommen. Von materieller Unterkapitalisierung ist die Rede, wenn eine GmbH von ihren Gesellschaftern mit einem Eigenkapital ausgestattet wird, das nicht ausreicht, um den langfristigen Finanzbedarf der Gesellschaft zu befriedigen.[555] In solchen Fällen werde die Rechtsform der GmbH missbraucht. Gegen eine Durchgriffshaftung bei materieller Unterkapitalisierung spricht schon, dass es keine klaren Maßstäben für eine angemessene Ausstattung mit Eigenkapital gibt. Verbreitet wird daher vertreten, dass ein Durchgriff auf Fälle krasser, evidenter Unterkapitalisierung zu beschränken sei.[556] Dadurch werden Abgrenzungsschwierigkeiten aber nicht gelöst, sondern lediglich „verschoben". Zudem ist dem GmbH-Recht eine Verpflichtung zu einer angemessenen Ausstattung der Gesellschaft mit Eigenkapital nicht zu entnehmen. Der BGH hat eine Durchgriffshaftung bei materieller Unterkapitalisierung in einer jüngeren Entscheidung (*Gamma*) abgelehnt.[557] Für eine materielle Unterkapitalisierung ist im Fall jedenfalls nichts ersichtlich.

766 Schließlich kommt eine Durchgriffhaftung unter dem Gesichtspunkt eines **existenzvernichtenden Eingriffs** in Betracht. Das Konzept einer Haftung wegen Existenzvernichtung hat der BGH 2001 entwickelt (Urteil in der Sache *Bremer Vulkan*).[558] Zugrunde lag die Beobachtung, dass die GmbH durch das System der Kapitalerhaltung (§§ 30 ff. GmbHG) nur lückenhaft vor Zugriffen der Gesellschafter auf das Gesellschaftsvermögen geschützt ist. Wenn solche Zugriffe die Insolvenz der Gesellschaft herbeiführen und dadurch Gesellschaftsgläubiger Schäden erleiden, sollte das bis zur *Trihotel*-Entscheidung des Jahres 2007 eine Durchgriffhaftung auslösen. Seit dieser Entscheidung lehnt der BGH eine Durchgriffhaftung in Fällen der Existenzvernichtung ab. Stattdessen

---

554 *Lutter/Bayer,* in: Lutter/Hommelhoff, GmbHG, 18. Aufl., § 13 Rn. 19.
555 Von *formeller* Unterkapitalisierung ist dagegen die Rede, wenn die Gesellschafter der Gesellschaft Finanzmittel in zwar ausreichender Höhe zur Verfügung stellen, dies aber „in der falschen Form", nämlich als Fremdmittel (insb. Gesellschafterdarlehen) statt als Eigenkapital (sog. Eigenkapitalersatz). Unter dem früheren Recht gab es zum Eigenkapitalersatz sowohl gesetzliche Regelungen in §§ 32 a, b GmbHG als auch eine ergänzende Rechtsprechung, die auf §§ 30, 31 GmbHG analog zurückgriff. Heute – seit dem MoMiG – steht die Nachrangigkeit von Gesellschafterdarlehen in der Insolvenz im Vordergrund, § 39 Abs. 1 Nr. 5 InsO).
556 *Lutter/Bayer,* in: Lutter/Hommelhoff, GmbHG, 18. Aufl., § 13 Rn. 20.
557 BGH, Urt. v. 28.4.2008 – II ZR 264/06, NJW 2008, S. 2437 (2438 ff.).
558 BGH, Urt. v. 17.9.2001 – II ZR 178/99, NJW 2011, S. 3632 ff.

wird – überzeugend – angenommen, dass eine vorsätzliche sittenwidrige Schädigung (§ 826 BGB) vorliegen könne.[559]

Die Voraussetzungen des § 826 BGB liegen im Fall vor, da Bonin hier vorsätzlich die **767** Cleano GmbH „zugrunde gerichtet" und damit deren Gläubiger geschädigt hat. Der BGH geht allerdings davon aus, dass die auf § 826 BGB gestützte Haftung wegen Existenzvernichtung eine reine Innenhaftung gegenüber der Gesellschaft sei. Eine Außenhaftung gegenüber Gesellschaftsgläubigern sei ausgeschlossen.[560] Für diese Einschränkung gibt es indes keine Rechtfertigung.[561] Dem Konzept der Existenzvernichtung liegt gerade der Gedanke des Gläubigerschutzes zugrunde. Eine Beschränkung des Gläubigerkreises der Existenzvernichtungshaftung auf die Gesellschaft (unter Ausschluss der Gesellschaftsgläubiger) überzeugt daher weder im Hinblick auf den Wortlaut des § 826 BGB noch unter teleologischen Gesichtspunkten.

Groß hat nach allem einen Anspruch gegen Bonin auf Zahlung von € 500 aus § 826 **768** BGB

Ergänzende Hinweise

Der Gesellschaftsvertrag einer GmbH kann neben Gesellschafterversammlung und Ge- **769** schäftsführung **weitere Organe** vorsehen, etwa einen **Aufsichtsrat** (s. dazu § 52 GmbHG, wonach insbesondere aktienrechtliche Vorschriften analoge Anwendung finden) oder einen **Beirat**. Nur im Ausnahmefall ist bei einer GmbH zwingend als drittes Organ ein Aufsichtsrat zu bilden. Das ist vor allem nach den Regelungen zur unternehmensrechtlichen Mitbestimmung der Arbeitnehmer der Fall: Eine GmbH mit in der Regel mehr als 500 Arbeitnehmern hat einen Aufsichtsrat zu bilden, dem zu einem Drittel Vertreter der Arbeitnehmer angehören (Drittelbeteiligung nach DrittelbG). Bei in der Regel mehr als 2.000 Arbeitnehmern müssen die Hälfte der Aufsichtsratsmitglieder Vertreter der Arbeitnehmer sein (paritätische Mitbestimmung). Im paritätisch besetzten Aufsichtsrat hat der Vorsitzende, der Vertreter der Anteilseignerseite ist, bei Stimmengleichheit ein doppeltes Stimmrecht (§ 28 Abs. 2 S. 1 MitbestG). Letztlich können sich die Vertreter der Anteilseigner dadurch, wenn sie einheitlich stimmen, im Aufsichtsrat durchsetzen. Unter diesem Gesichtspunkt hat das BVerfG die Regelungen zur paritätischen Mitbestimmung für mit dem Eigentumsgrundrecht der Aktionäre (Art. 14 GG) vereinbar erklärt.[562]

---

559 BGH, Urt. v. 16.7.2007 – II ZR 3/04, NJW 2007, S. 2689 ff.
560 BGH, a.a.O. (Fn. 565); ebenso *Verse*, in: Henssler/Strohn, Gesellschaftsrecht, 1. Aufl., § 13 GmbHG Rn. 64.
561 *Lutter/Bayer*, in: Lutter/Hommelhoff, GmbHG, 18. Aufl., § 13 Rn. 46.
562 BVerfG, Urt. v. 1.3.1979 – 1 BvR 532, 533/77, 419/78, 1 BvL 21/78, NJW 1979, S. 699 ff.

Fall 61: Geschäftsführerhaftung (§ 43 GmbHG)

> **Ausgangsfall:** Arndt, Bernd und Christoph sind zu gleichen Teilen an der Holzhandel ABC GmbH beteiligt. Nachdem der bisherige Fremdgeschäftsführer sein Amt niedergelegt hat, wird in einer Gesellschafterversammlung ein Gesellschafterbeschluss über die Bestellung Arndts als Geschäftsführer gefasst. Arndt und Bernd stimmen dafür, Christoph dagegen. Arndt wird als Geschäftsführer im Handelsregister eingetragen und führt in der Folge die Geschäfte.
> Die finanzielle Situation der GmbH verschlechtert sich bis hin zur Zahlungsunfähigkeit im Februar 2012. Zwar erkennt Arndt die Situation. Er stellt dennoch keinen Insolvenzantrag, weil sein Herz an dem Holzhandel hängt und er auf eine Besserung der Lage hofft. Erst nach weiteren Verlusten entscheidet sich Arndt im Mai 2012, die Eröffnung des Insolvenzverfahrens zu beantragen. Im Juli 2012 wird das Verfahren eröffnet.
> Noch im Dezember 2011 hatte sich A entschieden, die Produktpalette des Holzhandels um Gartenhäuser zu erweitern und dazu im Namen der Gesellschaft mit Vogel als Verkäufer einen Kaufvertrag über 50 Gartenhäuser zum Gesamtpreis von € 50.000 geschlossen. Im Insolvenzverfahren erhält Vogel nur € 10.000 (also eine „Quote" von 20 %). Hätte Arndt rechtzeitig den Insolvenzantrag gestellt, hätte er noch € 25.000 bekommen.
> Hat Vogel gegen Arndt einen Anspruch auf Zahlung von € 40.000 oder jedenfalls € 15.000?
> **Abwandlung:** Insolvenzverwalter Ihl fragt, ob die Holzhandel ABC GmbH von Arndt Ersatz von € 100.000 verlangen kann. Das ist der Betrag, um den sich das Reinvermögen der Gesellschaft im Zeitraum zwischen der Entstehung der Insolvenzantragspflicht und der Stellung des Insolvenzantrags verringert hat.

Problemstellung

770 Der Geschäftsführer der GmbH unterliegt in jedem Stadium des Gesellschaftslebens – also innerhalb wie außerhalb der Krise – einer allgemeinen Pflicht zu sorgfältigem Handeln. Rechtsfolge eines Verstoßes ist u.a. eine Schadensersatzpflicht gegenüber der Gesellschaft (§ 43 Abs. 1, 2 GmbHG). In der Krise der Gesellschaft verschärfen sich die Haftungsrisiken für den Geschäftsführer. Insbesondere muss er bei Überschuldung oder Zahlungsunfähigkeit die Eröffnung eines Insolvenzverfahrens über das Vermögen der Gesellschaft beantragen (§ 15a Abs. 1 InsO). Ein Verstoß gegen diese Verpflichtung ist strafbar (§ 15a Abs. 4, 5 InsO) und kann zu Ansprüchen geschädigter Gesellschaftsgläubiger gegen den Geschäftsführer führen – darum geht es (im Schwerpunkt) in unserem Fall.

Lösung

771 Ausgangsfall:
Vogel könnte gegen Arndt einen Anspruch auf Zahlung von € 40.000 gemäß § 823 Abs. 2 BGB i.V.m. § 15a Abs. 1 InsO haben. Dies setzt voraus, dass § 15a Abs. 1 InsO ein Schutzgesetz zugunsten Vogels darstellt, Arndt gegen dieses Schutzgesetz verstoßen hat und Vogel dadurch einen ersatzfähigen Schaden erlitten hat.

772 Die Insolvenzantragspflicht nach § 15a InsO ist nach fast einhelliger Meinung **Schutzgesetz** i.S.d. § 823 Abs. 2 BGB.[563]

---

563 *Kiethe/Hohmann,* in: MüKo StGB, 1. Aufl., § 15a InsO Rn. 9; *Hirte,* in: Uhlenbruck, InsO, 13. Aufl., § 15a Rn. 39.

Arndt müsste gegen § 15a InsO verstoßen haben. Er müsste dazu zunächst Adressat der **773** Vorschrift sein. Der Antragspflicht nach § 15a Abs. 1 InsO unterliegen insbesondere die Mitglieder des Vertretungsorgans. Dies ist in der GmbH der **Geschäftsführer**, § 35 Abs. 1 GmbHG. Arndt müsste daher Geschäftsführer gewesen sein.

Die **Bestellung** zum Geschäftsführer erfolgt entweder im Gesellschaftsvertrag (s. dazu **774** Rn. 735) oder – so hier – durch Gesellschafterbeschluss (§§ 6 Abs. 3 S. 2, 46 Nr. 5 GmbHG). Die Beschlussfassung erfolgt nach § 47 Abs. 1 GmbHG mit einfacher Mehrheit der abgegebenen Stimmen. Jeder Euro eines Geschäftsanteils gewährt eine Stimme (§ 47 Abs. 2 GmbHG), sodass die Stimmverhältnisse in der Gesellschafterversammlung die Beteiligung der Gesellschafter am Stammkapital spiegeln. Im Fall haben Arndt und Bernd für die Bestellung Arndts zum Geschäftsführer gestimmt und nur Christoph dagegen. Der Bestellungsbeschluss ist daher (sogar mit 2/3-Mehrheit) wirksam zustande gekommen, wenn nicht A hinsichtlich seiner eigenen Bestellung vom Stimmrecht ausgeschlossen war.

Nach § 47 Abs. 4 S. 1 GmbHG hat ein Gesellschafter, der durch eine Beschlussfassung **775** entlastet oder von einer Verbindlichkeit befreit werden soll, in der Gesellschafterversammlung kein Stimmrecht. Dasselbe gilt nach § 47 Abs. 4 S. 2 GmbHG, wenn es um die Vornahme eines Rechtsgeschäfts mit oder die Einleitung oder Erledigung eines Rechtsstreits gegen einen Gesellschafter geht. Von diesen **Stimmverboten wegen Interessenkollision** sind jedoch unstreitig eine Reihe von Rechtsgeschäften nicht betroffen, die körperschaftlichen, innergesellschaftlichen Charakter haben, und typischer Weise Ausfluss der Mitgliedschaft in der GmbH sind (**Sozial- oder Verbandsakte**). Dazu gehört insbesondere die hier in Rede stehende Bestellung von Geschäftsführern.[564] Arndt unterlag danach keinem Stimmverbot und ist wirksam zum Geschäftsführer bestellt worden. Zwar muss eine Bestellung zum Geschäftsführer – wegen der damit verbundenen Pflichten und Haftungsrisiken – von diesem *angenommen* werden. Die gesonderte Annahme ist aber entbehrlich, wenn der Geschäftsführer – wie hier – auch Gesellschafter ist und bei seiner Bestellung für diese gestimmt hat.[565] Arndts Eintragung als Geschäftsführer im Handelsregister spielt für seine Organstellung – als rein deklaratorischer Akt[566] – keine Rolle.

Arndt müsste gegen § 15a S. 1 InsO verstoßen haben. Nach dieser Vorschrift hat der **776** Geschäftsführer einer GmbH, wenn diese zahlungsunfähig oder überschuldet wird, ohne schuldhaftes Zögern, spätestens aber drei Wochen nach Eintritt der Zahlungsunfähigkeit oder Überschuldung, einen Antrag auf Eröffnung des Insolvenzverfahrens zu stellen.

– Eine GmbH ist **zahlungsunfähig**, wenn sie nicht in der Lage ist, ihre fälligen Zahlungspflichten zu erfüllen (Betrachtung der **Liquidität,** § 17 Abs. 2 S. 1 InsO).
– **Überschuldung** ist dagegen gegeben, wenn die Aktiva der GmbH deren Verbindlichkeiten nicht mehr decken, es sei denn, die Fortführung des Unternehmens ist nach den Umständen überwiegend wahrscheinlich (**bilanzielle Betrachtung,** ergänzt um eine **Fortführungsprognose,** 19 Abs. 2 S. 1 GmbHG).

Die Holzhandel ABC GmbH war nach dem Sachverhalt ab Februar 2012 **zahlungsun- 777 fähig**, sodass der allgemeine Insolvenzgrund des § 17 InsO erfüllt war.[567] Arndt hat den Insolvenzantrag aber erst im Mai 2012 gestellt. Damit hat Arndt die (höchstens) dreiwöchige Überlegungsfrist des § 15a Abs. 1 S. 1 InsO überschritten und gegen die Insol-

---

564 *Casper,* in: Bork/Schäfer, GmbHG, 2. Aufl., § 47 Rn. 55 f.; *Bayer,* in: Lutter/Hommelhoff, GmbHG, 18. Aufl., § 47 Rn. 44 f.
565 *Kleindiek,* in: Lutter/Hommelhoff, GmbHG, 18. Aufl., § 6 Rn. 43.
566 *Kleindiek,* in: Lutter/Hommelhoff, GmbHG, 18. Aufl., § 39 Rn. 1.
567 Vgl. *Altmeppen,* in: Roth/Altmeppen, GmbHG, 7. Aufl., vor § 64 Rn. 15.

venzantragspflicht verstoßen. Zudem hatte Arndt schon im Februar 2012 Kenntnis von der Insolvenzreife und handelte somit vorsätzlich. Arndt hat damit, wie von § 823 Abs. 2 BGB vorausgesetzt, schuldhaft gegen die Pflicht aus § 15a Abs. 1 InsO verstoßen.

778 Vogel müsste gemäß § 823 Abs. 2 BGB zu dem durch die Schutznorm (§ 15a InsO) **geschützten Personenkreis** gehören. § 15a InsO ist eine gläubigerschützende Vorschrift. Sie existiert vor dem Hintergrund, dass den Gläubigern der GmbH wegen § 13 Abs. 2 GmbHG ausschließlich das Gesellschaftsvermögen haftet. Die Insolvenzantragspflicht soll dazu führen, dass dann, wenn nicht mehr sicher ist, dass eine Gesellschaft ihre Verbindlichkeiten vollständig erfüllen wird (Überschuldung oder Zahlungsunfähigkeit), zügig ein Insolvenzverfahren eingeleitet wird, in dem die Gesellschaft saniert wird, oder als dessen Ergebnis wenigstens alle Gläubiger gleichmäßigen Zugriff auf das Gesellschaftsvermögen erhalten. Die Insolvenzantragspflicht dient dabei sowohl dem Schutz der Gläubiger, die schon vor Entstehung der Insolvenzantragspflicht Forderungen gegen die Gesellschaft hatten (**Altgläubiger**), als auch dem Schutz derjenigen Gläubiger, die erst nach diesem Zeitpunkt in geschäftliche Verbindungen mit der Gesellschaft getreten sind (**Neugläubiger**). Vogel als Gläubiger (Altgläubiger) der Holzhandel ABC GmbH gehört damit zu dem von § 15a Abs. 1 InsO geschützten Personenkreis.

779 Vogel müsste durch die verspätete Antragstellung einen ersatzfähigen Schaden erlitten haben. Dieser besteht nach der Differenzhypothese (§ 249 Abs. 1 BGB) darin, dass Vogel im Falle rechtzeitiger Antragstellung eine höhere Insolvenzquote erlangt hätte, sog. Quotenschaden.[568] Vogel kann daher nur Zahlung von € 15.000 verlangen. Sein darüber hinausgehender Schaden von weiteren € 25.000 beruht dagegen nicht auf der von Arndt begangenen Insolvenzverschleppung, sondern ist unabhängig davon eingetreten – und damit nicht ersatzfähig.

780 Vogel hat nach allem gegen Arndt einen Anspruch auf Zahlung von (nur) € 15.000 gemäß § 823 Abs. 2 BGB i.V.m. § 15a Abs. 1 InsO. Während des Insolvenzverfahrens ist er allerdings daran gehindert, den Anspruch selbst geltend zu machen. Bei dem Quotenschaden handelt es sich nämlich um einen Gesamtschaden im Sinne des § 92 S. 1 InsO, der zur Vermeidung eines „Windhundrennens" der Gläubiger nur durch den Insolvenzverwalter geltend gemacht werden kann.[569]

781 **Abwandlung:**
Die Holzhandel ABC GmbH könnte gegen Arndt einen Anspruch auf Ersatz von € 100.000 gemäß § 43 Abs. 2 GmbHG haben. Dies setzt voraus, dass Arndt seine Pflicht zur ordnungsgemäßen Geschäftsführung (§ 43 Abs. 1 GmbHG) schuldhaft verletzt hat. Zu den Geschäftsführerpflichten gehört die Pflicht zur Beachtung der Gesetze und damit zur Stellung des Insolvenzantrages nach § 15a InsO. Gegen diese Pflicht hat Arndt schuldhaft verstoßen (s.o.). Er haftet der Holzhandel ABC GmbH damit nach § 43 Abs. 2 GmbHG auf Ersatz des Schadens, den diese durch die Pflichtverletzung erlitten hat (nach Sachverhalt € 100.000).

Ergänzende Hinweise

782 Zur Stellung des Insolvenzantrages ist auch der sog. **faktische Geschäftsführer** verpflichtet.[570] Faktischer Geschäftsführer ist, wer die Geschäfte der GmbH mit Zustimmung der Gesellschafter nach innen und außen führt, ohne formal zur Geschäftsführung bestellt worden zu sein.[571]

---

568 *Kiethe/Hohmann,* in: MüKo StGB, 1. Aufl., § 15a InsO Rn. 9.
569 *Hirte,* in: Uhlenbruck, InsO, 13. Aufl., § 15a Rn. 56.
570 *Strohn,* DB 2011, S. 158 (159); *Stephan/Tieves,* in: MüKo GmbHG, 1. Aufl., § 35 Rn. 38.
571 *Altmeppen,* in: Roth/Altmeppen, GmbHG, 7. Aufl., vor § 64 Rn. 57.

Im Rahmen der Haftung des Geschäftsführers nach § 823 Abs. 2 BGB i.V.m. § 15a **783**
Abs. 1 InsO ist insbesondere der Umfang des Ersatzanspruches der sog. **Neugläubiger**
umstritten. Ursprünglich gewährte der BGH sowohl den Altgläubigern als auch Neug-
läubigern nur den Ersatz des sog. Quotenschadens. Im Jahr 1994 hat der BGH seine
Rechtsprechung zugunsten der Neugläubiger geändert und diesen einen Ersatzanspruch
in Höhe des vollen Kontraktionsschadens zugesprochen. Grund hierfür war die Annahme, die Antragspflicht diene nicht nur der Erhaltung der Haftmasse, sondern auch
der Fernhaltung insolvenzreifer Gesellschaften mit beschränktem Haftungsfonds vom
Geschäftsverkehr.[572]

In der Krise der GmbH drohen scharfe Haftungsrisiken für den Geschäftsführer auch **784**
nach § 64 S. 1, 2 GmbHG. Danach sind die Geschäftsführer der Gesellschaft zum Ersatz
von Zahlungen verpflichtet, die nach Eintritt der Zahlungsunfähigkeit der Gesellschaft
oder nach Feststellung ihrer Überschuldung geleistet werden. Eine Ausnahme gilt nur
für Zahlungen, die auch nach diesem Zeitpunkt mit der Sorgfalt eines ordentlichen
Geschäftsmanns vereinbar sind. Die Regelung hat in den vergangenen Jahren erheblich
an Bedeutung gewonnen. Als praktische Folge zwingt sie bei Zahlungsunfähigkeit oder
Überschuldung (von wenigen Ausnahmen abgesehen) zu einem sofortigen Zahlungs-
stopp der Gesellschaft.

VI. Aktienrecht

Fall 62: Satzungsstrenge (§ 23 Abs. 5 AktG)

Fünf Personen wollen zusammen die Gellert AG gründen, die alkoholfreie Getränke
herstellen soll. Das Grundkapital soll € 500.000 betragen und jeder Gesellschafter
20 % der Aktien halten. In der Satzung soll unter anderem geregelt sein:
1. Ein Beschluss der Hauptversammlung über eine Änderung der Satzung soll einer
Mehrheit von mindestens 50 % des vertretenen Grundkapitals bedürfen.
2. Der Aufsichtsrat soll aus fünf Personen bestehen, weil jeder Aktionär ein Auf-
sichtsratsmitglied seines Vertrauens entsenden möchte.
3. Die Mitglieder des Vorstandes sollen mindestens 50 Jahre alt sein.
Sind die angestrebten Regelungen zulässig?

Problemschwerpunkte

Der Fall betrifft den aktienrechtlichen Grundsatz der **Satzungsstrenge**. Abweichungen **785**
vom gesetzlichen Aktienrecht durch die Satzung der AG sind danach nur zulässig, wenn
das Gesetz sie ausdrücklich zulässt (§ 23 Abs. 5 AktG).

Falllösung

Nach § 23 Abs. 5 AktG sind Abweichungen von den Vorschriften des AktG in der **786**
Satzung der AG nur zulässig, wenn dies ausdrücklich gesetzlich bestimmt ist, sog. **Sat-
zungsstrenge**. Im Lichte dieser Bestimmung gilt für die beabsichtigten Regelungen in der
Satzung der Gellert AG Folgendes:

Regelung Nr. 1: Nach § 179 Abs. 2 S. 1 AktG bedarf ein Beschluss der Hauptversamm- **787**
lung über eine Satzungsänderung grundsätzlich einer Mehrheit von mindestens drei
Vierteln des bei der Beschlussfassung vertretenen Grundkapitals. Gemäß § 179 Abs. 2
S. 2 AktG kann die Satzung eine andere Kapitalmehrheit festlegen. Eine Abweichung ist
also ausdrücklich zugelassen. Zu beachten ist allerdings, dass nach § 179 Abs. 2 S. 2
AktG für Änderungen des Unternehmensgegenstandes nur eine höhere Kapitalmehrheit

---

572 BGH Urt. v. 6.6.1994 – II ZR 292/91, NJW 1994, S. 2220 ff.

festgelegt werden darf. Regelung Nr. 1 müsste also dahin ergänzt werden, dass Änderungen des Unternehmensgegenstandes davon ausgenommen sind.

788 **Regelung Nr. 2:** Gem. § 95 S. 1 AktG besteht der Aufsichtsrat grundsätzlich aus drei Mitgliedern. Die Satzung kann zwar eine höhere Zahl festlegen. Diese muss jedoch durch drei teilbar sein (§ 95 S. 2, 3 AktG). Diese Regelung ist eindeutig und abschließend. Es ist daher nicht möglich, in der Satzung festzulegen, dass der Aufsichtsrat aus fünf Personen besteht.

789 **Regelung Nr. 3:** Regelungen über den Vorstand der AG finden sich in den §§ 76 ff. AktG. In § 76 Abs. 3 AktG sind Voraussetzungen geregelt, die eine Person erfüllen muss, um Vorstandsmitglied sein zu können. Ein Mindestalter für Vorstandsmitglieder ist nicht geregelt. In dieser Hinsicht ist das AktG jedoch nicht abschließend und kann daher durch die Satzung ergänzt werden, § 23 Abs. 5 S. 2 AktG. Die Festlegung eines Mindestalters für Vorstandsmitglieder ist daher zulässig.[573]

Ergänzende Hinweise

790 Die **einfache Gründung** einer AG richtet sich nach §§ 23 ff. AktG. Zunächst ist wie bei allen anderen Gesellschaftsformen der Abschluss eines Gesellschaftsvertrages zwischen den Gründern erforderlich. Dieser muss gemäß § 23 Abs. 1 S. 1 AktG notariell beurkundet werden. Der Mindestinhalt des Gesellschaftsvertrages, auch Satzung genannt, ergibt sich aus § 23 Abs. 3, 4 AktG.

791 Nach Feststellung der Satzung müssen die Gründer die Aktien übernehmen. Mit der Übernahme ist die Gesellschaft gemäß § 29 AktG errichtet. Die Gründer haben nach Maßgabe des § 30 AktG (notariell beurkundet) den ersten Aufsichtsrat und den ersten Abschlussprüfer zu bestellen. Der Aufsichtsrat bestellt dann den Vorstand. Die Gründer haben über diese Vorgänge einen Gründungsbericht zu erstellen, den Vorstand und Aufsichtsrat prüfen, §§ 32 f. AktG. Anschließend müssen nach Maßgabe der §§ 36, 36a AktG Einlagen geleistet werden.

792 Nach diesen Schritten wird die AG zur Eintragung im Handelsregister angemeldet (§ 36 AktG). Die Eintragung ist konstitutiv, die AG entsteht also erst mit dieser. Das Registergericht prüft vor der Eintragung, ob die Gesellschaft ordnungsgemäß errichtet und angemeldet worden ist (§ 38 AktG).[574]

793 Häufiger als die Neugründung einer AG ist die **Umwandlung** einer bestehenden Gesellschaft (insb. GmbH) in eine AG nach den Vorschriften des UmwG.[575]

---

573 *Hüffer*, AktG, 10. Aufl., § 23 Rn. 38.
574 *Grunewald*, Gesellschaftsrecht, 8. Aufl., 2.C. Rn. 8.
575 *Hüffer/Koch*, Gesellschaftsrecht, 8. Aufl., § 29 II.1.

Fall 63: Der Vorstand – Aufgaben und Haftung

> Die Gellert AG wurde wirksam gegründet und ist inzwischen ein erfolgreicher Getränkehersteller. Im Vorstand wird diskutiert, eine neue zuckerfreie Limonade ins Sortiment aufzunehmen. Das Projekt ist zunächst umstritten. Die Vorstandsmitglieder beurteilen die wirtschaftlichen Erfolgsaussichten unterschiedlich. Vorstandsmitglied Venn spricht sich für die Produktion der Limonade aus. Er hat sich aus allen zur Verfügung stehenden Quellen informiert und sich zudem extern beraten lassen. Nach seiner Analyse gibt es auf dem Markt eine hohe Nachfrage nach zuckerfreien Limonadengetränken. Venn setzt sich im Vorstand durch und die zuckerfreie Limonade wird hergestellt. Sie findet allerdings keine Abnehmer und muss nach einem Jahr wieder aus dem Sortiment genommen werden. Die Gellert AG erleidet dadurch einen Verlust von € 1 Mio.
> Hat die Gellert AG gegen Venn einen Anspruch auf Schadensersatz i.H.v. € 1 Mio?

Problemschwerpunkte

Die AG ist nach § 1 Abs. 1 S. 1 AktG eine Gesellschaft mit eigener Rechtspersönlichkeit. **794** Diese **juristische Person** handelt durch ihre **Organe,** nämlich den Vorstand (§§ 76 ff. AktG), den Aufsichtsrat (§§ 95 ff. AktG) und die Hauptversammlung (§§ 118 ff. AktG).[576]

Der **Vorstand** der AG ist hauptsächlich zuständig für die Geschäftsführung und die **795** Vertretung der Gesellschaft. Er leitet die Gesellschaft **in eigener Verantwortung** (§ 76 Abs. 1 AktG) und ist damit nicht weisungsgebunden. Der Vorstand kann aus einer oder mehreren natürlichen Personen bestehen (§ 76 Abs. 2 AktG).[577]

Besondere Aufgaben des Vorstandes sind die Ausführung der Hauptversammlungsbe- **796** schlüsse, § 83 Abs. 2 AktG, die Berichterstattung an den Aufsichtsrat, § 90 AktG, die Führung der Handelsbücher, § 91 AktG, die Einberufung und Information der Hauptversammlung bei Verlusten, § 92 Abs. 1 AktG, und die Aufstellung des Jahresabschlusses und des Lageberichts, § 264 HGB.

Unser Fall betrifft die **Haftung** des Vorstands der Gesellschaft bei Pflichtverletzungen. **797** Regelungen dazu finden sich in § 93 Abs. 2 AktG.

Lösung

Die Gellert AG könnte gegen Venn einen Anspruch auf Schadensersatz i.H.v. € 1 Mio. **798** aus § 93 Abs. 2 S. 1 AktG haben. Dazu müsste Venn in seiner Funktion als Vorstandsmitglied seine Pflichten schuldhaft verletzt und dadurch einen Schaden der Gesellschaft verursacht haben. Venn ist Mitglied des Vorstandes und hat in dieser Funktion durchgesetzt, dass die neue Limonade produziert wird.

Des Weiteren muss eine objektive Pflichtverletzung vorliegen. Eine solche wäre zunächst **799** zu bejahen, wenn Venn gesetzeswidrig gehandelt hätte. Dies ist jedoch nicht der Fall. Das Vorliegen einer der in § 93 Abs. 3 AktG normierten Pflichtwidrigkeiten ist ebenfalls nicht ersichtlich. In Betracht kommt jedoch ein Verstoß gegen die **allgemeine Sorgfaltspflicht,** der ein Vorstandsmitglied unterliegt. Nach § 93 Abs. 1 S. 1 AktG haben die Vorstandsmitglieder bei ihrer Geschäftsführung die Sorgfalt eines ordentlichen und gewissenhaften Geschäftsleiters anzuwenden. Die Vorstandsmitglieder handeln eigenverantwortlich, müssen jedoch dabei das Wohl und die Interessen der Gesellschaft berücksichtigen. Die Herstellung einer zuckerfreien Limonade ist vom Unternehmensgegenstand der Gellert AG als Getränkeherstellerin gedeckt. Die wirtschaftlichen

---

576 *Schäfer,* Gesellschaftsrecht, 2. Aufl., § 41 Rn. 1.
577 Dazu ausführlich *K. Schmidt,* Gesellschaftsrecht, 4. Aufl., § 28 II.

Erfolgsaussichten waren jedoch ungewiss und wurden unterschiedlich beurteilt. Venns Beurteilung hat sich letztlich als Fehlprognose erwiesen. Dadurch könnte Venn eine Pflichtverletzung begangen haben.

800 Gem. § 93 Abs. 1 S. 2 AktG liegt allerdings keine Pflichtverletzung vor, wenn das Vorstandsmitglied bei einer unternehmerischen Entscheidung vernünftigerweise annehmen durfte, auf der Grundlage angemessener Information zum Wohle der Gesellschaft zu handeln, sog. **Business Judgement Rule.**[578] Diese soll das unternehmerische Ermessen schützen, das stets verlangt, dass Prognosen angestellt und Chancen und Risiken abgewogen werden.

801 Eine **unternehmerische Entscheidung** liegt vor, wenn eine Entscheidung nicht durch Gesetz oder Satzung vorgegeben ist, sondern auf wirtschaftlichen Erwägungen beruht und ein prognostisches Element hat.[579] Die Entscheidung, eine zuckerfreie Limonade zu produzieren, war weder durch das Gesetz noch durch die Satzung der Gellert AG vorgegeben. Folglich handelte es sich um eine unternehmerische Entscheidung.

802 Venn müsste außerdem vernünftigerweise angenommen haben dürfen, auf der Grundlage **angemessener Informationen zum Wohle der Gesellschaft zu handeln.** Venn hatte sich im Vorfeld umfassend informiert und externen Rat eingeholt. Insofern ist von einer angemessenen Information auszugehen.

803 Es ist auch nichts für einen Interessenkonflikt des Venn ersichtlich. Dieser wollte vielmehr mit der neuen Limonade den Umsatz der AG erhöhen, handelte also ausschließlich in Verfolgung der Interessen der Gesellschaft.

804 Venn handelte nach allem nach der *Business Judgement Rule* (§ 93 Abs. 1 S. 2 AktG) nicht pflichtwidrig. Ein Schadensersatzanspruch der Gellert AG besteht nicht.

Ergänzende Hinweise

805 Für die Geltendmachung eines Schadensersatzanspruches der AG gegen ein Vorstandsmitglied ist nach § 112 AktG der Aufsichtsrat zuständig. Nach § 147 AktG besteht für die Hauptversammlung die Möglichkeit, die Durchsetzung des Anspruchs zu erzwingen.[580]

Fall 64: Hauptversammlung und Anfechtungsklage (§§ 123, 241 ff. AktG)

> Im Juni 2012 soll die jährliche Hauptversammlung der Gellert AG stattfinden. Vorstand Venn ist terminlich sehr ausgelastet und vergisst darüber zunächst, die Hauptversammlung einzuberufen. Eine Woche vor dem geplanten Termin bemerkt er dies. Schnell schickt er ein Einschreiben an die ihm namentlich bekannten Aktionäre mit allen gesetzlich geforderten Angaben. Auf der Hauptversammlung erscheinen nur drei der fünf Aktionäre. Die Hauptversammlung wird dennoch abgehalten. Es wird über alle Tagesordnungspunkte diskutiert und abgestimmt. Aktionär Ante hat es wegen der verspäteten Einberufung nicht zur Hauptversammlung geschafft und konnte deshalb nicht mitwirken. Er möchte gegen die auf der Hauptversammlung getroffenen Beschlüsse vorgehen. Welche Möglichkeiten hat Ante?

Problemschwerpunkte

806 Die Hauptversammlung (HV) ist eines der drei Organe der AG (s. Rn. 794). In ihr findet die Willensbildung der Gesellschafter (Aktionäre) statt.[581] Eine Aufzählung der Kom-

---

578 Näheres zur *Business Judgement Rule: Hüffer*, AktG, 10. Aufl., § 93 Rn. 4a ff.
579 *Spindler*, in: MüKo AktG, 3. Aufl., § 93 Rn. 40 ff.
580 S. dazu *Grunewald*, Gesellschaftsrecht, 8. Aufl., 2.C. Rn. 60.
581 *Hüffer*, AktG, 10. Aufl., § 118 Rn. 3.

petenzen der Hauptversammlung findet sich in § 119 AktG. Diese ist jedoch nicht abschließend. Nach der sogenannten Holzmüller-Rechtsprechung (die auf die Holzmüller-Entscheidung des BGH[582] zurückgeht) ist die Hauptversammlung außerdem im Ausnahmefall für bestimmte tief greifende Strukturänderungen zuständig.[583]

Regelungen zur Einberufung und Beschlussfassung der HV enthalten die §§ 121 ff., 133 ff. AktG. Unser Fall betrifft Fehler bei der Vorbereitung und Abhaltung einer Hauptversammlung und die Rechtsschutzmöglichkeiten der Aktionäre dagegen. **807**

Lösung

Nicht jeder rechtswidrig ergangene Beschluss der HV ist nichtig. Vielmehr differenziert § 241 AktG zwischen **Nichtigkeit** (also Unwirksamkeit) und **(bloßer) Anfechtbarkeit**. Nur besonders schwere Mängel führen danach zur Nichtigkeit. Ein nichtiger Beschluss entfaltet keinerlei Rechtswirkung.[584] Die Nichtigkeit kann im Klagewege (etwa durch Nichtigkeitsklage nach § 249 AktG) geltend gemacht werden. Ein Zwang dazu besteht (anders als bei bloßer Anfechtbarkeit, dazu sogleich) aber nicht.[585] **808**

Im Fall kommen **zwei Beschlussmängel** in Betracht. **809**
- Es stellt allerdings keinen Mangel dar, dass die Einladung zur HV nicht in den Gesellschaftsblättern erfolgt ist, sondern durch **Einschreiben an die Aktionäre**. § 121 Abs. 4 S. 2 AktG lässt dies (bei namentlich bekannten Aktionären) ausdrücklich zu.
- Die Gellert AG hat indes die **Einberufungsfrist** für die HV gemäß § 123 Abs. 1 S. 1 AktG nicht eingehalten. Nach dieser Vorschrift ist eine HV mindestens 30 Tage vor dem Versammlungstermin einzuberufen. Der Tag der Einberufung ist nicht mitzurechnen. Venn hat die Einladung dagegen erst eine Woche vor dem Versammlungstermin verschickt. Die Einberufungsfrist des § 123 Abs. 1 S. 1 AktG (die durch die Satzung wegen § 23 Abs. 5 S. 1 AktG nicht verkürzt werden kann[586] ist damit nicht eingehalten worden. Folglich ist ein Verfahrensfehler gegeben. Es handelt sich dabei nach der Aufzählung in § 241 AktG aber nicht um einen schwerwiegenden Fehler, der zur Nichtigkeit führen würde.

Wenn ein HV-Beschluss nicht nach § 241 AktG von vornherein nichtig ist, wird er nach § 241 Nr. 5 AktG erst nichtig, wenn er auf eine **Anfechtungsklage** nach §§ 243 ff. AktG (Gestaltungsklage) vom Gericht rechtskräftig für nichtig erklärt worden ist (Gestaltungsurteil). Zu prüfen ist daher, ob Ante mit Aussicht auf Erfolg eine solche Anfechtungsklage erheben kann. **810**

Zulässigkeit der Anfechtungsklage: **811**
- **Ausschließlich zuständig** für eine Anfechtungsklage ist nach § 246 Abs. 3 S. 1 AktG das **Landgericht**, in dessen Bezirk die Gesellschaft ihren Sitz hat. Funktionell zuständig ist die Kammer für Handelssachen (§ 246 Abs. 3 S. 2 AktG).
- Den Kreis der **Anfechtungsberechtigten** regelt § 245 AktG. Nach § 245 Nr. 1 AktG ist jeder *in der HV erschienene* Aktionär zur Anfechtung befugt, wenn er die Aktien schon vor der Bekanntmachung der Tagesordnung erworben hatte. Zusätzlich muss er in der HV gegen den Beschluss Widerspruch zur Niederschrift erklärt haben. Ante war nicht zu der HV, gegen deren Beschlüsse er sich wenden möchte, erschienen. Nach § 245 Nr. 2 AktG ist aber auch ein in der HV nicht erschienener Aktionär anfechtungsberechtigt, wenn er zu der HV zu Unrecht nicht zugelassen worden ist,

---

582 BGH, Urt. v. 25.2.1982 – II ZR 174/80, NJW 1982, S. 1703 ff.
583 S. dazu im Einzelnen *Hoffmann*, in: Spindler/Stilz, AktG, 2. Aufl., § 119 Rn. 22 ff.
584 *Windbichler*, Gesellschaftsrecht, 22. Aufl., § 29 Rn. 41.
585 *Hüffer*, AktG, 10. Aufl., § 249 Rn. 1.
586 *Kubis*, in: MüKo AktG, 3. Aufl., § 123 Rn. 7

die Versammlung nicht ordnungsgemäß einberufen worden ist, oder wenn der Gegenstand der Beschlussfassung nicht ordnungsgemäß bekannt gemacht worden ist. Im Fall erfolgte die Einberufung unter Verstoß gegen die Einberufungsfrist und damit nicht ordnungsgemäß. Daher ist Ante nach § 245 Nr. 2 AktG klagebefugt.

- **Richtiger Klagegegner:** Nach § 246 Abs. 2 S. 1, 2 AktG ist die Klage gegen die Gesellschaft zu richten, die durch Vorstand und Aufsichtsrat vertreten wird.

812 **Begründetheit** der Anfechtungsklage:
- Die **Anfechtungsgründe** sind in § 243 Abs. 1, 2 AktG geregelt. Nach § 243 Abs. 1 AktG kann ein Beschluss der HV **wegen Verletzung des Gesetzes oder der Satzung** angefochten werden. Im Fall ist für einen Satzungsverstoß nichts ersichtlich. Ein Gesetzesverstoß kann sowohl in einem Verfahrensmangel als auch in einem inhaltlichen Mangel (z.B. einer Verletzung der Treupflicht) liegen.[587] Was Verfahrensfehler betrifft, sollen ganz unerhebliche Mängel nicht zur Vernichtbarkeit von HV-Beschlüssen führen dürfen. Vielmehr führt ein Verfahrensmangel nur zur Begründetheit einer Anfechtungsklage, wenn eine gewisse Relevanz für das Ergebnis der Beschlussfassung vorliegt, sog. **Relevanztheorie**.[588] Im Fall ist, wie ausgeführt, die Einberufungsfrist des § 243 Abs. 1 AktG verletzt worden. Dieser Ladungsmangel betrifft das Interesse der Aktionäre an der Teilnahme an der HV (Partizipationsinteresse). Dieses ist für die Aktionäre von zentraler Bedeutung. Die Verletzung der Einberufungsfrist berührt das Partizipationsinteresse der Aktionäre wesentlich. Sie ist daher ist als relevant für das Ergebnis der Beschlussfassung anzusehen.[589] Für einen **Ausschluss der Anfechtbarkeit** nach § 243 Abs. 3 AktG ist nicht ersichtlich. Ein tauglicher Anfechtungsgrund liegt nach allem vor.
- Gem. § 246 Abs. 1 AktG muss die Anfechtungsklage innerhalb eines Monats nach Beschlussfassung erhoben werden (**Anfechtungsfrist**). Die Wahrung der Anfechtungsfrist ist eine materiellrechtliche Klagevoraussetzung, sodass eine nach Fristablauf erhobene Klage unbegründet (nicht unzulässig) ist.[590]

813 Ante kann nach allem mit Aussicht auf Erfolg im Wege der Anfechtungsklage gegen die HV-Beschlüsse der Gellert AG vorgehen.

---

587 *Grunewald*, Gesellschaftsrecht, 8. Aufl., 2. C. Rn. 137 ff.
588 Näher dazu *Hüffer*, in: MüKo AktG, 3. Aufl., § 243 Rn. 27 ff.
589 BGH, Urt. v. 17.11.1997 – II ZR 77/97, NJW 1998, 684 (684 f.).
590 *Hüffer*, AktG, 10. Aufl., § 246 Rn. 20 ff. m.w.N.

Stichwortverzeichnis

Stichwortverzeichnis

Stichwortverzeichnis